全国三国文化遗存
调查报告
蜀汉故地卷

成都武侯祠博物馆
全国三国文化研究中心 编著

1

第一分册

GUANGXI NORMAL UNIVERSITY PRESS
广西师范大学出版社
·桂林·

出版统筹：冯　波
策划编辑：邹湘侨　廖佳平
责任编辑：张维维　赵　楠　陈子锋　刘　玲　邹湘侨
助理编辑：唐划弋
责任技编：王增元
装帧设计：陈　凌　广大图文

图书在版编目（CIP）数据

全国三国文化遗存调查报告. 蜀汉故地卷：全 3 册 /
成都武侯祠博物馆, 全国三国文化研究中心编著. -- 桂
林：广西师范大学出版社，2023.11
　　ISBN 978-7-5598-6623-3

　　Ⅰ. ①全… Ⅱ. ①成… ②全… Ⅲ. ①文化遗址－考
古发掘－发掘报告－中国－三国时代 Ⅳ. ①K878.05

　　中国国家版本馆 CIP 数据核字（2023）第 223284 号

广西师范大学出版社出版发行

（广西桂林市五里店路 9 号　邮政编码：541004）
（网址：http://www.bbtpress.com）
出版人：黄轩庄
全国新华书店经销
广西广大印务有限责任公司印刷
（桂林市临桂区秧塘工业园西城大道北侧广西师范大学出版社
集团有限公司创意产业园内　邮政编码：541199）
开本：889 mm × 1 194 mm　1/16
印张：104.75　　字数：2 410 千
2023 年 11 月第 1 版　　2023 年 11 月第 1 次印刷
审图号：GS（2023）147 号
定价：980.00 元（全 3 册）

如发现印装质量问题、影响阅读，请与出版社发行部门联系调换。

《全国三国文化遗存调查报告（蜀汉故地卷）》
编撰组

主　　编：樊芯妤　李加锋

执行主编：吴　娲

副 主 编：奚　奕　郭的非　彭　波

顾　　问：方北辰　梁满仓　谭良啸　谭继和　梅铮铮

撰　　稿：（按姓氏笔画排序）

方北辰　王旭晨　申　雷　安剑华

吴　娲　李勤学　陈　芳　陈学志

尚春杰　郭的非　梅铮铮　曹　静

彭　波　谢　乾　樊博琛

资料整理：（按姓氏笔画排序）

卫永锋　王旭晨　王明亮　方陌凉

尹绵文　申　雷　吕　凯　刘　斌

苏　婷　李　娇　李加锋　李思檬

吴　娲　吴云霞　何红英　陈　芳

尚春杰　罗开玉　罗倩倩　郭的非

黄　琦　曹　静　符丽平　彭　波

蒋　英　童思思　曾穷石　谢　乾　等

摄　　影：（按姓氏笔画排序）

丁　浩　苏碧群　李　玲　李勤学

李鑫智　张　禕　陈古孝　陈学志

尚春杰　罗景玠　彭　波　廖承正

樊博琛　等

绘　　图：尚春杰　彭　波　李　娇　黄　琦　等

统　　稿：方北辰　吴　娲

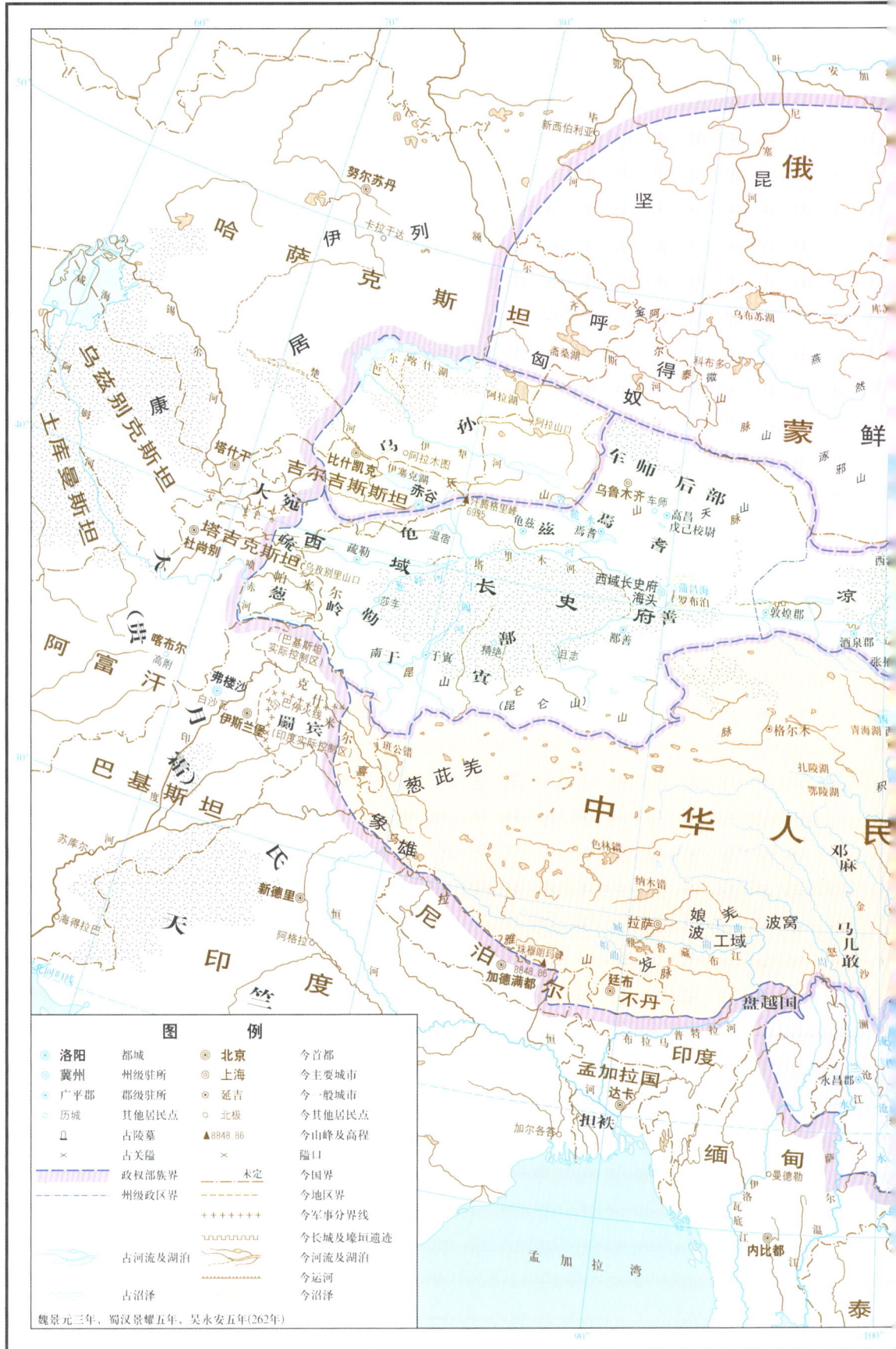

俄

昆

坚

蒙

鲜

哈
萨
克
斯
坦

伊
克
斯
坦

列

努尔苏丹

呼

得

微
山

乌兹别克斯坦

康

居

匈
奴

孙

车师后部

燕

然

塔什干

大

宛

西

比什凯克

吉尔吉斯斯坦

乌

赤谷

他

车师

乌鲁木齐

高昌

戊己校尉

凉

土库曼斯坦

塔吉克斯坦

杜尚别

疏勒

域

兹

龟兹

西域长史府

敦煌郡

帕
米
尔
岭

莎车

长

史

塔

里

木

酒泉郡

葱

南于

莫别里山口

于阗

罗布泊

张掖

阿富汗

喀布尔

弗楼沙

白沙

克什米尔

伊斯兰堡

宾

班公错

郢

宾

昆

仑

山

鄯善

（昆 仑 山）

（巴基斯坦实际控制区）

（印度实际控制区）

葱

武羌

中

华

人

民

巴基斯坦

氐

色林错

纳木错

邓麻

苏库尔

天

印

新德里

竺

阿格拉

象

马雄

尼

泊

尔

拉萨

娘

波

工域

波窝

马儿敢

珠穆朗玛峰

8848.86

雅

山

不丹

越国

孟加拉国

达卡

印度

孟加拉

担袄

加尔各答

缅

水昌郡

甸

曼德勒

内比都

瓦底

孟 加 拉 湾

泰

图 例

洛阳	都城	北京	今首都
冀州	州级驻所	上海	今主要城市
广平郡	郡级驻所	延吉	今一般城市
历城	其他居民点		今其他居民点
	古陵墓	北极	
	古关隘	▲8848.86	今山峰及高程
			隘口
	政权部族界	未定	今国界
	州级政区界		今地区界
			今军事分界线
			今长城及壕垣遗迹
	古河流及湖泊		今河流及湖泊
			今运河
	古沼泽		今沼泽

魏景元三年、蜀汉景耀五年、吴永安五年（262年）

期 全 图

斯

罗

萨哈林岛
(库页岛)

贝
尔
加
令
湖

库茨克

乌兰乌德

赤塔

色楞格河

鄂嫩河
石

北

勒拿河

克鲁伦河

黑龙江

大

兴

安

岭

鄂霍次克海

间宫海峡

哈巴罗夫斯克
(伯力)

国后岛
(俄占)

北海道岛

乔巴山

贝尔湖

汉单于庭
合拉和林

乌兰巴托

鲁

克

挹

夫

余

松花江

哈尔滨

乌苏里江

娄

沃

富裕

古

卑

漠

东部鲜卑

长春

延吉

符拉迪沃斯托克
(海参崴)

日

本

海

40°

大

拓
跋

鲜

卑

白

九原

高跋

呼和浩特

定襄

盛乐

西安平郡

沈阳

江州

辽东郡

丹东

玄菟郡

集安

丸都

盖马大山

高

句

丽

鲜

单单大岭

不耐

东京

河西鲜卑

羌

胡

银川

金城郡

陇西郡

安定郡

天水郡

扶风郡

雍州

武都郡

汉阳郡

九原

上谷

代郡

雁门郡

朔方郡

九郡

并州

太原

太原郡

石家庄

幽州

北京

蓟州

燕国

右北平郡

渔阳郡

冀州

天津

渤海

中山国

勃海郡

青州

东莱郡

北海郡

乐浪郡

带方郡

平壤

首尔

朝

泾

貊

韩

国

辰韩

马韩

弁韩

京都

本

30°

并州

河东郡

西河郡

上党郡

魏

司

州

魏郡

司

洛阳

司隶

西安

兖

州

兖州

兖州

徐

州

徐州

东海郡

琅邪郡

彭城郡

下邳郡

青州

济南

九州岛

长崎

四国岛

共

和

国

益

州

成都

成都

蜀

重庆

江阳郡

梓潼郡

广汉郡

巴郡

豫

州

汝南郡

陈郡

颍川郡

荆

州

襄阳郡

南阳郡

扬

州

庐江郡

合肥

建业

南京

典农校尉

扬

州

会稽郡

临海郡

东

海

30°

荆州

武汉

江夏郡

宜昌郡

庐陵郡

临川郡

南昌

建安郡

侯官

福州

台北

钓鱼岛

赤尾屿

太

平

洋

武陵

洞庭湖

长沙郡

长沙

衡阳郡

湘东郡

荆

州

吴

零陵郡

桂阳郡

临贺郡

苍梧郡

川

夷

洲

台湾岛

武夷山

北回归线

巴士海峡

魏兴郡

上庸郡

汉中郡

汉

朱提郡

牂柯郡

贵阳

床降都督
建宁郡

昆明

兴古郡

人

越

南

掸

国

日南郡

北部湾

河内

九真郡

南宁

郁林郡

交州

广州

香港

澳门

交

州

高凉郡

合浦郡

南宁

交趾郡

朱崖郡

海口

海南岛

南海郡

朱崖洲

西沙群岛

永兴岛

东沙群岛

菲

律

宾

中沙群岛

<!-- inset map (南海) -->
荆州
广州

越州

吴

湘汉

南宁

交趾郡

台湾岛

河内

北部湾

澳门

东沙群岛

朱崖洲

海口

海南岛

三沙

西沙群岛

南海诸岛

黄岩岛

东

南

海

马尼拉

菲

律

宾

柬埔寨

扶南

林

南海邑

斯里巴加湾市

文莱

曾母暗沙

南沙群岛

印度

马来西亚

南海
1∶49 600 000

讲好华夏大地上的三国蜀汉故事

方北辰

中华古史，源远流长；鼎立三分局面，尤呈异彩奇光。汉室衰微，群雄并起，俊杰星繁，高才云涌；曹操虎步中原，刘备龙腾巴蜀，孙权鹰击江东，演出了一幕又一幕的创业好戏，也留下了一段又一段的英雄传奇。

沧桑变幻，转瞬千年。当初三国时期波澜壮阔的争霸图景，不仅被写成了悠久的历史篇章，载录在皇皇史册之中，而且还留下了无数的文化遗存，分布在华夏大地之上，一直存续至今。如果说，皇皇史册的历史篇章，比如西晋陈寿《三国志》、东晋常璩《华阳国志》、唐代许嵩《建康实录》、北宋司马光《资治通鉴》，如此等等，那都属于纸面上的三国故事，着重彰显了三国故事影响的悠久，那么华夏大地之上的文化遗存，就都属于地面上的三国故事，着重彰显了三国故事影响的广阔。前者是时间，属于经线；后者是空间，属于纬线。两者相互交织成完美图景之后，三国故事穿越时空的无穷魅力，就这样汪洋恣肆地散发出来。

由此可见，要想真正讲好三国的故事，如果继续沿用过去传统性的老模式，即只是去阅读皇皇史册中的历史篇章，单纯讲述纸面上的故事，那是绝对不够的。新时代的正确做法，是要去踏访广阔的华夏大地，通过详细和系统的现场调查，把那些静静等待后人来访的无数文化遗存，也就是地面上的三国故事，一一"发掘"出来，然后与纸面上的三国故事相互结合，两者印证，彼此辉映，相得益彰，使得单一的存在变成双向的交流，这样才能把三国的故事讲得更加完美，更加生动，更加精彩，更加丰满。比如，讲到诸葛亮"五月渡泸，深入不毛"的故事，如果能够结合历史篇章的记载，详细介绍现今西南地区大量遗存的诸葛亮遗迹和民间传说，而讲到周瑜赤壁之战大败曹操的故事，如果能够结合历史篇章的记载，详细介绍长江之滨赤壁古战场遗址的地形地貌和水文特点，定然会收到更加引人入胜的感染效果。

除了讲好三国故事的紧迫需要之外，对全国的三国文化遗存进行全面的调查，也是对华夏大地之上广泛分布的三国文化"不动产财富"，进行首次认真清理和明确登记，从而弄清楚这方面的"家底"："不动产财富"究竟有多少？它们分布在何地？各自产生在何时？现状怎么样？保护措施和开发前景又是如何？总而言之，此举又具有传承和赓续中华民族文化根脉的重要作用和深远意义。

令人遗憾的是，这项意义重大的任务，此前还没有出现过承担者和完成者，因而成为亟待填补的重大文化空白。之所以会如此，是因为这项任务充满了挑战。挑战至少有如下三方面：

首先，任务的工作量非常巨大。三国文化遗存的种类非常丰富，包括遗迹、遗址之中的道路、关隘、渡口、城池、宫殿、战场、陵墓、祠庙、碑刻等，以及大量的考古出土文物，还有后世出现的大量纪念性建筑。前往野外进行调查，完全不同于在书斋中静静阅读皇皇史册的历史篇章那样安静舒适，随时可以稍作歇息，活动筋骨，松弛大脑，还不会遭受日晒雨淋。一旦到了野外，分散的点位，长途的奔波，细致的勘查，问题的棘手，照明的不足，餐饮的没有规律等等，随时都在考验着参与者的体力和智力，忍耐力和责任感，专业素养和敬业精神。

其次，经费的充足支持也不能缺少。由于文化遗存分布在广阔的华夏大地之上，从西南的巴蜀到东北的幽燕，从西北的关陇到东南的吴越，要想到达现场，各种交通工具都可能会用到，调查队员一旦出发，产生的食宿交通和器材费用就绝对不是一个小数。没有充足的经费，显然无法支撑。

最后，在专业知识素养方面也有严格的要求。调查队员不是出去游山玩水，不是去当"看热闹"的吃瓜群众，而是要以内行的身份去进行历史文化专业的科学调查，也就是去"看门道"。参加调查队的成员，在历史学、文化学、考古学、旅游学、古典文学等各种专业知识方面，都必须要有坚实的基础。否则，便有可能"虽入宝山，空手而归"。

显而易见，这项艰巨的任务，力量单薄的个人是难以完成的，必须要由充分具备条件的专业性机构来承担。这样一来，暂时出现空白就是难以避免的事。

到了新时代的今天，这一文化空白的填补者终于出现了！

"锦官城外柏森森"的成都武侯祠博物馆，是海内外久负盛名的三国历史文化圣地，也是国家正式批准的"全国三国文化研究中心"，不仅具有一个综合实力非常强大齐整的专业团队，在科研领域硕果累累，积累了丰富的科研经验，而且勇于创新，敢挑重担，以国家重大需要为己任。2016年9月中心挂牌成立之后，随即组织力量，作出规划，正式承担了"全国三国文化遗存调查"的重大科研任务。

作为探索性的前期成果，《全国三国文化遗存调查报告（成都地区）》，已在2016年12月由科学出版社正式出版，收到很好的反响。在此之后，又经过7年的不懈努力，便有了我们眼前这部《全国三国文化遗存调查报告（蜀汉故地卷）》书稿的问世。

全书约67万字，收入了属于蜀汉政权范围的文化遗存点位，总计559处，地域涉及现今的四川、云南、贵州、陕西、甘肃等省和重庆市。在每一处点位的内容介绍中，都依次设置了如下条目（根据情况有所删减）：示意地图、地理位置（包括经纬坐标和行政属地）、文物级别、现状概述、历史渊源等，同时尽可能配上图片。读者看了之后，就能够对此点位有一个清晰和完整的基本了解。例如，位于四川省成都市区内一处较小的点位"娘娘庙"，其介绍全文如下：

娘娘庙

【地理位置】

地理坐标：东经104°04′12″，北纬30°40′45″。

行政属地：青羊区西马道街50号。

【现状概述】

现仅存三观殿院落。三观殿面阔两间，进深一间，面积不足20平方米。殿内供奉有北地王妃崔氏娘娘塑像，塑像前有供品桌和功德箱，现为道教活动开放场所。

【历史渊源】

娘娘庙，原名"广生宫"，是纪念刘谌（刘备之孙）之妻的古庙。此庙始建于清康熙年间，重建于咸丰末年，占地约2.6亩，原有藏经楼、斗姆殿、真武殿、三清大殿、观音殿、黄金楼等29处建筑，大部分建筑毁于20世纪60年代。刘谌与其妻的神像深藏在蜿蜒曲折的居民院落之中。附近曾有娘娘庙街，现已不存。2008年，正式启动古娘娘庙恢复重建工作。2013年，娘娘庙获批成为合法宗教活动开放场所。每年农历三月初三，娘娘庙都要举办喜神会，热闹非凡。这一习俗一直保留至今。

据陈寿《三国志·后主传》记载，蜀汉皇朝的北地王刘谌，是刘备之孙，刘禅之子，生前被封为北地郡王。公元263年曹魏大军进攻成都，蜀汉后主刘禅即将屈膝投降之际，刘谌坚决反对父皇的投降行为，先到祖父刘备的神庙拜谒痛哭，然后全家自杀，壮烈殉国。上面这处"娘娘庙"的点位，就是清代康熙年间开始出现的纪念性文化遗存，表现出蜀地后世民众对刘谌夫妻壮烈殉国的由衷感动和深深同情，也是三国文化影响极其深远的具体见证。

值得注意的是，作为纸面上的故事，史册《三国志》仅仅记载了刘谌夫妇壮烈殉国的举动和经过，完全没有提到蜀地民众对他们此举究竟有何反应和表现，这样就影响到故事的完整和圆满了。但是，作为地面上的故事，成都市"娘娘庙"的文化遗存，就正好填补了这方面的空白，是对纸面上故事的最好补充。纸面上的故事是记叙事实经过，地面上的故事是描绘民众反应，以及影响的深远，两者相互促成的有机关系，在这里再一次得到了清晰的展现。

这部蜀汉故地卷调查报告的正式出版，标志着全部调查工作的蜀汉、曹魏、孙吴三大部分，已经完成了蜀汉的第一部分。万事开头难，这一部分圆满完成，获得宝贵的经验之后，接下来的两个部分就会更加顺利了。

有幸先睹蜀汉故地卷报告全书的校样稿，遂作此文代序，并预祝后面两卷的调查报告早日完成出版，实现既定的美好目标！

2023 年 5 月于成都濯锦江畔双桐荫馆

三国文化遗存：遗产学话语下的概念建构

郭的非

　　"文化遗产"作为具有全人类共同价值的概念，经历了漫长的发展变化过程，并形成了独立学术体系的文化遗产学。以文化遗产学当代发展和三国文化已有研究成果为基础，在"全国三国文化遗存调查"项目十年实践的过程中，提出遗产学话语下的"三国文化遗存"概念具备了成熟的条件。

"文化遗产"概念的渊源和形成路径

　　英文"遗产"（heritage）一词源于拉丁语，指"父亲留下的财产"。根据其代际传承的基本性质和学科视野下的认定标准，当代遗产学中的"遗产"被认为是具有年代价值、珍稀价值和典范价值的遗存。[1]这种学科化的界定，体现出随着认识维度的变化和认知水平的提升，人们将"遗产"的概念和价值从个人、家庭和家族私有延伸至更大群体共享的公共化过程。"文化遗产"概念的形成便是这一过程下的产物。

　　我们可以追溯至18世纪法国大革命，当局通过颁布法令强制执行，将逃亡者、教会和贵族的私人财产变为"公民成为财富保管人"的公共博物馆收藏，已隐约彰显出现代意义上"国家遗产"的观念。[2]现代公共博物馆的诞生和初步发展，也可以理解为一直遵循着将遗产作为具备某种特殊价值的文化资源，使其所属由私有变为民众、国家所有的转化路径。[3]

　　到20世纪，1931年第一届历史纪念物建筑师及技师国际会议通过的《关于历史性纪念物修复的雅典宪章》，首次尝试提出国际通用的文物（纪念物）、遗址（场所）保护原则，以国际合作的方式，明确出更大范围认同下的遗产保护对象。1954年联合国教科文组织在海牙通过的《武装冲突情况下保护文化财产公约》中"每一民族文化遗产中最具重要性的可移动与不可移动资产"的表述和同年欧洲理事会在巴黎通过的《欧洲文化公约》中"欧洲的共同文化遗产"的提法，被认为是"文化遗产"一词在国际法律文件中的最早出现。[4]很明显，这些公约意图以法理的形式赋予"遗产"高于民族、国家、区域的世界意义。1964年第二届历史古迹建筑师及技

1　孙华：《遗产与遗产保护学——以文化遗产学的学科范畴为中心》，《遗产与保护研究》，2018年2期，1—9页。

2　李军：《什么是文化遗产？——对一个当代观念的知识考古》，《文艺研究》，2005年4期，123—131页。

3　魏爱棠、彭兆荣：《遗产运动中的政治与认同》，《厦门大学学报（哲学社会科学版）》，2011年5期，1—8页。

4　黄明玉：《文化遗产的价值评估和记录建档》，复旦大学博士学位论文，2009年，12页。

师国际会议通过的《关于古迹遗址保护与修复的国际宪章》(《威尼斯宪章》)提出"人们越来越意识到人类价值的统一性，并把古代遗迹看作共同的遗产，认识到为后代保护这些古迹的共同责任"，以及"历史古迹的概念不仅包括单个建筑，而且包括能够见证某种文明、某种有意义的发展或者某种历史事件的城市或乡村环境"，扩展了"历史古迹"作为遗产的内涵，让文物、建筑所在的环境及其承载的文化纳入进遗产保护的对象。其中关于人类共同遗产的理念更成为后来"文化遗产"概念的核心思想。[1]

直接促进"文化遗产"概念出现的节点在1965年，美国白宫会议提出设立"世界遗产信托基金"，将保护的对象分为自然风景区和历史遗址两大类。1970年美国《国家环境政策法》明确表示自然环境和人文环境同样重要，应该树立起保护人类共同文化遗产的观念。这种国际主义的立场和对遗产的划分方式得到了联合国的重视和认可。[2] 1972年，联合国教科文组织大会颁布了著名的《保护世界文化和自然遗产公约》(《世界遗产公约》)，从文物(monuments)、建筑群(groups of buildings)、遗址(sites)三方面给出了"文化遗产"的经典定义。

以公约的诞生为标志，从"遗产"到"文化遗产"，这个具有古老渊源名词的内涵完成了阶段性的人为建构，实现了从个人、家庭和家族私有，到民族、国家所有，再到因具备"突出普遍价值"而被全人类共有的华丽转变。"文化遗产"成为人类发展过程中从前人那里承袭而来的人类创造和使用的物质和精神财富总和，[3]代表着一种让不同民族、国家、文化的人们共同认可的价值体系，是人类的普遍价值。[4]

当然，这样的普世价值体系也存在缺陷，其本质是西方国家主导下的观念输出，此后的几十年中，众多的公约其他成员国围绕其标准和适用性持续进行着复杂的政治博弈。但不可否认的是，遗产保护的理论架构最初是被广泛接受的，同时期的遗产保护运动迎来了真正走向国际化、走向全世界的重大机遇，

1 何流、詹长法：《〈威尼斯宪章〉的指导思想和现实意义》，《中国文化遗产》，2015年1期，82—89页。

2 苑利：《文化遗产与文化遗产学解读》，《江西社会科学》，2005年3期，127—135页。

3 孙华：《遗产与遗产保护学——以文化遗产学的学科范畴为中心》，《遗产与保护研究》，2018年2期，1—9页。

4 史晨暄：《世界遗产"突出的普遍价值"评价标准的演变》，清华大学博士学位论文，2008年，37页。

"三国文化遗存"概念提出的遗产学背景和必要性

国际遗产运动的风潮也传到了中国。1985年，中国正式加入《世界遗产公约》。1987年，故宫、周口店北京人遗址、泰山、长城、秦始皇陵及兵马俑、莫高窟等6个项目入选《世界遗产名录》，在国内引发了极大的反响，掀起了全国范围的"遗产热"。人们发现，任何事物只要拥有"遗产"的名号和加持，便会产生成倍的价值增长。一时间，申遗、遗产旅游、商标、文化产业成为各地竞相追逐的热点领域。在学界，大家逐渐开始认识并接受西方遗产学的理论和实践，2005年国务院颁布《关于加强文化遗产保护的通知》，第一次在政府文件中使用了"文化遗产"的提法，并对其内涵有了物质文化遗产（不可移动文物、可移动文物，历史文化名城、街区、城镇）、非物质文化遗产（传统文化表现形式、文化空间）的界定。国内逐渐开始建立作为交叉学科与人类学、民族学、历史学、考古学、建筑学、景观学等多学科密切联系，专门研究如何保护和传承人类创造的遗存的文化遗产学，回答文化遗产内涵（标准）、类型、价值、保护、开发、管理的一系列问题。[2]

《世界遗产公约》颁布的几十年来，越来越多的国家认识到其理论体系于本国的遗产保护实践并不是想象中的完美契合，《世界遗产名录》中收录的遗产项目在各地区、各国的分配极不均衡，对人类文化多样性的保护是有限的。在这样的背景下，公约的《操作指南》从1977年以来，经历了30余次修订，内容增加了10余倍。[3]最直观的变化即表现在对文化遗产标准和类型的认识上，出现了"文化景观""文化线路（遗产线路）""历史城镇与城镇中心""遗产运河""文化空间"等不同级别和分类体系下的新遗产类型。[4]近年来，随着中国遗产实践的深入和国际话语权的提升，结合自己的实际，国内也提出了诸如"线性遗产""国家文化公园"等概念，是中国对国际遗产理论体系的新贡献。

人类历史和社会发展的复杂程度决定了文化遗产类型的多样性，每个国家都应该拥有因文化特性而参与进公约及其《操作指南》修订过程的话语权。认识到这一问题，国内开始有了对现有遗产分类体系存在问题的分析和新的分类方式尝试，同时便出现了众多针对某个专门领域的新的遗产概念。如以几何形态为标准的"国家文化公园""蜀道遗产"，以功能用途为标准的"农业遗产""地质遗产""水利

---

1 苑利：《文化遗产与文化遗产学解读》，《江西社会科学》，2005年3期，127—135页。

2 孙华：《遗产与遗产保护学——以文化遗产学的学科范畴为中心》，《遗产与保护研究》，2018年2期，1—9页。

3 吕宁：《"一国一项"申报限制等规则的背景及出台——近期〈实施保护世界文化和自然遗产公约的操作指南〉修订追踪研究》，《中国文化遗产》，2018年1期，17—27页。

4 2021年福州召开的第44届世界遗产大会审议通过了新版的《操作指南》，删除了关于历史城镇与城镇中心、遗产线路、遗产运河的内容。本项改动的立足点和影响面尚待讨论，这几项遗产类型已在多年的实践中被广泛接受，在《世界遗产名录》中占有相当的比例。

遗产""工业遗产""林业遗产",以创造或产生时代为标准的"红色遗产"等。这些概念的建立让本散见于各地的遗产成为了某个遗产集合体的一部分,相互之间也因地理位置、存在状态、功能性质等因素产生新的联系,具备了被整体认定、研究、保护和开发利用的条件。同时可见,对这些概念研究的首要,多在概念辨析、评定标准、年代范围、类型划分、价值阐释等问题上。

在三国文化的研究中,对三国时期和与三国有密切联系的文化遗产进行调查和整理也已有相当的基础。一部分是对三国时期遗址遗迹的调查,基本通过普查和临时的考古发现即可实现;一部分是对三国时期以及后世受三国文化影响而产生的物质和非物质遗产的调查,目前取得的多是区域性成果;[1]一部分是对三国文化某个专题的遗产进行调查。[2]能够看出,不论何种目的和角度,这些调查都让其目标对象有了一个模糊存在的遗产集合体边界。调查还显示出一些值得注意和思考的问题。首先,三国相关的文化遗产分布广、种类繁多,尤其是后世出于名人崇拜和民间故事传说而产生的地名和纪念性建筑有庞大的数量基础;其次,受多元一体源流和三国鼎立格局的影响,这些文化遗产在内容和形式上有明显的区域特征;同时,很多区域内交通沿线分布或重大历史事件发生地集中分布的点状遗产之间有明显的互补或承接关系,当它们被认为是同一类遗产或某个遗产集合体时,能产生更大的信息效应;不容乐观的是,这些遗产中的相当部分缺乏有效保护,有的甚至已经从实体变为地名,而地名更随着城市发展被更替,逐渐消失在人们的记忆中。因此,以文化遗产保护为根本目的,兼及价值阐释和开发利用的远景,我们需要一个能够将三国时期和与三国有密切联系的文化遗产囊括进来的遗产集合体概念。

综上所述,在文化遗产学当代发展的背景下,借鉴其他针对专门领域遗产概念建构的经验,以已有的工作成果为基础,提出遗产学意义的"三国文化遗存"概念具备了成熟的条件。

---

1 如成都武侯祠博物馆编著《全国三国文化遗存调查报告(成都地区)》(科学出版社,2016年),整理了成都46处三国文化遗存的资料,但未对"三国文化遗存"进行明确界定。夏日新《湖北三国文化调查》(湖北人民出版社,2017年),分市州整理了其现有三国文化遗迹(包括"三国历史上真实发生的事件所留下的历史遗迹,也有三国故事在世代相传中所形成的文化遗迹")和湖北的三国文化旅游景点、三国戏曲及传说习俗。湖北关于三国的民间故事传说极多,整理成果也相当丰富,不少区县都有相关成果,在此基础上,湖北"三国传说"于2014年列入《国家级非物质文化遗产代表性项目名录》。许昌职业技术学院曹魏文化研究所整理发布的《许昌三国文化遗存名录》(2021版、2022版),收录了许昌48处三国文化遗存点位。黄青喜《许昌三国文化遗存名录及分类》(《湖北文理学院学报》,2022年6期)整理了关于许昌三国文化遗存的多部调查整理著作,并以多种方式对许昌三国文化遗存进行了分类。

2 如成都武侯祠博物馆编著《图说诸葛南征》(科学出版社,2014年),整理了诸葛南征沿线分布的三国文化遗存。成都武侯祠博物馆编《名垂宇宙:诸葛亮文化遗存调查》(巴蜀书社,2021年),以诸葛亮人生轨迹为轴,整理了56处与其密切相关的遗存资料。李亮宇《湖北三国历史地名与文化遗存述考》(华中师范大学博士学位论文,2014年),整理研究了武汉、鄂州等7个城市的三国历史地名(非遗)和文化遗存(排除了保存完整、仍在使用和持续发展的遗产)。姜南《云南诸葛亮南征传说研究》(华东师范大学博士学位论文,2011年),整理了云南88处基于现存、文献和民间传说的诸葛亮南征遗迹和前人关于诸葛亮南征传说的文献资料。

"三国文化遗存"概念形成的早期实践

2013年，成都武侯祠博物馆启动了一项针对全国范围内三国时期和与三国文化有密切联系的遗产点位的调查工作。最初的项目名称为"全国三国文化遗址、遗迹调查"，旨在摸清这些点位的历史渊源、发展沿革、已有研究和保护现状，整理形成相应的资源数据集成，并以长远计，开拓与其他科研保护管理机构的文化交流合作，现已完成四川、云南、贵州、重庆、湖北、甘肃、陕西等省市600余处点位的调查工作。

以当时项目命名的初衷，"遗址"的概念，一般认为是各种遗存集中被发现的地方，或是遗迹和文化堆积所在的地方，强调其空间特性。《世界遗产公约》对"遗址"的表述"从历史、审美、人种学或人类学角度看具有突出的普遍价值的人类工程或自然与人联合工程以及考古地址等地方"中的"考古地址"即为此意。另在《中国大百科全书·考古学》中，"遗址"被描述为"不同历史时期的遗址，大都湮没已久，有的则沦为沙漠中的废墟"。可见一处遗址除不可移动的空间特性外，还必须是人类活动的产物，且已丧失了原有功能，需要调查或考古发掘来加以揭示。因此，那些一直沿用至今的文化遗产便不属于"遗址"的范畴。如宜宾江安县古校场，[1]当地相传其为诸葛亮南征时的练兵之处，并留有多个民间故事，现存一平地，可寻32个旗杆孔眼。据当地人介绍，该村所在位置为山地，少见如此处规整且具一定面积的平地，故多年来此处即为村里晾晒粮食、召开集会、日常休闲之用。该村还有三处有夯筑痕迹的高台，当地人称之为"大营盘""二营盘""三营盘"，传为诸葛亮南征时驻军之处，现已被用于建造房屋和开辟农田。更为典型的如西昌诸葛城，[2]当地相传其为诸葛亮南征时在越巂郡所筑的最大土城，现仍存有黄土夯筑的数段墙体，其中一段被当地一户居民利用为自家宅院的围墙。这种未经考古发掘、仅有民间传说且仍被使用的状态则与"遗址"的概念有所出入。

"遗迹"通常指人类活动留下的痕迹。其体量可以很大，如聚落环壕、大型广场或房屋基址，某种意义上遗址都属于遗迹的一个类型。同时"遗迹"也指向考古发掘工作中最基本的堆积单位，一个单纯的堆积单位也可以是一处遗迹。一处遗迹的形成是人类活动和自然因素共同作用的结果，某些因人力改造而形成的特殊景观也属于"遗迹"的范畴。此外，"遗迹"的概念强调其为人类有意识加工留下的实体存在，且具有一定的时效性，反映其时或一个阶段内的人类活动信息。因此，那些散落有遗物的次生堆积和仅有人类活动却没有实体遗留的地点便不属于"遗迹"的范畴。如成都市双流区牧马山，传为刘备"籍田"和诸葛亮屯兵之处，当地政府据文献记载和民间故事建有文化广场，立"诸葛亮屯兵牧马山"雕塑和碑记，

1　位于江安县夕佳山镇安远村青年组。

2　位于凉山彝族自治州西昌市经久乡经久村。

成为开展文化活动的景观场所。乐山市犍为县诸葛武侯炼铁处，[1]上世纪50年代曾存两通"昔诸葛武侯炼铁于兹""昔诸葛武侯岩前取铁"清代碑刻，现碑刻已不知去向，所在地开辟为农田，建有铁山观音阁，成为当地居民庙祭和休闲场所。知名度更高的如奉节县旱八阵，[2]传为诸葛亮推演兵法指挥布阵之处，早年存有人工堆垒排列有序的数个小山包，现已不存，为农田和工地建设之用，当地广为流传相关民间故事，所在村的村名亦由此而来。这些点位虽仍存有人类活动尤其是与文献记载和民间故事紧密联系的文化活动，却已无法反映历史上的真实情况，自然与"遗迹"的概念不完全相符。

问题便因此而产生，明显可见仅用"遗址、遗迹调查"为名并不能完整概括项目所有的调查对象。几千年来留下的文化遗产，以原真性的角度，按保存状态，一般可以分为五个层次，即保存完好、保存基本完好、破坏殆尽、仅存遗址、仅存文献记载。[3]尤其是那些原有功能丧失但一直被使用和仅存记载却无物质载体的点位，它们的源流一直被铭记，对一个村落、一个族群、一个区域内人们的知识建构和历史认同有重要的意义，持续发挥着环境价值和情感价值，具备典型的遗产属性，理应得到遗产学的关注。具体而言，一些尚未经过考古发掘的遗址，因自然和人类活动的原因，会出现遗物散落在地表或遗址范围之外，并形成一些次生堆积的现象。如攀枝花营盘山得胜营遗址，[4]传为诸葛亮"五月渡泸"时在此驻扎，当地流传有"七大连营""烂木桥""七星砚""赶石头"等多个诸葛亮南征相关民间故事，遗址内地表即可见多处人工夯筑和堆垒的平坝、土墙体、石墙体、半地穴坑及建筑台基，因可能受到持续人类活动影响且未经考古发掘，这些现象不一定被认可为遗迹，考古学上记录为"地点"，但它们均是发现遗址、推断布局情况和地下情况的重要线索，历史价值是明确的。另外，一些建筑遗产在发展中本身的功能发生了改变，但至今仍为人们所利用，以纪念历史名人的祠堂庙舍最为典型。如重庆双江镇关帝庙，[5]现存清代建筑，有光绪年题记，上世纪90年代改为当地学校使用。昆明矣六关圣宫，[6]现存清乾嘉年间建筑，有嘉庆年碑记，当地一直保有每月初一、十五烧元宝钱和五月十三斋会习俗。宜宾李庄桓侯宫，[7]现存清乾隆、同治、光绪年建筑，后建有戏楼，今部分建筑改造为住宅，其他为当地幼儿园活动空间。云南通海黄龙关圣宫，[8]现存清代建筑，有道光年题记，曾历经为办公场所、住宅和寺

1　位于犍为县罗城镇铁山村6组，罗城古镇为国家 AAAA 级旅游景区。

2　位于重庆市奉节县草堂镇八阵村。

3　喻学才：《遗产活化：保护与利用的双赢之路》，《建筑与文化》，2010年5期，16—20页。

4　位于攀枝花市仁和区啊喇乡。

5　位于重庆市潼南区双江镇正街。

6　位于昆明市官渡区矣六街道矣六社区。

7　位于宜宾市翠屏区李庄镇。

8　位于玉溪市通海县秀山街道黄龙社区。

庙之用，近30年来当地居民自发组织多次捐资修缮，成为举办红白喜事的固定场所。这些遗产便不符合"遗址"功能丧失和"遗迹"时效性的概念标准，但却是一种类似于文化遗产分类中"文化景观"的类型，因持续的功能性呈现出遗产活化的一面。还有一些基于历史记载和民间传说、风俗节庆、传统工艺等非物质文化遗产的空间场所，展示出区域文化传播的影响力。如勐腊孔明山，[1]当地诸葛亮南征的民间故事数量极多，至今人们仍奉诸葛亮为"茶祖"，孔明山旅游区开发后，此地定期举办"祭茶大典""茶文化节"等活动。成都锦里民俗街，[2]其名源于蜀汉锦官城之设立，与"三国圣地"成都武侯祠相邻，常年举办非遗展演、民俗体验、文化创意节等活动。这些地方虽不是遗址，但与文化遗产分类中的"文化空间"类型近似，作为举办文化活动、展现文化行为和文化传承的实体地点而体现出自然与人文紧密联系的遗产特性。

遗产学话语下的"三国文化遗存"

基于以上认识，2016年，成都武侯祠博物馆将该项目名调整为"全国三国文化遗存调查"，开始使用"三国文化遗存"的概念。这一概念由"三国文化"和"遗存"两部分组成。

"遗存"的概念和使用尚没有统一的标准，考古学中一般认为是遗迹和遗物的综合，也时常指遗址内同一性质或同一年代的所有发现。在遗产学领域，"遗存"有时用于指代与"遗址"相区别，失去功能用途但保存情况较好的遗产。[3]更多的时候，"遗存"与"遗产""遗迹"等存在无明显意义区分的混用情况。[4]一些特殊的情况下，"遗存"的内涵还扩展至纪念设施、实物、活动地、文献资料。[5]在这样的背景下，结合工作实际，"全国三国文化遗存调查"项目便尝试用"遗存"来概括遗址、遗迹，散落有遗物的地点和次生堆积，保存情况较好且至今仍具有功能

1　位于西双版纳傣族自治州勐腊县象明乡。

2　位于成都市武侯区浆洗街街道锦里社区。

3　魏子元：《红色文化遗产的相关概念与类型》，《中国文物科学研究》，2020年1期，12—16页。孙华先生在其遗产分类体系中暂用"建筑与雕塑"概括之。见孙华：《文化遗产概论（上）——文化遗产的类型与价值》，《自然与文化遗产研究》，2020年1期，8—17页。

4　如刘庆柱、王子今主编《中国蜀道》（三秦出版社，2015年）第4卷《文化遗存》（赵静、张园、田增涛编著），未明确说明其"遗存"的指向，但根据其编目，仍以传统文物分类为纲，另存在"蜀道遗产"和"蜀道遗存"混用之例。李亮宇《湖北三国历史地名与文化遗存述考》（华中师范大学博士学位论文，2014年）将其"文化遗存"定义为"人文历史遗址"，但根据其内容，所涉点位除遗址外还存在遗迹、景观、空间等多种遗产类型。夏日新《湖北三国文化调查》（湖北人民出版社，2017年）中"三国文化遗迹"的所指和张东《汉中三国遗存类别和文化类型概述》（雷勇主编：《三国文化研究（第二辑）》，西北大学出版社，2018年，402—420页）中"三国遗存"所指均是以遗产地性质划分的墓葬、建筑（祠庙、城墙、关隘等）、道路、纪念地等内容，未形成明确的概念。

5　以近年来各地出台的红色文化遗存保护条例中的定义最为典型。

性的遗产，以及因文化传承和创造而附会上文化意义的地点和被区域内大众普遍认同的具有文化影响力或代表性的地点。这里的"遗存"已经接近"文化遗产"的概念了，区别在于，"文化遗产"既包括实体存在，还有传承下来的文化本身；"遗存"则始终围绕实体，指实体本身及其所在地、文化行为的发生地。"文化遗产"具有被共同认可的价值属性，"遗存"则需要在被发现、保护、研究和评估认定后，才能确定其遗产属性。随着遗产学的发展，对遗产性质、类型、价值的认识逐渐深入，国际遗产运动下遗产认定的范围持续扩大，必然有更多本被忽略却实具价值的遗存在人们认识水平提升的过程中回到公众视野，显现出真实、完整或特殊性，进而完成从地名到文化遗产的蝶变。

再看"三国文化"的概念。"三国文化"作为学术名词提出距今有30余年，最早是在文学领域，有学者将其作为"《三国演义》文化"的简称。[1]1991年11月，在成都召开了首届"三国文化国际学术研讨会"，众多专家学者围绕"三国文化"作为学术名词的内涵、外延、研究价值等问题发表了看法或专论，基本建立起"三国文化"的研究领域。这次研讨会产生了非常积极的影响，以致整个20世纪90年代，对"三国文化"概念的研究总有新观点和新成果出现，围绕三国史、《三国演义》、各种通俗艺术形式、民间故事传说、主题旅游资源等元素，"三国文化"的内涵得到了极大地丰富。21世纪以来，诸多学者围绕多学科运用、三国文化的人文精神、文化传播现象、文化产业和文旅融合的趋势等方面，不断拓展"三国文化"的外延，提炼出了更多的文化子类型和亚文化现象，"三国文化"的整体框架更为全面细致。

回顾这一段学术史，可以发现对"三国文化"概念的表述主要有以下几种类型。一是以《三国演义》为"三国文化"的核心，强调其对三国史走向普及的标志性意义，重视其问世后"三国文化"的发展过程。二是同样关注从三国到《三国演义》问世这一段历史期间"三国文化"的积淀和扩散。三是从宏观角度入手，把握"三国文化"的精神特质。四是运用概念研究的模式，将"三国文化"作为新的学术概念作系统梳理，以建立具体的研究领域。这四种类型的出现也基本对应着一条时间的线索，代表着学术界观念发展变化的过程。当然在具体表述中仍存在尤其重视某些文化元素和重文化传播现象轻实体遗留的问题。

我们认为，"三国文化"的概念表述首先需要体现一定的学科特点，因为"文化"的概念过于宽泛，对其的定义有数百条之多，无论是历史学、社会学，还是考古学、遗产学，"文化"在其中都有所特指，因此不论是仰韶文化、茶文化，还是原始文化、藏羌文化，包括"三国文化"，它们的共同之处只应在于"文化"二字，

----

1 贺亚先：《三国文化的特质》，《鄂州大学学报》，1998年3期，37—39页。文章介绍了1990年杨建文先生在其《〈三国演义〉文化论纲》一文中开始使用"三国文化"的提法。杨建文先生很早便认识到以《三国演义》为集大成者的"三国文化"是一种非常复杂的文化现象，在其主编的《〈三国演义〉新论》(华中理工大学出版社，1999年)前言中有关于其内涵和发展阶段的详细论述。

其内涵必然各有不同。同时，这一概念应该是一个"定义—内容—子内容—要素"的体系，定义简明扼要，内容代表具体的研究领域，要素是每一个具体的涉及点，三者有明确的层级结构，如《三国演义》这样的文化要素，纵然十分重要，但也不应出现在概念表述之中。在这样的前提下，我们给"三国文化"作如下定义：三国文化，狭义指三国时期的物质文明和精神文明，广义指由三国历史产生和衍生的人类物质、精神财富总和。其内容主要分为三国文化现象和三国文化遗存两部分，子内容可按照年代、形态、分布、功能、性质、保存状态等标准进行更细致的划分。

综上所述，我们对"三国文化遗存"的概念可作如下表述，指三国历史产生和衍生的实体遗留及其所在地和展现文化行为、开展文化活动的空间、场所及区域。具体标准上，三国时期的遗存，如刘备惠陵[1]，建成于蜀汉章武三年（223年），封土高12米，现存影壁、山门、神道、寝殿等设施。三国时期元素为核心组成部分的遗存，如昭化古城，[2]在其4000余年的文明史和2000余年的建制史中，其在三国时期的历史地位最为显赫，至今仍存武侯祠、费祎祠墓、葭萌古关、鲍三娘墓、关索城等多处游览点位。三国文化元素决定了命名的遗存，如方山诸葛营，[3]现存主要为清代遗迹，相传诸葛亮南征时于此驻扎军队而得名，内含诸葛营、孔明洞等多处以诸葛亮为名的遗迹。三国文化元素影响到区域民众普遍认知的遗存，如打箭岩，[4]现存岩石上人工凿空，插有半实心黄竹，与当地少数民族的特殊葬俗较为类似，但关于诸葛亮"一箭之地""一箭定岩边"的故事在川西南、滇北地区广为流传，该区域内白岩子、尖山岩子、观音岩、张家岩子等多处类似现象的地方均被当地百姓称为"打箭岩"。这些遗存都应属于"三国文化遗存"的范畴。

一处点位能够成为三国文化遗存，基本都通过以下途径：一是经由考古发掘或遗产学调查，明确了年代及性质；二是从古至今一直沿用，功能、性质未发生变化或增添了新的用途；三是因长期稳定的文化传播，民众将三国文化元素附会入点位内涵，或是以文化传播为基础，通过文化产业开发的方式进行重整再造；四是因学界观念转变提升，遗产类型不断丰富，发现了以往忽略的点位。

当然，要建构起遗产学话语下的"三国文化遗存"研究体系，只有概念界定是远远不够的，要让这一体系真正成立，还需要涉及年代、类型、价值、保护、管理等众多基础问题。更进一步的，则是以遗产学的视野去深化我们对时代特质和宏观历史的规律性认识，实现加强文化遗产保护基础上的社会参与和价值阐释，形成业内文化遗产学科建设和文化交流的重要基础，为三国文化开发利用和集群发展提供充分可能。

1　位于成都市武侯区成都武侯祠内。

2　位于广元市昭化区昭化镇。

3　位于楚雄彝族自治州永仁县永定镇。

4　位于攀枝花市盐边县永兴镇。

目录

贵州省

凡例

1. 空间维度，以谭其骧先生《中国历史地图集》中蜀汉景耀五年（262）的《三国时期全图》为参考基础，以其中蜀汉故地对应的当今中国行政区域作为纳入本调查报告遗存点位的主要空间涵盖范围。

2. 时间维度，选择纳入的遗存点位以其始建（起源）时间为参考基础，时间上限以东汉末年黄巾起义（184）为开端，下限为1949年10月前。但一些在当地已经形成共识，有三国文化历史渊源的新修遗存也纳入本书中。

3. 本书以省级行政区为一级标题，以市级行政区为二级标题，以区县为三级标题，市县的编排次序以中华人民共和国民政部网站中的民政数据（2020年12月中华人民共和国县以上行政区划代码）排序为依据。

4. 点位名称命名，有文保级别的，以文保碑上的命名为参考，其他以当地对点位的称谓为参考；有相同名称的点位，如关帝庙、孔明山、武侯祠等，加上点位所在县或乡镇名前缀以作区别。

5. 在具体点位的编写中，通过地理位置、保护级别、现状概述、历史渊源四个部分来诠释每个点位的信息内容，对相关点位的重要碑文资料予以全文整理记录，对碑文中无法识读的文字以符号"□"代替。

6. 配图以调查实拍照片为主，部分进行现场测绘的点位配以测绘图片，反映该遗存的地理及历史人文特征。

7. 本书对遗存点位现今所属行政地理位置的描述，以2022年底公布的行政区划为准。

8. 全书计量单位以国家标准GB3100—93《国际单位制及其应用》、GB3101—93《有关量、单位和符号的一般原则》为准。

9. 全书数字用法以国家标准GB/T15835—2011《出版物上数字用法》为准。

《蜀汉故地卷》综述

梅铮铮

中华文化源远流长，三国文化对于中国人来说更饱含激情又催人奋进、令人血脉偾张。千百年之后，那些散落在广袤大地上的历史文化遗存，无一不是深刻着中国人灵魂烙印的宝贵文化遗产。汉末三国对于有着五千年悠久历史文化的中华民族来说，只是短暂的一瞬，然而却是英雄创业、人才辈出、文化灿烂的历史时期。在强调民族自强、文化自信的时代，梳理自己历史发展的脉络，厘清自身文化的家底，是极为重要且十分有意义的事情。因此，对全国的三国文化遗存进行调查，将对三国文化的传播、影响方面的研究有着积极的推动作用，是功在当代、利在千秋的大事。

三国历史因后代各种文学作品中生动传神的人物形象、脍炙人口的故事而广泛传播，已家喻户晓，而影响深远。当历史远去之后，那些承载着英雄创业艰辛、浴血奋战的沙场与名人故里，以及各类活动的遗迹，就成为后人追思先贤、仰慕豪杰的载体。过去也有一些单位和三国文化爱好者对某处三国文化的遗迹进行过局部考察，但并不完备或者说并不全面、系统。因此，全国三国文化遗存调查需要更专业的团队、更科学更现代化的手段方能进行。成都武侯祠作为首批全国重点文物保护单位、全国三国文化研究中心和三国文化专题博物馆，一直以来以研究三国历史文化为己任，开展三国文化遗存调查是其义不容辞的历史使命和责任担当。从2011年起，成都武侯祠博物馆开始了这项专题遗存调查科研工作。之所以将调查工作的对象命名为"遗存"而非"遗迹"，这是在国家文物局的指导下由调查对象的性质所决定的。因为我们在调查过程中已经发现，除去那些记载于史籍、志书中的古战场、关隘、故道、墓葬、名人故里等遗迹之外，还有大量后代建造的纪念三国名人的祠庙、从演义传说中附会而来的"遗址"，以及流传年代久远的根据口述史而来的"遗迹"。这些内容庞杂、数量极多的文化遗存，显然不能用"三国历史遗迹"这个概念来界定，而"遗存"一词可将其囊括在内。在明确这样的概念之后，我们扩大了调查范围，将文献、各地方志记载的点位以及调查中当地人员的口述内容全部纳入视线中，力求全面和周详。

我们调查的方向，首先考虑的是三国时期蜀汉疆域内的遗存，这样可以发现问题、积累经验，为开展长期遗存调查提供宝贵的借鉴。下面，我们将蜀汉历史文化遗存调查的阶段性成果分地区综述如下：

一、成都地区

这里所说的"成都地区"，其范围除中心城区的武侯区、青羊区、金牛区、锦江区、成华区外，还包括新都区、龙泉驿区、青白江区、双流区、郫都区、新津区、温江区、蒲江县、大邑县、金堂县、彭州市、邛崃市、都江堰市、简阳市、崇州市，即大成都地区。作为三国时期蜀汉政权的都城，成都在三国文化中占有重要的历史和文化地位。诸葛亮治蜀的功绩垂范千秋，无数的人物在这里登台，上演了传奇的历史，流传着令人感动的故事。然而千年之后，"是非成败转头空，青山依旧在，几度夕阳红"，往昔那一幕幕让人魂牵梦绕的历史，犹如汩汩流淌的锦江水一去不复返，"古今多少事，都付笑谈中"。虽然历史早已成为遥远的过往，但是英雄的功业却萦绕在人们心中挥之不去。当时代翻开崭新的一页，古人的创业历史和文化痕迹，确实值得人们回味、关注、研究。一座城市正是因为有历史，才有文化的积淀和辉煌。回味是为了更好地研究和传承悠久的文化，从而开创新的事业，这才是对历史的敬重。

关于成都地区的三国文化遗存调查，我们已有专题调查报告出版（《全国三国文化遗存调查报告（成都地区）》，科学出版社，2016年12月出版），这里仅就其中某些具有特殊意义和时代特点的遗存加以补充。

成都地区是三国蜀汉历史文化遗存最集中的区域，其中最负盛名的无疑是闻名遐迩的三国文化圣地——武侯祠。除此而外，人们最关心的是当年蜀汉政权的皇宫位置在何处。经过

千百年的历史，成都城址的地理位置虽然没有大的变化，但历朝历代的政权更替，导致大城区域地层叠压十分明显，要寻找到三国时期的遗存十分困难。按《三国志·先主传》记载，刘备在群臣拥护之下，于"建安二十六年四月丙午……即皇帝位于成都武担之南"，于是武担即成为寻找蜀汉皇宫的坐标。按，武担在原成都军区宾馆内，据西晋常璩《华阳国志》、宋代罗泌《路史》记载，武担传为蜀王开明王妃之墓，唐宋时此地有僧人寺院，名武担山寺，亦名咒土寺，故后人称此为武担山。成都是由岷江水冲积而成的小平原，于是一座不高的武担山便成了城市地标。我们根据《三国志》中的记载，推测出当年蜀汉皇宫的大体位置在今天府广场以北后子门、市体育场、骡马市一带。2013年，成都市文物考古研究所在今天府广场以北、市体育场南侧的东华门古遗址发掘出土了大量汉代遗存。发掘报告表明："遗迹现象以灰坑、水井为主，时代跨度从西汉中、晚期至蜀汉时期。"报告进一步说："建筑台基F2和灰坑H99为两汉三国遗存中最重要的遗迹单位。其中F2占地范围较广，出土的同时期瓦当数量多，类型丰富，且不少当面有涂朱的现象，表明建筑本身的规模较大、等级较高，可能与东汉末至蜀汉之际大城内的某个官署或宫廷机构有关。"并且，"有学者根据考古证据和文献记载，认为可能属于蜀汉宫城的一部分或与之有

密切关系"。[1] 发掘报告印证了《三国志》的记载，据此，我们似能认定天府广场古遗址为蜀汉皇宫的一部分。因此将武担山收录在《全国三国文化遗存调查报告（蜀汉故地卷）》中作为蜀汉皇宫位置的坐标，就有历史依据了。

类似的情况还有黄龙溪。黄龙溪作为锦江通衢和重要的水陆码头，扼古蜀水道的咽喉，溯江而上可至成都，顺流而下则汇入长江直达江东。《三国志·先主传》载：建安二十五年，"太傅许靖、安汉将军糜竺、军师将军诸葛亮……等上言：'……间黄龙见武阳赤水，九日乃去……大王当龙升，登帝位也。'"《华阳国志·蜀志》载："建安二十四年，黄龙见武阳赤水九日。"据此可知，黄龙溪是诸葛亮等人上言有黄龙现身武阳赤水的吉祥征兆，为刘备登基制造舆论之处。虽然今黄龙溪已无任何三国遗迹可寻，而发展成纯粹的旅游景区，但我们仍将其作为三国文化遗存纳入本卷，或可成为后人凭吊之地。

治蜀十余年的诸葛亮，千百年来都是公众爱戴的历史人物，享有"智慧的化身"美誉。关于他的传说、遗迹都非常多，但是经过千年风雨之后，真能确定是诸葛亮当年所留下的遗迹，其实数量很少。关于诸葛亮治蜀的这些遗迹，其中一部分如都江堰、锦官城、万里桥、八阵图之类，是不仅有史料可查，更有遗存可寻的；然而更多的则是后人出于对诸葛亮的爱戴而演绎的，诸如九里堤、葛陌、诸葛亮点将台等，这些"遗迹"虽有后世文献记载，但我们认为附会的色彩更重。

该地区的遗存还有一个特点，就是蜀汉名人墓葬多。这些墓葬在后世的文献中多有记载，比如赵云墓、黄忠墓、马超墓、张桓侯墓、张松墓、马岱墓等。成都是蜀汉都城，留存了不少蜀汉风云人物活动的遗迹。它们承载了后人

对英雄的崇拜和追思，比如衣冠庙、洗面桥、赵子龙洗马池、赵子龙望羌台、马超坪、张飞营、关索寨等。读者若想了解具体情况，可详见本书中的描述。

二、南中地区

"南中"一词，最早见于《三国志·诸葛亮传》，故而本综述依然沿用汉末三国时期的历史地理概念来划分。其范围包括今天四川省西南部，云南、贵州两省及广西北部与上两省接壤地区。三国时期，刘备伐吴失败，病逝于永安宫，当时的南中诸郡在豪帅策动之下纷纷举兵叛乱，领头人物分别是越嶲郡高定、益州郡雍闿和牂柯郡朱褒。《三国志·后主传》记载："建兴元年夏……先是，益州郡有大姓雍闿反，流太守张裔于吴，据郡不宾。越嶲夷王高定亦叛。"《华阳国志·南中志》也记载，在先主刘备东征失败后，"越嶲叟帅高定元（《三国志》作高定）杀郡将军焦璜，举郡称王以叛"，由是越嶲全郡被高定控制，这也是南中地区率先叛乱的区域。诸葛亮受刘备托孤开府治事，重新任命的新越嶲太守龚禄，无法到达原来的郡治所在地，只得驻安上（今四川屏山新市镇），遥领越嶲事务。《资治通鉴》卷七十记载："初，益州郡耆帅雍闿杀太守正昂，因士燮以求附于吴，又执太守成都张裔以与吴。吴以闿为永昌太守。永昌功曹吕凯、府丞王伉率吏士闭境拒守，闿不能进，使郡人孟获诱扇诸夷，诸夷皆从之；牂柯太守朱褒、越嶲夷王高定皆叛应闿。"这次叛乱虽然地处偏远，但叛乱地区不是个别郡而是几个主要大郡，且范围广、叛乱首领级别高。更为严重的是，南中的叛乱地区占当时蜀汉国土面积一半以上，直接威胁着朝廷后方。这对矢志于"兴复汉室，还于旧都"的诸葛亮来说，无疑是刘备去世后所面临的最大

1《成都天府广场东北侧古遗址发掘报告》。成都文物考古研究所编著，文物出版社，2016年11月出版。

挑战。当时蜀汉朝廷所面临的现实是：刘备东征使本国兵力遭受到毁灭性的重创，诸葛亮即使想要即刻调兵平叛，朝廷的经济也已无力支撑，无兵员可用了。所以诸葛亮一方面派出使臣邓芝到东吴去"因结和亲"，另一方面整顿朝廷，选贤任能，加强法治，务农殖谷，发展经济。待到朝廷内外团结一致，经济恢复、发展到一定程度之后，蜀汉建兴三年（225）春，诸葛亮才亲率大军南征。南征大军分为三路：一路由诸葛亮亲自率领，从成都沿水路南下至安上，上岸后直入越嶲；一路由庲降都督李恢率领，从平夷（今贵州毕节）至建宁（今云南曲靖），攻击盘踞在建宁一带的雍闿；另一路由牂牁太守马忠从江阳（今四川泸州）东进，攻打据守在牂牁一带的朱褒叛军。因此，对于诸葛亮南征遗存，成都武侯祠博物馆的工作人员也是按照史籍记载寻踪调查的。

对三国文化遗存的调查在这一地区有一个无法回避的历史事实是，南征是诸葛亮亲自策划、指挥并参与的重大军事行动，但在《三国志·诸葛亮传》中，仅在《出师表》中有"故五月渡泸，深入不毛"一句，并没有具体内容。史事散见于蜀汉数篇人物传记、《三国志》裴注、《华阳国志》、《汉晋春秋》等历史文献，以及后世各地修撰的地方志，于是关于本地区的遗存调查，要求在尽可能搜集各类文献的基础上，力求较全面地完成调查工作。

调查发现，南中地区的遗存，在性质上和类型上都与成都地区有所不同。不仅数量多，而且口述的内容远远超过文献记载，最突出的一点就是为纪念诸葛亮而命名的遗存最多。如宜宾市翠屏区流杯池公园东南部，始建于宋代，原是纪念黄庭坚的山谷祠，后因为纪念诸葛亮南征云南，途经僰道而改为丞相祠。濒临安宁河的诸葛城遗址，相传是诸葛亮南征越嶲郡时所筑的最大土城。《明一统志》记载："武侯城，在都司城南三十里泸水东，蜀汉诸葛武侯所筑，

所谓五月渡泸，即此处。"位于会理县北部的白果湾乡孔明寨，又名诸葛寨，背靠的大山名孔明山，山上还有孔明洞和孔明泉。贵州黔西南州贞丰县者相镇有孔明城，又称"者相古城遗址"，相传是诸葛亮三擒孟获之地。《咸丰兴义府志》记载："汉孔明城，在州北三十里者相。"诸葛营遗址是昭通境内发现的占地面积最大的汉晋古城址。名为"诸葛营"的遗址不止一处，其一在云南省保山市隆阳区兰城汉营村，又称"汉营"，相传诸葛亮南征后返回成都，其所留下的汉人聚居而形成。《光绪永昌府志》记载："诸葛营，在城南十里，昔武侯屯兵之所，及还，汉人有遗于此者聚族而居，至今呼为旧汉人。"诸葛营呈四方形，20世纪90年代，城门附近发现有"元康四年"铭文的城砖。此外，遗址内发现大量汉代砖瓦。由此，大致推断出该遗址是一个修筑于汉代，直到晋代仍然在使用的古城。其二在云南省楚雄州永仁县永定镇方山，原名"王家村"。相传大将王平随诸葛亮"五月渡泸"，率领队伍在方山击退蛮军后，守军在此安营扎寨，与当地人共同生活，逐渐形成村寨。1983年地震后改名为"诸葛营村"。村中至今留有许多南征相关遗存，如诸葛亮练兵的大营盘、舂米石、孔明洞、烽火台、诸葛营古战壕等。其三在昭通市昭阳区太平办事处，相传为诸葛亮南征在此驻扎军队而修筑。《宣统恩安县志》记载："诸葛营，在城东太平寨后，世传武侯征南驻兵于此，今濠垒犹存。"遗址面积约4万平方米，表面散布大量炼铜炉渣，南北宽200米，东西长170米，东南方向有壕沟，西北方向为秀水河，残存有城墙基址，城墙夯土层中夹杂有大量汉代陶片。文化层厚1米以上，村民曾发现有铜洗、瓦当、陶片、石柱础、鸟头器物等，有铭文铜洗2件，分别为"永建五年朱提造"和"永元元年朱提堂狼"。位于保山市西太保山上的武侯祠，是为纪念诸葛亮平定南中叛乱而建，始建于明嘉靖年间。《光绪

5

永昌府志》记载："武侯祠，一在太保山顶，旧废。康熙二十六年重建……辛酉兵燹焚毁，光绪五年知县刘云章重建，一殿余未修。"

可以明确与南征有关的，是位于昭觉县四开乡日历村的蜀汉军屯遗址。1977年，四川省博物馆、凉山彝族自治州文化局曾联合对该遗址进行试掘，发现高6—10米、径约10米的人工夯筑土堆十余座，并发现两座房址，出土箭镞、弩机残件、带钩等。当时主持发掘工作的四川省博物馆著名专家王家祐先生，在其发掘报告中明确界定该地为"蜀汉军屯遗址"。此后，1986年，昭觉文管所在四开乡村民手中收集到铜印章17枚，印文阴刻"军司马印"1枚、"军假司马"13枚、"军假候"3枚，这些汉代军印为此处系军屯遗址提供了有力的佐证。此外，分布于遵义市习水县三岔河乡三岔村的蜀汉岩墓群尤为重要，其中"章武三年"题刻岩墓是目前发现的唯一有"章武"纪年的岩墓。题刻岩墓长125厘米，宽230厘米，进深218厘米，墓顶仿照屋顶凿刻。墓口右侧有摩崖石刻题记："章武三年七月十日姚立从曾意买大父曾孝梁右一门七十万毕知者廖诚杜六葬姚父及母。"按，"章武"是刘备称帝之后的年号，而章武三年五月，刘禅已经继位，并改元建兴。但岩墓题刻的时间为章武三年七月十日，显然因山川阻隔，消息闭塞，当地人并不知道此时已经改元建兴，仍用章武年号纪年。这对于研究蜀汉边远地区的历史文化，显得十分珍贵。

南中地区遗存的另一特点是，因地理环境和历史原因，古关隘、古道、城池遗迹较多。汉末三国时期的西南夷地区，自古就有南方丝绸之路存在，是华夏各族民众通往天竺等周边诸国的重要通道。汉末三国时期，因牦牛道已断绝百余年，诸葛亮南征沿五尺道深入不毛，沿途也必然经过原有的古道、古渡、关隘、城池，因此留存下来的遗迹数量很多。比如西昌市高枧乡中所村，亦称"高枧汉晋古城"，因传为孟获所筑，故名"高枧孟获城遗址"。《明一统志》记载："孟获城，在都司城东二里，蜀汉时孟获所筑。"龙湖雄关，位于雷波县中田乡宋家岩，小地名"大陷漕"。此关是古代进入马湖的西北面要塞，故道长约30千米。相传诸葛亮南征时在此与孟获大战，后人在悬崖上刻下"龙湖雄关"四字以纪其事。汉代孙水关遗址位于冕宁县泸沽镇东部3千米处的喜德孙水河畔，此处是古南方丝绸之路的通关要津，相传诸葛亮南征途经此关。今遗址岩石壁上题刻"哑泉，此水不可饮"七个大字，相传诸葛亮南征过此，士卒口渴，饮用此水，皆哑。分析当为受到《三国演义》相关故事影响附会而来。位于越西县一带的零关道，亦称"灵关道""西夷道""清溪关道"，形成于秦汉前后，从今四川成都绵延至云南大理等地，是纵贯越西县南北的开发最早最重要的古道。诸葛亮南征时，当由僰道沿此道南下平叛。

此外，与孟获相关的遗址也不少。如上面提到的高枧孟获城遗址，还有雷波县马湖乡马湖中心岛上海龙寺内的孟获殿，俗称"蛮王殿"，坐北朝南。殿内供奉三尊蛮王菩萨——孟获、孟优、摩铁，于1994年重塑，三人皆穿彝族服饰。1996年，被四川省公布为省级重点文物保护单位。记载三国时期彝族首领济火协助诸葛亮七擒孟获有功而受封罗甸国王事迹的《济火碑》，是迄今全国发现记事年代最早的彝文碑，现藏于大方县奢香博物馆乌蒙彝文化博物馆内。该碑横长方形，砂岩材质，高0.52米，长0.65米，左上角残缺，碑文阴刻，现存174个字。碑文最重要的一段，懂得古彝语的民族学者翻译成汉语为："在楚敖山上，君长与孔明结盟；帝师胜利归来，将彝族君长的功勋记入汉文史册。"

由上面诸多点位可以明确，这些文化遗存的命名大都与诸葛亮以及《三国演义》故事有关。仅就这点来说，该地区与诸葛亮有关的遗存在数量上超过了被后人封为"帝王""圣人"的关羽。诸葛亮南征是他一生中亲自指挥、参与的一次重大军事行动，关乎蜀汉政权稳定，实现北伐曹魏、兴复汉室的宏大目标，也是展示诸葛亮军事、政治、经济、文化传播能力的最为辉煌的一页。因此，南中地区各类带有诸葛亮文化符号的遗存、流传于各民族间与诸葛亮有关的传奇故事，都成为民族凝聚力的重要载体。

三、刘备东征路线

建安十六年（211），刘璋遥闻曹操将遣钟繇等向汉中讨张鲁，内怀恐惧，在张松的建议下，派遣法正率四千人马迎刘备入蜀。公元221年，刘备在成都称帝，建立蜀汉政权。《三国志·先主传》记载："初，先主忿孙权之袭关羽，将东征，秋七月，遂帅诸军伐吴……二年春正月，先主军还秭归，将军吴班、陈式水军屯夷陵，夹江东西岸。二月，先主自秭归率诸将进军，缘山截岭，于夷道猇亭驻营，自佷山通武陵，遣侍中马良安慰五溪蛮夷，咸相率响应。镇北将军黄权督江北诸军，与吴军相拒于夷陵道。夏六月，黄气见自秭归十余里中，广数十丈。后十余日，陆议大破先主军于猇亭，将军冯习、张南等皆没。先主自猇亭还秭归，收合离散兵，遂弃船舫，由步道还鱼复，改鱼复县曰永安。"夷陵之战是刘备称帝后最大的一次失败，先后耗时两年多，是以该区域的遗存大都集中于东征沿线。该区域包括今天重庆市，湖北宜昌、荆州部分，但因宜昌、荆州属于湖北省，为避免和今后开展的孙吴地区调查重复，因此，本卷遗存介绍仅涉及重庆地区。

东征沿线有两大遗存尤其值得重视。一是云阳张飞庙。该庙原在云阳县长江南岸，因建造三峡大坝而迁至今云阳县盘龙区。《三国志·张飞传》记载："先主伐吴，飞当率兵万人，自阆中会江州。临发，其帐下将张达、范强杀飞，持其首，顺流而奔孙权。"民间传说，张达、范强谋杀张飞后，携其首沿长江投往孙吴，半道听说蜀吴已经和解了，便将张飞首级抛至江中。首级顺江流至云阳时，被一渔民获得，遂在飞凤山立庙祭祀。明嘉靖《云阳县志》亦记载此事。在张飞庙迁建之前，陕西省考古研究所对建筑基址进行了考古发掘，发现了宋代至明清时期的建筑基址，并一块从别处移来做柱础的唐代墓碑，未发现与张飞庙遗迹相关的汉代遗迹。二是与刘备托孤史事有关的今重庆奉节白帝城。刘备白帝托孤是蜀汉政权的一件大事，此后开启了诸葛亮治蜀理政的重要阶段。刘备对诸葛亮的托孤常常成为后世研究刘备与诸葛亮关系的热门话题，是以白帝城往往成为大众所关注的三国历史文化遗存。白帝城地处长江瞿塘峡口北岸，西距奉节县城8千米，三面环水，雄踞水陆要津。白帝城，原为鱼复城，新莽末东汉初公孙述据蜀更名白帝城。刘备兵败退守此城，再更名永安，是白帝托孤的史事发生地，2006年被公布为全国重点文物保护单位。同年被列为全国重点文物保护单位的还有白帝镇白帝村的白帝庙。白帝庙据传为公孙述所建，自唐以来成为后世凭吊刘备白帝托孤的处所。而永安宫遗址因建造三峡大坝，已被淹没于水下，仅有永安宫大殿2002年整体搬迁至夔州古建筑群内。

四、诸葛亮北伐路线

这条路线上的蜀汉历史文化遗存是调查的重点，历史脉络和点位比较清晰，除了与刘备入蜀及攻占汉中的古战场有关，更多是围绕着诸葛亮北伐路线而分布的。诸葛亮北伐是他一生中最重要的经历之一，历史文化传播范围广，传说故事多且影响深远。在长达数百千米的路线上涉及多处古战场、关隘、古道以及驻扎过的遗址，也有不少后世纪念诸葛亮及蜀汉英雄的祠庙。

从成都至汉中的古金牛道沿线的雒城，庞统墓、祠，剑门关，昭化古城，费祎墓、祠，明月峡古栈道，阳平关，定军山古战场，刘备称汉中王设坛处，虎头桥，以及数条汉中通往关中平原的古蜀道，都是遗存密集分布区域。其中位于勉县的武侯祠、墓，诸葛亮读书台，诸葛亮制木牛流马处，更承载着诸葛亮的智慧和文化影响，是后世崇敬诸葛亮者必去的胜迹。这些遗存具有一个显著特点，就是广为大众所熟悉，为大众耳熟能详的历史故事发生地。较之其他地方遗存而言，它们不光真实，而且至今还是发展非常成熟的旅游景点。

诸葛亮北伐是为了"兴复汉室，还于旧都"，因此从公元228年开始数次用兵，《三国演义》将之演绎为"六出祁山"。调查的目的之一就是将大众熟知的故事发生地弄清楚，使之成为"活"的历史遗存，为当代人寻古访幽提供历史素材。在调查中我们还发现，因历史久远，诸葛亮故事传播广泛，三国文化普及面大，一些三国事迹存在多处文化遗存的现象，比如街亭之战的发生地，甘肃省有三处街亭：1. 庄浪县韩店乡；2. 秦安县陇城镇；3. 天水市麦积区街亭村。本卷在这里分别介绍各地的街亭遗址，至于真伪，则需要读者在阅读之后自行做出判断了。再比如诸葛亮第四次北伐时射杀曹魏大将的木门道，经调查发现有两处，但我们认为较为可信的一处位于陇南市礼县盐官镇罗家堡村（旧称木门堡村），在卤城东北向约5千米。据清乾隆《西和县志》记载，距祁山约15千米处，两山夹峙，中通一道，相传此即古木门道。调查发现，这里的地理位置和周边环境较符合文献记载。

上述是诸葛亮北伐路线上的重点遗存，至于较为全面的有关诸葛亮的文化遗存，我们已

出版了《名垂宇宙——诸葛亮文化遗存调查》[1]，诸位可以参考、查询。

五、其他地区

其他地区包括雅安、甘孜、阿坝、南充、攀枝花、巴中等。需要说明的是，虽然这些地区仿佛游离于蜀汉人物主要活动范围之外，但这些散布在原野上的遗存却是蜀汉疆域内不可或缺的历史文化载体，其中也涉及一些蜀汉重要人物的活动。因此，调查该区的三国文化遗存不仅是对历史负责任，也是必须完成的工作和任务。为行文简洁，综述不对这些地区进行详细描述，仅择个别重要区域的重要遗存作简介如下。

雅安地区在其他地区中的位置最为重要，这里三国文化遗存极为丰富。此地区在汉末三国时期属益州管辖的汉嘉郡，下辖雅安、芦山、名山、天全、荥经、汉源等市县区，被列为全国重点文物保护单位的三国历史文化遗存不少。位于雅安雨城区的高颐墓阙及石刻是第一批全国重点文物保护单位。汉故益州太守高颐之墓阙，建于东汉建安十四年（209），双阙均为子母阙，其中西阙是迄今我国30余座汉阙中保存最为完好的仿木结构石质建筑，连檐、瓦当、斗拱等细节对研究汉代及三国时期的建筑提供了重要的实物参考。该镇黎明村樊敏阙及石刻，建于东汉建安十年（205），为东汉巴郡太守樊敏的墓葬建筑，是第三批全国重点文物保护单位。樊敏碑上的文字记录了樊敏与古代少数民族青衣羌的关系，为研究东汉时期当地社会情况和四川地方史事保存了珍贵史料，具有极为重要的历史研究与参考价值。位于芦山县芦阳镇的平襄楼、姜侯祠牌坊、姜公庙大殿，分别建于北宋和明代，是第六批全国重点

---

1 巴蜀书社，2020年12月出版。

8

文物保护单位，也是该地区重要的三国历史文化遗存。该区域涉及姜维的文化遗存不少，恐与当地流传此地是姜维屯戍守边及封荫之地有关。与平襄楼、姜公庙相邻的还有姜城遗址，明代《雅州府志》记载："旧土城，在龙门、清源二水之间，蜀汉姜维建，周围二里，世名姜城。"现尚残存夯土筑砌一段北墙，城墙覆土上仍然散布很多汉代瓦砾碎片。2000年旧城改造时，在姜公庙后延伸至南街长约10米的三国时期土城墙被拆。拆毁时，在古城墙内发现了汉城门、石兽及古城街道遗址。芦山县芦阳镇东风村还建有姜维墓，传为当年姜维遇害后，部将卫贯将其肝胆抢回，带回汉嘉安葬于龙尾山，历代祭祀不绝。此外，被列为四川省第一批文物保护单位的王晖石棺及石刻，建造于东汉建安十七年（212），为汉嘉郡上计史王晖的墓棺，也是迄今为止唯一有墓志的汉代石棺，当年就受到郭沫若高度评价，具有很高的历史价值。

其他地区的遗存可判定属于三国时期的不多，大都为当时某将驻守或活动所遗留和纪念性的庙宇。比如在阿坝州境内的汶川县、理县、茂县，调查发现有大量与姜维有关的遗存。《三国志·姜维传》记载延熙十年（238）"汶山平康夷反，维率众讨定之"。结合理县杂谷脑镇朴头山隋代开皇九年（589）刻立的《通道碑》文："自蜀相姜维尝于此行，尔来三百余年，更不修理。"因此，这里的遗存与姜维活动相关联是必然的。该区域存在多处与姜维活动相关的遗存：理县杂谷脑镇有维州城遗址，俗称"姜堆"；茂县雅都镇也有维城；桃坪镇佳山有姜维城。名声最大的姜维城位于汶川县威州镇西北部半山腰、岷江与杂谷脑河交汇处岷江南岸二级台地上。整个城址呈长方形，东西长约200米，南北宽约150米，总占地面积约30000平方米。结合附近还有城东面约250米外的山梁上有夯筑的长方形土台，俗称姜维点兵操练之处的点将台，以及当地有大量有关姜维的传说，初步认为夯土城是三国时期蜀汉所建，称为"姜维城"是有一定依据的。在民族聚集区的阿坝州，我们有意外的发现，即纪念关羽的庙宇武圣宫、武庙、关帝庙竟然达28座之多；甘孜州也有类似的遗存。这是三国文化传播和关公崇拜在偏远地区影响广泛的实证。

三国

SICHUAN

四川省

四川省概述

四川省，位于我国西南部，地处长江上游，三国时期诸葛亮就对其有"天府之土"的美誉。其地域北接陕西、甘肃，东达重庆，南邻云南、贵州，西连青海、西藏。截至2022年底，其下辖成都、自贡、攀枝花、泸州、德阳、绵阳、广元、遂宁、内江、乐山、南充、眉山、宜宾、广安、达州、雅安、巴中、资阳等18个地级市，以及阿坝、甘孜、凉山等3个民族自治州，共计183个县（市、区）。

根据《后汉书·郡国志》的明确记载，东汉在西汉行政管理的基础上，实行州郡县的三级管理制度，以州辖郡，以郡辖县，全国分为13个刺史部，即司隶校尉部、豫州、冀州、兖州、徐州、青州、荆州、扬州、益州、凉州、并州、幽州、交趾，下辖上百个郡、上千个县，在册人口多达5000万左右。

到了三国鼎立时期，相互之间的疆域相对稳定之后，蜀汉政权主要占有西南方的益州，孙吴政权主要占有南方的扬州、荆州（部分）、交趾，其余9个州部均归曹魏占有。也就是说，只占有1个州的蜀汉版图最小，占有3个州的孙吴次之，占有9个州的曹魏最大。这就是三国相互竞争时所凭借的地理资源。

根据谭其骧先生《中国历史地图集》第三册"三国时期"的地图及相关历史文献来看，在三国时期，四川省的大部分地区都属于蜀汉的益州行政范围，分别由下属的蜀郡、广汉郡、东广汉郡、巴西郡、梓潼郡、汉山郡、汉嘉郡、犍为郡、江阳郡、越巂郡等管辖。益州的行政中心，两汉以来一直是广汉郡雒县（今四川省广汉市），刘备占有益州之后，成都又变成蜀汉政权的首都。由于上述的各郡都位于成都的周围，属于支撑蜀汉政权的骨干地区，因此三国文化遗存的数量很多，尤其从成都北上关中的古蜀道沿线，以及诸葛亮从成都南下"五月渡泸"平定南中的行军沿线，更是如此。

下面对此次在四川省各地的三国文化遗存调查结果，总共300多个点位，逐一进行情况报告。

成都市

　　成都市，长期是四川省省会。截至2022年，全市下辖锦江区、青羊区、金牛区、武侯区、成华区、龙泉驿区、青白江区、新都区、温江区、双流区、郫都区、新津区12个市辖区，简阳市、都江堰市、彭州市、邛崃市、崇州市5个代管县级市，金堂县、大邑县、蒲江县3个县。三国时期，该区域主要为蜀汉益州的蜀郡辖地，此外还包含广汉郡、犍为郡和汶山郡的一部分。

成都市三国文化遗存点位分布图

1　赵云洗马池
2　武担山
3　娘娘庙
4　黄忠祠墓旧址
5　九里堤
6　成都武侯祠
7　万里桥
8　洗面桥
9　衣冠庙
10　桓侯巷
11　桓侯墓（成汉墓）
12　石经寺
13　八角井
14　弥牟三国八阵图遗址
15　城厢武庙
16　新都马超墓
17　《征西将军马超墓》碑
18　《汉骠骑将军领凉州牧斄乡侯谥威侯马公墓志》碑
19　《新都八阵图记》碑
20　葛陌
21　牧马山（诸葛亮屯兵处）

22　黄龙溪
23　九倒拐崖墓群
24　先主寺
25　慈云寺
26　《汉后帝读书处》碑
27　火烧坡古战场遗址
28　五凤关圣宫
29　双河关帝庙
30　赵子龙祠墓
31　子龙祠
32　望羌台
33　古石山冶铁遗址
34　石象寺
35　蒲江武庙
36　甘溪箭塔
37　西来文风塔
38　灵官堂摩崖造像
39　都江堰
40　马超坪
41　白虎夷王城遗址
42　白虎夷王墓
43　张松墓

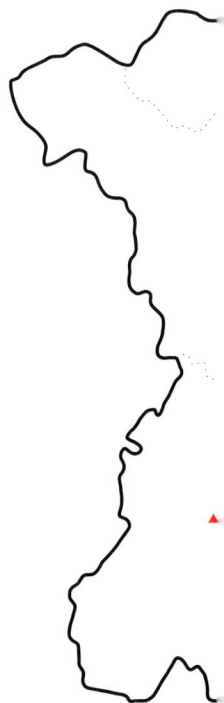

撰稿：安剑华　陈　芳　曹　静　谢　乾

摄影：苏碧群　丁　浩　罗景玠　李　玲

　　　张　祎　李鑫智　唐跃武　甘　霖

　　　李云松　高　泓　向文军

绘图：尚春杰　黄　琦　李　娇

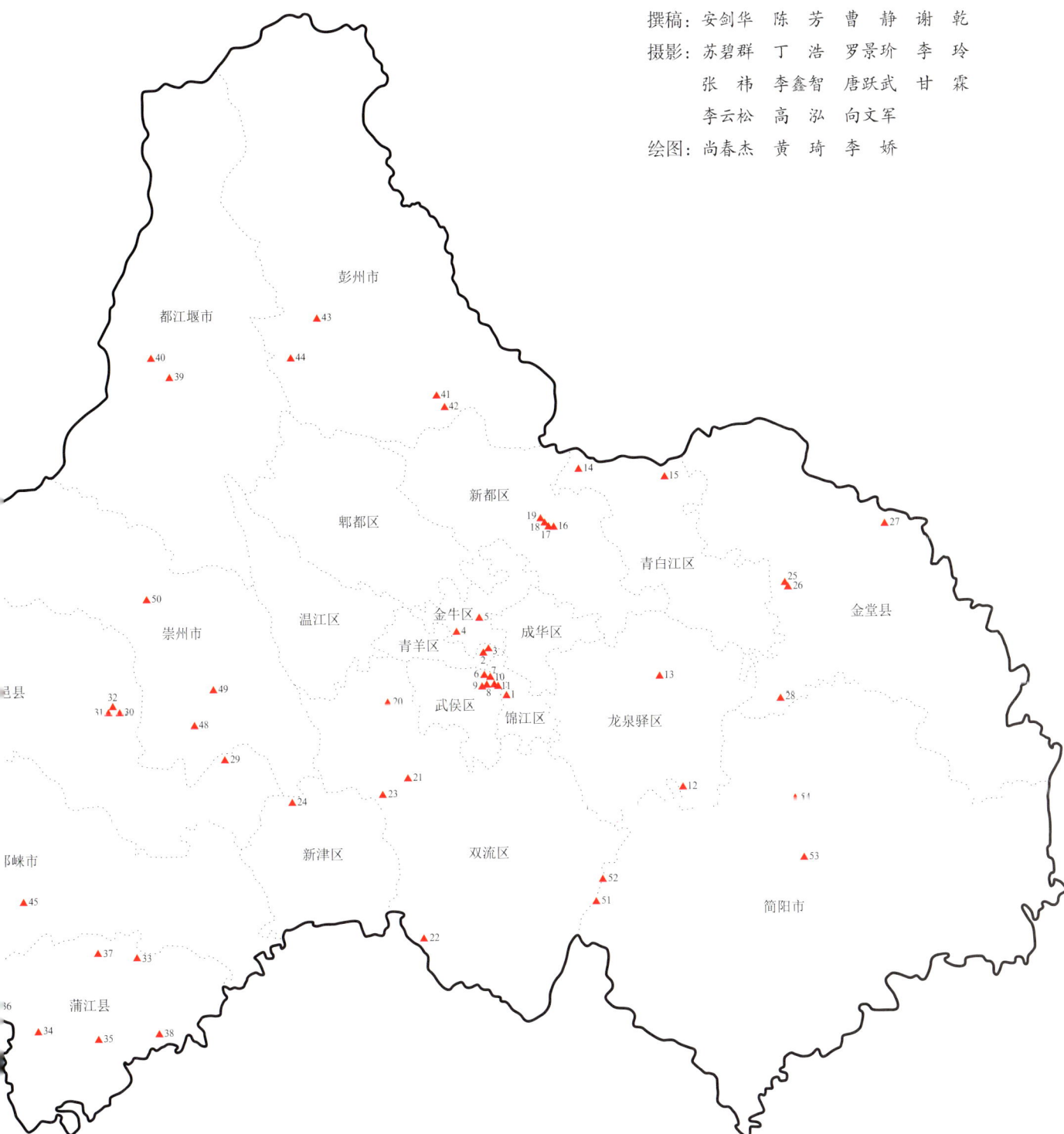

彭州市

都江堰市

▲43

▲40
▲39

▲44

▲41
▲42

郫都区

新都区

▲14　　▲15

19
18　▲16
17

▲27

青白江区

温江区

崇州市

▲50

金牛区

▲5
▲4

成华区

25
▲26

金堂县

青羊区

2▲3
6▲7
9▲10
8▲11
▲1

▲13

▲49

▲48

▲20

武侯区

锦江区

龙泉驿区

▲28

32
31▲▲30

▲29

▲23

▲21

双流区

▲12

▲54

新津区

▲24

▲45

▲22

▲37
▲33

▲36

蒲江县

▲34　▲35

▲38

▲53

▲52

▲51

简阳市

锦江区

赵云洗马池

【地理位置】

地理坐标：东经104°4′，北纬30°39′。

行政属地：锦江区竹林巷62号和平街小学内。

【现状概述】

赵云洗马池已被填平，在其原址上建和平街小学，今小学操场处为其旧址。

民国时期出版的赵云洗马池明信片

【历史渊源】

赵云洗马池，俗名"子龙塘"。相传蜀汉名将赵云非常爱马，尤其喜欢随他一起征战的战马。每次赵云征战归来，定会牵着战马到家（俗称"赵云故宅"）旁的水塘洗马，故名。清嘉庆二十一年（1816）成书的《四川通志》卷四十九《舆地·古迹》记载："子龙塘，在城东北，相传为汉赵顺平侯遗迹。"同年修《华阳县志》则记载："赵云故宅，旁有子龙塘。"

赵云洗马池旧址（今为和平街小学操场）

清嘉庆年间，赵云洗马池所在的街道被称为"子龙塘街"。咸丰年间，四川提督周达武花费重金买下此地，在池中亭上专门设龛供奉谥号"顺平侯"的赵云。同治年间，因在赵云洗马池畔修建骆公祠祭祀骆秉章，其所在街道改称骆公祠街，《蜀海丛谈》中提到："骆公祠，旁有巨池，即顺平侯洗马处。"

民国时期，赵云洗马池周围的房屋被作为成都参议会的会址，后改为县女子小学。1954年，赵云洗马池所在街道由骆公祠街改为和平街。直至20世纪70年代，赵云洗马池依然存在，后因修建学校操场，洗马池的最后一点残余被填平。

民国时期赵云洗马池旧照

青羊区

武担山

【 地理位置 】

地理坐标：东经104°3′50″，北纬30°40′38″，海拔499米。

行政属地：青羊区江汉路。

【 保护级别 】

1981年，被成都市人民政府公布为市级文物保护单位。

【 现状概述 】

武担山现位于成都军区内，不对外开放。周围原用青石板铺路，后为配合整个军区环境改造而换成水泥路面。武担山一带还有望月亭、武担塔、石镜，均系现代重修。望月亭位于武担山顶，系六角亭。武担塔位于武担山前往石镜方向约200米处，为六角七级砖塔，2008年汶川地震时塔身遭到破坏，第四、五、六层经过重新铺砖并加固。石镜位于武担山与武担塔之间，旁有古蜀开明王妃抚琴坐像。石镜上刻着杜甫的《石镜》诗："蜀王将此镜，送死置空山。冥寞怜香骨，提携近玉颜。众妃无复叹，千骑亦虚还。独有伤心石，埋轮月宇间。"

【 历史渊源 】

《华阳国志》卷三《蜀志》记载："武都有一丈夫，化为女子，美而艳，盖山精也，蜀王纳为妃。不习水土，欲去。王必留之，乃

为《东平之歌》以乐之。无几，物故。蜀王哀念之，乃遣五丁之武都担土为妃作冢，盖地数亩，高七丈，上有石镜，今成都北角武担是也。"武担山，又名石镜山、武都山，为古蜀国国王开明氏时期由人力担土堆垒的王妃墓葬。成都地区是岷江水冲击而成的平原，平原上的小堆垒多为古代墓冢。蜀王妃墓建成后，武担山便成为成都城区范围的地标。《三国志》卷三十二《先主传》载，蜀汉章武元年(221)，刘备"即皇帝位于成都武担之南"[1]，"武担"指的就是武担山。千百年来武担山都为成都一大名胜，历代文人墨客吟咏甚多。唐代诗人王勃著《晚秋游武担山寺序》，极写武担山之秀丽景象；杜甫亦有《石镜》诗。

武担山从古至今地理位置都没有发生改变。《元和郡县志》卷三十二《剑南道》载："武担山在（成都）县北百二十步。"自唐宋以降，成都城历尽沧桑，几经兴废，尤其经唐代高骈扩筑罗城后，城市布局有了较大变化，但武担山的位置迄今如故。[2]

另外《天启新修成都府志》卷二《山川志》载："武都山精化为女子，蜀王开明纳为妃，不习水土而死。王遣五丁于武都山担土为冢，盖地数亩，高七丈，上有石厚五寸，莹澈可鉴，号曰石镜，用表其门。又传今都内及昆（毗）桥侧又一折石长二丈，云是五丁担也。

1 方北辰译注：《三国志全本今译注》(第二分册)，陕西人民出版社，2011，第1745页。
2 贺游：《成都三国文化遗迹寻踪》，《四川文物》，2004年第5期。

武担山

汉昭烈即位于武担山之南即此。"[1] 这与《三国志·先主传》刘备"即皇帝位于成都武担之南"的记载可相印证。

清雍正时期，黄廷桂在《四川通志》卷二十六《古迹》中记载有石镜的尺寸和形态："今武担山上有石，径五尺，厚五寸，莹澈可鉴，号曰石镜。"

据新华宾馆的工作人员介绍，20世纪70年代，武担山是成都市区最高点。武担山附近原多柏树，因年代久远，柏树越发高大茂密，影响军区外围环境。2000年2月，武担山附近的柏树被移到别处。

望月亭

石镜

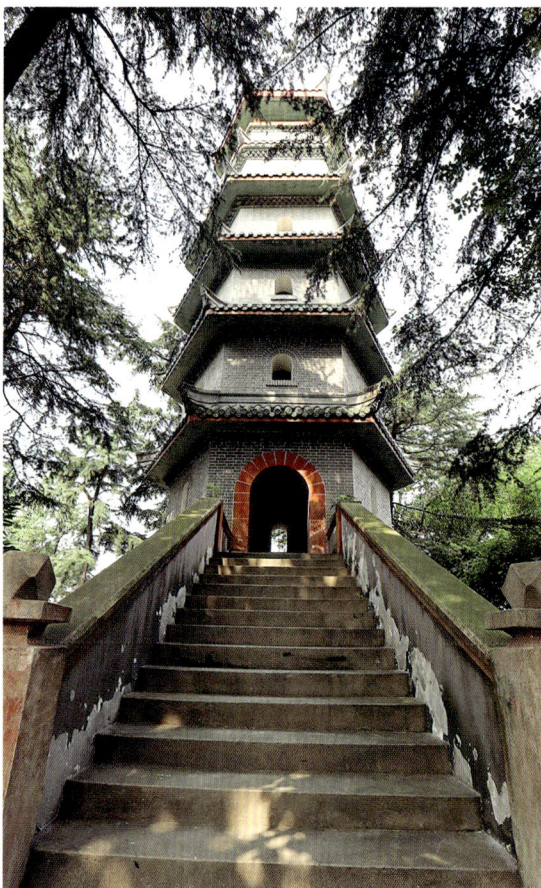
武担塔

1 （明）冯任修，（清）张世雍等纂：《天启新修成都府志》，《中国地方志集成·四川府县志辑①》，巴蜀书社，1992，第41页。

娘娘庙

【 地理位置 】

地理坐标：东经104°4′12″，北纬30°40′45″。

行政属地：青羊区西马道街50号。

【 现状概述 】

现仅存三观殿院落。三观殿面阔两间，进深一间，面积不足20平方米。殿内供奉有北地王妃崔氏娘娘塑像，塑像前有供品桌和功德箱，现为道教活动开放场所。

【 历史渊源 】

娘娘庙，原名"广生宫"，是纪念刘谌（刘备之孙）之妻的古庙。此庙始建于清康熙年间，重建于咸丰末年，占地约2.6亩，原有藏经楼、斗姆殿、真武殿、三清大殿、观音殿、黄金楼等29处建筑，大部分建筑毁于20世纪60年代。刘谌与其妻的神像深藏在蜿蜒曲折的居民院落之中。附近曾有娘娘庙街，现已不存。[1] 2008年，正式启动古娘娘庙恢复重建工作。2013年，娘娘庙获批成为合法宗教活动开放场所。每年农历三月初三，娘娘庙都要举办喜神会，热闹非凡。这一习俗一直保留至今。

娘娘庙入口

娘娘庙院落

娘娘庙殿

北地王妃崔氏娘娘像

---

1 贺游：《成都三国文化遗迹寻踪》，《四川文物》，2004年第5期。

金牛区

黄忠祠墓旧址

【地理位置】

地理坐标：东经104°0′47″，北纬30°41′25″，海拔518米。

行政属地：金牛区星河街40号金沙美邻丽雅苑内。

【现状概述】

黄忠祠墓旧址附近新建成一处黄忠文化广场，周边街道被命名为黄忠街。今成都市金牛区管辖的黄忠街道，因黄忠祠、黄忠墓而得名，旧址上现建有居民住宅小区。

【历史渊源】

清代成都的县志记载，黄忠墓是蜀汉大将黄忠的墓冢，发现于清道光年间。道光五年（1825），当地农民挖出一块有文字"汉刚侯黄公讳忠字汉升之墓"的墓碑，因怕承担毁坏古墓的罪名，一直不敢向外透露。《同治重修成都县志》卷二《舆地志》有载："黄刚侯墓在县西十里化成桥侧，道光己酉土人掘得，古碑上有汉篆'黄刚侯'字。"[1]成都著名学者刘沅得知消息后，多年追寻不得结果。直到道光三十年（1850），刘沅才从知情者口中得知黄忠墓的位置，但发现该处已变成田地，面目全非。刘沅学识渊博、名重乡里，曾主持过成都武侯祠的维修和管理事务。出于对三国

黄忠祠外景（2004年6月）

黄忠祠旧址

1（清）李玉宣等修，（清）衷兴镒等纂：《同治重修成都县志》，《中国地方志集成·四川府县志辑②》，巴蜀书社，1992，第70页。

英雄的敬重，他出资购买了此处田地，从地下拾得骨骸后，重新建成黄忠墓。

黄忠祠，亦称"黄忠庙"，是人们发现黄忠墓之后在其墓葬附近兴建的纪念黄忠的祠堂，始建于清同治年间。《成都城坊古迹考》中谈及此事：清道光年间，刘沅发现一墓和一石碑，题曰"汉刚侯黄公讳忠字汉升之墓"，后来古墓成田，刘沅重修此墓，石碑已不见踪迹。刘沅的儿子刘桂文于同治时期募款修建黄忠祠，并撰《建修黄刚侯墓祠碑记》。

20世纪50年代，四川省文史研究馆馆员韦介立曾亲往调查，发现黄忠墓在成都老西门外左侧方，属成都市郊黄忠村，墓周长47步，墓前有石碑，字径4寸。右后方有享殿，享殿正中有龛，塑有黄忠戎装坐像一尊，高约6尺。龛右有碑，题为《建修黄刚侯墓祠碑记》。[1]

此次调查中，我们采访到当地居民邓顺婵女士，据她回忆：黄忠墓位于黄忠祠的北侧，封土呈椭圆形，高约4米，墓上长满柏树，墓旁有一"鸡矢树"，需三人方能合抱；黄忠祠面积三四十平方米，殿内有白发长须的黄忠塑像，身体中空，可供藏书，面朝东南方。

20世纪六七十年代，黄忠祠墓均被毁坏。2005年，黄忠祠墓旧址区域建成住宅小区。

"汉刚侯黄公讳忠字汉升之墓"拓片

---

1 四川省文史研究馆：《成都城坊古迹考》，成都时代出版社，2006，第302页。

九里堤

【地理位置】

地理坐标：东经104°3′10″，北纬30°42′24″，海拔496米。

行政属地：金牛区群星路与九里堤中路丁字路口东侧。

【保护级别】

1981年，被成都市人民政府公布为市级文物保护单位。

【现状概述】

九里堤遗址位于成都市西北郊府河西岸，原堤全长约5千米，传为蜀汉丞相诸葛亮所建。现存堤埂一段长约28米，宽6米。堤面青草茵茵，两侧条石砌筑，并以鹅卵石护堤。

如今，九里堤遗址是三国文化历史遗产以及水利知识教育基地。遗址附近建成的九里堤遗址公园，由九里堤遗址牌坊、古河堤、诸葛庙和麋枣亭等几部分组成，占地面积2亩。2012年，作为"成都市北部城区老旧城市形态和生产力布局改造工程（简称'北改'）"文态建设重点项目之一，成都市文物局、金牛区人民政府对九里堤遗址进行了维修保护，重建了诸葛庙。诸葛庙门前两侧楹联为："沥胆披肝，六经以来二表；托孤寄命，三代而下一人。"

【历史渊源】

有关九里堤的记载多见于清代文献，内容大同小异，主要集中于九里堤命名由来、地理位置和历史发展等方面。据《大清一统志》卷二百九十三《成都府二》载："九里堤，在成都县西北，堤长九里，故名。相传诸葛亮所筑，以捍水势。宋乾德中，守官刘熙古重修，一号刘公堤。"又据《四川通志》卷二十二下《津梁》载："九里堤，在成都县西北隅，其地洼下，水势易趋，诸葛亮筑堤九里，捍之。宋乾德中刘熙古修筑，又号刘公堤。"另据《同治重修成都县志》卷一《舆地志》载："九里堤，在县西北十里，其地洼下，水势易趋，汉诸葛孔明筑堤九里，捍之。宋乾德中太守刘熙古重修，又号刘公堤。"[1]

《成都通史》[2]记载，历史上九里堤曾号称"九里长虹"，肇始于李冰时期，初衷在于防水患，保障成都区域市民的生活。有考古专家认为，九里堤的前身为麋枣堰。三国时期刘备即位后，因原益州牧官署衙门不符合汉制皇宫规范，下达诏令改建。诸葛亮接到诏令后，在蜀汉宫城附近重建当地水利工程。目的之一：九里堤之地，"其地洼下，水势易趋"，内江洪水，每夏冲堤、溃堤之事亦在所难免，在此筑堤、防洪、护堤、护岸，改造景观，乃势之必然。目的之二：为漂运修建宫城所需木料等，要大规模维修这里已年久失修的打捞木材的码头。由此可见，蜀汉宫城位于今北较场武担山一带，九里堤所在位置，就在蜀汉宫城附近。修建新宫，需要大量木料，木料全赖从都江堰上游水运至此上岸。唐乾符年间，剑南西川节度使高骈在扩建罗城时，从郫江上游引水新凿护城河，曾对九里堤予以维修。宋初，洪水冲毁堤防，成都知府刘熙古重修该堤，消除水患，后人在堤上修刘公

1 （清）李玉宣等修，（清）衷兴镒等纂：《同治重修成都县志》，《中国地方志集成·四川府县志辑②》，巴蜀书社，1992，第45页。

2 《成都通史》编纂委员会：《成都通史·秦汉三国（蜀汉）时期》，四川人民出版社，2011，第90—92页。

祠作为纪念，故此堤又名"刘公堤"，又因刘熙古曾任兵部侍郎，所以此堤亦称"侍郎堤"。九里堤被称作"诸葛堤"，则出于蜀人素来对诸葛亮的敬仰与怀念。清代中叶以后通称"九里堤"，刘公祠亦改为诸葛庙。民国以来，因河道、水文发生变化，九里堤的作用逐渐消失，亦无人修缮，遂致荒塌。

1999年，金牛区人民政府对残堤进行维修保护。2012年，成都市文物局、金牛区人民政府再度对九里堤遗址进行了维修保护，并重建了诸葛庙。

20世纪80年代的九里堤

九里堤遗址

【相关传说】

民间传说，诸葛亮在成都当丞相时，一天到城西北郊柏条河（今府河）视察，看到这里的土地一片荒芜。询问陪同的官吏后，方知这一带年年洪水泛滥成灾，冲毁了房屋和庄稼，老百姓只得逃荒离去。于是，诸葛亮派了近千名士兵挖河修堤。起初只筑了三里河堤，到涨水季节，田地仍旧被冲毁。直到有一天他看见一位老者与孩童们在河滩上垒长形沙石堆，上面留有"三、三、三"的字样。诸葛亮看了半天，恍然大悟：这不正是柏条河的地形图吗？"三、三、三"就是修堤的方案。他回去重新修订治河方案，很快修起一条长九里、宽九尺、高九尺的防洪大堤。当年秋天，这座长堤承受住了百年不遇的洪水袭击，外出逃荒的人听说诸葛丞相治理了柏条河，纷纷回到家园，安居乐业。[1]

1 贺游：《成都三国文化遗迹寻踪》，《四川文物》，2004年第5期。

九里堤遗址公园入口

九里堤遗址公园内的诸葛庙

诸葛庙中的孔明像

九里堤糜枣亭

现在的九里堤

武侯区

成都武侯祠

【地理位置】

地理坐标：东经104°02′28″，北纬30°38′48″，海拔458米。

行政属地：成都市武侯区武侯祠大街231号。

地理环境：古柏森森的成都武侯祠位于成都市区一环路内，北接成都飞机设计研究所（611所），西邻成都体育学院，东靠浆洗街社区卫生服务中心，南临武侯祠大街。植被繁茂，绿化覆盖率高，自古以来便是文人墨客、普通百姓争相寻访的名胜古迹。

【保护级别】

1961年，被国务院公布为全国重点文物保护单位。

【现状概述】

广义上的成都武侯祠占地面积约15万平方米，建筑面积约3.4万平方米，是全国罕见的君臣合祀庙宇和最负盛名的诸葛亮、刘备及蜀汉英雄纪念地，也是全世界影响最大的三国文化遗存。现分为三国历史遗迹区（文物区）、西区（三国文化体验区）、锦里民俗区（锦里）三大板块。

三国历史遗迹区占地面积约4万平方米，建筑面积约1.3万平方米，是成都武侯祠的主体部分，主要由惠陵、汉昭烈庙、武侯祠等部分组成。现存主体建筑由大门、二门、刘备殿、过厅、诸葛亮殿以及迁建的三义庙组成，坐北朝南，排列在一条中轴线上。建筑布局严整、开敞，是清代官式建筑与民居建筑的有机结合。惠陵位于西侧，以红墙夹道与诸葛亮殿相通。主要布局如下：

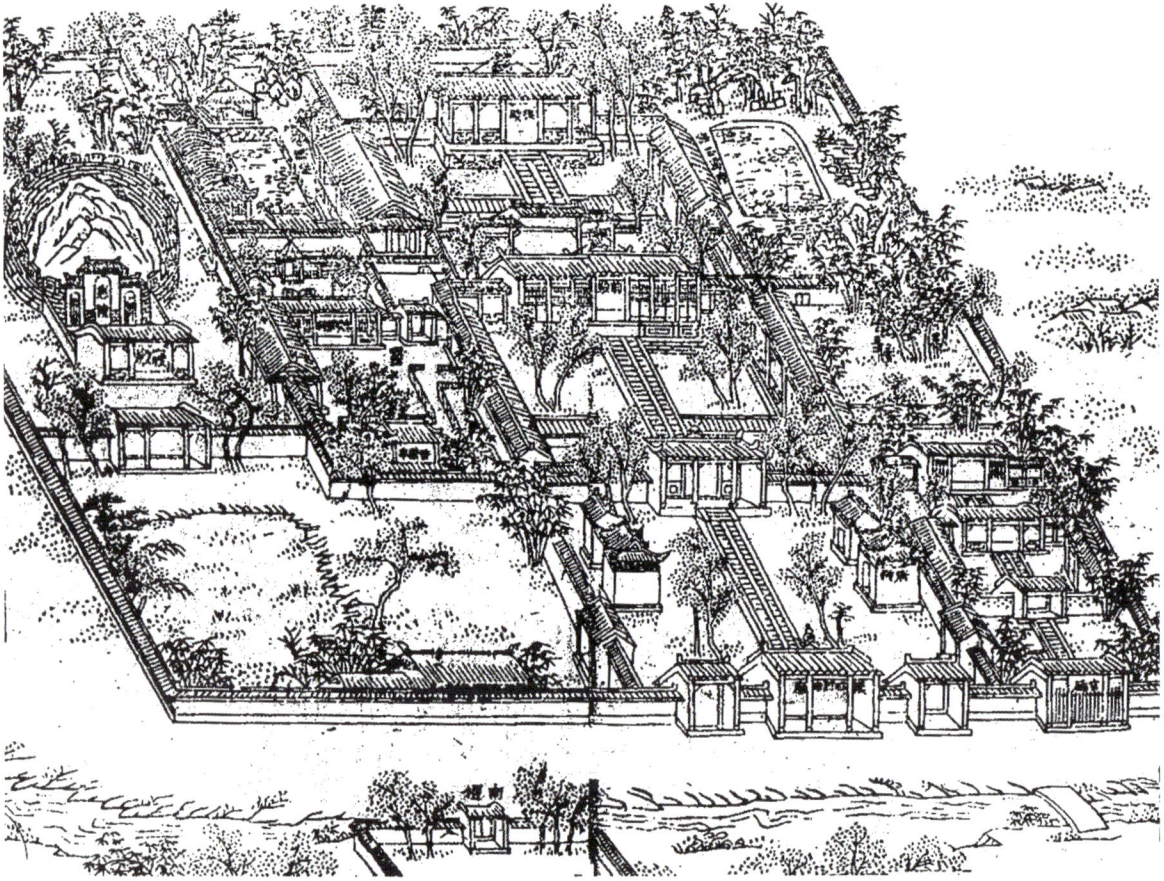

道光年间的武侯祠（《昭烈忠武陵庙志·卷首》陵庙全图）

成都武侯祠航拍全景

1. 三国历史遗迹区

（1）大门院落

大门院落为武侯祠文物区中轴线上的第一进院落，主要建筑包括影壁，大门，东、西掖门，碑亭等。

影壁

正门前19米处有影壁，为武侯祠主体建筑的前导，南北朝向，壁身通高7.6米，长12米，厚0.8米。影壁北面正中嵌二龙戏珠石刻浮雕，四角饰龙形浮雕；南面正中石刻为双凤朝阳，四角饰凤形浮雕。

大门

大门屋顶为砖木结构，穿斗式硬山建筑，平面呈矩形，面积102.7平方米，通高10.34米，台基高0.5米。屋面覆青灰筒瓦；面阔三间，宽13.17米；进深两间，共7.8米，用中柱分心，将正门空间分割，明间开正门，加装门钉，左右尽间设耳门。正门两侧竖抱鼓石一对，高1.23米，宽0.7米。门额悬"汉昭烈庙"朱匾，门外两尊明代石狮，高2.7米。

东、西掖门

东、西掖门形制相同，砖木结构，穿斗式硬山建筑，高6.26米，面阔一间，宽4.32米，进深两间，共5.21米。

碑亭

唐碑亭：位于大门与二门之间东侧，建于清代，木构砖墙，小青瓦歇山顶，单开间，正面辟圆拱形门洞。亭内碑名《蜀丞相诸葛武侯祠堂碑》，残高3.67米，宽1.25米，厚0.25米。唐宪宗元和四年（809），剑南西川节度使武元衡率僚属拜谒武侯祠后，令属下刻碑纪事。由著名政治家裴度撰文，著名书法家柳公权之兄柳公绰书丹，名匠鲁建镌刻。后人将裴文、柳字与诸葛功业并称，故又名"三绝碑"。

明碑亭：位于大门与二门之间西侧，与唐碑亭相向而立，明碑亭建于清代，木构砖墙，筒瓦歇山顶，单开间，正门辟圆拱形门洞。亭内碑为《诸葛武侯祠堂碑记》，明嘉靖二十六年（1547）镌立，四川巡抚张时彻撰文。

清碑亭：共四座，唐碑亭、明碑亭北侧各立两座，砖砌外墙，清代石碑包于其中。

（2）刘备殿院落

二门，刘备殿，文华、武英廊围合为中轴线上的第二进院落，以刘备殿为主体建筑，刘备殿与二门长约31米，形成开阔的院落空间，气势雄伟，从建筑布局上突出了封建君臣的等级关系，庭院正中通道两侧苍柏森森。

二门

硬山式建筑，面阔三间，进深两间。砖木结构，面积99.4平方米，青灰筒瓦，与大门建筑风格一致。二门门额悬"明良千古"匾，门侧有对联二副。二门东、西山墙上开设拱门，连接东、西两廊，"文华""武英"两块扇形石匾嵌入拱门上方墙内。

20 世纪 70 年代的武侯祠大门

如今的武侯祠大门（汉昭烈庙）

刘备殿

刘备殿与二门正对，位于汉昭烈庙中轴线上，为第二进院落主殿。现存建筑为清康熙十年至十一年（1671—1672）重建。建筑面积约900平方米，高13.56米。大殿建于高台之上，台明高0.87米，青砖砌筑，月台27.9米×6.8米，略低于台明0.17米，下设御路踏跺，正中为云龙纹石刻。台基由红砂石栏杆围合，共计望柱36根，栏板34块，栏杆抱鼓石1对。

刘备殿台明高于中轴线上所有建筑台明，体现了帝王祠庙的地位和威严。殿内台明用0.5米×0.5米的石板铺墁，月台则为0.35米×0.35米的青砖糙墁地面。殿前青砖步道高出两侧地面0.68米，宽5.6米，与二门相连。

刘备殿殿前设廊，屋身平面呈"凸"字形，全殿前宽后窄，因历代修缮形成此布局。

刘备殿原面阔五间，清乾隆五十三年（1788）在大殿两侧增修耳房。东、西两间分别用两根递角梁插入大殿山柱，其上立蜀柱以承托檩与角梁。耳房屋面与大殿屋面融为一体，形成单檐歇山顶。大殿立面也随之呈现出南立面七间、北立面五间的特殊形制。南立面通面阔36.76米，北立面27.9米，全屋通进深15.56米，共五间。其中明间最宽，为6.3米，各间宽度依次递减，大殿檐下正中悬"业绍高光"匾额。明间立刘备塑像、侍者塑像二。东次间立刘备之孙刘谌塑像，两侧稍间设入扇隔扇门，形成东、西偏殿，面宽4.9米，进深8.9米。东偏殿立关羽塑像和其子关平、关兴，部将赵累、周仓塑像，悬"义薄云天"匾额；西偏殿立张飞及其子张苞、孙张遵塑像，悬"诚贯金石"匾额。尽间以圆门分割空间，东偏置钟，西偏置鼓，面宽3.3米，进深4.6米。

刘备殿内满施天花，前廊为轩，前檐廊额枋下有花牙子雀替，撑弓为龙凤式样。殿身梁架为十一檩，前后檐柱前用挑枋、撑弓承托挑檐檩，增大檐下空间，撑弓、雀替均有高浮雕蝙蝠、龙、凤、鹿等图案，彩绘敷金。大殿抬梁与穿斗结合，内部使用移柱造、减柱造方法，减去2根中柱，后移2根金柱，使殿内空间更加宽敞。檐柱金柱均为红砂石柱，共有柱子38根，连接屋架处墩接木柱。

刘备殿共悬对联5副，东壁悬木刻《先主传》，壁间碑刻5处；西壁悬木刻《后主传》《隆中对》。

文华、武英廊

文华、武英廊分别位于汉昭烈庙东西两庑，悬山顶，穿斗式结构，面阔十间，进深二间，长41.5米，宽6.05米，高7.2米，为单面空廊。文华、武英廊内奉塑像各14尊，塑像前均有石碑一通，碑刻内容为塑像人物生平。塑像座席后绘有水墨壁画各10幅。文华、武英廊以中柱分心，两侧进深长度不同，一间3.35米，置塑像，一间2.7米，设为廊，下作栏杆，上置挂落。做撑弓、挑枋承托檐檩。南以连廊与二门相连，连廊南壁嵌传岳飞书《出师表》石碑，北与刘备殿相连，使刘备殿前的建筑构成一个完整的四合院。

20 世纪 70 年代的刘备殿外景

如今的刘备殿外景

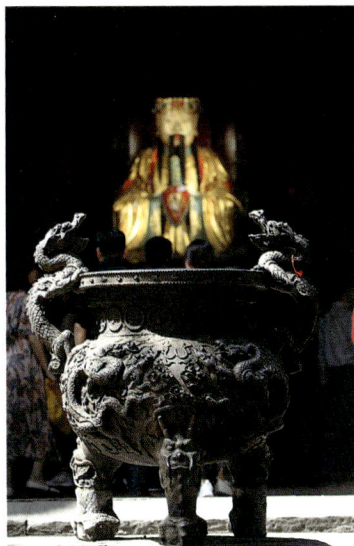

刘备殿

文华 / 武英廊塑像

（3）诸葛亮殿院落

过厅，诸葛亮殿，钟、鼓楼，东、西厢房围合成以诸葛亮殿为主殿的第三进院落，过厅至诸葛亮殿长约12.17米，东侧为钟楼、东厢房，西侧为鼓楼、西厢房。诸葛亮殿前青砖步道高出两侧地面1米，宽6.5米，与过厅相连。东、西厢房前亦设青砖步道，高出地面0.5米，宽2.7米。

过厅

过厅面阔14.5米，进深二间，11.3米，面积103平方米，悬山卷棚顶。平面呈"凸"字形，过厅南面面阔五间，与连廊相连；北面面阔三间为敞轩，飞来椅环置。过廊东、西两侧开圆门，与东、西两侧连廊连接至东、西厢房。过厅内共悬匾额3块、楹联6副，为历代纪念诸葛亮之作品。过厅与主殿间的庭院，广植翠柏及各种名贵花木。

诸葛亮殿

诸葛亮殿为歇山顶建筑，砖木结构，面积576平方米，面阔五间，通面阔32.76米，进深四间，通进深17.34米，平面呈长方形。

诸葛亮殿的木构架为抬梁与穿斗相结合。殿身梁架为七檩，周围三步廊。共十三檩，厅内七檩，北檐撑弓、挑枋承托檐檩、南檐吊瓜柱、挑枋承托檐檩和挑檐檩。屋面布筒瓦，飞檐翘角，嵌瓷片碎瓦，上塑动物花草。飞檐两端作卷翘起，中堆为火焰宝珠、二龙戏珠，腰花饰弥勒佛像，以两根铁链连接，增加腰花和尾脊宝顶的稳定性，亦可装饰屋面。

明间八扇蛛网花隔扇门，次间稍间为六扇。前檐廊额枋下有花牙子雀替，撑弓为花鸟式样。前廊为轩，室内采取砌上露明造作法，不用天花、藻井，梁架裸露，不施彩绘装饰，高朗、明快、简朴，体现诸葛亮淡泊宁静的精神风范。殿内地面和月台地坪用0.5米 ×0.5米石板铺墁。

殿前石砌台阶，素面石栏，望柱上石刻动物；殿前檐柱8根，上有雕花撑弓。金柱之间均置蛛网花格门，以别内外；地面略高，使殿堂增加肃穆感。

两山墙厚0.45米，后檐为封护檐墙，厚0.55米，皆青砖砌筑。前廊两侧设半圆券门连接东、西厢。

20 世纪 70 年代的过厅

如今的过厅

20 世纪 80 年代的诸葛亮殿

如今的诸葛亮殿

《昭烈忠武陵庙志·卷首》惠陵图

惠陵

刘备塑像与诸葛亮塑像

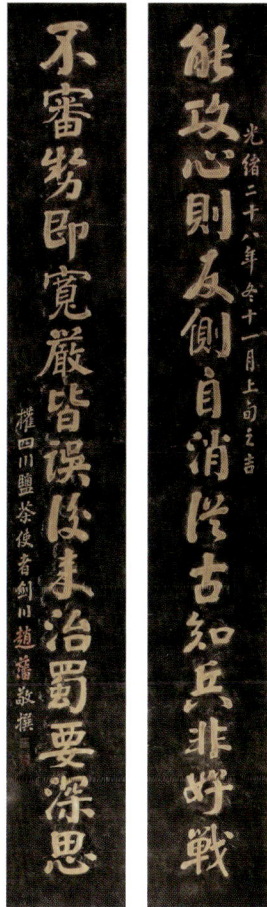

清人赵藩撰与的攻心联拓本

20世纪50年代的惠陵刘备墓寝殿前
20世纪80年代的惠陵
20世纪70年代的惠陵山门

35

惠陵秋色

惠陵封土

红墙夹道

该殿为纪念诸葛亮的主要场所，故历代题词、匾额、楹联甚多，殿内正中悬"名垂宇宙"匾额，殿前檐下共悬匾额2块、楹联5副；殿内北壁上悬匾额3块，壁间嵌碑刻共19通，正梁下方刻"淡泊明志，宁静致远"8字。其中以清人赵藩撰写的楹联最为著名："能攻心则反侧自消，从古知兵非好战；不审势即宽严皆误，后来治蜀要深思"，习称"攻心联"。殿内正中立诸葛亮塑像，其子诸葛瞻塑像立于东首，其孙诸葛尚塑像立于西首，均贴金。

2022年2月，武侯祠博物馆在原状陈列提升工程中，发现诸葛亮殿北壁木框有磨蚀现象，对其进行整理时周边抹灰层剥落，显现出墙体内被封护碑刻的一角。经专业机构对墙体进行扫描和清理，共发现15块碑石，根据空间位置和碑文内容，判断其分属8通清代碑刻。碑刻的年代最早为1672年（清康熙十一年），最晚为1821年（清道光元年）。其中5通碑刻在清道光年间纂修的武侯祠历史专志《昭烈忠武陵庙志》中有所记载；另3通碑刻未见记载。诸葛亮殿北壁西次间两块碑刻分别为清石韫玉书诸葛亮前、后《出师表》[1]、清道光元年（1821）聂铣敏题石琢堂书《出师》二表跋碑；诸葛亮殿西壁两块碑刻分别为清道光元年（1821）聂铣敏书《关圣帝君觉世真经》碑、清道光元年（1821）聂铣敏书"吾师琢堂视学楚南"碑；诸葛亮殿北壁东次间四块碑刻分别为清杨为楫《谒武侯祠》七绝诗碑、清康熙十一年（1672）宋可发书"眼底江山"石刻、清嘉庆二年（1797）李振青画墨兰石刻、清乾隆五十七年（1792）张崇朴书徐本衷立《再捐祭产碑记》。

---

1 碑文书诸葛亮前、后《出师表》，大面积漫漶、剥蚀，具体字数无法统计。

钟、鼓楼

钟、鼓楼位于诸葛亮殿的两侧，东侧钟楼，西侧鼓楼，高两层，对称布置，形制相同，均为重檐四角攒尖顶，平面6米×6米。一层共八柱，外围四根檐柱，里围四根金柱，金柱向上延伸直达上层，作为上层金柱，上层檐柱落于底层连接金柱、檐柱的穿枋上。二层亦为方形，钟、鼓置于二层。屋顶正中饰宝顶，翼角起翘幅度较大，整体风格简洁质朴。

东、西厢房

东厢房为悬山顶建筑，位于钟楼南侧，开间六间，宽21米，进深三间，8.3米，高7米。西侧为廊，上设镂空木格挂落，下设0.9米高栏杆。东厢房三面墙体围合，外廊北接钟楼，南接过厅东连廊。

西厢房，位于鼓楼南侧，悬山顶。开间五间，18米，进深四间，11.3米，高7米。因西邻荷花池，故与东厢房不同，增加进深，依水设廊置飞来椅。南至观星楼北侧连廊，北接诸葛亮殿西连廊，廊高5.3米，宽4.8米，与西厢房形成屋面落差，增加空间变化。西厢房东侧廊，上置挂落，下设栏杆。

（4）惠陵陵寝建筑

惠陵位于刘备殿正西84米处，惠陵陵寝封土是成都武侯祠现存最早的建筑，建成于蜀汉章武三年（223）。陵内安葬刘备及甘、穆二位皇后。陵墓建筑由影壁、山门、神道、寝殿、砖坊、墓冢及墙垣组成。

影壁

影壁为砖结构一字形，总高5.3米，由座、

《汉昭烈皇帝之陵》碑刻拓本［该碑为乾隆五十三年（1788）立，书者不详］

身、顶三部分组成。砖砌底座高0.35米，上下出涩，中为束腰。砖砌身长，宽9.3米，厚度为0.65米。筒瓦庑殿顶墙帽。影壁北面盒子为正菱形，边长1米，石雕二龙戏珠；岔角为等腰直角三角形，腰长和底边分别为0.92米和0.65米，石雕蝙蝠，蝠头朝向影壁盒子。

山门

惠陵山门及寝殿修建于道光五年（1825）。山门为硬山屋顶，铺筒瓦，正脊为皮条脊。穿斗式结构，用中柱分心，隔成内外两部分。面阔三间，明间开正门。面积77平方米，宽11.63米，其中明间宽4米，次间宽3.2米，进深6.67米，高6米，山门悬挂"汉昭烈陵"大匾，另有楹联1副。

神道

神道长23.5米，宽10.8米。两旁石像生共6尊，由南向北分别为麒麟、石马、翁仲，东西对称。

寝殿

寝殿为硬山顶建筑，面积82平方米，面阔三间，宽11米，进深7.53米，筒瓦硬山屋顶。殿内悬清人马维骐所书"千秋凛然"匾额，另有楹联1副、碑记3处。

砖坊

砖坊东西设拱门，正中嵌石质墓碑。砖坊

两侧高4.5米，中间高6米，总宽10米。东西两侧由青砖花窗墙围合。正中弧形碑帽上刻双龙戏珠浮雕，碑身刻"汉昭烈皇帝之陵"7个楷体大字，下款署"大清乾隆五十三年三月上浣重建"。惠陵砖坊北侧壁正中，有冀应熊书"汉昭烈之陵"石碑1处。

墓冢及墙垣

墓冢即刘备墓。因封土流失严重，1996年修建保坎，开通环陵游览通道。尚未发现地下墓室明显盗洞和被盗的资料记载。墓冢封土高12米，四周以青砖墙环绕，墓墙为道光五年（1825）修建，青砖墙，周长180米。青砖上有"复盛号""义兴号"等砖窑字号。墓墙东外侧为红墙夹道，可至桂荷楼。

（5）三义庙

三义庙，初名"三义祠"，供奉刘备、关羽、张飞三人，取名于"桃园三结义"之典故。原址位于成都市区提督街，约始建于清康熙元年（1662）。清乾隆四十九年（1784）因焚香引起大火被毁，五十二年（1787）重建。清道光二十二年（1842）又有一次全面修葺。1981年，被公布为成都市文物保护单位。1998年，因旧城改造，三义庙被迁建至成都武侯祠的诸葛亮殿后。

成都三义庙，为石木结构建筑，是国内现存为数不多的一处清代三义庙。作为成都市保存较好的一处清代建筑，三义庙采用了具有四川特色的抬梁与穿斗相结合的构架方式，空间划分主次分明，错落有致，是工程技术、实用功能和艺术审美的完美结合；建筑装饰集木雕、砖雕、石刻、书法艺术于一身，工艺精美，表现了当时成都地区最高的建筑艺术成就，具有较高的艺术价值。

迁建后的三义庙整旧如旧，殿宇崇丽，与武侯祠同为清代建筑，如今既有一定空间间隔，形制风貌又与诸葛亮殿、刘备殿相互和谐，文化内涵更与武侯祠一脉相承。

清道光时三义庙的建筑格局为四造五殿，系多进四合院建筑，以中轴线对称布局，规模宏大。后仅存一进四合院，坐北朝南，由拜殿、大殿和东西厢廊组成，另存匾额3块、对联7副，其余碑刻、塑像均为迁建之后重新制作。

三义庙现存建筑占地面积约650平方米，建筑通长27米，宽24米。其中轴线基本在武侯祠大门到诸葛亮殿等主建筑中轴线的延长线上，以拜殿、大殿和两廊组成一个完整的四合院。

拜殿

拜殿为抬梁式木结构建筑，单檐卷棚硬山顶，屋面为望瓦之上用片瓦和素面筒瓦铺成，两山面伸出屋面呈封火山墙，山墙通高8.25米。面阔五间，明间5.6米，次间、稍间各4.25米，通面宽24米，进深一间，5.12米，六架二柱。六架随梁，六架梁上以坨墩承四架梁，

三义庙

前后单挑出檐，撑弓、挂落均有纹饰雕刻。

拜殿共用石柱10根，柱体本身均由一条完整的石材加工而成，材质为四川地区常见的砂岩。二柱间穿额，由额上承五架梁，梁前后出跳承挑檐枋。

明间额枋上挂有一匾，上书"三义庙"三字，其余四间下方置木栅栏，既不影响视线，又能分隔内外。

拜殿前东西两侧各立石碑一通，均系1998年迁建后镌刻。西侧为《三义庙迁建记》和《三义庙沿革》，东侧为诗碑，镌刻李贽的《谒三义祠》。

在拜殿内东西两壁，新镌黑大理石三国故事画像碑二通，均为平雕阳刻。每幅石刻通高2.20米，宽3.2米。东为"桃园三结义"图，其底本为清代刻本《三国演义》的插图，画风占拙；西为"三英战吕布"图，其底本为民国初年的《三国演义》连环画。

大殿

大殿为抬梁式木结构建筑，硬山顶，屋面用片瓦和素面筒瓦铺成，两山面伸出屋面呈弓背式封火山墙，山墙通高12.5米。面阔五间，明间5.6米，次间、稍间4.25米，通面阔24米，通进深13.61米，十一檩七柱，除明间两品屋架用抬梁式结构，其余四品均用穿斗式结构。大殿前后均有廊，单挑出檐，前檐撑弓、挂落均有纹饰雕刻，后檐出挑则未设撑弓和挂落。

前后廊用石柱，内柱中部为木柱。共计石柱28根、木柱10根。柱上楹联共计7副。大殿内正中两柱上方挂有一匾，上书"神圣同臻"，其下即为安置塑像的须弥座台。大殿用石板墁地。

大殿内有刘备、关羽、张飞三尊泥塑彩绘坐像，1999年由四川省雕塑美术院设计恢复重塑。其中刘备像高2.8米，关羽、张飞二像均高2.6米（均含塑像底座）。三人均为布衣形象，较刘备殿塑像人物形象年轻，装扮朴素，身着单色布袍，简单无饰，切合《三国演义》中描写三人结义时的身份和气质。

东、西厢廊

东、西厢廊为穿斗式结构建筑，单檐双坡顶，人字顶屋脊为花筒子脊，屋面用片瓦和素面筒瓦铺成。面阔一间，宽6.22米，进深一间，与拜殿尽间面阔相同，深4.23米，起到南北向连接拜殿和大殿的作用。厢廊自身不用柱，仅用额枋联系拜殿的后排柱和大殿的前檐柱，再用楼栿两道，栿上铺木楼板，其上即为穿斗结构。东、西两墙原先各开一门洞，迁建以后取消门洞，与拜殿、大殿山墙砌为一面完整的封火山墙。东、西厢廊的铺地与拜殿相同，均用石板铺墁。

另有三国故事青石画像碑八通，分布在拜殿至正殿之间的两廊上，线刻。东面依次为"张翼德怒鞭督邮""云长延津诛文丑""关云长义释曹操""玄德进位汉中王"四图；西面依次为"关云长刮骨疗毒""关云长单刀赴会""玄德智娶孙夫人""张翼德义释严颜"四图。

2. 西区

西区占地面积8.6万平方米，建筑面积约7000平方米，原系民国时期四川省主席、抗战时期第七战区司令长官刘湘的墓园，由时任南京工学院教授及著名建筑专家杨廷宝先生规划设计。建于1938—1942年，坐北朝南，400米的中轴线纵贯南北，石桥、牌坊（墓门、大门）、神道、旌忠门（三洞门、陵门）、碑亭（四方亭）、东西配堂、荐馨殿（祭堂）、陵台整齐地分布其上。布局严谨、雄浑庄重，是西南地区唯一北方官式陵园特色建筑群。

3. 锦里民俗区

西蜀之地自古就种桑养蚕，从而形成兴旺发达的桑蚕业和丝织业。根据常璩《华阳国志》卷三《蜀志》记载，三国时期诸葛亮在成都设置锦官，集中管理织锦行业的民户，此处的里坊街道就被命名为"锦里"。这是四川历史上最古老、最具商业气息的街道之一，堪称"西蜀第一街"。

现今武侯祠东边的锦里民俗区，第一期工程占地14亩，建筑面积6124.61平方米。建筑保存了清末民初的四川民居风格，以三国文化和四川传统民俗文化内涵为根基，集中展示四川民俗文化精髓。一期街道以带状街道形态为主体，南北走向，青石铺地，商业店铺沿两侧分布，部分恢复旧城街道格局，街道最宽处6米左右，平均宽度3—4米。建筑层高最多两层，错落有致，以黑、白、灰为主色调，墙体以古朴小砖砌成，搭配原木色的房梁、雕花窗棂，风味古朴浓郁。古街曲径通幽，川西古镇风格的民居四合院、戏台、酒肆、牌坊、水榭、商铺连接成片，上百年的名木点缀其间，既有市井气息又不失雅致。

锦里第二期工程占地近30亩，建筑面积8878.8平方米。二期在保留一期清末民初四川民居风格的基础上进一步进行景观升级，建筑以人物、花鸟为内容的石雕、砖雕装饰，更具特色，并引入循环活水，形成"水岸锦里"的新景观。"水岸锦里"依托于武侯祠园林区的生态环境，着重引入了"亲水"的休闲理念，水景以三个大四合院落为主，亦错落于街道两旁，不仅为街区增添了"活"的景致，还与建筑相得益彰，形成了一幅生动的成都版《清明上河图》。锦里民俗古街坚持"体验川西民俗文化的旅游文化休闲一条街"的基本定位，融合现代休闲旅游的吃、住、行、游、购、娱六大要素，承担着旅游、文化、休闲、商业等多重复合功能。

西区旌忠门

西区四方亭

西区荐馨殿

今成都武侯祠是以刘备陵寝所在地——惠陵为基础发展而来的。按照汉代陵寝制度，"天子即位明年，将作大匠营陵地"。刘备自认为汉家正统，所建立的蜀汉政权应依照汉代陵寝制度执行。根据《三国志》卷三十二《先主传》的记载，蜀汉章武三年（223）四月，刘备病逝于永安宫，诸葛亮护送刘备的灵柩，在当年五月回到成都，其时刘备陵寝尚在加紧修建中，当年秋八月陵寝建成，随即与夫人甘氏合葬于惠陵。蜀汉延熙八年（245），刘备的吴皇后去世后，亦葬于惠陵。按照汉代丧葬制度，有陵必有庙，是以在惠陵旁应建有祭祀刘备的原庙。

南齐高帝萧道成（479—482年在位）曾下诏令益州刺史傅琰修立纪念刘备的先主祠，位置在惠陵东。《太平寰宇记》卷七十二《剑南西道一》载："先主祠在府南八里，惠陵东七十步，齐高帝梦益州有天子卤簿，诏刺史傅覃（琰）修立，而规制卑小。"傅琰修立的先主祠，应是今汉昭烈庙的前身，也称"先主庙""刘备庙"。

官方最早的纪念诸葛亮的专祠——武侯祠建于蜀汉景耀六年（263）春，由后主刘禅诏令为诸葛亮立庙于今陕西勉县定军山下其墓冢近旁。成都最早纪念诸葛亮的专祠出现在李雄据蜀时期，宋人祝穆《方舆胜览》记载："李雄称王，始为庙于少城内。桓温平蜀，夷少城，独存孔明庙。"至于现今位于成都南郊惠陵旁的武侯祠建于何时，因史料缺载，无从查考。唐代诗人杜甫《蜀相》诗中云："丞相祠堂何处寻，锦官城外柏森森。"根据"柏森森"景观的形成规律推测，这座武侯祠的兴建年代约在南北朝时期。

据杜甫《古柏行》"忆昨路绕锦亭东，先

主武侯同闷宫"，李商隐《武侯庙古柏》"蜀相阶前柏，龙蛇捧闷宫。阴成外江畔，老向惠陵东"等诗中所记，唐代的武侯祠与惠陵、汉昭烈庙同处一个大区域内。唐代诗人岑参、武少仪、杨嗣复等也在拜谒武侯祠留下的诗中多有记录，亦可作为补证。从他们对武侯祠地理位置，惠陵、汉昭烈庙之间的关系以及祠内人物像、松柏森森的景象的描述中可知，武侯祠位于惠陵的东偏南、汉昭烈庙的西偏南，三者呈倒"品"字形，各自分立，自成一体，

唐代的成都武侯祠，已经成为全国闻名的名胜古迹。唐元和四年（809）剑南西川节度使武元衡率僚属拜谒武侯祠后，命人撰写并刻立记载诸葛亮事迹和功德的碑刻一通，即如今依然矗立在武侯祠大门、二门之间的《蜀丞相诸葛武侯祠堂碑》。《太平寰宇记》卷七十二《剑南西道一》曾记载，唐宗室宰相李回在蜀地期间（847—859），开始设置专门的"守陵户"护理惠陵、汉昭烈庙、武侯祠，规定了一年四季的祭典，等等。

宋代的武侯祠、惠陵、汉昭烈庙位置与格局没有变动。值得注意的是，宋代先主庙东侧曾有一座后主刘禅祠，后被当时的成都知府蒋堂拆除。宋代吴曾《能改斋漫录》载："蜀先主祠，在成都锦官门外。西挟即武侯祠，东挟即后主刘禅祠。蒋公堂帅蜀，以禅不能保有土宇，因去之。"

明洪武二十三年（1390），蜀献王朱椿（明太祖朱元璋第十一子）来到成都。第二年拜谒陵庙时，朱椿见到殿宇阎宫已颓废不堪，于是下令重修庙宇。他主张"君臣宜一体"，遂废除惠陵旁的武侯祠，将祠堂中的碑碣迁入昭烈庙中，诸葛亮像也塑至昭烈庙中。君臣合祀的格局由此而来。此后，成都武侯祠这一名称

锦里大门夜景

锦里街景

45

的涵盖范围有所扩大，不再专指纪念诸葛亮的祠堂，而是将惠陵、汉昭烈庙等区域囊括进来，统称"武侯祠"。

明末清初，武侯祠所有建筑毁于兵燹，仅存惠陵荒冢。清康熙七年（1668），都御史刘格（后改名张德地）整修惠陵，建石坊一座。康熙十一年（1672），川湖总督蔡毓荣倡导，四川按察使宋可发、四川巡抚罗森、四川督学使张含辉、四川布政使金儁等官员共同捐资重建武侯祠，此次重建工程由宋可发主持。重建后的武侯祠前殿祀皇帝刘备及蜀汉文武群臣，后殿祀诸葛亮祖孙三代，前（刘备殿）后（诸葛亮殿）两殿相连，前殿如朝廷礼、后殿如家庭礼的君臣合祀格局延续至今。

武侯祠的塑像屡有调整，规模最大、对现有塑像格局影响最大的一次调整为道光二十九年（1849），成都著名学者刘沅主持了培修和调整。武侯祠内现存47尊清代塑像中，24尊为刘沅此次重塑或增塑。

明、清时期，武侯祠曾经由僧、道看守并负责管理日常事务。有名字可考的有张清夜（1727—1744）、唐复雄（1745—1776）、徐本袠（1777—1799）、黄合范（1800）、裴合杭（1801—1804）、倪教和（1805—1813）、罗教恕（1814—1816）、张合桂（1817—1843）。

大约1932—1949年，武侯祠内一直有地方军队驻防。军人占据了祠内许多房屋殿宇，许多区域成为军人办公、住宿之地，游人无法正常参观。

1949年后，武侯祠的发展受到了党和政府的高度重视。1951年，成都市人民政府对武侯祠进行维修、整治，于第二年7月正式对外开放。1953年，成都市人民政府指派成都市文化教育局（即后来的成都市文化局）正式接管武侯祠。不久，武侯祠与西邻的刘湘陵园合并，统称为"成都市南郊公园"。合并后的成都武侯祠成为成都南郊最大的历史园林景观。

1961年，成都武侯祠被国务院公布为第一批全国重点文物保护单位，设立了两名专职干部对武侯祠范围内所有文物进行清理登记、保护、陈列等工作。1966年，经成都市、四川省、国务院批准，成都武侯祠停止对外开放，原南郊公园（即刘湘陵园）范围继续对外开放。1973年，逐步恢复。

1974年，成都武侯祠文物保管所成立。根据成都市政府相关文件，成都武侯祠和南郊公园两家在区域、人员等方面进行全方位分离。分离后，两家分别隶属于成都市文化局和成都市园林局。1984年，成都武侯祠文物保管所正式更名为成都武侯祠博物馆。1996年，成都市政府无偿划拨20亩土地给武侯祠，武侯祠在这些土地上迁入了三义庙、复建了锦里仿古街等。2003年12月，成都市南郊公园并入成都武侯祠博物馆。至此，成都武侯祠博物馆分为三国历史遗迹区（文物区）、西区（三国文化体验区）、锦里民俗区（锦里）三大板块，在此基础上进行发展、创新。

蜀丞相诸葛武侯祠堂碑

节度掌书记 侍御史 内供奉 赐绯鱼袋
裴度撰
营田副使检校尚书吏部郎中兼成都少尹 侍御史
赐紫金鱼袋 柳公绰书

度尝读旧史，详求往哲，或秉事君之节，无开国之才；得立身之道，无治人之术。四者备矣，兼而行之，则蜀丞相诸葛公其人也。公本载在简策，大名盖天地，不复以云。当汉祚衰陵，人心竞逐，取威定霸者，求贤如不及；藏器在身者，择主而后动。公是时也，躬耕南阳，自比管乐，我未从虎，时称卧龙。《诗》曰："潜虽伏矣，亦孔之照。"故州平心与，元直神交，洎乎三顾而许以驱驰，一言而定其机势，于是翼扶刘氏，缵承旧服，结吴抗魏，拥蜀称汉，刑政达于荒外，道化行乎域中。谁谓阻深？殷为强国；谁谓莲脆？励为劲兵。则知地无常形，人无常性，自我而作，若全在镕。故九州之地，魏有其七，我无其一，由僻陋而启雄图，出封疆以延大敌；财用足而不曰浚我以生，干戈动而不曰残人以逞。其底定南方也，不以力制，而取其心服；震叠诸夏也，不敢角其胜负，而止候其存亡；法加于人也，虽死徒而无怨；德及于人也，虽奕叶而见思。此所谓精义入神，自诚而明者矣。若其人存，其政举，则四海可平，五服可倾。而陈寿之评，未极其能事，崔浩之说，又诘其成功。此皆以变诈之略，论节制之师，以进取之方，语化成之道，不其谬欤？夫委弃荆州，不能遂有三郡，此乃务增德以吞宇宙，不黩武以争寻常。及出斜谷，据武功，分兵屯田，为久驻之计，与敌对垒，待可胜之

期，杂乎居人，如适虚邑，彼则丧气，我方养威，若天假之年，则继大汉之祀，成先主之志，不难矣。且权倾一国，声震八纮，上下无异词，始终无愧色，苟非运膺五百，道冠生知，曷以臻于此乎？故玄德知人之明者，倚仗曰鱼之有水；仲达奸人之雄者，嗟称曰天下奇才。度每迹其行事，度其远心，愿奋短札，以排群议，而文字蚩鄙，志愿未果。元和二年冬十月，圣上以西南奥区，寇乱余孽，罢氓未息，污俗未清，辍我股肱，为之父母，乃诏：诏相国临淮公，由秉钧之重，承推毂之寄，戎轩乃降，藩服乃理，将明帝道，陬落绥怀，溥畅仁风，闾阎滋殖，府中无留事，宇下无弃才，人知向方，我有余地，则诸葛公在昔之治，与相国当今之政，异代而同尘矣。度谬以庸薄，获参管记，随旌旆而爰止，望祠宇而修谒，有仪可象，以赫厥灵，虽徽烈不忘，而碑表未立。古者或拳拳一善，或师长一城，尚流斯文，以示来裔，况如仁之叹，终古不绝，其可阙乎？乃刻贞石，庶此都之人，存必拜之感云耳。铭曰：

昔在先主，思启疆宇。扰攘靡依，英雄无辅。爰得武侯，先定蜀土。道德城池，礼义干橹。照物如春，化人如神。劳而不怨，用之有伦。柔服蛮落，铺敦渭滨。摄迹畏威，杂居怀仁。中原盱食，不测不克。以待可胜，允臻其极。天未悔祸，公命不果。汉祚其亡，将星中堕。反旗鸣鼓，犹走司马。死而可作，当小天下。尚父作周，阿衡佐商。兼齐管晏，总汉萧张。易代而生，易地而理。遭遇丰约，亦皆然矣。呜呼！奇谋奋发，美志天遏，吁嗟严亏，咸受谪罚。闻之痛之，或泣或绝。甘棠勿翦，骈邑斯夺。繇是而言，殊途共辙。本于忠恕，孰不感悦？苟非诚恳，徒云固结。古柏森森，遗庙沉沉。不殄禋祀，以迄于今。靡不骏奔，若有照临。蜀国之风，蜀人之心，锦江清波，玉垒峻岑，入海际天，如公德音。

元和四年，岁次己丑，二月二十九日建。镌字人鲁建。

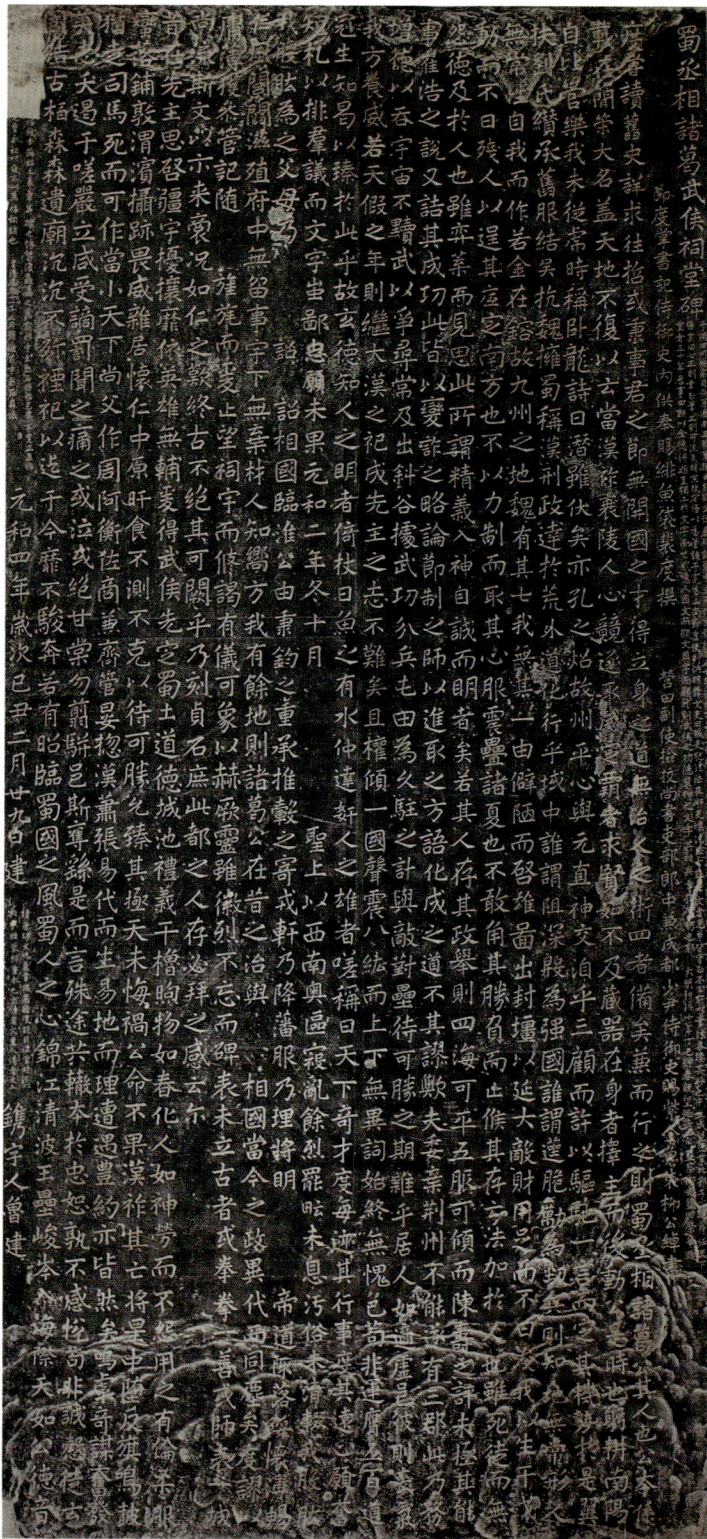

唐代裴度《蜀丞相诸葛武侯祠堂碑》拓本

明代张时彻《诸葛武侯祠堂碑记》碑拓本

诸葛武侯祠堂碑记

成都府城南三里所，丘阜岿然，是曰惠陵，昭烈弓剑寔藏焉。有庙在其东，所从来远矣。大殿南向，昭烈弁冕临之。东夹室以祔后主，而西偏少南又有别庙，祀忠武侯。老柏参天，气象甚古，诗人尝为赋。余闻之宋任渊氏云。

然史载，南齐高帝梦益州有天子卤簿，诏建先主庙。则所谓北地王谌哭于昭烈之庙而死者何耶？是南齐高帝盖修而非建，明矣。或者曰："庙故祠武侯，后人更今祠，而蜀人至今称武侯庙云。"然则唐、宋文人各有咏昭烈、武侯二祠者，斯又何耶？

志有之曰："武侯祠先在先主庙西。"宋时屡加修葺，而元因之。皇朝洪武初，以先主庙实惟陵寝所在，令有司春秋致祭。蜀献王之国，首谒是庙，谓君臣宜一体，乃位武侯于东，关、张于西，自为文祭之。盖至是，武侯废祠，而乃以其碑碑庙中；观者不察，遂谓以武侯庙庙先主耳。乙□有司又祔以北地王谌、诸葛瞻，及关口守将傅佥，重死节也。

余初至而展祠，垣墙崩剥，杗桷陊圮，屋瓦半脱，苔藓鳞次。仰而喟曰："坏若是，甚乎！"有司曰："其□前巡抚集斋丘公、夔谷王公盖议新之矣，而材弗属也；岁又大饥，是以弗棘。"余曰："国之大事，在祀与戎，矧又祀之大者乎！若斥发公羡，鸠材聚工，则虽役弗役也。"知府马九德乃祗奉以从事。

既讫工，余乃碑曰：

嗟乎！予盖伤昭烈君臣遭阳九之厄，而竟不得信其志云。初，帝之幼也，舍有桑，出于篱五丈余，童童若车盖，人望之，以为祥也。帝与群儿戏桑下，曰："吾它日乘羽葆盖车，亦若此矣！"叔父子敬止之曰："勿妄语，灭吾门也！"既长，美服修躯，臂垂下膝，顾自见其耳。又下人善交，喜怒不形，豪杰年少争附之。而中山大贾张世平、苏双辈，见而奇之，多与之金，帝由是得合徒众。而关羽、张飞，以盖世之雄为之先后。时颍川徐庶言诸葛孔明于帝。帝三顾隆中，数语合意，遂定大计，起而许以驰驱。君臣鱼水之喻，非醴言也。已而南平四郡，取荆定益，北收汉中，声震吴、魏，遂从群望，以绍绝统。而其攀龙附凤之人，又皆荆楚之豪也。即其所建设，虽辟在一隅，而开诚布公，彰义执言，盖庶几王者之师矣。使天少假之祚，煦乳困荣，植立根本，然后结旅长驱，诛僭窃而吊遗黎，于以混一区宇，光复旧物，于丕、权乎何有哉？

夫何历数已徂，炎烬弗灼，永安短祚，而将星继陨。后主、黄皓之君臣，则有大可慨者矣。於乎！扦兵井底，游步牛蹄，昭烈、孔明岂一日安心于此哉？乃竟不能雪魏氏之耻，而党寇违盟，又不及问罪于江东，至使后之人帝魏而寇蜀，尤吴而后汉，志士至今为之扼腕。於乎！其天乎！其天乎！然而信义明于天下，正统表于将来。饮德乡风，所在奔走，盖不独巴益之士与民而已也。斯可以无憾矣，斯可以无憾矣！

余固阐其事而重之以辞。若夫攻取之迹，经略之详，则别有史志，兹不载。辞曰：

赤帝失驭熽群孽，乾枢解纽坤轴裂。下国缀疏溃以决，枝叶既凋本亦拨。堂堂帝胄祥桑发，元起起敬登折节。志气如龙走豪杰，前有关张后诸葛。云龙鱼水誓弗越，奔走御侮畴将遏。取荆定益赫有截，汉中聿破夏侯磔。献帝蒙害悲愤咽，告哀移檄讨凶黠。荆楚云从响不绝，河洛之符此其末。炎德告终鼎足折，永安短祚虎臣夺。六合为尘妖焰蒸，剑阁失守天府揭。衔璧舆榇谁则雪，哭庙而死壮何烈。祚今何短名何达，君臣同堂爽昭晰。吴耶魏耶烬斯灭，孰为明良孰为桀？有闷者宫永无黳，何以申之作斯碣。

嘉靖二十有六年，岁君丁未，秋八月朔日

赐进士出身、兵部右侍郎、前奉敕巡抚四川、都察院右副都御史、明州张时彻撰

成都府同知高登 立石

重建汉丞相诸葛忠武侯祠碑记

汉昭烈帝陵之有忠武侯祠也，明侯志也。粤稽古帝王之载在祀典者，皆一统之君；从祀诸臣，皆佐命元勋也。余少而服官于朝，每以春、秋陪祀历代帝王庙：两汉惟祀高祖、光武，而忠武侯从祀之位，在西庑邓禹之次。及至成都，访丞相祠堂，则在昭烈惠陵左侧。陵芜不治，祠亦废。余乃下令，禁其樵采，缭以周垣；而以修复旧祠，属之观察宋君。君慨然经始，逾年告成。

余尝读史，当侯之初殁也，蜀人思之，遇节朔，各私祭于道中。后主下诏，即侯墓立庙于沔阳。李雄据蜀，始为庙于少城内。桓温下蜀，平少城，独存侯庙。今少

城庙址不可考。考裴晋公碑，作于元和初，杜少陵诗所云"先主武侯同閟宫"者，其在是欤？夫王业有偏全，君臣之义一也。昭烈之称尊号也，为汉也；侯之鞠躬尽瘁也，为汉也。昭烈存而汉存，□□□高祖、光武俱存。侯之事昭烈也，犹事二祖也。是以昭烈虽生不获还于旧都，没不得与光武□□□，陵寝亦不列于历代三十六陵之数，而后世诵"鱼水"之言，则英雄神动；闻托孤之命，则义士陨□。□□！所以心神不二，死生以之，千载而下，入其祠者，如见其君臣一气，魂魄相依也。

嗟乎！古来忠义祠宇不可胜数，未闻有祀于其君之陵者；即忠武侯祠遍海内，亦未有若惠陵之祠为愉快者。余以为从祀于高祖、光武，则侯之志明；附祀于昭烈，则侯之志益明，岂非祀典之盛事哉！余于白帝城合祠、泸州忠山专祠，皆有记，独于兹祠之成，俯仰今古，不禁援笔长叹也。若其经始之详，载在宋观察记中。临淮托晋公以传，是又余之幸也夫！康熙十一年，岁在壬子，仲夏吉旦。

总督四川、湖广等处地方军务，兼理粮饷，兵部左侍郎，兼都察院右副都御史，加一级，前吏部左、右侍郎，刑部左、右侍郎，内秘书院学士，三韩蔡毓荣撰

注：方框内的字系据原刻拓本与清代潘时彤《昭烈忠武祠庙志》卷六《艺文（中）》引文对照补充。

清代蔡毓荣《重建汉丞相
诸葛忠武侯祠碑记》碑拓本

重修忠武侯庙碑记

汉诸葛丞相，功名昭简策，精灵塞天地。学士、大夫忠之；喆将、猛士武之；田父、村妪神智之；大勋未成，吊古者又从而悼惜之：千三百年于兹矣。学问之醇，明良之遇，忠贞之节，固□古希觏，即功德之深，岷山锦水难絜，渊峻绵邈，万祀而垂不朽云。

汉季洪飙扇海，群雄割据，绍、操、权之徒，虎跃龙骧，地势雄便。昭烈虽帝胄，败亡顿踬，用武无阶。一时若文若、公达、子布、公瑾辈，皆趋利乘流，希攀鳞羽。用侯之才，翱翔其间，焉往而不得志？乃至孟德征侯，固陈不乐出身。操谢遣之曰："义不使高世之士，辱于污君之朝。"雅志弥确，若无意当世者。辛三顾幡然，薄言解控，释褐中林，郁为时栋，基宇宏邈，岂苟就功名者可几万一哉！先儒论出处之正，方之伊、周。然就桀迁桐，权奸口实；负宸《破斧》，疑中流言。侯托顾命于新挫之日，继体孱庸，尽瘁鞠躬、孙、曹君臣，篡弑成风。侯持大节凛凛，殁世不渝。呜呼！君臣之际，良可咏矣！矧其开诚布公，没有余泣；东北枭啸于前，南棘豺号于后；用兵无虚日，蜀民安堵无扰矍焉。是岂翅听陇断、甘棠是蔽也哉！宜其蜀人祠而祀之也。襄岁予枭蜀，溯舟白帝，觅阵图。自山视壑，百有余丈：八行二十四蕝，迭石为之。土人言："盛夏没在深渊，水落石出，山移谷易，而迭石无改。"精诚之贯，天且爱惜之，而况于人乎！祠而祀之，直道、天良不因田海迁流尔。

按侯祠有二：一在城东隅，侯凿井以通地脉，因井而祠也；一在城南昭烈陵左，少陵所咏、裴中立所记者。夫以昭烈、武侯之君臣，千秋而下，英爽不泯，九原冠佩周旋，亦或情理可推。独是兵燹之余，荡然棘蔓。予至成都时，一夕梦侯纶羽翩翩，感气欷歔，若有不足之色。临行投我绝句：

乍役五丁通赤甲，倏传三千兆黄庚。

白杨衰草千秋憾，无复荒祠对锦城。

寤而记识，无遗忘，大异之。翌晨，即命驾寻废址，莽浸圮堁，莓封赑屃，喟然曰："侯殆以祠事属我乎？名贤圣迹，坐视埋废，观察之义何居？"毅然谋所以复之。

适少司马制府蔡公巡历益州，游览怆然，捐俸鼎新，命予经营，次第其事，区画肇启。抚蜀大中丞罗公继至，咨嗟称善，捐俸成之，前此抚军张公未逮之志，至兹克副矣！祠历唐宋元□□侯。明初，因逼近惠陵，始祀帝于庙，以侯祔之。帝陵孤冢垒然，侯祠丹碧岿然，侯有灵，必不其缋。但祔侯帝庙，与诸文武坿，又于历代专祀之义不无舛失焉。今以前殿祀昭烈，两庑列从龙诸名臣，后殿奉侯，配以子瞻、孙尚，重死事也。

肇工于辛亥九月，落成于壬子五月。勷成者提督郑公、藩司金公、督学张公也。至周缭沼榭，工未及竣，家弟继予枭兹土，殆将属之。自是而有门迭敞，有庑翼张，有殿有堂，前后巍煌。

凡百君子，登斯陟斯。君得臣若武侯任之无疑，臣得君若昭烈事之无替，鱼水之欢光照前休矣！蜀之民睹杯棬，思先泽，咏剪伐，怀仁人。虽在百世以上，犹当讴思不忘，矧躬逢其盛，身被其泽者乎！忠顺之心，庶油然以生也。爰矢缵荐之辞，而勒之丽牲之石：

枪彗焞兮阳光曚，裂炎土兮大海沨。回口轴兮楼桑雄，起龙蛰兮扫雾雺。巩卤国兮戡枭戎，嘘火德兮焰复红。溯元老兮绎肤公，礼肃穆兮尸元功，荡虬柏兮余故宫，英勃郁兮气如虹。

清代宋可发《重修忠
武侯庙碑记》碑拓本

右迎神

傧俎豆兮钟鼓繁，灵之来兮长风翻。蚩尤辟兮丰隆韬，罗象卫兮云鸟屯。下大荒兮离天门，援北斗兮挹上尊。陈部曲兮昔所敦，缅折冲兮渺若存。间纶羽兮归华轩，怀旧服兮湛新恩。捐遗英兮翼后昆，日云暮兮群云奔。

右侑神

击鼓嘈兮金沙郊，君乘舫兮抑乘橇？云溟溟兮水潇潇，石啮月兮云峰椒。啸于岫兮鸣于皋，掀髯筹兮谈何超。苌下土兮庇孱凋，篱庞卧兮鞭皋诏。走万国兮款熙朝，贡骈骊兮效琨瑶。君不留兮我心摇，寒独立兮惝逍遥。

右送神

皇清康熙十一年壬子岁夏五谷旦

赐进士出身，四川等处提刑按察使司按察使，今升广东等处承宣布政使司布政使，胶西宋可发恭撰。

予尝游历山川，知天下古迹名踪，非其人不传，即传之而非奇文、雅翰相辉映其间，亦传莫能久。吾宪长宋公艾石，轩昂卓越，利济民生，慕诸葛武侯明良鱼水之遇，因宏构斯祠，立石为文以记之。读其文洋洋洒洒，大雅不群，已俯瞰中立；迨观其书，乃公子舍淑齐姜夫人笔，道劲秀逸，祖王而不囿乎王，颜筋柳骨，备极诸家法体，卫夫人复生不是过矣！吾于是叹才之异，而钟萃一门尤异也。公少嗣君世勋，甫七龄，岐嶷天挺，书法□□入圣，与嫂夫人同案临池，并绝古今。兹公方伯粤东，爱遗西土，我知斯碑两绝竞奇，当与玉垒、三峨咏不朽矣！是为跋。朝议大夫，分巡川东道，四川按察司佥事，加一级，□□□□□郎中，三韩曹先礼。

注：方框内的字系据原刻拓本与清代潘时彤《昭烈忠武祠庙志》卷六《艺文（中）》引文对照补充。

汉昭烈庙从祀功臣记

唐虞五臣、成周十乱，不闻从祀之文。而盘庚之诰言："大享先王，尔祖其从与享。"则功臣配享其来旧矣。第古惟宗庙、天地、百神，仅为坛壝，则凡忠孝节义固无专祠。后世庙貌繁兴，礼文递盛，而崇祀历代帝王，亦并及其勋臣。龙虎一时，馨香千载。廉顽立懦，于礼岂不宜然。而汉昭烈君臣，尤非可以寻常例也。炎运陵迟，群雄草窃，昭烈以布衣而志存匡救，盖其谊属天潢，原不容于袖手，固非若他人之无端而攘臂矣。而诸臣襄赞之力，亦不可少，特向来论者凭吊苍凉。第惜其偏安西蜀，而忠怀罕能窥见。

愚尝作《史宥》，综陈寿之所载，表臣主之幽怀，而时谒惠陵，睹其遗踪，尤深感喟。夫昭烈君臣，岂觊觎变乱，欲应楼桑之瑞者哉。当黄巾四起，民不聊生，帝与关、张奋发从戎，其初亦不过欲靖乱立功、效忠王室而已。乃入朝未久，遽受衣带之诏，非其忠义夙昭，愍帝何以知之？帝感激殊恩，终身以讨贼为志。其与曹氏周旋，特暂时养晦，非厥本心。虑为操所觉，故求督师外出，暂保徐州。由是不再与曹氏通，而无如事权未属，坐视鸱张。幸得西川，遂兴义旅。人以为经营王业而已，孰知其忠勤之素哉！

且于时帝与关子皆年逾六旬，夙志未舒，难免河清之叹，是以不计利害而即为之。孙权始既降操，后又降丕，上表劝进，屈身贼廷，罪与曹氏无殊，故关子绝婚。昭烈伐吴非为失计，而武侯、顺平谏勿东行，特以国势未张，欲先魏而后吴耳，而岂以为非义乎？观帝甫王汉中表帝之词，及当涂既篡告天陟位之语，皆惓惓于讨贼，则其平生志事固已瞭如。不然，即位阅月即自东征，既不为子阳之井底自安，亦不俟句践之十年生聚，何其欲速如斯？年当垂暮忠愤未伸，而何成败利钝之足云，奈史传莫明其忱，后世亦罕知其故，愚故详考而表彰之。至于三顾之勤，追踪莘渭，君臣契合，至死不渝，明良遇合，三代以还无之。而诸葛、关、张，父子祖孙咸没王事，尤百代所希也。

惠陵之侧为丞相祠，两庑祀诸臣。旧有李彪、张虎，于传无稽，而汁正之抱怨于睢眦，刘巴、许靖辄辗转而轻身，皆不得为昭烈纯臣，特僭为正之。且揭其事略，以便观者。书缺有间矣，存者表表惟此数人，而砆玉杂揉，使人疑信参半，可乎？故叙其颠末，以告将来，勿使前贤委于俗目焉。

北帝王，名谌，后帝庶子，景耀二年立为北地王。邓艾入蜀，谯周劝帝降，王怒曰："若理穷力屈，祸败必及，便当父子君臣背城一战，同死社稷，以见先帝，可也！"后主不纳，谌哭于昭烈之庙，先杀妻子，而后自杀，左右无不流涕者。

己酉初秋，止唐刘沅志，时年八十有二。

唐安刘芬书石。

万里桥

地理坐标：东经104°03′36″，北纬30°38′48″。

行政属地：武侯区浆洗街。

【现状概述】

万里桥横跨锦江两岸，原桥已不存，今在原址上修建了一座钢筋混凝土跨河大桥，桥上又建有高架桥。

万里桥

南门万里桥

【历史渊源】

万里桥最早的文字记载，见于《华阳国志》和《水经注》。[1]《华阳国志》卷三《蜀志》载："州治太城，郡治少城。西南两江有七桥：直西门郫江中冲治桥，西南石牛门曰市桥，下，石犀所潜渊中也，城南曰江桥，南渡流曰万里桥。"《水经注》卷三十三《江水一》载："西南石牛门曰市桥……大城南门曰江桥，桥南曰万里桥，西上曰夷星桥，下曰笮桥。"

唐代和宋代的文献中，有关于万里桥名称由来的记载。《元和郡县志》卷三十二《剑南道中》载："万里桥架大江水，在县南八里。蜀使费祎聘吴，诸葛亮祖之。祎叹曰：'万里之路始于此桥。'因以为名。"《太平寰宇记》卷七十二《剑南西道一》载："万里桥在州南二里，亦名笃泉桥。桥之南有笃泉也。汉使费祎聘吴，诸葛亮祖之。祎叹曰：'万里之路始于此桥。'故曰万里桥。又按《唐史》，玄宗狩蜀至成都，适万里桥上问桥名，左右对曰：'万里桥。'上因叹曰：'开元末，僧一行谓朕曰：更二十年国有难，陛下当巡游至万里之外，此是也。'由是驻跸。"《方舆胜览》卷五十一《成都府路》载："万里桥在成都县之东，按《寰宇记》，昔诸葛亮送费祎聘吴，至此曰：'万里之路始于此矣。'又刘光祖《万里桥记》云，孔明于此送吴使张温，曰：'此水下至扬州万里。'又《唐史》载，玄宗狩蜀至成都过此，问桥名，左右对曰：'万里桥。'上因叹曰：'开元末，僧一行谓朕曰：更二十年国有难，陛下当远游至万里之外，此是也。'由是驻跸。"

明清到民国时期，亦有较多有关万里桥的文献记载。《天启新修成都府志》卷三《风俗志》载："万里桥《府志》：南门外有坊，旧名七星，《寰宇记》昔孔明送费祎聘吴，至此曰：万里之行始于此矣。"[2]还有相关文献对万里桥的地理位置、名称由来、基本保存情况进行记录，比如《诸葛忠武书》卷九《遗事》、《明一统志》卷六十七《成都府》、《周易筮述》卷八《推验》、《四川通志》卷二十二下《津梁》、《大清一统志》卷二百九十三《成都府二》、《民国华阳县志》卷一《华阳县津梁表》[3]等。

1949年以后，为了适应交通发展的需要，从1954年开始，曾经对万里桥进行了三次较重要的维修、扩建与加固，把拱面改为平面，桥面铺了沥青，两侧增加了钢架人行道。1988年，在对万里桥进行最后一次维修的时候，曾在桥下发现过汉代的砖，又在时代不详的基石上发现木桩孔洞和大量清代的木质桥基，这是万里桥多年来位置未变的铁证。1995年，万里桥被拆除，在桥原址上修建大跨度的钢筋混凝土大桥，后在桥上空修建了高架桥。[4]拆除后的老桥建材被运至锦江上游浣花溪，重建起一座"万里桥"。

1 袁庭栋：《成都街巷志》(上卷)，四川教育出版社，2010，第150页。

2 (明)冯任修，(清)张世雍等纂：《天启新修成都府志》，《中国地方志集成·四川府县志辑①》，巴蜀书社，1992，第71页。

3 陈法驾等修，曾鉴等纂：《民国华阳县志》，《中国地方志集成·四川府县志辑③》，巴蜀书社，1992，第18页。

4 袁庭栋：《成都街巷志》(上卷)，四川教育出版社，2010，第150—153页。

洗面桥

【地理位置】

地理坐标：东经104°3′，北纬30°38′。

行政属地：武侯区洗面桥街（瓦子堰）附近。

【现状概述】

洗面桥原桥早已被拆除，现今在旧址附近建有洗面桥广场，立有刘备下马洗面的塑像。

【历史渊源】

过去，此处有一条小河名叫瓦子堰，河上有一石质平桥，名字就叫"洗面桥"。相传三国时期，刘备每逢年节都要到郊外关羽的衣冠冢与衣冠庙祭扫，到达衣冠庙之前都会在此下马，洗面整冠一番，以示敬重，因此后人将此桥称为"洗面桥"。[1]

有关洗面桥的文献史料记载较少，时间也较晚，直到清代黄廷桂等修撰《四川通志》时，才对洗面桥的方位进行记载，该书卷二十二下《津梁》载："洗面桥，在华阳县南一里。"民国时期的文献又对洗面桥的方位有更加详细的记载，《民国华阳县志》卷一《津梁表》载："洗面桥，治南六里余浆洗街。"[2]

洗面桥街

1 袁庭栋：《成都街巷志》（上卷），四川教育出版社，2010，第497页。

2 陈法驾等修，曾鉴等纂：《民国华阳县志》，《中国地方志集成·四川府县志辑③》，巴蜀书社，1992，第18页。

衣冠庙

地理坐标：东经104°2′，北纬30°38′。

行政属地：武侯区衣冠庙立交桥附近。

【现状概述】

衣冠庙原建筑早已不存，现今只是一片街区的名称，附近建有衣冠庙立交桥。

【历史渊源】

衣冠庙得名于三国时期蜀汉名将关羽。地方志记载，在关羽兵败被杀后，刘备在成都南郊为关羽修建了衣冠冢。《明一统志》卷六十七《成都府》载："关羽墓，在府城外，万里桥南。公既没于吴，昭烈招其魂葬此。"《大清一统志》卷二百九十三《成都府二》载：

"三国汉关帝墓，在华阳县南万里桥侧，昭烈帝以衣冠招魂葬此。"《四川通志》卷二十九上《陵墓》载："关帝墓，在华阳县南万里桥侧，帝殁于吴，昭烈以衣冠招其魂葬此。"

后世在衣冠冢前建起庙宇，名为衣冠庙，用以纪念关羽。清康熙四十六年（1707），四川巡抚能泰主持重修衣冠庙。清道光年间，又对衣冠庙进行过一次维修。直至民国时期，衣冠庙还存在。抗日战争时期，曾经在衣冠庙之内设立戒烟所，强制吸食鸦片者戒除，到成都解放前被毁。[1]20世纪80年代，因城市道路扩建，由四川省博物院专家对其进行发掘，据组织者考古专家王家祐先生说，该墓冢是一座明代的砖室墓。

衣冠庙立交桥（1992年）

[1] 袁庭栋：《成都街巷志》（上卷），四川教育出版社，2010，第496页。

桓侯巷

【地理位置】

地理坐标：北纬30°38′，东经104°3′。

行政属地：武侯区华西医院附近，西接浆洗中街南口。

【现状概述】

桓侯庙原建筑已不存，现今仅留下"桓侯巷"这个街巷名和一块张飞墓残碑。

2004年时的桓侯巷

【历史渊源】

桓侯巷因巷内有传为张飞墓和为纪念张飞的桓侯庙而得名。《成都街巷志》记载，明代弘治年间在这里建有桓侯祠，清代重建后称为"桓侯庙"，今已不存。[1]《成都城坊古迹考》中记载更为详细：桓侯巷内原有桓侯庙（俗称"张爷庙"），后建桓侯巷小学。庙后有张飞衣冠墓，墓东有放生池。[2]

明清时期的文献记载有该张飞墓的地理位置以及由来，但并未提及张飞祠或桓侯祠。《明一统志》卷六十七《成都府》载："张飞墓，在万里桥南，飞为帐下张达所杀，持其首奔吴。此特葬其躯耳。"《大清一统志》卷二百九十三《成都府二》载："张飞墓，在华阳县万里桥南。"《四川通志》卷二十九上《陵墓》载："张桓侯墓，在华阳县南万里桥侧。侯为帐下张达所杀，持其首奔吴，昭烈收尸装首葬此。"

成都市桓侯巷小学内张飞庙残碑

---

1 袁庭栋：《成都街巷志》（上卷），四川教育出版社，2010，第501页。

2 四川省文史研究馆：《成都城坊古迹考》，成都时代出版社，2006，第240页。

桓侯墓（成汉墓）

地理坐标：东经104° 3′，北纬30° 38′。

行政属地：武侯区四川大学华西医院内。

【保护级别】

1981年，成汉墓被成都市人民政府公布为市级文物保护单位。

【现状概述】

该墓长期被误传为张飞墓，实为成汉墓，现存封土堆高约4米，周长约50米，墓上多为松柏和杂草，墓前端有一通碑，字迹已不可考。墓周围是华西医院门诊部与病房，墓旁有一亭供人纳凉休憩。

【历史渊源】

在进行考古发掘之前，成都地方志和普通民众几乎都将此墓认定为张飞墓，这种看法至少可以追溯至明代。《明一统志》卷六十七《成都府》记载："张飞墓，在万里桥南，飞为帐下张达所杀，持其首奔吴。此特葬其躯耳。"清代相关记载及内容大同小异。《大清一统志》卷二百九十三《成都府二》记载："张飞墓，在华阳县万里桥南。"《四川通志》卷二十九上《陵墓》载："张桓侯墓，在华阳县南万里桥侧。侯为帐下张达所杀，持其首奔吴，昭烈收尸装首葬此。"

关于墓葬过去的面貌，李海金的《成都名胜佚联辑存》有记，墓前过去有一副对联，陈桐阶撰，联文为："君知刘豫州乎？似说生能助臂；身是张翼德也！可怜死不归元。"此外，墓旁曾立有一块石碑，碑在20世纪60年代被毁。

1985年10月，四川省及成都市文物考古部门对该墓进行了科学考古发掘，认定该墓为东晋成汉时期墓葬。[1] 该墓封土堆巨大，高10.41米。墓葬为长方形券拱顶砖室墓，长12.75米，最宽处达2.65米，高2.5米。墓门由青石砌筑，棺台位于墓室后部，棺木并列放置于棺台之上，已朽。出土近百件陶器和数量较多的铭文砖，陶器包括人物俑、动物俑、乐器和其他生活用具等。人物俑造型、服饰、姿态十分生动，别具特色。

---

1 王毅、罗伟先：《成汉墓考古记》，《成都文物》，1986年第2期；林集友：《成都外南成汉墓主试探》，《四川文物》，1989年第6期；吴怡：《成汉墓小考》，《四川文物》，1992年第2期；林集友：《成都外南成汉墓主再探》，《四川文物》，1997年第1期。

传说中的张飞墓外景

传为张飞墓，实为成汉墓（成汉墓保护标志牌）

成汉墓出土的陶俑（成都文物考古研究院供图）

龙泉驿区

石经寺

【地理位置】

地理坐标：东经104°20′，北纬30°30′，海拔510米。

行政属地：龙泉驿区茶店乡石经村。

【保护级别】

2002年，被四川省人民政府公布为省级文物保护单位。

【现状概述】

石经寺现占地200余亩，寺庙建筑坐西向东。主要有照壁山门、天王殿、塔林、大雄宝殿、祖师殿、大师殿、藏经楼等建筑。大雄宝殿有一通清道光四年（1824）所立的石碑，碑文称为《石经堂上上自纾先兰公大和尚行述》。该碑长1.64米，宽1.06米，碑身部分有损坏，碑文共15列，23行，碑文中有"灵音者，汉将军赵侯香火也"的文句。石碑周围环境清幽，林荫掩映，古树参天。

石经寺大门

【历史渊源】

石经寺内的《千年古刹石经寺及历代祖师简介》，记载了石经寺的历史："石经寺始建于东汉末年，三国蜀汉大将赵云承袭寺产，成为其香火家庙，后捐献为寺院，首名'灵音寺'，迄今1700余年。唐代建大雄宝殿，寺院规模大具。明代中期，七重殿宇庄严落成，'灵音寺'更名为'天成寺'，以感恩皇家之意。清乾隆三十二年（1767），简州府官员宋思仁来天成寺礼佛有感，采安徽歙县砚台石，召集工匠镌刻《金刚经》一部，共二十二块，赠寺珍藏，'天成寺'由此更名为'石经寺'，流传至今。"

《四川通志》卷二十八下《寺观》载："石经寺，在州北五十里。明正德间，楚山和尚圆寂于此。明末，贼三举火三熄，遂骇散去。"《民国简阳县志》卷三《舆地篇》对石经寺的记载，与该寺的上述简介相似："石经寺，州西北六十里。明楚山禅师挂锡于此。按乾隆《志》、咸丰《志》云：'即明天成寺。'雍正、嘉庆两《通志》云：'明正德间，楚山和尚圆寂于此。明末，贼三举火三熄，遂骇散去。'又按张茂松《续刊石经序》云：'石经寺，古天成寺。国朝乾隆三十二年，州牧宋思仁游寺有感，迳石刊《金刚经》一部书，寺因名，再按乾隆、咸丰两《志》云：'在州北五十里。'"[1]

---

1 林志茂等修：《民国简阳县志》，《中国地方志集成·四川府县志辑㉗》，巴蜀书社，1992，第77页。

石经寺航拍

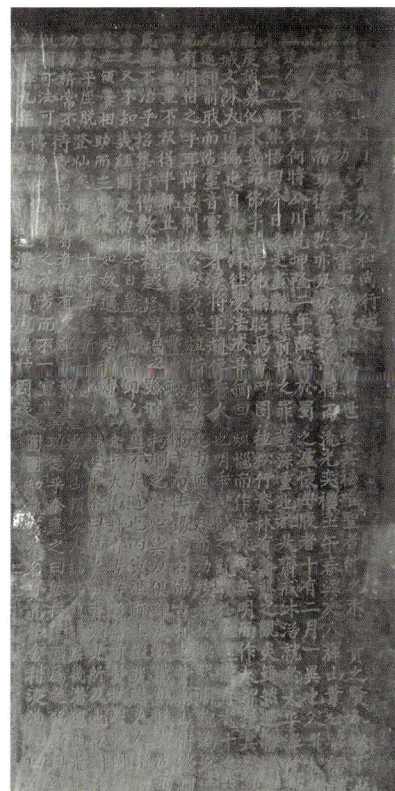

石经寺中清道光四年（1824）刻立的石碑

八角井

【 地理位置 】

地理坐标：东经104°19′，北纬30°38′，海拔830米。

行政属地：龙泉驿区洛带古镇八角井街。

【 现状概述 】

燃灯寺门口现存的八角井为1928年修建，该井由井台和井身组成，平面形状为八边形，面积约2平方米。井口加上井台直径约0.8米，井台由条石砌成，水面距井口约1.8米，深度不详。井内壁仍由条石砌成，平面为八边形。另外，为配合旅游开发，在水井广场和湖广会馆分别新建八角井，故洛带古镇现存三口八角井。

【 历史渊源 】

相传八角井所处位置在汉代已形成街道，名为"万景街"；三国时蜀汉丞相诸葛亮更名为"万福街"；后因蜀汉后主刘禅的玉带曾落入镇旁八角井中而更名为"落带"，后又演变为"洛带"。

旧时每遇天旱，居民便齐聚井边祈雨。井水水质清澈，至今仍为居民使用，是洛带古镇重要的景点之一。八角井为古井建造与地方民俗文化研究提供了重要的实物资料。

位于八角井附近的《洛带八角井传说》石碑，详细记载蜀汉后主刘禅所佩玉带落入八角井的情景："古之民人凡遇大旱，多有淘井祈雨之俗。蜀后主阿斗闻镇子场八角井通东海，甚灵验，遂游。但见井池相连，河鲤欢跃，令侍者捕，未获一。老者持竿而钓，所获甚丰。侍者欲讨，未遂，强夺一尾呈献阿斗。不慎鱼跃水中，情急亦跃入水，终未能获而使玉带落井。"另外，民国时期亦有与八角井相关的历史文献。《民国简阳县志》卷三《舆地篇》载："八角井，十五里五马溪下泉从隙中出，大旱不竭。"[1]

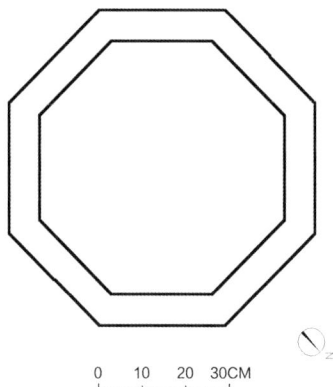

0   10   20   30CM

八角井平面图

1 林志茂等修：《民国简阳县志》，《中国地方志集成·四川府县志辑㉗》，巴蜀书社，1992，第72页。

燃灯寺门口的八角井

八角井

青白江区

弥牟三国八阵图遗址

【地理位置】

地理坐标：东经104°12′5″，北纬30°52′59″，海拔485米。

行政属地：青白江区弥牟镇商贸街。

地理环境：遗址四周原有一条河流环绕，邻近遗址处建有小桥，由于城市建设需要，现已改为暗河。

【保护级别】

1981年，被成都市人民政府公布为市级文物保护单位。

【现状概述】

弥牟三国八阵图遗址现残存六个土垒，夯筑，纵向（东西向）两排各三个，横向（南北向）三排各两个，原高2—3米，现残高0.55—1.2米。一号土垒直径7.1米，高1—1.2米。二号土垒直径9.1米，高0.55米。

弥牟三国八阵图遗址

弥牟《三国八阵图遗址》碑

弥牟诸葛井

三国八阵图遗址（摄于民国时期）

遗址附近，弥牟镇中街2号2栋附5号院内，现存古井一口。当地人传说为诸葛亮所造，称其为"诸葛井"，并刻立《青白江区文物保护单位》石碑一通。该井呈八角形，内径0.61米，外径0.87米，水面距离井口4.2米。

【历史渊源】

八阵图是诸葛亮继承和发扬了前代兵家"八阵"的阵法，并根据自己的实战经验，精心研制的部队训练和实际作战的阵型。《三国志》卷三十五《诸葛亮传》记载："亮性长于巧思，……推演兵法，作八阵图，咸得其要云。"

史载诸葛亮八阵图遗址最著名的有三处，一在鱼腹（今重庆市奉节县境内）；一在新都弥牟（今成都市青白江区弥牟镇）；一在沔阳高平（今陕西省勉县境内）。现今只有弥牟镇的八阵图遗址尚存，余皆无踪迹可寻。

弥牟三国八阵图遗址相传为诸葛亮推演兵法、操练士卒所用，因位于蜀道旁，亦称"旱八阵"。《太平寰宇记》卷七十二《剑南西道一》记载："八阵图，在县¹北三十里。"

关于弥牟三国八阵图遗址的记载，时代最早可上溯至南朝梁蜀人李膺的《益州记》。明曹学佺《蜀中广记》卷五《名胜记第五》引李膺《益州记》云："稚子阙北五里，有武侯八阵图，土城四门中起，六十四魁，八八为行，魁方一丈，高三尺。"

唐代《元和郡县图志》卷三十二《剑南道》记载："诸葛八阵，在县北十九里。"唐人卢求《成都记》中亦有记，宋人罗士琥《八阵图迹赋》一文引用说："《成都记》以为：……在弥牟者，一百一十有八，当头阵法也。"

宋代高似孙《纬略》对遗址的具体情况作了较为详细的介绍："八阵图，在新都者，峙土为魁，植以江石，四门二首，六十四魁，八八成行，两阵并峙，周凡四百七十二步，魁百有三十也。"

明代，弥牟三国八阵图遗址经过三次修葺。第一次是弘治年间，新都令刘翀《汉丞相诸葛武侯八阵图像记》中记载："新都东二十里，镇名弥牟，地势平衍，世传为武侯肄兵之所，八阵遗迹在焉。土垒棋布，凡一百二十有八，继世已久，风雨摧毁者过半。……[弘]治九年冬，巡按四川监察御史蓝田荣公按节至此，拜祠下，慨忠魂已升于天，经络犹存于地，遂命有司按图修筑，卑者增之，缺者补之，森然全具，且肖像于中，仪容闲雅，俨如生存，往来观者莫不动仰止之思，而发忠义之分，诚盛事也，请予记之。"第二次是正德年间，知县韩奕重新修缮祠宇，杨升庵撰写《新都八阵图记》，刻石立碑："庆阳韩君大之以进士出宰吾邑，始至，拜侯之荒祠，次观遗垒，重有感焉，谓慎曰：'……而此顾泯焉，无所表识，使往来者不轼，樵牧者不禁，非缺与？祠宇行当新之，阵图所在，欲伐石，树道左，大书曰"诸葛武侯八阵图"。碑阴之辞，子宜为之。'"第三次是嘉靖年间，乡人修复八阵图，筑围墙300余丈。杨升庵叔父、兵部侍郎杨廷仪撰《汉诸葛武侯八阵图修复记》："先是嘉靖十年，参议山阴何公鳌、佥事泽州钟公锡以公事过新都，谒诸葛祠，因遍观八阵图迹，颓基废址，慨然者久之。……不数月，垣成，几三百丈余，盖尽图址悉缭之。构屋是楹，东面于图，以便省览。复竖三丈之木，张旗于上，若神之临之者，时则邦侯全儒尸其事。"

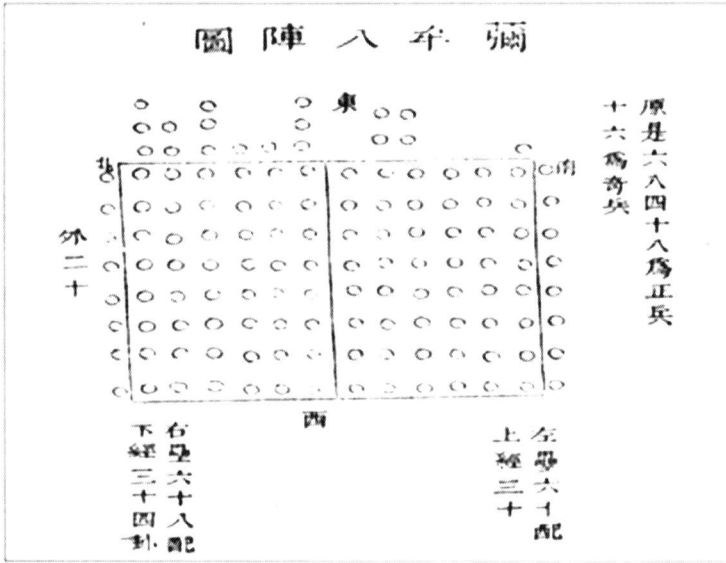

《弥牟八阵图》（摘自明《武编》前集卷三）

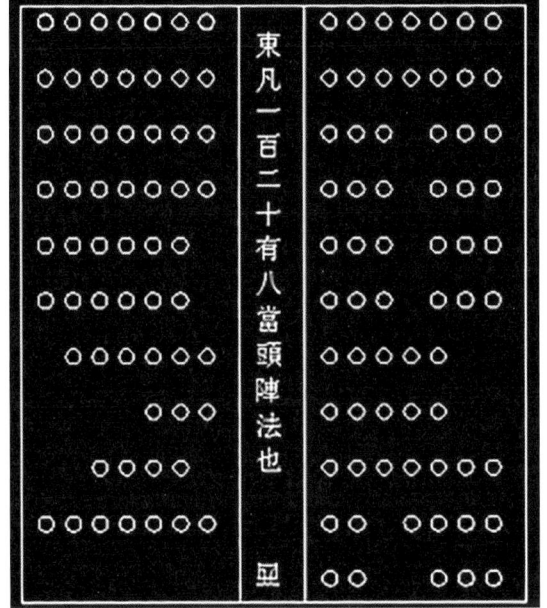

《诸葛武侯八阵总图》（摘自清《四川通志》）

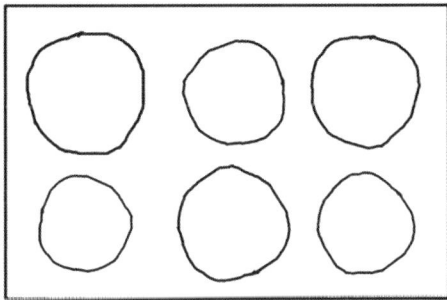

三国八阵图遗址平面图（现状）

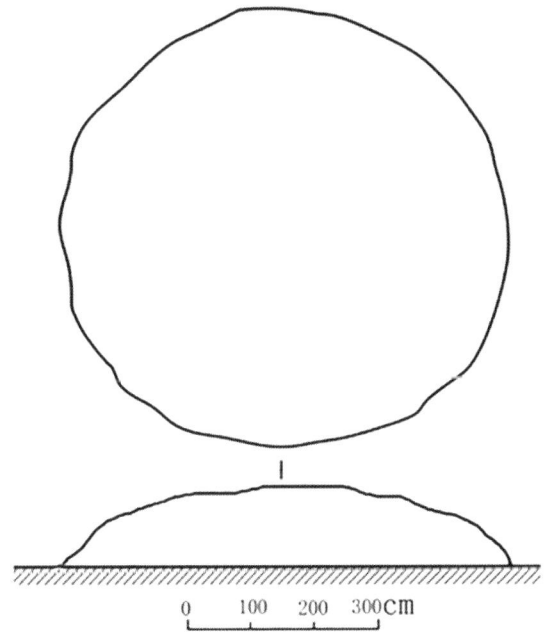

三国八阵图遗址一号土垒平剖面图

乾隆五十五年（1790），知县薛谐律对遗址进行维修；道光十七年（1837），邑令张奉书亲自审理罗凤岐、熊应寿等毁坏遗址土垒一案，退还遗址被占土地36亩。由于遭严重破坏，至道光十七年，遗址土垒仅剩71垒，光绪庚子年（1900），又被毁掉数垒。《民国新都县志》第一编《舆地》有载："在弥牟镇市外，旧垒践踏渐平。清乾隆五十五年，知县薛谐律补修如故。道光十七年二月，邑庠马中良等控告罗凤岐、熊应寿等修造房屋毁灭古迹，邑令张奉书亲往踏勘……仅存七十一垒。光绪庚子，拳匪掘毁数垒。"

民国初年，遗址土垒保存相对完整的仅37垒，有遗迹可寻的20垒，共57垒。《民国新都县志》第一编《舆地》记载："今形式完全者，祠左二十有三垒，祠右十有四垒，其余摧崩溃废、形式不完全，有遗迹可指者尚有二十余垒云。"

20世纪50年代弥牟三国八阵图遗址土垒仅剩十几垒，20世纪60年代遗址土垒破坏严重，至今只余6垒。

遗址北面，原建有一座武侯祠（亦称"八阵庙""武侯庙"），相传是诸葛亮死后，蜀民为缅怀其治蜀功绩而修建。《天启新修成都府志》卷三《风俗志》记载："八阵庙，在新都治二十里，即武侯祠，前有八阵遗迹。"《民国新都县志》记载："武侯祠，在县东弥牟镇，宋时已有之。"2000年左右，武侯祠还保留有偏殿。如今，武侯祠已完全损毁不存。

2003年7月，当地民营企业家成都强享实业有限公司余本成先生捐资修建围墙和保护碑，保护区域长35米，宽21.71米，面积约760平方米，碑阴刻清代李调元的《八阵图歌》。2014年5月，青白江区政府再次进行保护性维修。

历代文献曾收录过多种不同的弥牟三国八阵图遗址示意图，现今留存下来的只有明代唐顺之编《武编》中收录的《弥牟八阵图》，以及清代《四川通志》收录的《诸葛武侯八阵总图》。

城厢武庙

【地理位置】

地理坐标：东经104°19′16″，北纬30°52′43″，海拔439米。

行政属地：青白江区城厢镇槐树街社区大东街。

【保护级别】

2012年，被四川省人民政府公布为省级文物保护单位。

【现状概述】

城厢武庙，是纪念关羽的祠庙，仅存正殿院落。整个建筑通高12米，面阔五间，进深三间，木结构抬梁式屋架，重檐歇山式屋顶，屋顶覆以绿色琉璃瓦。2008年汶川地震后，利用灾后重建资金重新修整。城厢武庙正殿为青白江区境内保存较为完好的古代建筑之一。文物保护范围为武庙占地面积，建设控制地带四周外延3米以内。

2011年武庙维修时，发现残碑一通，文字阴刻，横碑。碑通长96厘米，残宽95厘米，厚16厘米。除去石碑边框，碑文部分长85厘米，残宽71厘米，厚11厘米。碑文记述了对武圣关羽的出生年月、出生地等的相关考证。该碑为清或民国时期所刻，是武庙的重要遗物之一。

【历史渊源】

城厢武庙始建于明代，原建在青白江城厢镇的文昌宫。清乾隆六年（1741），知县田多稼重修之。嘉庆十三年（1808），金堂县令谢惟杰从文昌宫迁建于城厢镇明教寺，耗白银一百万余两。《嘉庆金堂县志》卷一《建置》载："关帝庙，在治东明教寺右祀。敕封'忠

城厢武庙山门

城厢武庙正殿

城厢武庙内残存的石碑

74

义神武灵佑关圣大帝'。雍正五年封神。曾祖光昭公、祖裕昌公、父成忠公增祀后殿。岁以春秋仲月吉日及五月十三日，众官致祭于此。旧庙在治东北文昌宫后，建置无考。乾隆六年，知县田多稼重修，地逼城隅，不能恢廓。嘉庆十三年，知县谢惟杰移建今所。庙制：正殿三楹，东西长廊各十楹，殿前为月台，台下为拜次，前为仪门，门外为彩台，两旁为东西辕门，殿后为屋三楹，翼以两庑。祀神三代，较前倍肃观瞻矣。"[1]《同治续金堂县志》卷一《建置》记载："武圣关帝庙，自嘉庆十四年移建后，遇有倾圮时加□瓦，今尚堂皇如故。"[2]咸丰四年（1854），武庙奉敕加封"护国佑民"四字，又追赠三代皆称王爵。光绪六年（1880），知县曾福景重修了武庙大殿"案前"。迁建后的武庙占地2000余平方米，为三进院落：一进是彩台、东西辕门、仪门，二进院落由仪门到月台上，三进则为月台东、西厢房和正殿构成的一个院落。仪门前有一对大石狮子（已移至成都王建墓大门旁）。正殿最为雄伟，为重檐歇山式屋顶，檐下施斗拱，阔18米，进深14米，通高12米，建筑面积946平方米。清代，武庙仅祭祀关圣大帝，列入祭典。到民国四年（1915），奉文合祀岳武穆（岳飞），改称"关岳庙"。

关于武庙的原貌，《民国金堂续县志》卷二《建置》有记："庙制，正殿三楹，东西长廊各十楹。殿前为月台，台下为拜次，前为仪门，门外为彩台。两旁为东西辕门，殿后为屋三楹，翼以两庑，祀神三代。"[3]

【文献资料】

武庙残碑碑文

蜀中崇祀圣帝，其备物致敬，不亚别省。其贺圣诞多以五月十三日为期，奉行已久，而不知其误也。癸巳岁余，过邑庠月亭先生别墅，得遇植三黄。信士者道及吾邑。崇奉圣帝一事，因出邑信士传世安携回贵川，杨信士德恒所刊碑记，始知圣祖、圣考之名与字，即圣帝之诞辰皆有确据，即得知所避讳也。先是钱塘冯景山于康熙十七年过河东，常平士姓于名昌者尝读书圣帝故居庙塔。一日神倦卧梦，圣帝示碣碑二大字，窨异索，见浚井，获巨砖，已破为两，尚有字迹。巫拂拭读之，乃纪圣祖、圣考之名与字，暨生殁之年岁，遂捧告解州守朱旦，旦据砖上遗迹恭撰。（后文佚）

1 （清）谢惟杰等修纂：《嘉庆金堂县志》，《中国地方志集成·四川府县志辑④》，巴蜀书社，1992，第31页。

2 （清）王树桐等修纂：《同治续金堂县志》，《中国地方志集成·四川府县志辑④》，巴蜀书社，1992，第307页。

3 王暨英等修，曾茂林等纂：《民国金堂县续志》，《中国地方志集成·四川府县志辑④》，巴蜀书社，1992，第435页。

新都区

新都马超墓

【地理位置】

地理坐标：东经104°9′47″，北纬30°48′54″。

行政属地：新都区马超西路入口处（老地名桂林场，在桂林场北2.5千米）。

【现状概述】

原墓葬建筑已不存。因城市改造，旧址上已修建房屋，旧址所处路道被命名为"马超西路"。

【历史渊源】

关于马超墓的记载，最早可追溯至明代。明代，四川按察使杨瞻、成都知府王九德、新都知县邵年齐等，为了使马超墓不致湮没，在墓前立碑，道旁立华表。《天启新修成都府志》卷三《陵墓》有载："马超墓，新都县南三里。明按察金事杨瞻建碑表之。"[1]清代，马超墓经过多次培修。雍正十一年（1733），邑令陈铦在马超墓四周立界石，规定距离墓葬18步的区域范围为墓域，严禁在域内樵采、耕种等。道光十七年（1837），知县张奉书重新丈量墓地，共3.174亩，墓周栽植柏树，砌筑围墙，招佃看守，春秋祭扫。道旁重刊明代按察使

所立的"汉故征西将军马公讳超字孟起之墓"墓碑，以壮观瞻。乾隆五十三年（1788）十一月，新都知县薛谐律在马超墓前立碑，题曰"汉故征西将军马公讳超字孟起之墓"，宣统元年（1909）五月，新都知县邓隆重刊此碑。《民国新都县志》第一编《舆地》有载："征西将军马超墓，在桂林场北五里。清康熙间，李、刘二姓相继侵葬。雍正十一年，经邑令陈铦查觉为立石于墓之四隅，定距墓一十八步为墓域。道光十七年，知县张奉书清丈前后基地，共三亩一分七厘四毫，周围竖以墙垣。有碑二：一竖墓前，题曰'汉故征西将军马公讳超字孟起之墓'，乾隆五十三年十一月署，新都县知县薛谐律立，宣统元年五月署，新都县知县邓隆重刊；一竖道旁，题同墓碑，明四川按察使杨瞻立，道光十七年知县张奉书重刊。"[2]宣统元年（1909）六月，四川提督马维骐到川北巡察军务，绕道新都城南拜谒马超墓。马维骐在墓前重立碑石，新修献殿三间，撰刻马超墓志碑，书写"英风常振"匾额，使马超墓再具规模。

被毁之前，马超墓坐北向南，墓地面积约150平方米，封土直径12米，高约0.6米。石室墓，墓室长约10米，宽约3米，内有石门、

---

1 (明)冯任修,(清)张世雍等纂:《天启新修成都府志》,《中国地方志集成·四川府县志辑①》,巴蜀书社,1992,第75页。

2 陈习删等修, 闵昌术等纂:《民国新都志》,《中国地方志集成·四川府县志辑⑪》,巴蜀书社,1992,第674页。

新都马超墓旧址（20世纪80年代摄）

新都马超墓旧址所处的马超西路街道

石案、石棺床等，雕刻精美。墓前曾建有庙，庙设祭享殿，悬挂清代四川提督马维骐书"英风常振"匾额，壁间刻有马超传略。

在新都区城市大规模开发之前，马超墓墓后有环状土丘，四周古柏森森，周边有广袤的农田。20世纪60年代，马超墓遭破坏，墓中石料被取走，仅存墓后环状土丘和《征西将军马超墓》碑、《汉骠骑将军领凉州牧斄乡侯谥威侯马公墓志》两通石碑。1987年，两块石碑被迁到桂湖公园，现立于桂湖公园的碑林内。

【文献资料】

故征西将军马公墓碑记

维将军姓马名超字孟起，陕之扶风人，仕汉为将军，镇守川之西陲，捍卫全蜀，号征西将军。年四十有七而卒，以功谥威侯，葬于吾邑之南郊一里，志册可考。而故明按察使杨公瞻，恐其久而或湮，为立碑表于道旁。大尹王公九德、司马钱公绍谦、前令邵君年齐又同立碑于墓前，昭功德、示护守也。乃有里民李氏者，私葬其父于将军墓之贴近右侧，自丙寅迄今，四十八年矣。又蓄畜其前余地，而刘氏葬其婿于将军之墓左。予宰于斯，访求古名宦遗迹，知其状。既恶其民之不义，又谅其未闻将军之丰功厚德也，爰拘而惩创之，且晓谕之曰："汝知征西将军之功乎？蜀之西曰羌曰番曰蛮，逼近西陲，桀骜难驯，既不可以文令，又不可以武竟，惟是将军神威素著，西夷号为神将，皆帖然慑服，终其世不敢内侵。将军殁，后代有西患，或至震惊蜀都，以是思将军：无赫赫之功，其功愈大；无煦煦之德，其德尤深。蜀之人，当世世尸祝之。其葬于吾邑也，尤当欣喜而爱护之，以致报功崇德之心，以慰将军之灵。乃践踏侵占，使天下之人，谓吾邑固如是其负义也，何以为人？且忠烈坟墓，樵采有禁，罪将奚逃？"于是，李氏昆弟如玉等及刘氏皆惶愧无地，谓愚昧得罪于将军，今始觉悟，退地移葬。予喜秉彝好德之终不泯于人心，而将军奠安蜀民之功，千古常新也。既而，李氏念其父葬已久，棺骨或朽□，请免迁。予又思将军之灵，深爱蜀民，既容四十八年矣，或克当神意，役使左右府允所请。乃与里之民约，且立四石于墓之四隅，距墓一十八步以定为将军墓域，嗣后有敢于域中樵采者、耕种者、侵葬者，律无赦。爰为记，以刻之石云。

蜀漢征西將軍馬超墓

新都马超墓旧貌

马超墓
Machao tomb

新都马超墓现况

《征西将军马超墓》碑

新都区桂湖公园碑林内。

【现状概述】

该碑高185厘米，宽83厘米，楷书，共
10列，每行10字。墓碑红砂石质，风化崩
裂，泛盐严重，起层脱落，碑文漫漶，撰书
人失考。

【历史渊源】

该碑原立于新都马超墓前，1987年迁到
新都桂湖公园，现立于桂湖公园碑林内。

【文献资料】

　　马超，字孟起，古扶风茂陵人，父
□□□援之□□□□□□□

　　以白给，而性贤厚□多敬之。灵帝
□□□□□□□□□□□□□

　　应募讨平之，拜征东将军。初与韩遂
善，后韩□□□□□□

　　使钟繇□解之以腾为槐里侯，旋令入
宿卫以超□□□军，

　　不就。建安十六年，超率众攻操。操
曰："马儿不死，□□□□也。"□

　　□凉州刺史韦康据冀城，康故吏杨阜
等攻超□□□□□□

　　知张鲁不足计事，乃降。昭烈以为平
西将军□□□□□

　　领凉州牧，进封斄乡侯，策曰：以君
信□北□□□□□□□

　　任□□□□□虎兼董万里，求民……

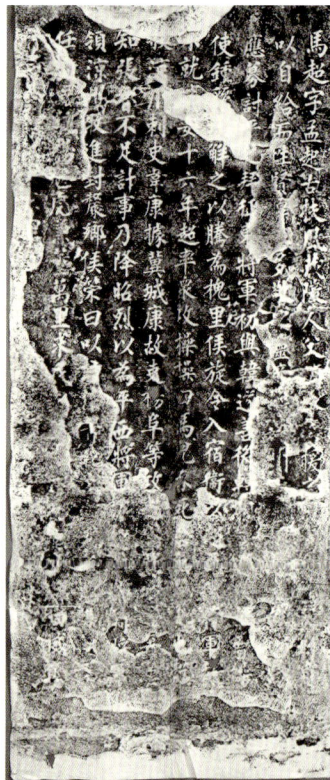

征西将军马超墓碑刻拓片

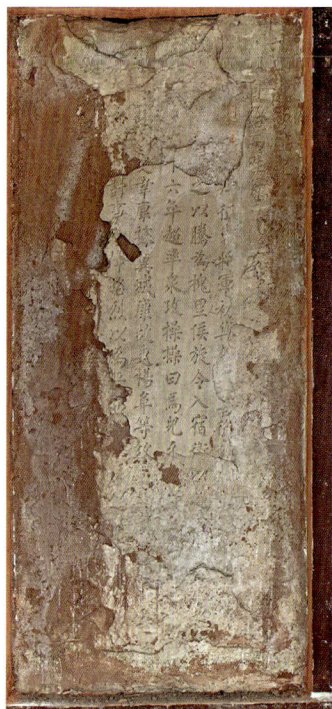

新都区博物馆征西将军马超墓碑

《汉骠骑将军领凉州牧斄乡侯谥威侯马公墓志》碑

【地理位置】

新都区桂湖公园碑林内。

【现状概述】

该碑高173厘米，宽81厘米，楷书，共12列，31行，每行13字。该碑大体保存完整，碑下部残断，已经修补。

【历史渊源】

清宣统元年（1909）六月，四川提督马维骐到川北巡察军务，绕道新都城南拜谒马超墓。马维骐在墓前重立碑石，新修献殿三间，撰刻《汉骠骑将军领凉州牧斄乡侯谥威侯马公墓志》碑，书写"英风常振"匾额，使马超墓再具规模。该碑原立于新都马超墓旁，1987年迁到新都桂湖公园，现立于桂湖公园碑林内。

【文献资料】

汉骠骑将军领凉州牧斄乡侯谥威侯
马公墓志

人必具有卓绝之识见，然后能立非常之勋而垂不朽之誉，否则虽有瑰玮奇特之姿而阿附非人，不过邀荣于一时，必贻訾詈于后世。载笔者且与奸佞婘倖同传，良可慨也。如汉征西将军马公孟起之识见，诚有为当时英杰所不及者，公之骁勇为一时冠。值汉魏相争之际，汉弱而魏强，况曹操挟天子命令，素有爱才之名，其时逸群绝伦之士，误入彀中者，不可胜计。公则知汉为正统，操乃国贼，弃强以就弱，实去邪而归正，成败利钝非其所计。宜乎生前功业，殁后馨香，虽不及壮缪桓侯，然几与顺平、平襄相埒，不亦宜哉。公墓在新都县城南五里许，乾隆间曾置祀守。岁久废弛，几没榛蒿。余以巡师过此，纡道展谒，见其茔土倾圮，碑字漫灭，甚非所以崇先贤而励后来也。爰商今尹邓君隆暨都人士等，重加修葺，并为栋宇三楹，以资焚献，余更捐资以藏其事。工竣，都人士属为文泐石，因缀数言以质。后之知人论世者，至公之家世、勋爵，历史可考，昭昭在人耳目，故不赘述焉。宣统元年第一己酉六月四川提督滇南马维骐志并书。

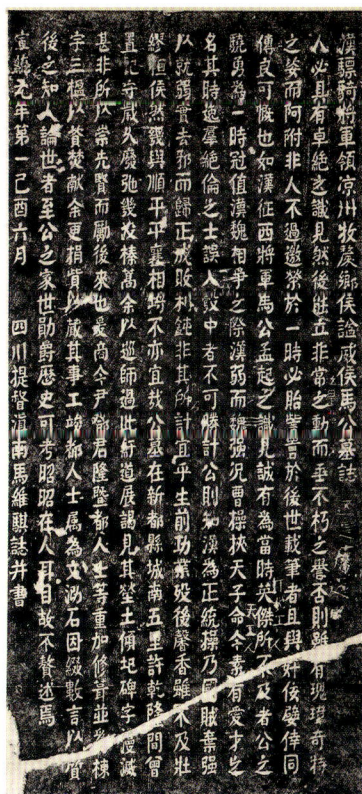

《汉骠骑将军领凉州牧斄乡侯谥威侯马公墓志》碑拓本

81

《新都八阵图记》碑

新都区桂湖公园碑林内。

【现状概述】

《新都八阵图记》碑高178厘米，宽114厘米，厚19厘米，红砂石质，碑下部风化漫漶。碑文共20行，楷书，字径3.5厘米，笔力遒劲，颇有赵孟頫书法艺术的风格。该碑由明代新都知县韩奕立，碑文由新都状元、翰林院修撰杨慎（字升庵）于1516年撰写。

新都桂湖公园碑林

【历史渊源】

明代，弥牟三国八阵图遗址及武侯祠经过三次较大规模的维修。明正德年间（1516），为了更好地纪念诸葛亮，知县韩奕重修祠宇，在遗址旁刻石立碑，碑义由杨慎撰写，这就是著名的《新都八阵图记》石碑。《新都八阵图记》中亦记载有此事："夫崇贤存古，以示向往焉，循良事也；推表山川，考记往昔者，则史氏职也，遂书之，使刻焉。"

《新都八阵图记》碑原立于弥牟三国八阵图遗址附近。1958年，新都县筹建杨升庵纪念馆，将石碑从弥牟镇迁往新都桂湖公园，现立于桂湖公园碑林内。

【文献资料】

新都八阵图记

诸葛武侯八阵图，在蜀者二：一在夔州之永安宫；一在新都县之弥牟镇。在夔

《新都八阵图记》碑拓本

者，盖从先主伐吴，防守江路，行营布伍之遗制；新都为成都近郊，则其恒所讲武之场也。武侯之人品、事业，前哲论之极详，不复剿同其说，独其八阵，有重可慨者。史谓侯推演兵法，作为八阵，咸得其要，自令行师，更不覆败，深识兵机者，所不能洞了，盖胜之于多算，而出之于万全，非借一于背城而侥幸于深入也。惜乎！其方锐意以向中原，而溪蛮洞獠，左跳右跋，以裂其势。外寇方殷，内境自愆，使夫八阵之妙，不得加于二曹三马之枭敌，而乃止试于七擒七纵之孟获；天威神算不骋于中原王者之区宇，而仅以服南中、巴僰之偏方。事机既已迟，精力又已亏，勇贾其余，师用其分，以为大举。譬之逐盗、救火之家，挺刃、决水犹恐不及，而有仇贼，自相乘机肱篚助燎，则虽有倍人之知力，亦自无如之何。侯之不幸，势正类此。天之所坏，谁能支之？祚去炎汉，不待陨星而后知矣。嗟乎！国之兴亡，天也。而千载之下，君子独遗恨于蜀汉之事者，非以武侯故耶！至其故垒遗墟，独为之爱惜不已，乃其忠义之激人，不独其法制伍之妙也。不然，则卫青尝勒八阵以击匈奴，晋马隆用八阵以复凉州，是在侯前已有之，而后亦未尝亡也。功既有成，而后世犹罕所称述，况能传其遗踪至今耶？慎尝放舟夔门，吊永安之宫，寻阵图之迹。维时春初，水势正杀，自山上俯视，下百余丈，皆细石为之，凡八行六十四蕝。土人言，夏水盛时，没在深渊，

水落依然如故。在吾新都者，其地象城门四起，中列土垒，约高三尺，耕者或削平之，经旬余，复突出，此乃其精诚之贯，天之所支而不可坏者，盖非独人爱惜之而已耳。庆阳韩君大之以进士出宰吾邑，始至，拜侯之荒祠，次观遗垒，重有感焉。谓慎曰："之罘篆锲，燕然铭石。艺焉耳，人不足称也。爱其艺者，不泯其迹，矧侯之地而可忽诸？今阵图在夔者，有和叔、独孤之记，少陵、东坡之诗，四方灼知。而此顾泯焉，无所表识，使往来不轼，樵牧者不禁，非缺欤？祠宇行当新之，阵图所在，欲伐石，树道左，大书曰：'诸葛武侯八阵图。'碑阴之辞，子宜为之。"夫崇贤存古，以示向往焉，循良事也；推表山川，考记往昔者，则史氏职也，遂书之，使刻焉。

双流区

葛陌

【地理位置】

地理坐标：东经103° 54′ 21.59″，北纬30° 31′ 51.60″，海拔466米。

行政属地：双流区星空路南五段，今双流金花乡。

【现状概述】

葛陌原有建筑今已不存，仅留下"葛陌"这个古地名。葛陌村已改为葛陌社区，周围多是居民住宅。

葛陌村的老照片

葛陌社区

【历史渊源】

葛陌，相传为诸葛亮的旧居。诸葛亮《自表后主书》中称成都有桑八百株，薄田十五顷，子弟衣食，自有余饶，就是指这里。《元和郡县志》卷三十二《剑南道》载："诸葛亮旧居，在（双流）县东北八十八里，今谓之葛陌，孔明表云'薄田十五顷，桑八百株'，即此地也。"

根据当地居民回忆，民国时期该地称为"永福乡"，有一庙专门供奉诸葛亮，因庙顶造型为八角形，俗称"八角庙"。20世纪60年代，庙被拆除。另据当地村干部介绍，葛陌村位于牧马山脉末端的江安河畔，为河滩泥沙地，土质疏松，水分充足，自古就适合桑树种植，20世纪六七十年代，当地村民都在种桑养蚕。20世纪80年代，该地恢复古地名，名为葛陌村。因当地经济建设开发，已不见农田、桑树，周围高楼林立，如今仅留下"葛陌"这个古地名。

牧马山（诸葛亮屯兵处）

【地理位置】

地理坐标：东经103°54′28.80″，北纬30°31′44.40″，海拔468米。

行政属地：双流区胜利镇。

【现状概述】

《诸葛亮屯兵牧马山》大型雕塑矗立在广场上，由我国著名雕塑艺术大师叶毓山先生设计，以雕塑艺术再现三国历史文化，形成了双流一大历史人文景观。

【历史渊源】

《蜀中名胜志》卷五《成都府五》载："蜀先主刘备于此置'籍田'，牧马江中。"[1]双流西南诸山即成为蜀汉屯兵养马之地，"牧马山"由此见称于世，沿袭至今。《道光新津县志》卷五《山川》载："牧马山，在县东十五里，上接双流，下入彭山，绵亘数十里，传为蜀王牧马处，今山下杨柳河西五里有马王庙，即当年牧马场也。"[2]据《诸葛亮屯兵牧马山雕塑之碑记》载："牧马山，初名'女儿山'，亦有应天山、圣灯山、宜城山、白塔山、武侯山、石子山等旧称。山脉源起成都金花镇，经双流县、新津县，止于彭山县双河口；南北纵逾三十五千米，东西横约十一千米；丘峦起伏、湖泊棋布，林壑优美、蔚然深秀，为成都西南天然军事要塞和生态屏障。"

《诸葛亮屯兵牧马山》雕塑

1 曹学佺著，王云五主编：《蜀中名胜记》（一），商务印书馆，1936，第67页。

2 （清）王梦庚原稿，（清）陈霁学修，（清）叶方模、童宗沛纂：《道光新津县志》，《中国地方志集成·四川府县志辑⑫》，巴蜀书社，1992，第578页。

黄龙溪

地理坐标：东经103°58′3″，北纬30°18′3″。

行政属地：双流区黄龙溪镇。

地理环境：黄龙溪地处牧马山中段以东，龙泉山以西，鹿溪河与府河交汇处。四县（区）（双流、彭山、仁寿、新津）交界、二江（锦江、鹿溪河）环抱，北依牧马山麓，西部为牧马山，中部沿府河分布狭长的冲积平原，东部为龙泉山丘陵地区。

【现状概述】

今黄龙溪镇拥有风貌保存完好的明清民居建筑群，现存完好大院3座、民居76座。镇内有三县衙门、古戏台、金华庵等多处文物保护单位。2007年，成功跻身"中国历史文化名镇"之列，2011年被评为"成都新十景"。黄龙溪古镇已经发展为成都市近郊的成熟景区，一年四季游人如织。

【历史渊源】

黄龙溪作为府河通衢和重要的水码头，溯江而上可至成都，顺流而下便抵南安（今乐山），扼古蜀水道的咽喉。历代在此屯兵设防，对于屏障川西平原、巩固古蜀的后方，发挥着重要的战略作用。三国蜀汉政权在黄龙溪上演一系列政治活动，助推刘备登基，诸葛亮南征屯兵牧马于此，使得黄龙溪成为蜀国政治舆论中心和重要江防据点[1]。黄龙溪的得名，与刘备称帝的重大历史事件直接相关，这在以下多种史籍文献中，都有明确记载。《三国志》卷三十二《先主传》载建安二十五年（220），以太傅许靖、安汉将军糜竺、军师将军诸葛亮等为首的大臣上言："群下前后上书者八百余人，咸称述符瑞，图、谶明征。间黄龙见武阳赤水，九日乃去。"[2]又《华阳国志》卷三《蜀志》载："（建安）二十四年（219），黄龙见武阳赤水九日。"又《水经注》卷三十三《江水一》载："武阳有赤水，其下注江。建安二十九年（编者注：应为'建安二十四年'，原文误），有黄龙见此水，九日方去。"[3]又《太平寰宇记》卷七十四《剑南西道三》载："黄龙庙，在县东二十八里，在长江村导江东岸。"又《宋书》卷二十七《符瑞志》载："黄龙见犍为武阳之赤水，九日乃去……（刘）备后称帝于蜀。"又《蜀中名胜记》卷十二《上川南道》载："后汉建安二十四年，黄龙见武阳赤水九日，刘氏以为瑞应，因立庙在长江村导江东岸，《碑目》云：'汉刻黄龙甘露之碑，在彭山黄龙镇。'"[4]

1 资料：《黄龙溪镇镇志》，第3页。

2 方北辰译注：《三国志全本今译注》（第二分册），陕西人民出版社，2011年，第1745页。

3 （汉）桑君长撰、（后魏）郦道元注、文枢堂吴桂宇梓：《水经注》卷三十三。

4 （明）曹学佺撰：《蜀中名胜记》卷十二，清宣统二年（1910）四川官印局刻本。

黄龙溪古镇俯瞰（双流区文管所提供）

黄龙溪

黄龙溪一角

又《四川通志》卷三十七《舆地》载："黄龙庙，在县东二十八里，长江村导江东岸，建安二十四年黄龙见武阳赤水，乃立庙。"[1]以上记载反映出黄龙溪出现的大体经过。首先是刘备称帝前夕的政治舆论之中，出现了黄龙现身于当时武阳县赤水河的吉祥征兆，接着蜀汉政权在黄龙现身的长江村建立纪念庙宇，最后又发展成现今的黄龙溪场镇。

1 （清）常明等修：《四川通志》卷三十七《舆地·祠庙》，清嘉庆二十一年（1816）刻本。

九倒拐崖墓群

【地理位置】

地理坐标：东经103°53′57.97″，北纬30°30′21.17″，海拔469米。

行政属地：双流区胜利镇白塔村。

【现状概述】

九倒拐崖墓群，开凿在一处南北长2300米、东西宽30米的半山腰上（当地俗称"蛮子洞"），共76座，占地面积4500平方米。1964年修牧马山干渠时发现，当时一些墓葬已被盗，四川省考古队立即对部分墓葬进行了发掘，所发掘的墓葬均被确定为东汉崖墓，出土的器物有陶房、陶俑、陶鸡、铜剑等。[1]根据诸葛亮曾经屯兵、牧马于附近的当地传说，以及崖墓群的延续时间，可以判定该崖墓群中的东汉晚期墓葬很有可能是三国时期的文化遗存。但因该崖墓群未完全发掘，故具体情况不详。九倒拐崖墓群属双流地区较常见的汉代崖墓，为研究成都平原汉代墓葬形制和丧葬制度提供了重要实物资料。

九倒拐崖墓群

---

1 国家文物局主编：《中国文物地图集·四川分册》（中），文物出版社，2009，第123页。

新津区

先主寺

【地理位置】

地理坐标：东经103°46′33.66″，北纬30°29′23.68″，海拔461米。

行政属地：新津区兴义镇先寺村。

【现状概述】

先主寺，又称"先主祠"，是纪念蜀汉先主刘备的祠宇。现今的先主寺，与旁边新建的佛教寺净宗讲堂，合称"先主寺"。寺院主建筑布局，以纵轴线为主，依次为前殿、佛像雕塑、净宗讲堂，左右有东西配殿供奉神灵，净宗讲堂现今为先主寺最重要的部分，而前殿与东西配殿层层递进，是对主殿的烘托和陪衬。先主殿供刘备像，两旁分别是关羽像和张飞像，主像左右两旁均有侍从两名。先主殿有对联曰："锦绣江山，半壁雄心敌吴魏；风云儿女，千秋佳话掩甘糜。"寺内另有一座始建于清光绪二十二年（1896）的钟楼，钟楼顶为六角攒尖式，垂柱吊爪，六条垂背，顶塑有宝顶，檐下有木雕。该钟楼为典型的蜀派建筑，其内部木结构样式现今已不易见，为研究清代蜀派钟楼建筑形制提供了实物资料。

【历史渊源】

据当地民众介绍，先主寺原为大禹庙，相传刘备驻军在这一带时遭遇天旱，他亲临大禹庙祈祷求雨，喜降甘露，因此深得民心。后人为了纪念刘备，就把大禹庙改为先主寺。地方志对此也有记录，《道光新津县志》卷十二《寺观》载："先主祠，县北二十五里，传为汉先主帝蜀时祷雨处。康熙、乾隆间迭次培修。后有水母殿，每逢旱岁，祈雨有应。"[1]当地旧俗，每逢正月二十，眉山、彭山、青神、仁寿和新津等县的民众就会到先主寺赶庙会。20世纪50年代，先主寺一度被改建成电影院和学校，1996年恢复为先主寺。原先主寺仅有两处主体建筑——先主殿和钟楼，为清代建筑。先主寺形制狭小，只有一进院落，不足100平方米，寺内很简陋，整个规模和香火远不及隔壁的"净宗讲堂"。

1 （清）王梦庚原稿，（清）陈霁学修，（清）叶方模、童宗沛纂：《道光新津县志》，《中国地方志集成·四川府县志辑⑫》，巴蜀书社，1992，第597页。

先主寺山门

先主寺院落

先主殿　　　　　　　　　　　　　　　　　　　　孔明殿

先主寺刘备塑像

先主寺关羽塑像

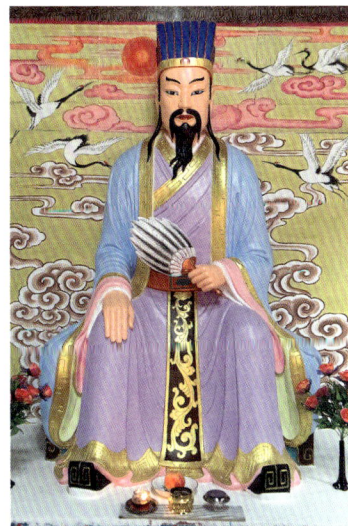

先主寺张飞塑像

先主寺诸葛亮塑像

金堂县

慈云寺

【地理位置】

地理坐标：东经104°29′19″，北纬30°43′59″，海拔525米。

行政属地：金堂县云顶山。

【现状概述】

云顶山位于四川省金堂县境内龙泉山脉中段，是成都的东北门户、大然屏障，慈云寺就位于云顶山顶。寺中现保存有清代"圣旨碑"两座，以及清乾隆年间精工雕琢的石结构七佛坊与汉后帝读书处石碑、传为大画家张僧繇的洗墨池、八根整石精雕的龙柱等古迹。寺内的清代《慈云寺高僧列传碑》，长3.1米，宽3.2米，屹立在慈云寺大雄宝殿与五观堂中间，清同治七年（1868）刻立，系二块碑石刻成，四周用木框嵌为一体。石碑四边均无纹饰，碑文简练通畅，字体端正秀丽，碑刻保存亦较完好。

【历史渊源】

清代历史文献中有关于云顶山和慈云寺的记载。《嘉庆金堂县志》卷三《山川上》载："云顶山，古名石城山，唐时改名云顶，又名慈云，又名紫云山。在治南六十里，四面壁立，状如城垣，顶平数十亩，前有高峰特起。隋开皇中建天宫殿，其上殿南麓为齐梁清修寺，寺又为梁张僧繇故居，有洗墨池犹存。唐天宝中王头陀静照卓锡于此，遂为开山之祖。相传诸葛武侯尝于山上置兵守隘。语虽

金堂云顶山慈云寺大门

不经然，其下倚沱江，重严峻峡，实西川门户也。"[1] 另据寺内《慈云寺高僧列传碑记》载："（慈云寺于蜀汉刘备）章武中敕建庙宇，赐额'天宫寺'。"

传说慈云寺最初由蜀汉昭烈帝刘备下诏修建，并赐名"天宫寺"。[2] 此后历代增修改建，名字也几经改变。寺内高僧慧宽去世后，唐太宗赐谥号为"天宫律师"，并赐额"古天宫寺"。唐玄宗幸蜀时，遥望石城山瑞云紫气盘结空中，遂改山为"云顶"，钦赐寺名"慈云"，寺庙僧侣多达3000人，乃唐代十大寺庙之一。至宋时敕赐寺名为"祥符禅院"。元世祖改名为"护国朝天寺"。明代改称"慈云禅院"，明末清初毁于兵燹。清康熙初，由僧人竺意主持重修，恢复寺名"慈云"。民国时期，慈云寺有九重十三殿，1943—1945年在此建立大云佛学院。改革开放后，宗教政策得到落实，云顶山也因此恢复为禅林净地。

《慈云寺高僧列传碑记》碑

《慈云寺高僧列传碑记》
与三国历史有关的记录

1 （清）谢惟杰：《嘉庆金堂县志》，《中国地方志集成·四川府县志辑④》，巴蜀书社，1992，第79页。

2 余德勋：《云顶山慈云寺简记》，该简记立于今慈云寺内。

93

《汉后帝读书处》碑

【地理位置】

地理坐标：东经104°29′3″，北纬30°44′25″，海拔524米。

行政属地：金堂县云顶山慈云寺内。

【现状概述】

该碑位于金堂县云顶山慈云寺妙庄大和尚暨两序僧众共建的祖堂前，碑文为阴刻，中间为"汉后帝读书处"六字，左侧落款"滇南纳汝弼署碑"，右侧落款"戊申夏五月"。碑身高1.13米，宽0.54米，厚0.1米，底座高0.33米，宽0.79米。

【历史渊源】

《嘉庆金堂县志》卷三《山川上》载："有汉孔仙、萧世显两人，名姓、官衔字皆楷刻，余尽磨灭。邑之人或言汉后主读书处。"[1]

汉后帝读书处碑

汉后帝读书处碑远景

---

1 (清)谢惟杰:《嘉庆金堂县志》,《中国地方志集成·四川府县志辑④》,巴蜀书社,1992,第79页。

火烧坡古战场遗址

【地理位置】

地理坐标：东经104°31′17.16″，北纬30°51′30.46″，海拔777米。

行政属地：金堂县福兴镇三王庙村21组。

地理环境：该遗址位于龙泉山脉北段，距县城11千米，省道唐巴公路穿境而过，周围农田密布，以种植业为主。

【现状概述】

该遗址位于三王庙村西南角，坐西南向东北，以北20米有一株数百年树龄的古柏树。

遗址占地面积5000平方米，呈长方形，长700米，宽30米。此处海拔近800米，地势险要，易守难攻，是古代拱卫成都的一处重要军事要地。

【历史渊源】

据当地老百姓传说，当时蜀与魏在此地发生了一次激烈的战斗，因蜀军用火药和硫黄在坡上燃烧打击敌军，故名"火烧坡"。

火烧坡古战场遗址全景

五凤关圣宫

【地理位置】

地理坐标：东经104°28′51.21″，北纬30°36′35.26″。

行政属地：金堂县五凤镇五凤溪社区84号。

地理环境：五凤关圣宫位于国家AAAA级旅游景区五凤溪古镇内，沱江西岸约500米，北距沱江支流柳溪约60米。

【保护级别】

2007年，被四川省人民政府公布为省级文物保护单位。

【现状概述】

关圣宫坐北朝南，由山门、正殿、东西厢房组成，呈中轴线对称的四合院布局，依山而建逐渐升高，均为两层木结构建筑。戏台台柱浮雕、望板板画及四周浮雕、人物、鸟兽、花草、山水等物象极其精美。正殿为歇山顶抬梁式结构，面阔五间23.3米，进深六间11.6米，通高10.20米，占地面积约1950平方米，台基高1米，垂带踏道10级。正殿主要为关帝殿，内供奉关羽坐像，左手捻须，右手持儒家经典《春秋》书卷，着袍甲，通体鎏金，脚下神位上书"伏魔大帝关圣帝君位"。胁侍为周仓、

五凤溪关圣宫航拍

五凤关圣宫

五凤关圣宫大殿

关平立像，周仓双手持青龙偃月刀，关平双手置于身后按剑。殿内另有斗姆元君、药王孙思邈造像，殿前左右角各分一小殿，名为真武殿、祖师殿，供奉真武大帝、张三丰像。

【历史渊源】

五凤关圣宫建于清嘉庆四年（1799），当时五凤镇是沱江畔通向川东、川南地区的重要水运码头，曾有"五凤溪一张帆，要装成都半城盐；五凤溪一摇桨，要装成都半城糖"的说法。因此，也有着诸多来自湖广、晋陕的商人与移民，在此兴建了关圣宫、南华宫等同乡会馆。

关于五凤关圣宫的修建者有两种说法。一说为陕西人所建，因为这一带的关圣宫（武圣宫）多为陕西籍同乡会馆。一说为湖广人所建，系湖广会馆，理由是大门石柱对联云："神为万国九州主，人自三湘七泽来。"正殿对联落款则是"楚省弟子述"，文字含义均指向湖广人。

清代五凤溪的关公文化较为盛行，每年的五月十三，都会举办关帝庙会，当地俗称"大刀会"，延请戏班在宫内戏台上表演三国剧情戏目。

据说关圣宫大门外曾经有一牌坊，现已不存。2007年，因主体建筑部分构件风化毁损较严重，成都市文化局曾拨专款维修。目前由五凤关圣宫道观负责日常管理，对外开放参观。

关帝殿内塑像

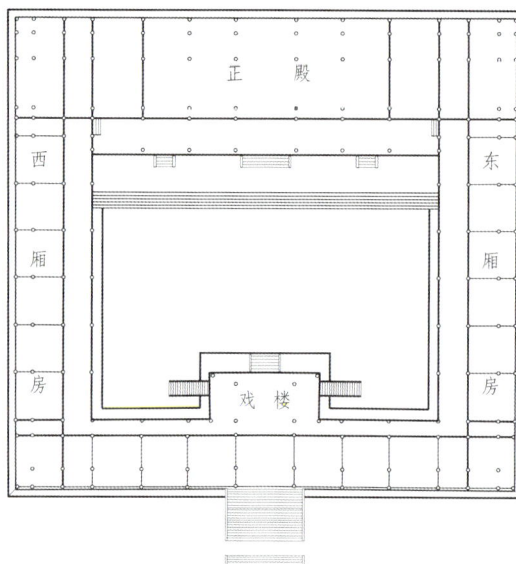
五凤关圣宫

大邑县

双河关帝庙

【地理位置】

地理坐标：东经103°40′51″，北纬30°33′3″，海拔463米。

行政属地：大邑县董场镇双河村9组10号。

地理环境：关帝庙位于地势较为平坦的村落，周围多为双河村村民民居，庙门前有一条乡村水泥公路。寺庙周围植被茂密，庙内杂草丛生。

【现状概述】

关帝庙今为双河村老年人娱乐活动中心，平日无人管理，房屋破败，杂草丛生。大门门额书"关帝庙"三字，两旁有一对联，联文为："义重山河扶汉室；名垂宇宙惜春秋。"进入大门有"福"字影壁，影壁左侧有《关帝庙塑神像功德碑》。庙内分为正室和左、右侧室。正室现空置。左侧室为大雄宝殿，内有关羽站像，手持青龙偃月刀，颇为神勇。右侧室为东岳大殿，门上牌匾有"丁丑年冬月十三日建"字样，内有送子观音等神像。

【历史渊源】

关帝庙始建于民国时期，后由平善人姚兴顺倡议并出面募捐，共修缮房屋20余间，占地3亩多。该庙数十年前由几名和尚主持。20世纪60年代，关帝庙部分拆除，只留存房屋2间。1991年重修。现关帝庙处于无专职人员管理状态，改为双河村老年人娱乐活动中心。每年的二月初一和十五，当地人照常到关帝庙祈求平安。

关帝庙大门

赵子龙祠墓

【地理位置】

地理坐标：东经103°31′51″，北纬30°35′52″，海拔496米。

行政属地：大邑县子龙街34号。

地理环境：位于银屏山麓，依山而建，前为子龙街，后为106省道。

子龙庙

【保护级别】

1996年，被四川省人民政府公布为省级文物保护单位。

【现状概述】

2008年汶川地震后，重建于清代的子龙庙建筑损毁严重，一直处于关闭状态。2014年经过修复的拜殿、六角亭等建筑已初具规模，园内景观尚未成形。子龙墓冢呈半圆形，形如小山丘，依山而建，红墙巍巍，隐现于丛林翠柏、茂林修竹之间，封土堆高2.3米，周长29.1米，子龙墓底部用四层石条渐进式地围成圆形，上部为夯土筑成。

子龙墓现状

【历史渊源】

正史中未见关于赵云葬于何处的记载。明清地方志中有下列记载：

曹学佺《蜀中名胜记》卷十三《上川南道》载："静惠山，一名东山，山下土城，相传是蜀汉将军赵云所筑，盖云尝防羌于此，有云墓及庙存。"《大清一统志》卷三百一十《邛州》载："赵云墓，在大邑县东三里。"《四川通志》卷二十九上《陵墓》载："汉赵云墓在大邑县

子龙庙的荷塘和飓荷亭（1982 年 12 月，大邑县文管所提供）

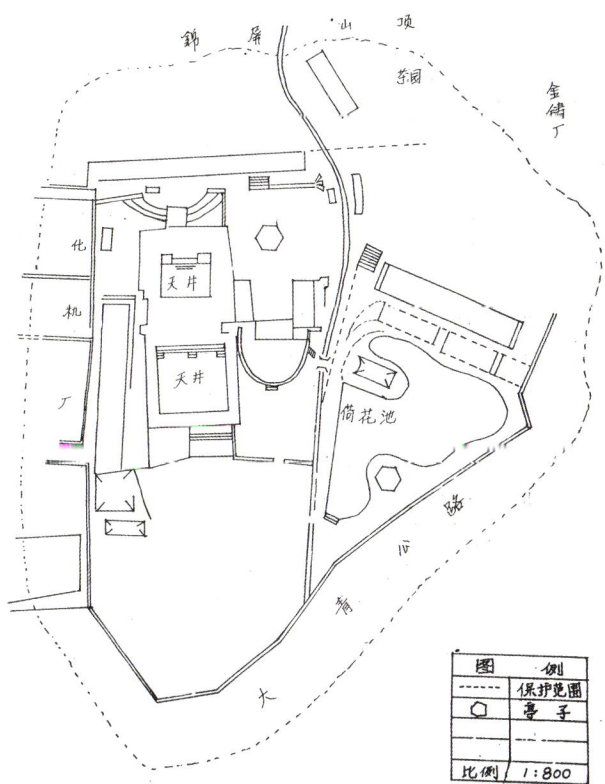

20 世纪 80 年代的子龙庙平面图（大邑县文管所提供）

东二里，有石碑，上刻'汉将赵子龙之墓'。"《民国大邑县志》卷二《地理志》载："汉顺平侯赵云墓在县东二里许银屏山下，有古碑竖大道前，刻'汉将军赵子龙墓'，墓前为祠。"[1]

当地文管收藏的档案资料，较为详尽地记录了子龙庙的沿革和变迁。

子龙庙明代末年毁于兵火。清康熙四年（1665），知县李德耀重为建祠立碑，通详立案，列入祀典，春秋祭祀。清乾隆、嘉庆、咸丰等朝均曾加以修葺。民国十九年（1930），县长解汝襄会同县人将子龙庙划作郊外公园，成立公园事务所，负责管理事宜，并于祠外修筑一条长约2华里（1千米）的公路直达东门，以利游人来往。又于子龙庙内扩建荷塘，修筑月台，平整梅坪，增修小沧洲，修建六角亭。至此，子龙庙计有亭台楼殿数十大间，栋宇错落，蔚为壮观。每年的阳春三月，子龙庙十天庙会，更是车水马龙，热闹非凡。

民国年间的子龙庙建筑、园林最为完整。子龙庙（又名"汉顺平侯祠"）坐西北向东南，平面呈长方形，占地10420平方米，建筑面积2000平方米。分戏台、仪门、前殿、正殿、拜殿、厢房等部分组成。正殿系重檐悬山顶木结构，面阔三间，进深二架。正殿中央塑赵云戎装像，其子赵统、赵广侍立两旁，据说乃川西大五粉名匠周海云所塑。前殿及厢房为单檐悬山顶木结构，面阔三间，进深二架。左右厢房面阔四间，进深二架。正殿素面台

基，阶梯形踏道。拜殿后为赵云墓冢，墓前竖有两道高约7尺、宽3尺的墓碑，上为康熙四年（1665）大邑知县李德耀书"汉顺平侯赵云墓"7个阴刻贴金大字。旁列大小古碑数通，字多漫漶。正殿左侧为荷花池。小沧洲、因山阁等附属建筑均为咸丰元年（1851）及民国十九年（1930）建。

民国时期，四川军阀刘成勋、刘湘、刘文辉等都是大邑人。他们认为，赵子龙功勋盖世，使大邑成了人杰地灵的"蜀之望县"，每年回乡都要来祭拜，或捐款培修，或铸金匾悬挂庙堂，以表敬仰。

1949年后，大邑县人民政府曾先后两次拨款培修子龙庙，并在里面开设茶园，举办文物展览，供群众闲暇游憩。

20世纪60年代，城关镇半工半读技术学校（曾更名为"五七中学"，即现在的大邑县职业高中)迁入子龙庙，先后撤掉子龙庙仪门、拜庭、厢房等房屋建筑，铲平赵云墓墓顶，在赵云墓前修盖化学大楼，在赵云墓后修盖教学大楼，在大殿侧后修盖办公大楼和宿舍大楼，同时将子龙庙内碑碣毁坏殆尽。

改革开放后，学校从子龙庙中搬迁出来，文物部门对庙宇进行抢修，与原存的小沧洲、因山阁等园林建筑交相辉映，吸引了越来越多的海内外游人来拜庙参观，寻宗觅祖。

1 （清）王铭新等修、钟毓灵等纂：《民国大邑县志》，《中国地方志集成·四川府县志辑⑭》，巴蜀书社，1992，第21页。

子龙祠

【地理位置】

地理坐标：东经103°30′57″，北纬30°35′52″，海拔605米。

行政属地：大邑县静惠山公园。

【现状概述】

子龙祠，建在大邑县静惠山顶，原祠庙建筑已不存，现有建筑建于20世纪90年代。建筑为单体砖瓦结构，面阔三间，进深两间。内塑赵云戎装贴金坐像。门额书"子龙祠"匾，祠堂略显破败。两侧廊柱悬挂对联云："两世尽倾心，夺斗抬槎，草骑翊立夸骁勇；一身都是胆，临危受命，宿昔封侯谥顺平。"

【历史渊源】

《蜀中广记》卷十三《名胜记第十三》云："静惠山，一名东山，山下土城，相传是蜀汉将军赵云所筑，盖云尝防羌于此，有云墓及庙存。"支持迁建子龙庙的当地人士以此为依据，选择在静惠山上修建子龙祠，并竖立《子龙神佑大碑》一通。

子龙祠

望羌台

地理坐标：东经103°31′1″，北纬30°35′52″，海拔612米。

行政属地：大邑县静惠山公园。

地理环境：静惠山公园为当地市民休闲、晨练的场所。公园内基础设施齐全，绿化环境较好。望羌台建在山顶的一小块平地上，地势较高，周围树木较少，可俯瞰大邑县城。

【现状概述】

望羌台位于静惠山山顶，周边树木葱茏，土台呈方形，有圆拱形门洞，刻有"望羌台"三字，台上有亭。先其右侧有一石碑，石碑内容主要为明代曹学佺的《蜀中广记》卷十三上《川南道》对望羌台的记载："静惠山，一名东山。山下土城，相传是蜀汉将军赵云筑。盖云尝防羌于此，有云墓及庙存。"

【历史渊源】

望羌台相传是赵云曾于此防羌所筑。《四川通志》卷二十五《山川》载："静惠山，在县北一里，一名东山，上有土城及子云亭。相传蜀汉赵云所筑，盖云尝防羌于此，有墓及庙存。"《民国大邑县志》卷二《地理志》载："静惠山，在县北二里许，一名东山，旧有亭榭，相传蜀汉赵顺平侯镇守斯土时所筑。"[1]

望羌台

---

1 （清）王铭新等修、钟毓灵等纂：《民国大邑县志》，《中国地方志集成·四川府县志辑⑭》，巴蜀书社，1992，第10页。

蒲江县

古石山冶铁遗址

【地理位置】

地理坐标：东经103° 33′ 3.59″，北纬30° 18′ 46.80″，海拔480米。

行政属地：蒲江县西来镇马湖村16组三角堰。

地理环境：遗址现今地貌为山前坡地，坡地下方有一条干枯的冲沟。地表主要种植柑橘、玉米、花生等作物。

【保护级别】

1986年，被蒲江县人民政府公布为县级文物保护单位。

【现状概述】

古石山冶铁遗址，是蒲江县众多冶铁遗址之一。时代从两汉开始，延续时间近千年。历年的耕作与取土，给遗址造成了极大的破坏，同时遗址已被回填，挖开覆盖在其表面的土层，也只能观察到炼铁炉的大概框架。因此，遗址原有的面积已经无法估计。现存铁炉废墟1座，炼铁炉残余部分位于鱼塘旁的田埂上，高1.4米，宽0.8米，今铁炉内壁仍有很多铁渣残存。

2007年，成都文物考古研究所、蒲江县文物管理所在2006年初步踏勘的基础上，对蒲江县西来镇的古石山三角堰等冶铁遗址进行详细地调查和试掘[1]，共发现铁炉1座、陶窑3座。陶窑位于村民近年修建的鱼塘内，今已不存。遗物包括大量铁渣、炉材、炉砖、木炭等。该遗址的发掘对成都地区汉代铁器的研究提供了重要实物资料，对该地的冶铁历史、铁器制作工艺等方面的研究起到极大的促进作用。

蒲江县内除古石山冶铁遗址外，还发现大量秦汉时期的冶铁遗址，主要分布在县城的西部及北部，共有50余处，有冶铁残渣、矿坑、冶炼炉等。共发现冶炼残渣52处，总面积5万余平方米，有的地方厚达3—6米；矿坑主要分布在五面山的丘陵地带。仅在寿民乡就发现8处，其中7处为圆形竖井，井口直径在1—1.5米左右；冶铁炉大部分残缺，一般残高2米左右，炉径1米左右。残留的矿石和成堆的矿粉说明，当时该地铁矿加工时要进行碎矿、筛矿两道工序。前者使铁矿石大小适中，后者则是筛去过细的粉末，以免炉内料层堵塞，这都有利于材料加速熔化。残留的石灰石表明，当时冶铁时已采用石灰石作为熔剂，这样有利于降低生铁的含硫量。[2]

---

1 成都市文物考古研究所、蒲江文物管理所：《2007年蒲江冶铁遗址调查试掘简报》，《成都考古发现》（2006），科学出版社，2009，第209—225页。

2 罗开玉等：《成都通史·秦汉三国（蜀汉）时期》，四川人民出版社，2011，第245页。

古石山冶铁遗址远景

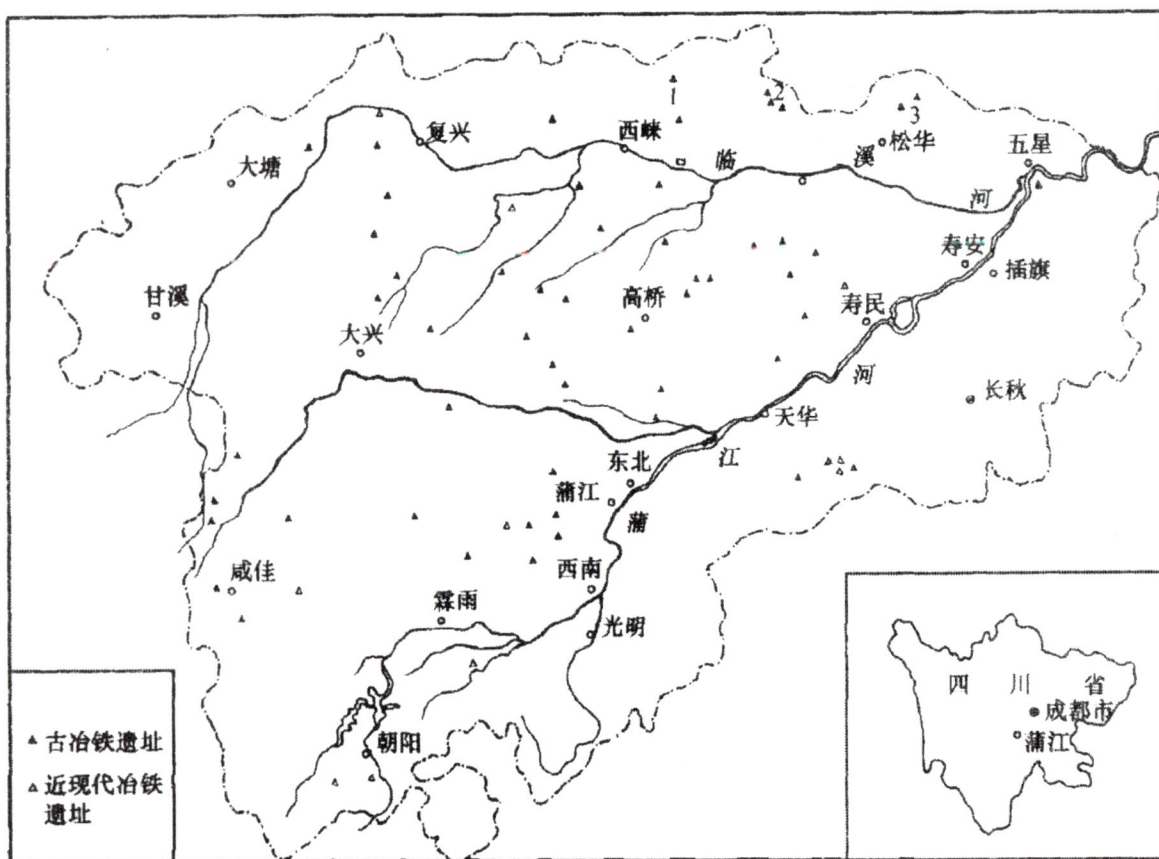

蒲江县冶铁遗址地理位置图

（成都市文物考古研究所、蒲江文物管理所：《2007年蒲江冶铁遗址调查试掘简报》，《成都考古发现》(2006)，科学出版社，2009，第209页。）

成都地区冶铁业经历了从起步到成熟的漫长发展过程。秦入巴蜀之前，巴蜀地区的铁器量少且质量不好。公元前316年秦入巴蜀后，便大力发展和推广冶铁业。公元前310年，秦政府在成都城内设立了"铁官"衙门专门掌管冶铁业，长官为长，副手为丞。从此，成都地区开始大力发展铁器。同时，也在临邛县内发现了大量的铁矿。

汉武帝元狩三年（前120），政府开始实行盐铁官营政策，在全国范围内设立铁官49处，其中蜀地在临邛、武阳、南安三处地方设立铁官。

东汉时期，除章帝将盐铁官营外，一直都允许盐铁私营，政府一直拥有官营作坊。蜀郡设有铁官。

三国时期，成都地区产铁有名的县主要有临邛和广都等。蜀汉政权为满足军事和生产需要，大力发展冶铁事业，采掘铁矿，锻造兵器。[1]《蜀中广记》卷六十九《兵器》载："陶弘景《刀剑录》曰：'蜀主备令蒲元造刀五千口，皆连环及刃口，刻七十二炼，柄中通之。'"诸葛亮重视兵器制作，委任巴郡太守张裔为司金中郎将，典作农战之器，把冶铁纳入官营。[2]

《太平寰宇记》卷八十五《剑南东道四》载："铁山，在县东七十里。《周地图》云：'蒲亭县有铁山，诸葛亮取为刀器。因封宇文度为铁山侯。'"《蜀中广记》卷六十九《兵器》载："陶弘景《刀剑录》曰：'关侯为先主所重，不惜身命，自采武都山铁为二刀，铭曰'万人'。'"由以上两则文献记载可见，蜀汉时期，锻造刀剑之地不止一两处，冶铁业发达，冶铁遗址分布广泛。

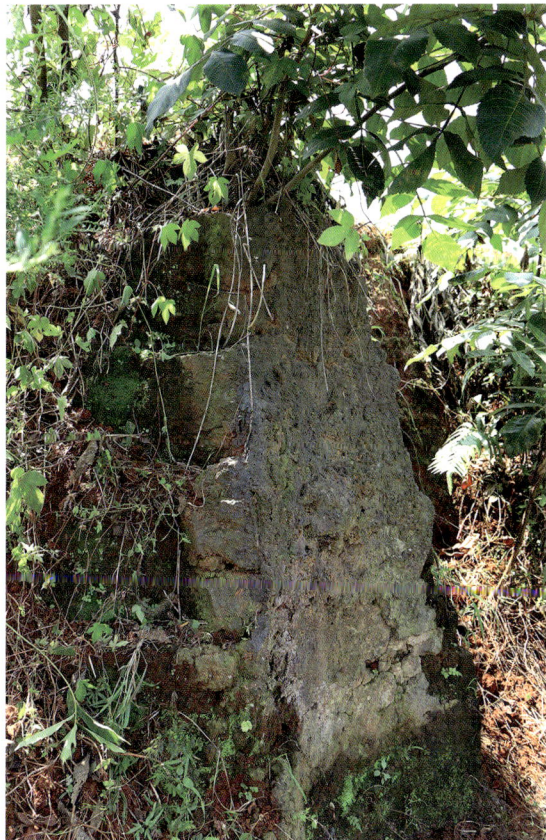

古石山冶铁遗址炼铁炉残渣

---

1 李景焉：《蜀汉科技二三事》，《成都大学学报》（社科版），2007年第6期。

2 李景焉：《蜀汉科技二三事》，《成都大学学报》（社科版），2007年第6期。

石象寺

地理坐标：东经103°25′19.2″，北纬30°11′49.19″，海拔556米。

行政属地：蒲江县朝阳湖镇。

地理环境：石象寺位于石象湖景区内，景区有坐姿15米的川西大佛，另有紫燕岩、水鸟湾、茯苓湾、珠岛、青龙岛、弓沟、娃娃沟、二龙戏珠等景点。景区的森林覆盖率在90%以上，其绝佳的自然生态犹如一块翡翠镶嵌在成都平原上。

石象寺一角

【现状概述】

重修后的石象寺已经对外开放，寺外立有咸丰九年（1859）的《重修石象寺碑记》碑，碑文共17列，27行，部分字迹已不可辨，可辨文字为："常考蜀碑□有后汉将军严公（讳）颜南征凯还，弃官归隐于此。访西汉将军河南□□盛迹，慕山水之珍奇，遂结庐于□燕岩，后挂弓于千马泉边，爰命工人□狮石象，以壮大观，后成正果，跨象飞升。里人追慕高风，建寺于□□□□名自此始。迄明末兵燹，寺遭焚掠而古寺遂荒墟。"寺外有石象和石狮各一尊，均为近年重修。

【历史渊源】

有关石象寺的历史文献较少，仅《光绪蒲江县志》载有石象寺的地理位置，该书卷二《方外》记载："石象寺，在县南二十七里。"[1]但是，并未提及石象寺名称的由来。在实地调查过程中得知，相传三国时，巴郡太守严颜随蜀相诸葛亮南征归来，弃官归隐于此，遂令工匠依其在征战云南时常见的狮、象之形，雕琢石狮、石象，后骑石象飞升而去，后人仰慕其功德，建寺于山巅，故名"石象寺"。

《重修石象寺碑记》碑

1（清）孙清士修；（清）解璜、徐元善纂：《光绪蒲江县志》，《中国地方志集成·四川府县志辑⑫》，巴蜀书社，1992，第843页。

蒲江武庙

地理坐标：东经103°30′21″，北纬30°12′8″，海拔500米。

行政属地：蒲江县鹤山街道大北街59号。

地理环境：蒲江武庙位于鹤山街道，鹤山街道为蒲江县城驻地，与寿安镇、长秋乡、朝阳湖镇、光明乡、西来镇、大兴镇等为邻，南和眉山市接壤。该建筑所在地东南200米为蒲江县文庙，为蒲江县文物管理所及蒲江县博物馆所在地。

【保护级别】

2018年，被成都市人民政府公布为市级文物保护单位。

【现状概述】

蒲江武庙坐东南向西北，现存大殿为二重檐歇山顶式砖木结构建筑，抬梁式结构，面阔三间23米，进深四间16米，高10米，建筑面积368平方米，壁上有山水、人物画像。现大殿正门已被砖砌封堵，殿门镌刻三副对联已被凿坏，不可识，殿内神像、牌匾、门窗、楹联等已不存，殿后开小门。大殿左、右由砖砌出两间小房间，侧开小门各一。武庙大殿飞檐高挑，角梁上均有精美木制套兽，具有较高的历史、科学和艺术价值。

【历史渊源】

蒲江武庙始建年代已不可考，有记载的第一次修复，是在清乾隆二十三年（1758）至二十六年（1761）。乾隆三十二年（1767）重修并在大殿后建崇圣祠，于每年春秋两次举办祭祀典礼。嘉庆十六年（1811）武庙内建有春秋社学。道光二十六年（1846）重修。光绪《蒲江县志》载武庙与药王庙、济仓为邻。民国四年（1915），武庙合祀关羽、岳飞，称"关岳庙"，庙内有关羽、岳飞、黄忠、戚继光等武将神像，改于每年农历八月二十二日举办祭祀典礼。1927年，川军李家钰将军捐资重修房廊。1936年，重修大殿、后殿等。1941年，崇圣祠倒塌。1948年，武庙内短暂开办蒲江县立简易师范学校。中华人民共和国成立后，武庙改办为城关粮站加工厂用房，四周扩建粮食仓库，仅存大殿。后大殿改建并出租为小商品仓库用房，对建筑破坏较大。2019年，蒲江县推进棚户区改造项目，对文庙、武庙周边房屋进行保护性拆除，旨在打造文庙—武庙历史文化街区。

【文献资料】

蒲江县令张应曾《武庙碑记》，光绪《蒲江县志》卷四《艺文志》记载：

> 尝考夫神聪明正直而一者也，欧阳子云：生而为英，死而为灵。我武夫子运当汉季，成仁殉节，耿耿在天之灵为千秋万世御灾捍患，宜其永载祀典，俎豆常新者也。

武庙大殿

武庙大殿内景

武庙大殿

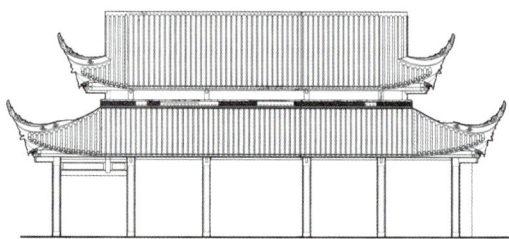

蒲江武庙正立面（蒲江县文管所提供）

国朝龙飞定鼎，封爵从优，皇上怀柔，百神议正，谥号复加。神勇普天率土，均赖神庥，上宪岁时致祭，执礼甚恭。下逮一乡一邑，皆当瞻仰奉者。应曾于丙子春，下车见庙貌狭隘，上雨旁风，慨然欲修举废坠，而地瘠民贫，骤难经始，先招僧明达为香火主，且捐俸以倡，厥始而备之，士庶亦踊跃从事捐金输粟者不绝。戊寅冬择吉兴工，邑广文王君昂、王君椿、邑尉吉君柱，偕领袖庠生安如嵩、李瓒、刘文运、曹秉吉等朝夕襄事无闲。初终于今夏六月，僧明达暨诸君曰："工既竣，请为文以记。"应曾环视庙貌巍然，墙垣周匝，楼台高耸，富堂峙立，终则殿宇宏丽，绕以廊庑，后则崇圣祠三楹，奉神之三代木主焉。且既勤朴斲又涂丹艧，美轮美奂，金碧辉煌。自今以后，春祭秋尝，观瞻肃而祭事崇修，庶神灵其妥侑平。因忆始事之日，常虑经营不支，或有作辍，乃于今三年克告成功，时因蒲之缙绅士庶乐于劝善，抑亦神明之默相欤。爰命工勒石，且将捐输姓氏标榜昭示，若更因其旷土，渐为增益，是拜望于后之君子者也。

武庙大殿前建筑遗迹

蒲汀文武庙遗址区俯视

甘溪箭塔

【地理位置】

地理坐标：东经103°21′23″，北纬30°14′19″，海拔600米。

行政属地：蒲江县甘溪镇箭塔村6组。

地理环境：箭塔所在的甘溪镇，位于县城西北部，为西出成都第一镇，东邻大塘镇、大兴镇，北为邛崃市，西、南和雅安市接壤。箭塔旁有临溪河。

【保护级别】

2020年，被成都市人民政府公布为市级文物保护单位。

【现状概述】

箭塔呈正方形，密檐式佛塔造型，兼具唐宋正方形砖塔建筑特征，原高7级，近17米，现残存4级。箭塔门面西，边长4米，高约4米，宽2米。二级以上均为实心建筑，由青砖与黄泥黏土、糯米浆砌成，每级四面均开有孔窗三个。2018年，蒲江县启动箭塔抢险加固工程，四周以钢架支撑塔身，上覆钢结构雨棚。塔基以砖石周砌基座，一级砌以青砖加固。

2017年起，箭塔村恢复年猪祭活动，每年新春，村民与游客在箭塔前共庆丰收并祈福，已成为蒲江县乡村旅游的一张特色名片。

【历史渊源】

箭塔又称"蛮塔"（箭塔村旧称"蛮塔子村"），始建年代不可考，主要说法有三种：一是三国时期；二是唐朝开元年间（713—741）；三是国家文物局主编《中国文物地图集》认定的宋朝时期。箭塔功能亦有三说：一是唐百丈县哨所，用于远观及瞭望警戒；二是古法华寺庙内建筑；三是寺庙储藏物品之地宫，塔下窖藏佛门宝物。现存最早记录箭塔的文献为清乾隆四十八年（1783）的《蒲江县志》："塔子坝，县西四十五里，有古塔一座。"1960年，临溪河左岸修建团结堰时塔基受损。20世纪八九十年代，因传说塔内藏有金钱，塔身一度被挖掘者损坏。2008年汶川大地震后，塔基变形加剧，整体稳定性变差。2018年，蒲江县对箭塔进行抢险加固。目前，蒲江县正在筹划新的修复计划。塔前即茶马古道，为进藏必经之地，使得箭塔成为研究唐宋时期四川古建筑、南方丝绸之路、茶马古道历史文化的重要实物样本。

甘溪箭塔侧视

甘溪箭塔

西来文风塔

【地理位置】

地理坐标：东经103°30′26.95″，北纬30°18′18.20″，海拔515米。

行政属地：蒲江县西来古镇西来广场，文风街25号旁。

地理环境：西来古镇兴建于清康熙年间，境内有临溪河。镇东有县级文物保护单位临溪废县城遗址。

【保护级别】

2022年，被成都市人民政府公布为市级文物保护单位。

【现状概述】

文风塔坐东南朝西北，塔身为砖石结构，呈六边形，三级楼阁式，通高13.6米。须弥座塔基，边长1.6米，高0.8米。塔顶六角攒尖，上有石刻盘龙、莲花。塔身各层浮雕神像、人物、花卉、匾额题记、诗篇对联、门饰等。"三英战吕布"浮雕像位于塔身第一级西北向的"惜字宫"三字上。像高0.3米，宽0.8米，像框四周环绕精美石雕门饰，纷繁复杂。雕像表现双方激战正酣的情景，人物形象刻画栩栩如生。与塔身其他浮雕一样，均取材于戏剧形象。居中的吕布面白无须，冠翎飞舞，双手持方天画戟与张飞正面相对，张飞左手持丈八蛇矛，右手握铜锏，作怒发冲冠状；吕布背后为关羽，绿袍绿巾，左手捻须，右手持青龙偃月刀；其后为手持双股剑的刘备，右手高举宝剑，作攻击状。

西来文风塔

三英战吕布浮雕

西来文风塔鸟瞰

【历史渊源】

西来文风塔，又称"惜字宫"，修建于清道光十三年（1833），原本位于关帝庙前。关帝庙为清乾隆年间修建，后来被毁，仅存西来文风塔。

明清时期，四川境内文风塔修建较多，供奉文昌帝君，以祈祷文运昌盛。正如文风塔上所书对联所言："废墨收经史；遗文贮汉唐。"惜字宫，又称"字库"，其作用在于焚烧一切笔墨文章用纸，塔下掏有火炉。在古人看来，完善处理有文字的纸张，事关斯文，事关一方文运，如果随意丢弃则有辱斯文，有伤文运。如清代简阳县贾家场有惜字塔，邑人徐用彦在《贾家场惜字塔记》中指出，"笔墨有神"，随意丢弃的话"既非惜福之道，且蹈忘本之愆"，修建惜字塔以焚去纸墨，则可以"挽芳华于委坠"。[1] 简阳县的镇子场、踏水桥又有字库，"筑石为基，胜塔成于七级，登兹净土，使笔墨化为云烟，归之太空"。这种举措的作用正如西来文风塔上所刻诗句所言"简编自古收遗字，风水于今起蛰虬"，即能够使一地之风水向好转变，进而达到"洒濡道化，激发文心"之目的。[2] 塔的名称定为"文风"，应当与此相关。而惜字宫与文风塔的作用类似，故而同时修建。

据蒲江县文物管理所原所长夏晖介绍，文风塔因与关帝庙有渊源，所以浮雕有许多三国戏剧故事，"三英战吕布"浮雕应与此密切相关。

惜字宫及"三英战吕布"造像

塔身所刻功德碑记

---

1 林志茂等修：《民国简阳县志》，《中国地方志集成·四川府县志辑㉗》，巴蜀书社，1992，第84页。

2 林志茂等修：《民国简阳县志》，《中国地方志集成·四川府县志辑㉗》，巴蜀书社，1992，第85页。

灵官堂摩崖造像

地理坐标：东经103°35′26.11″，北纬30°12′21.61″，海拔725米。

行政属地：蒲江县鹤山街道红合村6组。

地理环境：造像前为一窄小的水泥路，山溪流经，周边遍布柑橘林。邻近成都经济区环线高速路，有长秋山隧道。

【保护级别】

2019年，灵官堂摩崖造像作为太清观遗留文物，被四川省人民政府公布为省级文物保护单位。

【现状概述】

灵官堂摩崖造像位于长秋山山腰，为太清观遗留文物，多为唐、宋、明、清时期道教、佛教造像。崖壁坐东南向西北，上下两层分别有五、七龛，中间夹有摩崖雕刻，造像多数已经局部风化，残存有妆彩痕迹。其中，位于上层东北侧边缘的龛内，为一主尊二胁侍造像，均着汉式服饰。主尊为古圣贤模样的真武大帝坐像，披发，面相圆润，留一绺长须，八字髭，双手抚膝，与武当山金殿明永乐铜铸真武大帝像等明代真武形象较为一致，仅胸前有铠甲，文官形象较为明显，疑此龛造像应属明代。左胁侍关羽立像左手立持大刀，右

灵官堂摩崖关羽造像

117

手捻须，头戴巾帻，身着甲袍，面部保存较为完整，表情严肃；右胁侍双手持器具，风化严重，不可辨识。

一说主尊为关羽，左右胁侍分别为周仓、关平。但此说存疑，如右胁侍手持非官印，与常见的关平造像不符；左胁侍长须，亦非周仓常见虬髯造像。

造像前为一较窄小的水泥路，山溪流经，周边遍布柑橘林。邻近成都经济区环线高速路，有长秋山隧道。

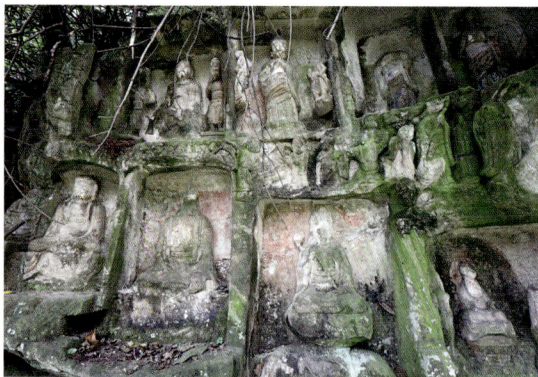
灵官堂摩崖造像

【历史渊源】

长秋山古称峎幕山、总岗山、主簿山，属邛崃山脉，为早期天师道二十四治之主簿山治[1]，北宋雍熙年间建太清观。据康熙《四川总志》记载，长秋山位于"治东二十里，宋主簿王兴好道，一日遇白玉蟾，引载于此，升仙而去"[2]。

明清时期太清观曾多次维修，灵官堂摩崖造像即明清时期维修时的建筑遗存。

灵官堂摩崖所在山体航拍

1 〔德〕欧福克：《主簿山治的宗教地理考察》，《宗教学研究》，2019年第4期，第50—57页。

2 （清）清蔡毓荣等修，钱受祺等纂：康熙《四川总志》卷三山川，康熙十二年（1673）原刻本，第92页。

都江堰市

都江堰

【地理位置】

地理坐标：东经103°37′3″，北纬30°59′43″，海拔741米。

行政属地：都江堰市灌口镇公园路。

【保护级别】

1982年，被国务院公布为全国重点文物保护单位。

【现状概述】

都江堰是由战国时期蜀郡太守李冰父子主持修建的大型水利工程，主要由鱼嘴、飞沙堰、宝瓶口等部分组成。现都江堰是世界文化遗产、世界自然遗产、全国重点文物保护单位、国家级名胜风景区、国家AAAAA级旅游景区。都江堰风景区现有伏龙观、二王庙、安澜索桥、离堆公园、玉垒山公园、普照寺等景点。景区入口道旁立有诸葛亮像，为纪念蜀汉时期诸葛亮在都江堰设立堰官，派兵保护都江堰之功。诸葛亮像附近还立有张松银杏，相传为三国名士张松亲手种植，其树干基部如鹤足插地、举而欲行，民间有其化鹤飞翔的生动传说，被誉为"白鹤仙"。

都江堰景区内的诸葛亮像

【历史渊源】

公元前250年，秦蜀郡太守李冰父子，在前人鳖灵开凿的基础上，组织修建都江堰，主要由鱼嘴、飞沙堰、宝瓶口三部分组成：鱼嘴

是修建在岷江中心的分水堤坝，将江水分隔成外江和内江，外江排洪，内江引水灌溉，内江水经过宝瓶口流入川西平原灌溉农田；飞沙堰具有泄洪、排沙和调节水量的作用；从玉垒山截断的山丘部分称"离堆"，离堆所在的宝瓶口，控制从内江流入的进水流量，因开口的形状如瓶颈，故名。三国时期，都江堰所灌溉的川西平原，因为物产丰饶，成为蜀汉政权经济上最为依赖的农业生产核心地区，因而受到高度的重视。《三国志》卷三十三《后主传》记载："（建兴）十四年夏四月，后主（刘禅）至湔，登观坂，看汶水之流，旬日还成都。"皇帝刘禅亲自前往视察的"汶水"，就是都江堰所在的岷江；所谓的"观坂"，正是从高处俯视都江堰全貌的观察台。除了皇帝亲自视察之外，执政的蜀汉丞相诸葛亮，还特别在此设立专门的官方管理机构，配备了充足的维护和保护力量，《水经注》卷三十三《江水一》对此有如下确凿记载："诸葛亮北征，以此堰为农本，国之所资，发征丁千二百人主护之，有堰官。"说是蜀汉建兴六年（228），诸葛亮行将北伐之际，因为都江堰是农业经济的根本所在，国家所依靠的重要支柱，于是下令征集兵丁1200人，专门对都江堰进行维护和保护，并且首次在此设立堰官，专职管理都江堰水利工程。这一系列的重要措施，就构成后世都江堰水利管理局的前身，为此后的各个朝代树立起完美的榜样和典范。此后的历代各朝，都以堰首所在地的县令，作为这一水利工程的主管。到宋朝时，又制定了一直施行至今的岁修制度。

都江堰远景（1939年10月）

都江堰航拍

张松银杏

马超坪

地理坐标：东经103°35′33″，北纬31°1′16″，海拔737米。

行政属地：都江堰市紫坪铺镇白沙村。

【现状概述】

马超坪遗址上现建有四川养麝研究所。

【历史渊源】

马超坪位于岷江岸边的半山腰，因传说马超曾屯兵于此，故名。坪上面是悬崖壁，坪下面是滔滔江水，地势十分险要，因此，蜀汉军队在此镇守，从而确保附近都安大堰（即都江堰）这一事关国家根本利益的水利工程安全无虞，可能性很高。至于把统兵将领说成是马超，主要见于民国以后的记载。

现今编撰的《都江堰文物志》引录了民国《灌县志》上有关于马超坪的记载："（白沙附近有）马超坪，相传为马孟起屯兵处。"[1]

马超坪局部

1 都江堰文物局提供：《都江堰文物志》，第45页。

彭州市

白虎夷王城遗址

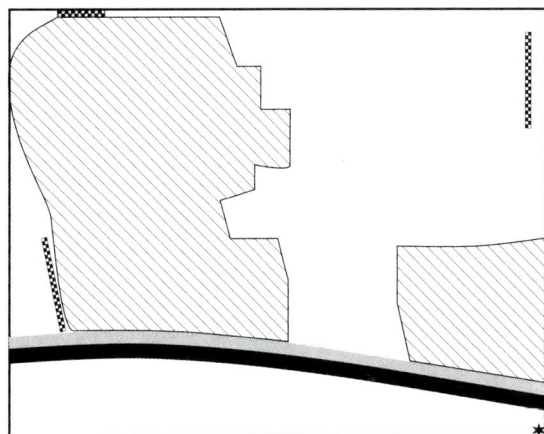

【地理位置】

地理坐标：东经104°0′7″，北纬30°58′26″，海拔550米。

行政属地：彭州市致和镇复兴村1组。

【现状概述】

保存有城墙的该遗址为长方形结构，南北长约220米，东西宽约170米，总占地面积约3.7万平方米，现仅存西北、东北城墙的一段。现存遗址区域内基本为农田，另有部分林盘及农居散布其中，遗址南面基本被乡村水泥道路和灌溉渠打破。2012年，成都市文物考古研究所在进行成都平原史前城址群调查时，认为其有可能是早期（商周）古蜀遗址，并进行了勘探、试掘。勘探结果表明，该地早在新石器时代晚期就有人类生活和居住，但未形成规模，建城的时代大约在东汉晚期及三国时期。结合《三国志》《光绪重修彭县志》《民国新繁县志》等文献中的历史记载，将其定名为"白虎夷王城遗址"。

【历史渊源】

白虎夷王城相传是凉州胡王白虎文归降蜀汉后，迁徙至繁县而修筑之城址，在历史上有诸多相关文献记载。

白虎夷王城址示意图

0　200　400　600CM

图例

■ 旧城墙
■ 道路
□ 农田
▨ 房屋及树木
▤ 河流
★ 铁塔

白虎夷王城址平面图

N

白虎夷王城遗址远景

白虎夷王城遗址地层图

（2012年3月下旬至5月上旬，成都大遗址保护与调查组在白虎夷王城遗址内选择了三处地点进行试掘。这次发现的城墙墙体主要为平行堆积，开口于⑥b层下，可分为四层，Q1层、Q2①层、Q2②层、Q3层为汉代白虎夷王城址。）（成都市文物考古队提供）

《三国志》卷三十三《后主传》载：

> 十年（蜀汉延熙十年，247），凉州胡王白虎文、治无戴等率众降，卫将军姜维迎逆安抚，居之于繁县。是岁，汶山平康夷反，维往讨，破平之。[1]

又，《三国志》卷四十四《姜维传》载：

> 十年（247），迁卫将军，与大将军费祎共录尚书事。是岁，汶山平康夷反，维率众讨定之。又出陇西、南安、金城界，与魏大将军郭淮、夏侯霸等战于洮西。胡王治无戴等举部落降，维将还安处之。[2]

《三国志》卷二十六《郭淮传》中亦有相关记载：

> 八年（曹魏正始八年，247），陇西、南安、金城、西平诸羌饿何、烧戈、伐同、蛾遮塞等相结叛乱，攻围城邑，南招蜀兵，凉州名胡治无戴复叛应之……治无戴围武威，家属留西海。淮进军趋西海，欲掩取其累重，会无戴折还，与战于龙夷之北，破走之。令居恶虏在石头山之西，当大道止，断绝王使。淮还过讨，大破之。姜维出石营，从强川，乃西迎治无戴，留阴平太守廖化于成重山筑城，敛破羌保质。[3]

上述文献中提到的"白虎夷"和"白虎夷王"，实为汉末三国时期居住于凉州（今甘肃一带）的以白虎文、治无戴为首领的西北诸戎的一支。三国时期，凉州一带为曹魏所据，但同时蜀汉又前后委任魏延、姜维为凉州刺史。由于蜀汉的"西和诸戎"政策，以及姜维等凉州刺史在西北少数民族中的威望等，公元247年（延熙十年），此地的白虎夷这一支部落在白虎文、治无戴等首领的率领下，从西北南下投靠蜀汉。

凉州白虎夷投蜀后被安排居住在繁县，而繁县原来的居民被迁移到新的居住点，便有了新繁县的产生。《元丰九域志》卷七《成都府路》载："新繁，府西北二十五里，二十八乡。河屯、清流二镇。有都江。"[4]《民国新繁县志》卷一《地理》载："季汉延熙十年，凉州夷率众降卫将军姜维，居之于繁，而徙繁民居新繁，于是有新繁、旧繁之分。旧繁城志载，县东北三十五里，在今彭县、濛阳之交。"[5]《光绪重修彭县志》卷二《津梁志》载："夷王城在（彭）县东十五里，俗名蛮子城，故蜀汉白虎夷王所居。"[6]

按上述文献的记载，当时白虎夷的迁居地即白虎夷王城，位于今彭州市东南，在新繁县治所之西，而现今留有的遗址与上述记载的方位、距离基本吻合。

1（晋）陈寿撰，（南朝宋）裴松之注《三国志》（下），中华书局，2011，第749页。

2（晋）陈寿撰，（南朝宋）裴松之注《三国志》（下），中华书局，2011，第886页。

3（晋）陈寿撰，（南朝宋）裴松之注《三国志》（上），中华书局，2011，第612—613页。

4（宋）王存等撰《元丰九域志》（上），中华书局，1984，第308页。

5 侯俊德等修，刘复等纂《民国新繁县志》，《中国地方志集成·四川府县志辑⑫》，巴蜀书社，1992，第13页。

6（清）张龙甲修，吕调阳等纂：《光绪重修彭县志》，《中国地方志集成·四川府县志辑⑩》，巴蜀书社，1992，第45页。

白虎夷王墓

地理坐标：东经104°1′14.56″，北纬30°57′47.87″，海拔525米。

行政属地：彭州市致和镇中平村2组。

【保护级别】

1989年，高堆子白虎夷王墓被彭州市人民政府公布为县级文物保护单位。

【现状概述】

此墓为单室砖墓，封土已不存，现墓顶上方为现代修建的一座庙宇。墓道入口为券拱形，接一条1.9米长的甬道，墓室进深5.5米，宽2.75米，墓顶有一盗洞，墓室后壁的砖墙有残损。墓内砖绝大多数为花纹砖，砖纹多为回形纹、圆形钱币纹、凤鸟纹，还有一种在两边绘金乌、蟾蜍代表日月，中间绘羽人形象的纹饰，十分独特。

【历史渊源】

《大清一统志》《四川通志》《光绪重修彭县志》等文献中都有关于白虎夷王墓的相关记载：

《大清一统志》卷二百九十三《成都府二》载："古夷王墓，在彭县东。《寰宇记》：'（古夷王墓）在濛阳县西北二十里。'"《四川通志》卷二十九上《陵墓》载："夷王墓，在新繁县西北二十里。"《光绪重修彭县志》卷二《津梁志》载："白虎夷王墓，《寰宇记》讹为'周夷王墓'，在濛阳县西北二十里。今蛮子城东南

三里，有古冢，土人名'高堆子'，殆是也。"[1]

结合上述文献中的地理位置及墓葬规格，文物部门将其定名为"高堆子白虎夷王墓"。

南宋洪适《隶续》卷十六还记载了这样一段残存的碑文："繁长张禅等题名……夷浅口例掾赵陵，字进德。夷侯李伯宣，夷侯杨伯宰，夷侯牟建明，夷侯杜臣伟，夷侯杜永严，夷侯屈孟辽，夷侯资伟山，夷侯苌竟舒，夷侯养达伯……夷民□度山，夷民李伯仁，夷民□□□，夷民爱□世，夷民□长生，凡世八户造，白虎夷王谢节，白虎夷王资伟。丞蜀郡司马达，字伯通，左尉武都孙真，字子尼。"[2]

从这段文字记载来看，此碑乃为当地众多夷侯、夷民所造，其中还出现了"白虎夷王谢节""白虎夷王资伟"的名号和姓名，说明白虎夷一族在此地一直繁衍生息，并且与当地汉族之间和谐共处、关系融洽，因此，在此地建城及修墓完全在情理之中。此外，根据当地村民介绍，除白虎夷王墓之外，在其周围还另有约七座砖室墓，墓葬规格大致与今日的白虎夷王墓相同，但现已不存，推测此处可能是当时一处规格较高的家族墓地。

1 （清）张龙甲修、吕调阳等纂：《光绪重修彭县志》，《中国地方志集成·四川府县志辑⑩》，巴蜀书社，1992，第45页。

2 （南宋）洪适：《隶续》。

白虎夷王墓

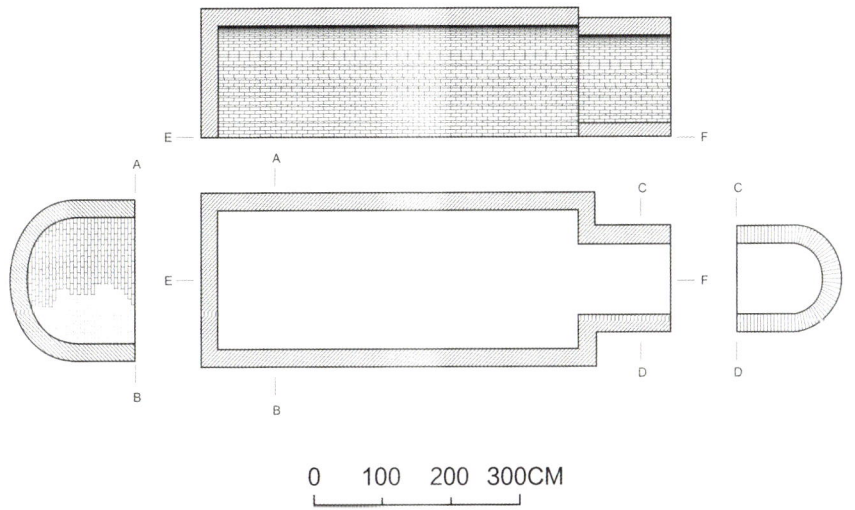

白虎夷王墓平剖图

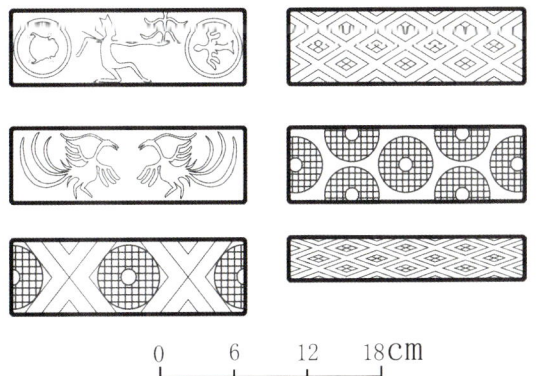

白虎夷王墓墓砖主要纹样

张松墓

地理坐标：东经103°49′48.40″，北纬31°4′1.41″，海拔769米。

行政属地：彭州市丹景山镇双松村4组。

【现状概述】

现存墓冢封土堆长约8米，宽约6米，高约2米，形状不规则，墓向为西南—东北向。墓门因被盗而掘有一盗洞，从盗洞可看出该墓为石砌结构，砌墓石条用糯米浆粘砌。墓室起双层券拱，最上层为假券。根据盗洞及墓室结构，基本可以判断此墓为一明代墓葬。因此，认为该处是张松墓，也仅是传说而已。

另一处传说中的张松墓位于彭州市桂花镇泥水村的葛麻庵遗址后面山岗上，此处离彭州传说中的张松故里三圣寺直线距离约2.3千米。20世纪60年代，该墓因当地修路、建桥等需要而被毁。

双松村张松墓

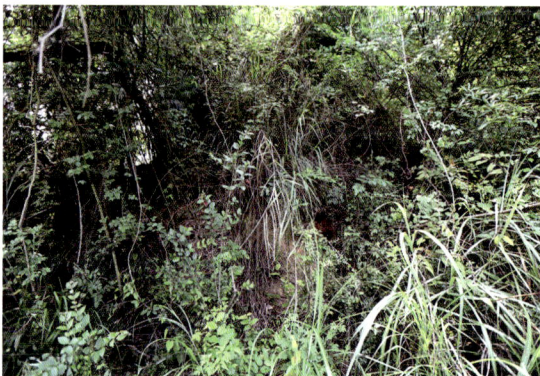

泥水村张松墓

【历史渊源】

《民国崇宁县志》卷二《古迹》载："张松墓，在（崇宁县）邑北三十里葛麻庵前。"[1]但根据现场调查来看，上述两处都不应该是张松墓。因此，认为张松墓在彭州或许有可能，但因年代久远未能发现，人们遂将两处无名墓冢误认为张松墓了。

---

1 陈邦倬修，易象乾、田树勋等纂：《民国崇宁县志》，《中国地方志集成·四川府县志辑⑨》，巴蜀书社，1992，第32页。

张松故里

【地理位置】

地理坐标：东经103° 46′ 22.74″，北纬31° 0′ 46.98″，海拔645米。

行政属地：彭州市桂花镇三圣村6组。

【现状概述】

现为三圣寺，寺内有传说为张松及其夫人亲手所植的金丝楠树，为寺中最巨大的一棵古楠树，距今已有1700多年历史，直径约1.7米，此树下部为独株，在高约2米处一分为二，并列成为两枝，好似张松夫妇含情脉脉，相对而立。

【历史渊源】

相传，此地为张松的出生地和家庙所在地。"别驾从事蜀郡张松"，是蜀地著名土著人士，与其兄张肃都曾在益州牧刘璋手下担任要职。先主刘备入蜀时，献策刘备拿下益州。《三国志》卷三十七《法正传》载："因璋闻曹公欲遣将征张鲁之有惧心也，松遂说璋宜迎先主，使之讨鲁。璋令正衔命。正既宣旨，阴献策于先主曰：'以明将军之英才，乘刘牧之懦弱。张松，州之股肱，以响应于内；然后资益州之殷富，冯（凭）天府之险阻，以此成业，犹反掌也。'先主然之，溯江而西，与璋会涪。北至葭萌，南还取璋。"《民国崇宁县志》卷二《古迹》中明确记载："张松故宅在（崇宁县）邑北二十五里，今三圣寺。"[1]

三圣寺山门

1 陈邦倬修，易象乾、田树勋等纂：《民国崇宁县志》，《中国地方志集成·四川府县志辑⑨》，巴蜀书社，1992，第32页。

三圣寺俯视

邛崃市

孔明乡与马刨井

【地理位置】

地理坐标：东经 103° 23′ 42″，北纬
30° 22′ 37″，海拔 525 米。

行政属地：邛崃市孔明街道。

【现状概述】

孔明乡原有孔明老街、孔明庙旧址、马
刨井等遗迹，孔明老街目前仅留下街名而无遗
迹可寻，孔明庙也已不存。马刨井为石头砌
筑，井口用水泥包裹，现已废弃不用。

【历史渊源】

孔明乡，相传因三国时期诸葛亮南征屯兵
于此而得名，后人为纪念诸葛亮而在此修建了
孔明庙等建筑。孔明庙在 20 世纪 60 年代政府
修建礼堂时被拆掉，现已改建为孔明乡人民
政府大会议室。马刨井井口呈不规则的圆形，
井口内径约 1.1 米，外径约 1.8 米，水面到井口
深七八米。相传三国时期诸葛亮南征时驻军
于此，当地水资源极度匮乏，人畜用水困难，
战马口渴，遂用马蹄刨井，此井由此而来。

孔明庙旧址
马刨井
孔明乡老街

骑龙山古驿道遗址

【地理位置】

地理坐标：东经103°20′2″，北纬30°20′2″，海拔540米。

行政属地：邛崃市平乐镇骑龙山城隍岗。

【现状概述】

2005年4月，当地百姓在此地拓荒时发现该古道。现存路段长约2千米，宽约4米，由鹅卵石铺筑而成，离地表深约0.4米。此道呈鱼脊形，先在道路中央用平顶的大鹅卵石铺成一条笔直的中心线，两旁再用鹅卵石铺筑。道路两旁用大鹅卵石垒成高墙，墙高1.4米。古人利用地势让古道形成两边高、中间低的天然防护墙，增加道路的安全性。[1]

【历史渊源】

骑龙山古驿道，也被当地人称为"剑南道"或"马道子"，这是一条沿山脊走向的古道。曾经进行的考古发掘工作中，出土了汉代"五铢钱"，因此推测此道为汉代的古牦牛道，是由成都经邛州、雅安通往吐蕃、党项、南诏等少数民族地区的交通要道，属于"南方丝绸之路"的一部分。

古牦牛道一度曾经被弃用。蜀汉建兴三年（225），诸葛亮南征。之后，牦牛道重新开通，事见《三国志》卷四十三《张嶷传》："郡有旧道，经牦牛中至成都，既平且近。自牦牛绝道，已百余年，更由安上，既险且远。……嶷与盟誓，开通旧道，千里肃清，复古亭驿。"平坦而且近便的牦牛道重新开通之后，南中地区充足的兵源、物资，源源不断从这条道路运往成都，对当时蜀汉政权的政治、军事和经济，以及蜀汉政权与南方少数民族地区的文化交流，都起到了难以估量的重要作用。宋、明、清等不同历史时期，这条道路历经大规模修缮而延续使用。

据邛崃市文物局的工作人员介绍，20世纪八九十年代此古道仍在使用，后因交通发展此道才逐渐废弃。

---

1 刘雨茂、苏奎等：《邛崃市平乐镇古道遗址调查与试掘简报》，《成都考古发现》，科学出版社，2005，第353—364页。

古道一侧的城隍庙

骑龙山古驿道

汉代古火井遗址[1]

地理坐标：东经103°13′27″，北纬30°22′55″，海拔605米。

行政属地：邛崃市状元路与邛芦路交叉口东南50米。

地理环境：火井镇毗邻天台山风景名胜区，森林覆盖率达75%，遗址以北有盐井溪，以南有文井江，气候温和，雨量充沛，年平均气温14℃左右。

【现状概述】

古人所谓"火井"，指的是冲出地表的天然气通道，也就是今天的天然气井。火井，早在西汉就已经存在，因其年代久远，井火早已熄灭。目前所存的汉代古火井遗址是当地人恢复重建的，由"诸葛井""汉代古火井碑"两部分组成。

诸葛井即汉代古火井，三国时期诸葛亮曾视察此井，改进技术，故而得名。又因为该井平面呈六角形，也被当地人称为"六角井"。该井直径2米，井身高出地面约0.65米，高出部分用菱形纹汉砖砌筑而成。

诸葛井左侧为《汉代古火井》碑，红砂石质，通高约6.4米，由碑座、碑身、碑帽三部分组成。碑座高约1.6米。碑身高约3.3米，正面刻"汉代古火井"；左侧面刻"世界第一井"；右侧面刻《汉代古火井史实录》，记录了汉代古火井的相关史略和历史沿革，其中就包括诸葛亮视察该井的事迹；背面刻《汉代古火井碑序》。碑帽高约1.5米，为熊熊燃烧的火炬造型。

火井所在的古火井广场为2004年当地人捐资重建。

【历史渊源】

此处的火井早在西汉中叶就已经存在，西汉时期扬雄《蜀王本纪》记载："临邛有火井一所，纵广五尺，深六十余丈。……井上煮盐。"

三国时期的情况，则有下面三种早期文献的记载：

一是西晋张华《博物志》卷二："临邛火井一所，纵广五尺，深二三丈。井在县南百里。昔时人以竹木投以取火。诸葛丞相往视之，后火转盛热。盆盖井上，煮盐得盐。人于家火，即灭，讫今不复燃也。"

二是东晋常璩《华阳国志》卷三《蜀志》："临邛县……有火井，夜时光映上昭。民欲其火，先以家火投之，顷许，如雷声，火焰出，通耀数十里。以竹筒盛其光藏之，可拽行终日不灭也。井有二：一燥一水。取井火煮之，一斛水得五斗盐；家火煮之，得无几也。"值得提出的是，常璩是蜀郡的土著人士，他的老家江原县，即今大成都范围的崇州市，与

《汉代古火井》碑

汉代古火井遗址

当地人用汉砖重建的汉代古火井

古火井广场的《诸葛亮视察火井》浮雕

火井所在的邛崃火井镇只有几十公里的距离，所以他的记载才会如此详细和生动。

三是南朝刘宋刘敬叔《异苑》卷四："蜀郡临邛县有火井，汉室之隆则炎赫弥炽；暨桓灵之际，火势渐微，诸葛亮一瞰而更盛。至景曜元（编者注：应作'六'，原文误）年，人以烛投即灭，其年蜀并于魏。"

此后的文献中，相关记载也多，但内容都不出上述记载的范围，故不赘述。

由此可知，西汉中叶的邛崃一带，已经发现了世界上最早的天然气井，而且旁边还有盐井，可以就近使用天然气来煮盐。到了三国时期，因火势渐微，蜀汉丞相诸葛亮曾亲自到该处的火井视察，使火势重新兴旺。蜀汉末年，可能因气源耗尽，火井遂告熄灭。北周时期，火井所在地开始设置火井镇。隋代，火井镇升为县。唐代著名相师袁天罡曾任火井县的县令。宋开宝三年（970），火井县治迁到平乐镇。元至元二十一年（1284），火井县撤销。《民国邛崃县志》卷一《疆土志·古迹考》有记载："火井县本镇也，隋改县。唐宋异地，唐火井县，在今油榨沱，有县令袁天罡祠；宋火井在今平乐坝，从县令萧琢之请也；今皆废。"[1]

【相关传说】

火井镇高家村郑家坝，小地名为"六角井"。相传古时这里是一片荒滩，有人意外发现了地下往外冒盐水，于是生火熬盐者越来越多，先后在附近挖了六口井，呈六角形排开，故称"六角井"。六口井中最深的一口，在某一日电闪雷鸣后，冒出了火光，火焰高达好几丈，民间称为"神火"。三国时期，诸葛亮前来此处查看神火，并教会先民们用竹子连通引来神火熬盐，这样熬出的盐比往常多。先民们深得其利。为了纪念诸葛亮，就将离六角井不远的山岗命名为"卧龙岗"，并在山岗上修建一座小庙，供奉他的神像。而今小庙已毁，只剩"卧龙岗"的地名。

---

1 刘夔等修，宁缃等纂：《民国邛崃县志》，《中国地方志集成·四川府县志辑⑬》，巴蜀书社，1992，第480页。

崇州市

崇州诸葛亮点将台

【地理位置】

地理坐标：东经103°38′45″，北纬30°35′5″，海拔518米。

行政属地：崇州市隆兴镇顺江村23组。

【现状概述】

当地人俗称"军田坝"或"高墩庵"由三座呈"品"字形的圆形封土堆（实为东汉墓）组成。其中一封土堆（东汉墓）周长约307米，面积约2949平方米，最高5米。墓可能多次被盗，周围植被繁密，清理周边植物，尚可见筑墓的东汉花纹砖堆砌，是典型的盗洞痕迹，但是该墓群目前还未经正式发掘。

【历史渊源】

此处墓葬，一直被当地民众传说是诸葛亮点将屯兵之处。虽是一种传说，但反映出蜀地民众对诸葛亮的敬仰和崇拜。

崇州诸葛亮点将台

崇州武庙旧址

【地理位置】

地理坐标：东经103° 40′ 28″，北纬30° 37′ 46″，海拔489米。

行政属地：崇州市小东街246号。

【现状概述】

武庙旧址上已建成崇州市图书馆。进门左侧有一通民国时期的石碑，碑长1.42米，宽0.76米，厚0.04米。碑名为《崇庆县立第一女子学校推广校地记》，碑上详细记载了女子学校建校始末，碑文提及"武庙旧址"等字句，记载了"拨武庙后院籍资推广"等事件经过。

【历史渊源】

此处的武庙最早建于何时，已不可考。民国初年，改建为女子学校，占用三间房间为教室。2008年汶川地震后，崇州市新建图书馆时从地基上发掘出石碑一通，由碑文推断该处为崇州武庙旧址。

崇州武庙旧址

马岱墓

【地理位置】

　　地理坐标：东经103°32′6″，北纬30°44′6″，海拔607米。

　　行政属地：崇州市怀远镇泉水村7组与前锋村8组交界处太平山。

【现状概述】

　　马岱墓今已不见痕迹，据当地居民讲述，墓被埋于杂草土堆中，周围杂草丛生，但在地表土层中仍可发现不少残砖，比如回字形纹残砖、方格纹残砖。调查发现了三块较完整的回字形纹汉砖和菱形纹汉砖。

【历史渊源】

　　多年来，当地流传有"子龙葬银屏，马岱葬太平"的说法。《怀远乡志》记载有人亲见"马岱之墓"铭文砖。相传民国时期曾有樊姓官员领衔卒挖掘，并未有所发现。

　　根据当地居民介绍，20世纪50年代，当地居民在墓顶建砖窑时，发现三个长10米的券顶，此后，在墓周围常发现有古代纹饰的残砖。

马岱墓现状

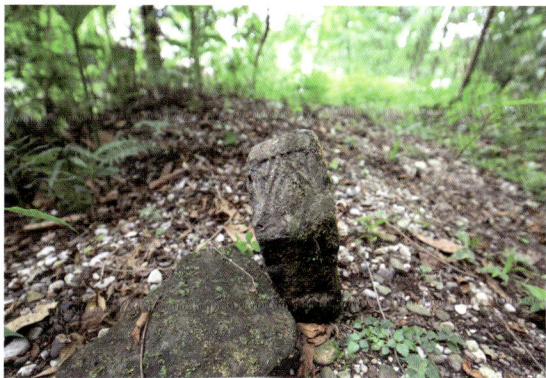

马岱墓附近残存汉砖

简阳市

丹景山阿斗读书处

【地理位置】

地理坐标：东经104°12′58.95″，北纬30°22′30.18″。

行政属地：简阳市丹景街道。

地理环境：位于三岔湖西北方向，龙泉山脉中段，与双流区和眉山市仁寿县接壤。

【现状概述】

丹景山位于成都市东南，属龙泉山脉，呈东北—西南走向，旅游资源较为丰富。丹景山上主要有阿斗读书处、忠烈柏等关于三国蜀汉的传说遗存。其中阿斗读书处位于今丹景山佛兴寺，旁有一株千年银杏树，树径约6米，高约15米。下有刘禅书童洗墨水池——鹿子函。佛兴寺目前正在打造旅游景区。

忠烈柏位于三岔湖畔的丹景街道全安村1组，三株柏树呈西北—东南走向，树径依次约为3米、2.3米、2.5米，高约20米。

【历史渊源】

汉武帝时期置牛鞞县，属犍为郡。据乾隆《简州志》记载，蜀汉时期，官员简雍曾主政此地，因为施政得人心而被民众所怀念，故境内有赖简山、赖简池等。《元和郡县志》称，隋设置简州，即因赖简池得名。丹景山以其"风气流爽，一日之间备四时"[1]而颇具名气，成为蜀中名山。

千年古银杏传说为刘备手植。刘禅去世时树遭雷击，仅存树身，20世纪70年代又被人为斧削一半，目前仍存活。根据成都市人民政府2019年所制四川省古树名木牌，树龄约1707年，当属西晋末年所植。

鹿子函，又称"鹿池"。民国《简阳县志》卷三《舆地》载："鹿池，在武庙沟，相传蜀汉后主读书时，鹿滚一池，以供洗墨之用，因名。其水清可见底，纵逢大旱不涸。"[2]现为废弃池塘。

忠烈柏的传说与刘禅之子北地王刘谌有关。史载刘谌不愿降魏，在力劝其父抗争不得后，斩杀妻子并于昭烈庙内自刎殉国。昭烈庙的庙祝因感念刘备恩德，便收拢刘谌三个儿子的首级，埋葬于丹景山上。后来，就有三株柏树长出，且从远处看，仿佛一树生三身，遂成丹景山一景。据成都市人民政府2019年所制四川省古树名木牌，三树树龄均约507年，当为明代中期所植。

千年古银杏和忠烈柏均为四川省一级保护古树名木。

---

1 （明）薛敷政等修：《四川成都府志》，《中国地方志集成·四川府县志辑①》，巴蜀书社，1992，第43页。

2 林志茂等修：《民国简阳县志》，《中国地方志集成·四川府县志辑㉗》，巴蜀书社，1992，第72页。

鹿子凼

忠烈柏

千年银杏树

张飞营

地理坐标：东经104° 13′ 39.94″，北纬30° 24′ 7.63″。

行政属地：简阳市武庙镇烂田村。

地理环境：位于阿斗读书处北约5千米，乡村道路旁。

【保护级别】

2011年，被简阳市人民政府公布为县级文物保护单位。

【现状概述】

张飞营远眺

张飞营地处龙泉山脉，由一条石梯可登张飞营山头，现山崖上凿有石刻头像，另有造像3龛3尊。头像高4.5米，宽2.4米，并无躯干部分。另外2龛造像已不可辨识。

【历史渊源】

传说三国时期，张飞曾在山顶扎寨，率兵驻扎于此，故称"张飞营山"或"张飞营"。《民国简阳县志》载："古张侯营，在龙泉驿东山上，地势险恶。"[1]此处的石刻头像，曾被一些人认为是张飞头像。但根据头像的肉髻及眉目来判断，很可能是唐代石刻佛像，因为《简州续志》有如下记载："（简）州西……贞元六年，释子某镌大小佛像并跋文数行，多漫漶难识。"[2]

张飞营

---

1 林志茂等修：《民国简阳县志》，《中国地方志集成·四川府县志辑㉗》，巴蜀书社，1992，第52页。

2 （清）易家霖等修，傅为霖等纂：光绪《简州续志》卷一，光绪二十三年（1897）刻本，第五页。

石桥陕西会馆

【地理位置】

地理坐标：东经104°30′58.22″，北纬30°25′40.78″。

行政属地：简阳市石桥街道陕西街100号旁。

地理环境：石桥街道南距简阳市城区约4千米，沱江穿境而过。

【保护级别】

2018年，被成都市人民政府公布为市级文物保护单位。

【现状概述】

陕西会馆现仅存戏楼，破损较为严重。戏楼为三重檐木石结构，面阔四间，长约14.4米，上覆小青瓦，第三层屋檐保存较为完整，飞檐坐兽依稀可辨，旁有风火墙。整体来看，建筑结构较为完整，但后期装修痕迹明显。

【历史渊源】

石桥街道，旧称"石桥井""石桥场"。石桥曾产井盐，沱江冲积而成的平坝又利于农业发展，加之其优越的成渝地理和水陆交通位置，明末清初湖广填四川时吸引了大量移民，陕西会馆等六大同乡会馆及大小寺庙也纷纷建起。民国时期，石桥已成为川中有名的金融中心、商贸中心，更有"小汉口"之称。中华人民共和国成立后，简阳因成渝铁路而崛起，石桥随之而繁华不再。

陕西会馆修建于清乾隆三十一年（1766），咸丰年间增修。本来是陕西籍商人同乡会馆，因会馆供奉有关羽，又称"关帝庙"。中华人民共和国成立后，先后为石桥中学教师宿舍楼、原西藏军区西南留守处驻所，现仅存戏楼，未对外开放。现为市级文物保护单位、成都市历史建筑、文化地标·成都记忆。

石桥陕西会馆

养马河

【地理位置】

地理坐标：东经104° 30′ 19.39″，北纬30° 29′ 58.60″。

行政属地：简阳市养马街道铁东社区4组。

地理环境：位于沱江南岸，北与壮溪镇隔江相望，上游为金堂县五凤溪镇，旁有养马镇极乐寺。

【现状概述】

现为养马渡，周边居民可乘轮渡往返于沱江两岸，船费1元。

【历史渊源】

传说此地乃蜀汉牧养战马处。诸葛亮出巡到此地，见地势开阔，水草丰茂，风光甚好，实属战略要地，遂令马超率马队驻扎此地，并将河流命名为养马河，地名因此也叫"养马河"，还留下了刘备洗马的"滚龙滩"、马队训练的"跑马梁子"等地名，但均无文献可考。

养马河

144

自贡市

　　自贡市，地处四川盆地东部，截至 2022 年，全市下辖自流井区、贡井区、大安区、沿滩区、荣县、富顺县 6 个县级行政区。三国时期，该区域主要为蜀汉益州犍为郡、江阳郡辖地。

自贡市三国文化遗存点位分布图

1　自贡桓侯宫
2　西秦会馆
3　凉高山关帝庙
4　铁炉嘴冶铁遗址
5　铁山古道（荣县段）

撰稿：尚春杰
摄影：苏碧群　罗景玢　彭　波　尚春杰
绘图：尚春杰

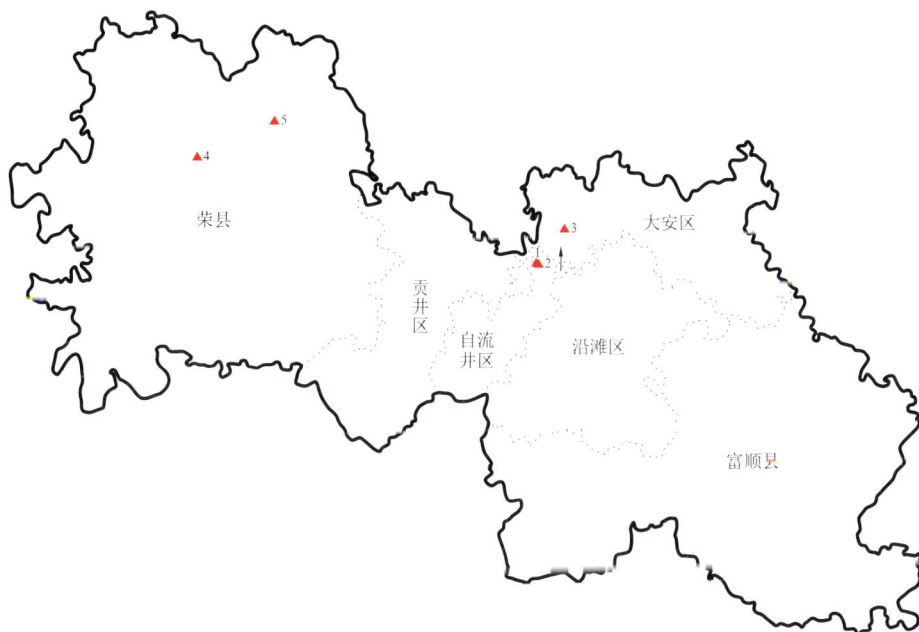

自流井区

自贡桓侯宫

【地理位置】

地理坐标：东经104° 45′ 57.21″，北纬29° 21′ 6.88″，海拔266米。

行政属地：自流井区公园路7号。

地理环境：桓侯宫位于中华路路口，临街而建，地处小山坡路坎边上，东南临西秦会馆。

【保护级别】

2013年，被国务院公布为全国重点文物保护单位。

【现状概述】

桓侯宫，坐北向南，依山势修建，建筑面积约560平方米，占地面积约1240平方米，砖木结构，由山门、戏楼、正殿、对称排列的回廊、钟楼等组成。

山门为复合式整体建筑，由山门、门厅和二层戏楼组成。山门为三开门门楼，"桓侯宫"三字位于山门正中门匾上，楹联均刻于门两侧，正门的楹联为："大义识君臣，想当年北战东征，丹心直践桃园誓；功丰崇庙祀，看今日风微人往，寿世还留刁斗铭。"西南门的楹联为："桃园季弟称神圣；涿郡英雄有庙堂。"东北门的楹联为："季汉神归天上去；江阳灵自阆中来。"门厅上为二层戏台，半伸出式过路戏台，宽5.2米，进深2.9米。

戏楼面阔三间，进深三间，宽12.75米，进深9.4米，两侧次间较窄，卷棚歇山顶，穿斗式梁架结构。

正殿由杜鹃亭和正殿组成。杜鹃亭为卷棚歇山顶，与戏楼相呼应，在正中位置处有张飞石像。正殿面阔五间13.5米，进深四间21米，通高13.67米，双坡悬山顶，穿斗抬梁式砖木结构双层建筑。

钟楼（助风阁）为重檐卷棚歇山顶，双层砖木结构建筑。

建筑有大量石雕、木雕、泥塑装饰。主要集中在戏楼，其屋顶为泥塑，楼檐板为木雕，木雕戏剧图案18幅。

回廊建筑为悬山顶，单层砖木结构建筑。在东侧回廊有《重建桓侯宫碑序》，木碑为两大块，其一为碑序正文及落款、募捐者名录，其二全为募捐者名录。

【历史渊源】

桓侯宫的兴建，与屠沽帮会和自贡盐业的兴盛有密切关系。张飞为蜀汉大将，他在追随刘备之前的职业，陈寿的《三国志》并未记载。千年之后罗贯中《三国演义》第一回，说他曾经"卖酒屠猪"。于是，自流井区屠沽帮会与其他帮会一样，供奉张飞为祖师爷。自贡桓侯宫在当时主要起着祭祀奉神、维护帮会利益、决议帮会重大事项的作用。

桓侯宫山门

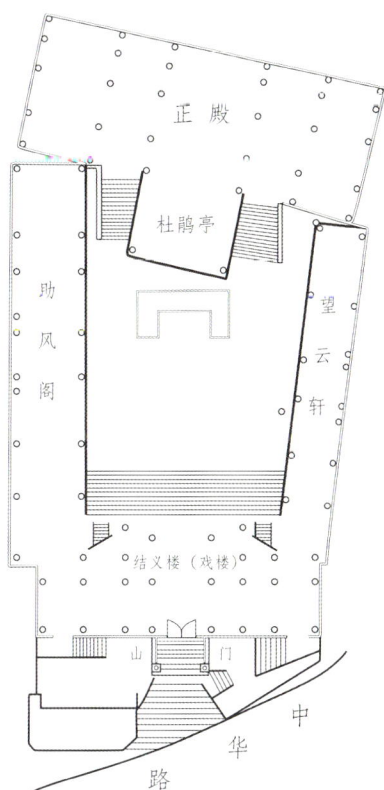
桓侯宫平面示意图

桓侯宫航拍全景

我们在当地了解到，自流井区的屠沽帮会兴起于清代雍正期间，至乾隆时开始募集资金，创建桓侯庙。早期的桓侯庙格局，有正殿及东西两廊、戏台、山门，并供神器具，主要起宗教作用。至咸丰晚期，桓侯庙被烧毁。同治年间，重新集资兴修，到光绪元年（1875），自贡桓侯宫正式落成。现存《重建桓侯宫碑序》叙述了事情经过，碑文如下：

重建桓侯宫碑序[1]

屠沽一行，自古有之，第未兴立帮口耳。自我朝雍正间，始兴设帮会。至乾隆时，先辈甫募众酿金，创建桓侯庙。凡正殿及东西两廊、戏台、山门，并供神器具，无不周备而肃观瞻。突至咸丰庚申，李逆扰厂，殿宇金身成灰烬。春秋祭祀，聊搭草棚以为瞻礼，同事辈莫不抚膺扼腕，心焉伤之。延至乙丑，有职员禹君国安、职员李君东扬、武生陈君相魁、监生潘君清顺等，协同商议修立正殿。嗣因厂市废滞，暂停诸工。侯至壬申，盐市稍畅，复约李君义兴、□□□□、刘君西川等商酌：每宰猪一支，照行规抽钱贰佰文，再行鸠工庀材，大兴土木。至乙亥十月，方开台演戏，会集宾客，觞以酒而告落成焉。是役也，殿阁楼台，既雄且丽，功力所及，生面独开，以今视昔，尤觉壮观。虽我行诸君踊跃输诚于奉祀桓帝，而实桓帝在天之灵，有以默相其间成效也。今将各花户所出行规并费用，灰瓦木石金漆匠作诸若干，一一开列于后。俾众咸知，且以永垂不朽云。

1 《重建桓侯宫碑序》木刻碑，现完整保留在自贡桓侯宫内。

严陵庠生官衡顿首百拜，谨撰并书

经修总首：职员禹国安、职员李东扬、武生陈相魁、监生潘清顺、李义兴。

连年首事：连胡裕、张洪盛、聂益顺、陈长发、胡和盛、陈德盛、张乾元、张永泰、钟福义、潘金堂、郭义清、王兴泰、刘长发、陈洪盛、蓝云发、钟四兴、谢芝堂、廖福全、李万顺、陈兴顺、王兴发、陈永发、周庆丰。

西关五埒各处花户所出行规，自壬申年八月起至庚辰年九月□□名下共计若干，胪列如左：

双塘泗：张兴和来钱四佰廿壹钏六百文，郭二顺来钱柒拾五吊六百五拾文，王兴发来钱贰吊卷百文，林悦来来钱叁吊壹百文，李东阳来钱捌百文，王荣泰来钱捌拾六钏贰百文，张洪发来钱壹吊文，刘三兴来钱贰拾壹千九百文，余珍海来钱四百文，郭福隆来钱壹佰廿四吊柒百文，义庵榨来钱壹吊文，马万盛来钱四拾捌吊四百文，刘兴发来钱廿贰吊六百五拾文，李万顺来钱□吊□文，卢义盛来钱壹佰廿四吊五百文，雷四和来钱九吊叁百文，洪兴榨来钱壹吊文，萧兴盛来钱六吊五百文，李正发来钱贰吊捌百文，陈泰文来钱拾吊文，夏第一来钱壹吊文，□□□□钱壹吊捌百文，陈四和来钱柒吊柒百文，王兴盛来钱贰吊壹百文，义兴榨来钱贰吊叁百文，余洪发来钱拾四吊四百文，潘金堂来钱四拾叁吊叁百七十五文，合利榨来钱卅□零四百文，王三盛来钱壹吊壹佰五拾文，利兴榨来钱壹吊文，胡裕顺来钱□□壹百文，有成榨来钱叁吊贰佰五拾文（以上为第一块木碑碑文）。

桓侯宫山门局部

桓侯宫山门石雕细节

桓侯宫石雕局部

桓侯宫戏台雕塑局部

桓侯宫木浮雕

桓侯宫木雕局部

西秦会馆

【地理位置】

地理坐标：东经104°46′6.12″，北纬29°21′7.36″，海拔264米。

行政属地：自流井区解放路173号。

地理环境：西秦会馆位于解放路龙凤山下釜溪河边。临街而建，西北临桓侯宫。

【保护级别】

1988年，被国务院公布为全国重点文物保护单位。

【现状概述】

西秦会馆，又名"陕西庙""关帝庙"，平面呈矩形，占地面积约3600平方米，会馆建筑轴线分明，沿中轴线依次为武圣宫大门、献伎诸楼、天街、抱厅、参天奎阁、中殿、正殿，四周有东大厅、西大厅、留三日香客廨、胜十年读书廨、金镛阁、贲鼓阁环绕。

武圣宫大门为混合式牌楼门，门楼面阔三间约32米，歇山顶，四柱七楼式，左右两列飞檐高翘。其中，山门与背后的献伎诸楼共同构成一座复合建筑，采用传统会馆戏楼的门楼倒座形式。献伎诸楼面阔三间，三重檐歇山顶，在最上层歇厅，为行人进出通道，第二层为戏台，第三层为大观楼，第四层为福海楼。

天街，面积约798平方米，地面用青石板铺砌，四角有不同的石雕角兽。献伎诸楼与抱厅、金镛阁、贲鼓阁共同构成四合院，各建筑物间以廊楼连接。两厢房采用卷棚顶，金镛

阁、贲鼓阁为重檐歇山顶。抱厅与西秦会馆石柱上镌山顶正脊处外加六角攒尖顶，后两脚嵌入上层歇山顶中构成的屋顶。第一层为门刻两副楹联，其一为："钦崇历有唐有宋有元有明，其心实惟知有汉；徽号或为侯为王为君为帝，当日只不愧为臣。"其二为："萃不泯之忠魂，浩气长留，屡向本朝昭义烈；肱将衰之火德，英风永著，犹从此地郁炎精。"

中殿面阔五开间，进深六架椽，前后两坡不对称，前略高于后檐，中殿两侧构成封火山墙，双坡硬山顶。中殿与抱厅之间为参天奎阁，四重檐六角盝顶。客廨列居参天奎阁两侧，均为重檐庑殿式顶。

正殿面阔五间，进深八架椽。正面左右各处抱厦，呈卷棚顶，前端为两重檐，檐廊下用卷曲的天花处理成轩。正殿以前为供奉关羽和陪祀诸神的地方。

西秦会馆内有众多的木雕、石雕，内容丰富，其题材主要包括戏剧场面、历史故事、神话传说、社会风貌等。目前，西秦会馆内有人物、故事情节的木雕共127幅，其中人物雕像最多，计500余人，石雕70幅，独体兽雕24个。[1] 其中，三国时期题材的木雕8幅。"三英战吕布"木雕位于贲鼓阁右侧楣板；金镛阁楼沿栏板有"骂王朗""杀奢""鞭督邮"等木雕；参天奎阁正前方左侧衬枋为"三圣宫"木雕，又名"审阿斗"；参天奎阁正前方右侧衬枋为"借东风"木雕；参天奎阁右侧一重檐与

---

1 郭凤岚：《西秦会馆木雕石雕艺术》，四川美术出版社，2016，第35页。

西秦会馆（关帝庙旧址）

西秦会馆院落

西秦会馆山门局部

西秦会馆里的关羽雕塑

西秦会馆"借东风"木塑

西秦会馆"审阿斗"木雕

二重檐之间挂落的左侧木雕为"孙綝逼宫"木雕；参天奎阁右侧一重檐与二重檐之间挂落的右侧木雕为"徐母骂曹"木雕。石雕共计3幅。大丈夫抱厅阶梯两旁石壁为组雕"二十四孝"，正方形构图，其中，三国时期题材2幅——"哭竹生笋"和"怀橘遗亲"石雕，"赵颜求寿"石雕位于大丈夫抱厅月台。

【历史渊源】

西秦会馆早期，因会馆主供关羽神位，亦名"关帝庙"，俗称"陕西庙"。清初自贡盐业逐渐从明末战乱中恢复，清政府组织大量移民入川，采用"诏免四川商民盐课，任民自由开凿，听民自领自卖，照开荒事例，三年起课"的优惠政策，使自贡盐业逐渐恢复和发展，至雍正、乾隆年间达到兴盛。来自陕、晋、闽、赣、黔、粤、鄂等地的商人和劳动者，以山西、陕西籍商人相对富有，在自贡地区势力最为庞大。这就为西秦会馆的建立奠定了物质、组织基础。

由《西秦会馆地基契约》记载可知，陕籍盐商的行帮组织西秦大会，与当地龙峰井作坊主人李光华，于雍正十年（1732）九月初九签约买下其地，修建庙宇。乾隆元年（1736），西秦会馆动工，至乾隆十七年（1752）始成。道光七年至九年（1827—1829），又进行大规模维修和重建。

辛亥革命时期，同志军将总部设于此地。1939年设自贡市时，为国民党自贡市政府所在地。

中华人民共和国成立后，自贡市人民委员会在此办公，对其进行维修。1959年邓小平等中央领导同志视察自贡，提出建立自贡盐业历史博物馆，随后对其进行大规模维修并对外开放。

西秦会馆"三英战吕布"雕塑

西秦会馆"骂王朗"木雕

西秦会馆"杀奢"木雕

西秦会馆"鞭督邮"木雕

大安区

凉高山关帝庙

【地理位置】

地理坐标：东经104°48′17.01″，北纬29°23′16.43″，海拔353米。

行政属地：大安区凉高山支巷21号。

地理环境：关帝庙位于凉高山社区，周围为民房、老宅。社区有李亨祠堂、张氏节孝坊、王氏节孝坊等清代古建筑。

【现状概述】

凉高山关帝庙，坐北朝南，现仅存戏楼。戏楼面阔三间13.8米，通高6.1米，悬山顶，穿斗式木结构建筑，两端有"人"字形封火墙，建筑主体留存少许木雕、石雕。戏楼两侧原各有通道，西侧通道已改为民居，现仅存东侧通道。东侧通道门宽1.7米，高2.7米，门上存有石雕。

【历史渊源】

凉高山关帝庙，始建年代不详。李亨，又称李振亨，出生于清嘉庆时期，道光年间为自贡四大盐商之一。据《李亨家族传》记载，关帝庙系盐商集资修建，1949年前为保甲长赵年清的办公室，1949年后关帝庙的戏楼被凉高山社区医院占用，20世纪80年代初关帝庙正殿被拆毁，改建民居。据当地居民介绍，关帝庙曾作为幼儿园、医院使用，现均已弃用。

凉高山关帝庙屋顶雕塑

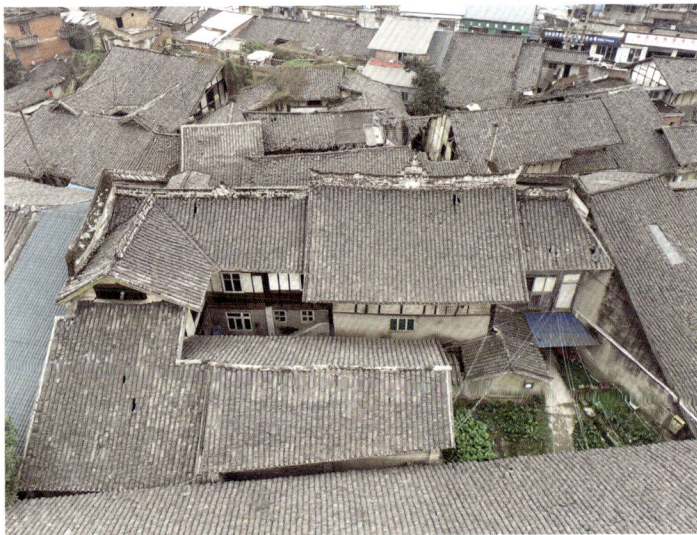

凉高山关帝庙航拍

凉高山关帝庙院落现入口

凉高山关帝庙封火墙

荣县

铁炉嘴冶铁遗址

【地理位置】

地理坐标：东经104°18′41.84″，北纬29°28′39.40″，海拔584米。

行政属地：荣县铁场镇岗村8组曹家坪村

地理环境：该遗址位于铁炉嘴东北坡地，现遗址周围植被茂盛。

【保护级别】

2009年，被自贡市人民政府公布为自贡市级文物保护单位。

【现状概述】

铁炉嘴遗址，坐西北朝东南。现遗址仅存炼铁炉，残高3.6米，通径3.35米。炉门朝东南，高0.77米，宽0.6米。炉底近似圆形，通径约1.9米。炉体用耐火土夯筑，由于所处位置不同，耐火材料受热幅度有所区别，耐火材料土从中心到四周，颜色从黑褐色到红褐色，再变化为黄褐色。炉壁留有多孔，呈蜂窝状，厚约1.4米。风门近似椭圆形，朝东北，宽0.7米，高0.7米，距炉底约0.5米。

【历史渊源】

铁炉嘴遗址，因当地人称该山丘为"铁炉嘴"而得名，2008年经过相关专业人员考证，该遗址年代为西汉。《太平寰宇记》载："荣州，和义郡，今理旭川县，《禹贡》梁州之域，古夜郎之国。汉武开西边道，为南安县地，属

铁炉嘴冶铁遗址

犍为郡。齐于此立安阳县。隋初废之，以其地属资阳郡。唐武德元年置荣州。"[1] 荣县在西汉属于犍为郡南安县辖地，唐代称为荣州，明代改为荣县，沿用至今。其冶铁历史，最早可追溯至汉代，《汉书·地理志》载："犍为郡，武帝建元六年开。……南安，有盐官、铁官。"[2] 唐代亦有"荣州贡铁"一说。宋代《太平寰宇记》亦载："资官县，西北九十里。本汉南安县地，晋义熙中置资官县，属犍为郡。唐武德元年初属嘉州。贞观六年割属荣州。铁山，在州（荣州）西北一百里。从资州月山县西来，其山出铁。"[3]

铁炉嘴遗址，据说为三国时期蜀汉诸葛亮冶铁之处。清代《荣县志》载："铁山，县西八十里。山从仁寿来，横直于犍、荣、威间数百里，产铁，诸葛武侯取铸兵器。"[4] 清代《威远县志》亦载："西北八九十里，产铁，今置铁厂于下，旧志载'武侯取铸兵器'。……地广，荣县、井研皆相联络，不尽属邑境。"[5] 民国《荣县志》载："立市西荣，依铁山之利。诸葛武侯铸兵器。"[6]

炼铁炉外壁（局部）

铁炉嘴冶铁遗址文保碑

1 （宋）乐史：《太平寰宇记》，中华书局，2007，第1698页。

2 （汉）班固：《汉书·卷二十八》，中华书局，1999，第1282页。

3 （宋）乐史：《太平寰宇记》，中华书局，2007，第1701页。

4 （清）王培荀：《荣县志》卷四《舆地志·山川》，清光绪三年刻本。

5 （清）吴增辉修，（清）吴容纂：《中国地方志集成·四川府县志集成㉔》，巴蜀书社，1992，第868页。

6 廖世英修，赵熙纂：《荣县志·山脉》，民国十八年刻本。

铁山古道（荣县段）

【地理位置】

地理坐标：东经104°25′3.98″，北纬29°31′2.89″，海拔569米。

行政属地：荣县旭阳镇。

地理环境：铁山古道位于小石门一线，周围为山丘，遗址周围植被茂密。

【现状概述】

铁山古道，主体贯穿自贡全境，南北走向，砂岩石板山道，石板宽约0.7米，厚0.07米。据当地人员考察，铁山古道大致走向是由成都出发，经仁寿进入荣县西部铁山山脉，从竹园铺起，沿铁山山脉东行，穿过东川沟，进荣州城后，南下到荣边乡，从漆树乡进入宜宾，属于连接大西南边陲的五尺道。现古道沿线尚有青阳洞遗址、后龙山摩崖石刻、华阳山摩崖石刻等遗存。

【历史渊源】

铁山古道，古代亦称"茶马古道""盐子古道"。当地传说三国时期蜀汉诸葛亮率军南征曾经过此处。《华阳国志》记载："（建安）十九年，……赵云自江州分定江阳、犍为，飞攻巴西，亮定德阳。"[1]民国版《荣县志》对《华阳国志》上述记载进行考证并指出："按《华阳国志》，赵云自江州分定江阳、犍为，飞攻巴西，亮定德阳。盖三道出兵，亮出中道，其别将由铁山路，会云兵攻成都。史识其大，故失载。"[2]

铁山古道

铁山古道道路基石

1 （晋）常璩，任乃强校注：《华阳国志校补图注》，上海古籍出版社，1987，第348页。

2 廖世英修，赵熙纂：《荣县志·记事》，民国十八年（1929）刻本。

铁山古道局部航拍

铁山古道局部

铁山古道局部路段

攀枝花市

　　攀枝花市，地处四川省南部，截至2022年，全市下辖东区、西区、仁和区，以及米易县、盐边县5个县级行政区。三国时期，该区域主要为蜀汉益州越巂郡的辖地。

攀枝花市三国文化遗存点位分布图

1　营盘山得胜营遗址
2　拉鲊古渡
3　官房客栈
4　打箭岩

撰稿：郭的非　申　雷　王旭晨
摄影：王旭晨
绘图：尚春杰

仁和区

营盘山得胜营遗址

地理坐标：东经101°41′43.4″，北纬26°15′23.6″，海拔2371米。

行政属地：仁和区啊喇彝族乡。

地理环境：营（云）盘山坐落于啊喇彝族乡南，距乡政府所在地16千米，与永仁县维地乡接壤，遥与云南永仁方山呼应。

【保护级别】

2019年，被四川省人民政府公布为省级文物保护单位。

【现状概述】

得胜营遗址所在的营盘山，海拔2500米，垂直高度900米，三面悬崖，一面（南面）缓坡，山下有一条古老的马帮路横贯山间，是古姚州府（今姚安县）至永北府（今永胜县）官道的咽喉路段。

营寨坐北朝南，遗址保护范围东至营盘山悬崖，西至营盘山垭口与牛泥塘包处，南至通往云南的路口处，北至观音崖。遗址面积达3平方千米，营盘内遗迹众多，兹分述如下[1]：

营盘Y1：地理坐标为东经101°43′28″，北纬26°12′86″，海拔2289米，位于营盘山脚一开阔平地，立有"营盘山得胜营遗址"保护碑，整片平地面积超过3000平方米，无明确

建筑遗迹、遗物发现。

烽火台F1：地理坐标为东经101°41′46″，北纬26°15′27″，海拔2351米，位于营盘山半山腰一缓坡台地，遗迹平面大致呈圆形，由四周向中间凹陷，直径最长8.5米，最短7.2米，深度0.3—0.5米。无砖石遗迹、烟孔、烟道等烽火台性质遗迹、遗物发现。

土墙体Q1：地理坐标为东经101°40′43″，北纬26°15′29″，海拔2353米，位置介于烽火台F1和烽火台F2之间，距烽火台F1直线距离近30米。遗迹位于上山缓坡之上，距离坡下东西向道路最近处5米，最远处8米；距离墙体东侧上山南北向道路3米。墙体呈弧形，东西向，由西向东倾斜，用土堆垒而成，未发现夯土痕迹。残长33米，墙埂损毁严重，高低不一，西段明显高于东段，残高0.6—1.2米，墙体厚度0.4—0.9米。

土墙体Q2：地理坐标为东经101°40′43″，北纬26°15′29″，海拔2354米，位置介于烽火台F1和烽火台F2之间，居烽火台F1直线距离34米。遗迹位于上山缓坡之上，为土墙体Q1之后的第二道墙体，距离坡下东西向道路最近处6米，最远处10米；距离墙体东侧上山南北向道路5米。墙体大致顺东西向延伸，略有弧度，由西向东倾斜，西段与土墙体Q1交会，用土堆垒而成，未发现夯土痕迹。残长24米，墙埂损毁严重，高低不一，西段较东段高，残高0.4—1.1米，墙体厚度0.3—0.8米。

---

1 各遗迹名称均采用当地文物部门已有的命名。

营盘山得胜营遗址

营盘山文保碑

得胜营烽火台 F1

得胜营土墙体 Q1

烽火台 F2：地理坐标为东经 101°41′43″，北纬 26°15′23″，海拔 2360 米，位于营盘山近山顶处一台地，直线距离距烽火台 F1 约 100 米，距土墙体 Q1 和土墙体 Q2 近 70 米。遗迹平面呈圆形，由四周向中心凹陷，平均直径为 6 米，深度 0.2—0.5 米。无砖石遗迹、烟孔、烟道等烽火台性质遗迹、遗物发现，与烽火台 F1 结构、造型大致相当。

营盘 Y2：地理坐标为东经 101°41′43″，北纬 26°15′26″，海拔 2361 米，位于烽火台 F2 北 15 米，为一开阔台地，立有"营盘山古军营遗址"保护碑，整片台地面积超过 300 平方米，无明确建筑遗迹、遗物发现。

护城河：地理坐标为东经 101°41′49″，北纬 26°15′28″，海拔 2360 米，位于石城墙前，为人工挖掘沟渠，自北向南观察呈倒 U 形。整段沟距石城墙最近约 5 米，最远约 20 米，距营盘 Y2 直线距离最近约 30 米。宽度 2.5—4 米，最宽处为 U 形弯道处；深度 1.2—3.4 米，由 U 形弯道处向左右两路递减。

石城墙：城墙位于营盘山山顶，临三面悬崖，一面缓坡（南面）。城墙残长 470 米，由不规则石块和部分人工打造的规整石块砌筑，自西向东呈扇形延伸，部分段落中间有夯土，四周砌石。所用规整石块规格大体一致，长 0.5—0.55 米，宽 0.4—0.45 米，厚 0.2—0.25 米，均为青条石。地表现存墙体东段残高 4—5 米，宽 3 米；西段残高 1.5—2 米，宽 1.8—2.5 米。

城墙东西两头均有一个缺口，类似通道关口，无城门，内侧沿墙体有石阶梯。

西段缺口地理坐标为东经 101°41′49.1″，北纬 26°15′28.1″，海拔 2361 米。宽 1.8—2.4 米，进深 2.6 米。内侧沿墙体有 6 级石阶梯，平均高度约 35 厘米。

东段缺口地理坐标为东经 101°42′3.6″，北纬 26°15′29.8″，海拔 2339 米。宽 2.6—3.0 米，进深 3.5 米。前有一个 3 米见方的类似马面的遗迹，比关口处低约 2 米，内有 8—10 个观察孔，不可入。

整段城墙有三处向外突出部分，无痕迹和遗物，部分垮塌，墙体根部有洞口，似瞭望哨，编为 1—3 号。1 号地理坐标为东经 101°41′52.4″，北纬 26°15′27.28″，海拔 2347 米，距西段关口约 100 米，突出部分 3 米见方，洞口近正方形，长宽约 0.3 米；2 号地理坐标为东经 101°41′55.22″，北纬 26°15′27.99″，海拔 2339 米，形制同 1 号哨口；3 号地理坐标为东经 101°41′58.79″，北纬 26°15′29.18″，海拔 2339 米，形制同 1 号哨口。

采石场：地理坐标为东经 101°42′10.74″，北纬 26°15′23.69″，海拔 2324 米。位于石城墙东段以东 50 米，为山上一处大石集中之地，部分石头上有打钻痕迹，石料与石城墙用石相同。

指挥所：地理坐标为东经 101°41′58.79″，北纬 26°15′29.18″，海拔 2339 米。位于石城墙中段以北 30 米山顶处，现已无建筑遗迹，存两层台基，第一层为土台基，方形，有人工夯筑现象，残存长度 2.5 米，高 0.8 米；第二层为土石合筑台基，近方形，仅存一角，推测原为长宽均 4 米以上、高近 1 米平台。

半地穴式鱼鳞状兵坑群：由当地学者命名，指沿营盘山山脊两侧分布的呈鱼鳞状土坑，无地上或半地穴式建筑痕迹，似用于大量人群居住或物件贮藏用。总数超过 500 处，因山势险峻，调查其中 3 处，编号 1—3 号。

屯兵坑 1 号：地理坐标为东经 101°42′2.6″，北纬 26°15′31.15″，海拔 2344 米。平面大致

得胜营土墙体 Q2 上方、烽火台 F2

得胜营营盘 Y2

得胜营护城河

得胜营西段缺口

得胜营东段缺口

得胜营石城墙

呈椭圆形，无建筑痕迹，坑内填土呈浅黄色，结构略松，存容纳二三人的空间，残长约5.5米，宽约2.8米，深约为1.2米。

屯兵坑2号：地理坐标为东经101°42′3.9″，北纬26°15′30.8″，海拔2336米。平面大致呈长方形，无建筑痕迹，坑内填土为浅黄色，结构略松，表面布满树枝、树叶等杂物，残长约4.2米，宽约3米，深约0.4米。

屯兵坑3号：地理坐标为东经101°41′3.4″，北纬26°15′30.07″，海拔2331米。平面大致呈椭圆形，无建筑遗迹，坑内填土呈浅黄色，结构略松，坑东侧已被树枝、树叶等填平，残长3.9米，宽约2.9米，深约0.7米。

【历史渊源】

在川滇咽喉的金沙江沿线，仁和、永仁一带及其周边山区，分布着数十处成系统的遗址，集中于高山缓坡和山顶台地，有明确边界，当地多称之为"营"或"营盘"，形成了攀枝花地区特色鲜明的营盘文化现象。除营盘山古军营，沿金沙江流域的两岸高山上，还发现有万宝营、长营、保安营、岩神山营、宝兴营、方山诸葛营等营盘遗址，当地称为"七大连营"。[1]七大连营顺江布局，相互呼应，站在营盘山古军营山顶，其他各营所在的山头，均能概览眼底。此外，攀枝花地区还有一些以"营""哨"等军事设施命名为地名之例，例如：仁和区大龙潭村拉鲊黄力树、小黑山的"望江营"（今"望江岭"）；仁和区格地村的"龙潭营"（当地也称"营盘山"）；金江、干坝塘的"鸡公营""跑步营"；仁和区平地镇的"辣子哨"；仁和区大田镇的"前哨"；仁和区大龙潭乡的"大保哨"；等等。

当地文化部门提供了关于得胜营遗址及相关遗迹更加丰富的口述资料。攀枝花仁和区啊喇乡啊喇村村主任盛其光介绍：营盘山得名于诸葛亮。当地相传，诸葛亮曾在此长期驻扎，留下了一大堆兵营。营盘山附近有个"烂木桥"，得名源于诸葛亮当年曾在此过河的时候桥突然断了。啊喇乡政府办公室工作人员张遂进介绍：营盘山古军营的传说，是从诸葛亮五月渡泸开始的。五月渡泸之后，他在这边驻扎的军队比较多，诸葛营跟永仁县方山的诸葛营一样，军队从拉鲊

1　因方山诸葛营位于云南省永仁县，其余的遗存均在攀枝花市仁和区及周边，因此"七大连营"还有一种说法，认为是指营盘山古军营（得胜营）、万宝营、长营、保安营、岩神山营、宝兴营、先锋营七个营。其中后面的六个营，具体位置如下：1.万宝营，位于四川省攀枝花市仁和区中坝乡，面积较大，达3平方千米；2.长营，位于四川省攀枝花市盐边县新久乡，具体情况不明；3.保安营，位于四川省攀枝花市仁和区金江镇，现已建设成为民用机场，金沙江从西、北、东三面环绕机场，保安营山顶海拔1980米；4.岩神山营，位于四川省攀枝花市仁和区人和镇莲花村岩神山上。岩神山由若干座高低不一的小山组成，海拔最高处1900米，岩神山营遗迹位于山间，面积较小，约400平方米；5.宝兴营，位于四川省攀枝花市仁和区东南部宝兴山上，宝兴山属于大田镇区域，海拔最高处2510米，为一高大孤立的山峰，山顶可俯瞰云南、四川两省八县，军营位于山顶，面积约3000平方米；6.先锋营，位于四川省攀枝花市仁和区啊喇乡三脚架山上，当地人相传其为营盘山得胜营的副营。

渡江过来，过来之后就在这一片驻扎。营盘山的特点是四面是山，一面翻坡，所以诸葛亮驻军主要是把守翻坡的一面（指土墙体 Q1、土墙体 Q2 方向）。由此可见，攀枝花地区关于诸葛亮及其南征的相关传说众多，尤其是关于诸葛亮"五月渡泸，深入不毛"后在营盘山安营扎寨的故事和传说更是广泛传播，早已根植在当地百姓心中。但是，现今的主流观点却认为，把营盘山认定为军营，会有矛盾之处。第一，指挥所、半地穴式兵坑均位于石城墙以北，烽火台、营盘位于石城墙以南。如此布局，则不知城墙所防卫的目标是北向还是南向。第二，营盘山所处之地并非绝对制高点，山下两侧均有通畅道路，要想驻军在山上以保绝对安全，这是非常困难的。第三，整个营盘山遗址的山势变化较大，现存遗迹所在地，面积不大，无法满足大规模驻军的需求。而从我们此次调查发现的情况来看，各处遗迹的具体性质是否就是当初诸葛亮的驻军营地，确实在依据上尚有不足，还有待进一步的考证和研究。[1]

得胜营墙体和瞭望哨

得胜营指挥所台基

得胜营屯兵坑 1 号

1 关于攀枝花地区三国文化遗存性质的进一步探讨，郭的非：《川西南——滇北地区三国文化遗存研究》，载成都大学学报（社会科学版），2018 年第 4 期，第 47—53 页；王旭晨：《历史是如何被表述的——攀枝花地区三国文化遗存口述史研究》，载成都大学学报（社会科学版），2019 年第 1 期，第 54—61 页。

拉鲊古渡

【地理位置】

地理坐标：东经101°55′25.78″，北纬26°21′58.54″，海拔947米。

行政属地：仁和区大龙潭乡拉鲊村。

地理环境：拉鲊村是大龙潭乡海拔最低点，渡口所在地为金沙江边低旱河谷，树木比较稀少，气候炎热。

【保护级别】

2004年，被仁和区人民政府公布为区级文物保护单位。

【现状概述】

古渡口宽约20米，附近金沙江两岸山势平缓，河滩开阔，现河滩为鹅卵石铺筑，附近新建一座跨江大桥。江南岸为大龙潭乡拉鲊村，对岸为凉山彝族自治州会理市黎溪镇，对岸渡口名为"鱼鲊渡口"。江边未发现古渡遗迹。此外，拉鲊在彝族语言中音同"拉渣"，意为做事比较外行（邋遢）。

【历史渊源】

当地文物部门认为，当年诸葛亮南征时，曾途经此渡口。拉鲊古渡至今尚未废弃，仍有简易轮渡。20世纪60年代初期，攀枝花大兴三线建设，拉鲊古渡所联通之道路仍是通往攀枝花的主要干线，是川滇两省交流的主要通道。

诸葛亮《出师表》有言："五月渡泸，深入不毛。"蜀军南征平定越巂郡后继续南下，渡泸水之渡口在何处，长年为学术界及地方的争议焦点。

拉鲊渡口俯瞰（攀枝花市文物局提供）

古人认为，五月渡泸之"泸"是指泸水。《后汉书·南蛮西南夷列传》载："建武十八年（42）……尚军遂度泸水，入益州界。"[1]唐代李贤注："泸水，一名若水，出旄牛徼外，经朱提至僰道入江，在今巂州南。"[2]关于泸水的详细介绍，在李贤注之前便有之。《水经注》记载："若水，出蜀郡旄牛徼外，东南至故关，为若水也……南过越巂邛都县西，直南至会无县，淹水东南流注之……又东北至犍为朱提县西，为泸江水……又东北至僰道县，入于江。"[3]

金沙江在攀枝花与雅砻江交汇之前的一段，时称"淹水"；两江并流后称"泸江水"或"泸水"。诸葛亮南征时军队渡泸之处，学术界主要有三种说法：一说渡泸处在三绛（西汉置三绛县，东汉及蜀汉名三缝，即今会理市黎溪），渡江至青蛉，蜀汉时黎溪一带的主要渡口为鱼鲊渡（对岸即为拉鲊渡），此为西渡说[4]；一说渡泸处在会无，东向渡江至堂狼，此为东渡说[5]；另有折中一说，认为诸葛亮南征军并非从固定一处渡江，而是分兵从多处渡口渡江[6]。

拉鲊渡所在地的地理环境有其特殊性，在其上游和下游，金沙江水流湍急，峡谷交错，唯此地河床变宽，水流减缓，临江有较大面积的滩地和缓坡地带，适于设渡口并能满足上万军队渡河登岸后屯兵整顿。

拉鲊渡现已废弃，地表设施均为当代所筑。据当地民众介绍，数年前仍有轮渡，用于当地河道两岸互通；并言渡口后村中，原本有一石，上刻"可以栖迟"四字，相传为诸葛亮手书，后修筑铁路时被埋于地下。此次调查中，未在此处发现具体的历史遗迹和文物。

文献中关于"五月渡泸"的记载亦不少。《蛮书·山川江源》（一名《云南志》）载："蜀忠武侯诸葛亮伐南蛮，五月渡泸水处，在弄栋城北，今谓之南泸。"[7]此处的"弄栋城北"叙述，与拉鲊渡口是吻合的。宋洪迈《容斋随笔·南夷服诸葛》载："蜀刘禅时，南中诸郡叛，诸葛亮征之……（国朝淳化中，辛怡显）至姚州，其节度使赵公美以书来迎，云：'当境有泸水，昔诸葛武侯戒曰："非贡献征讨，不得辄渡此水；若必欲过，须致祭，然后登舟。"今遣本部军将赍金龙二条、金钱二千文并设酒脯，请先祭享而渡。'"[8]此处的姚州泸水，也应当是指拉鲊渡口。明代杨慎《升庵集·渡泸辨》载："孔明《出师表》，五月渡泸。今以为泸州，非也……泸水四程至弄栋，即姚州也。今之金沙江，在滇蜀之交，一在武定府元江驿，一在姚安之左却。据《沉黎志》，孔明所渡当是今之左却也。"[9]所言姚安之左却，即指苴却（今属攀枝花），"左"与"苴"或音近，《中国分省市县大辞典》中有详述。[10]如此，则亦指今拉鲊古渡口处。

综上可知，虽无直接证据，但结合地理位置、河流走向、渡口环境和文献记载，诸葛亮五月渡泸的准确位置，基本上可以推定在今拉鲊。

1 （宋）范晔撰，（唐）李贤等注：《后汉书》，中华书局，1965，第2846页。

2 （宋）范晔撰，（唐）李贤等注：《后汉书》，中华书局，1965，第2847页。

3 （北魏）郦道元著，陈桥驿校正：《水经注校正》，中华书局，2007，第824—827页。

4 较有代表性的如方国瑜：《诸葛亮南征的路线考说》，载《思想战线》，1980年2期，第44—50页。

5 较为代表性的如李方奎：《诸葛亮南征到过渡口吗？》，载《渡口日报》，1980年10月25日。

6 罗开玉：《三国南中与诸葛亮》，四川科学技术出版社，2014，第261页。

7 （唐）樊绰：《蛮书》卷二，武英殿聚珍版影印本，第7页。

8 （唐）樊绰：《蛮书》卷二，武英殿聚珍版影印本，第7页。

9 （明）杨慎：《升庵集》卷七七，四库全书影印版，第16页。

10 李汉杰主编：《中国分省市县大辞典》，中国旅游出版社，1990，第1241页。

此外，拉鲊渡口一带仍流传有关诸葛亮南征的传说：

第一为"馒头"的故事。相传诸葛亮与孟获交战，蜀军追孟获至泸水边，乘木筏过江。谁知木筏一到江心，便被陡起的波涛吞了下去，一连几天都是如此。当地人告诉诸葛亮，过江的人必须要用人头来祭江神，才能安全过去。诸葛亮叫来厨师，命令他们把上等的瘦羊肉剁成泥，然后用面把肉包起来，做成人头的形状，以此来作为祭神的"人头"投入江中，江水便平静了下来，蜀军也顺利渡过了泸水。[1]

第二为"石头"的故事。一个仙人想把山上的石头赶往鱼鲊渡架桥，方便两岸来往。他利用法术，把石头当猪来赶，赶到江岸半山上时，遇到一个人，这个人问他："你准备把这么多石头赶到什么地方去啊？"这人的话刚说出，石头就不走了。因为仙人把石头当猪来赶，就不能说是石头，只能说是猪。说了石头后，仙人的法术就被这个人破掉了，石头全停在山上。[2]

第三为"七星砚"的故事。相传诸葛亮当年从拉鲊古渡渡江的时候，在古渡附近（现黄力树、小黑山、天生坝、小海子一带）驻军，就地取材制作了一块砚台。因砚上有七颗石眼，类似北斗七星，故名"七星砚"。[3]

拉鲊渡口远眺

金沙江峡谷俯瞰（攀枝花市文物局提供）

---

1 谭良啸：《诸葛〈五月渡泸〉处》，《旅游》，1984年3期。

2 霁虹：《"五月渡泸"何处渡？》，http://blog.sina.com.cn/qikaihong.

3 根据攀枝花金沙江峡谷观景台介绍资料整理。

官房客栈

【地理位置】

地理坐标：东经101°38′47.25″，北纬26°16′36.8″，海拔1686米。

行政属地：仁和区啊喇彝族乡官房村官房组。

地理环境：官房村内路口旁，官房社区居委会所在地。

【保护级别】

2004年，被仁和区人民政府公布为区级文物保护单位。

【现状概述】

官房客栈为2004年仁和区委、政府出资25万元在原址上所复建，目前为官房村村委办公场所。现建筑坐北朝南，为四合院院落，长18米，宽6米，高7米。东西厢房长15米，宽5米，高6米，正房为土木结构，上下分两层，下层3间，上层为通间，两面坡为悬山式屋顶，4根木柱。

【历史渊源】

官房客栈所处位置，历来为当地的交通要道，为通往攀枝花仁和、云南永仁的必经之地。相传当年诸葛亮的南征军队在此驻扎过，附近有多处地名与诸葛亮南征相关。

此外，据攀枝花仁和区文管所介绍，仁和区仍存在一些三国文化遗迹：

迤沙拉村：位于四川省攀枝花市仁和区平地镇，为攀枝花市最大的彝族村。村寨形成于明朝初年，面积34平方千米，海拔1720米。迤沙拉村的民俗文化、民居建筑独具特色，是彝族里颇支系风情保存最完整、最具特色的村寨，现为中国历史文化名村。迤沙拉村曾为古南方丝绸之路上的一个驿站，相传诸葛亮南征的时候路过此地，驻扎过军队，现开发了"诸葛大营"等三国人文景点。

"可以栖迟"题刻：位于四川省攀枝花市仁和区拉鲊村格地社，距拉鲊渡口10多千米。格地社一青色蹲蛙石上刻有"可以栖迟"四字，相传为诸葛亮所书。该题刻字迹原来非常清晰，但目前已不完全。

诸葛庙：攀枝花市仁和区曾有多处诸葛庙，如：前进镇渡口村巴斯菁金家沟诸葛庙（新中国成立初被拆除）、仁和区龙潭沟坡上的诸葛庙（1952年被拆除）、大龙潭乡拉鲊村小黑山的诸葛庙（至今仍存遗迹，此次未进行现场调查）。

官房客栈

官房客栈院落

盐边县

打箭岩

【地理位置】

地理坐标：东经101°23′51.27″，北纬26°54′7.8″，海拔1897米。

行政属地：盐边县永兴镇富阳村。

地理环境：打箭岩位于富阳村道旁四川岩高坡上，草木荆棘丛生，道路难行，乔木以云南松林为主。

【现状概述】

打箭岩所处的四川岩位于四川、云南两省交界处。打箭岩为四川岩面向四川一侧的悬崖峭壁，总长度约为16千米，分布着多段不连续的断崖，并有数层断层，岩层整体上由西北向东南方向倾斜，最多的地段可达5层，每层高度200—300米不等。

打箭岩上有多个人工凿成的小石孔，从石孔缝隙中可看到类似残箭一样的细竹竿。当地人相传为诸葛亮南征时，"一箭定盐（岩）边"，射到岩石上的箭。

【历史渊源】

在川西、川南和云南部分民族地区，类似"一箭之地""诸葛神箭""一箭定边界"等诸葛亮与"箭"的故事极为常见，所见遗迹或现象基本由山崖、岩石、"竹箭"或"木箭"等元素构成，其岩石被称为"打箭岩"之例亦常见。富阳村村主任邓寿久介绍，当地流传诸葛亮射箭的传说，而且以前箭的数量非常多。自

己兄弟以前就拿下来过，有些人还拿去熬水，当药引子。现在箭的数量少了很多，要仔细观察才能看到一些。

按常理推断，以岩石高度、"箭"所处位置和距地面道路距离而言，说诸葛亮射箭于岩石上可信度不大，应当属于传说。但是，从这些传说中，却可看出当地民众对于诸葛亮的崇敬之心。

同类型传说和遗迹在盐边及其周边还有几处[1]：

（1）盐边县国胜乡纸房子白岩子，20世纪80年代尚存一"箭"；

（2）盐边县汀西乡尖山村尖山岩子，20世纪80年代仍存"箭"；

（3）盐边县鱤鱼乡观音岩，20世纪50年代初有"箭"，现已不存；

（4）米易县沙坝乡张家岩子，20世纪80年代仍存"箭"；

（5）华坪县蒿枝湾打箭岩，至今仍留有插"箭"扎洞。

有学者实地考察了上述几处遗迹，并进行记载："发现了'箭'及阴刻圆环标志，一般都是人工凿孔，孔的直径为0.1米，深约0.3

1　未实地调查，资料源于唐世贵、唐晓梅：《〈山海经〉与西羌迁徙——摩梭女儿国新探》，《西羌文化》，总第20期。

米，还有一些利用岩壁裂缝插箭的孔洞。箭的原料为当地易采的半实心黄竹。"[1] 这种在崖壁岩石上凿孔、插"箭"、刻画的现象，类似某种祭祀活动或葬俗。打箭岩所存遗迹可能同当地民族葬俗有一定关系，是其特殊葬俗形式的表现。

当地还流传"一箭之地"的传说。据攀枝花市文物局工作人员介绍，相传诸葛亮与孟获交战，双方长期僵持，两边互派人试探后，准备达成和解协议。谈判中，诸葛亮同孟获从早上谈到晚上，最终诸葛亮提出，只需孟获让出"一箭之地"即可，孟获心想孔明要求很低，便爽快答应。当夜诸葛亮便造了一模一样的两支箭，命人快马加鞭送到三日路程之外的金沙江边，插在石头上。第二天，诸葛亮带上赵云等人，与孟获方面的人马一同到了山顶，准备射箭。时辰一到，便擂鼓开始，赵云拉弓放箭，孔明让双方人员一同骑马，追着箭的方向走了三天三夜，才发现赵云的箭射在江边的石头上，箭上还有蜀军的标记。孟获怎么也想不通，一箭之地居然这么大，但奈何协议已签，只能退让一大片土地。

打箭岩远眺

打箭岩细部

---

1 木基元：《木基元纳西学论集》，民族出版社，2009，第72页。

泸州市

泸州市，地处四川省东南部，截至2022年，全市下辖江阳区、纳溪区、龙马潭区和泸县、合江县、叙永县、古蔺县7个县级行政区。三国时期，该区域主要为蜀汉益州江阳郡的辖地。

泸州市三国文化遗存点位分布图

1　龙透关
2　忠山武侯祠旧址
3　董允墓
4　董允故里摩崖石刻
5　董允广场

6　福宝张爷庙
7　合江武侯祠旧址
8　春秋祠

撰稿：申　雷
摄影：李鑫智　丁　浩
绘图：尚春杰

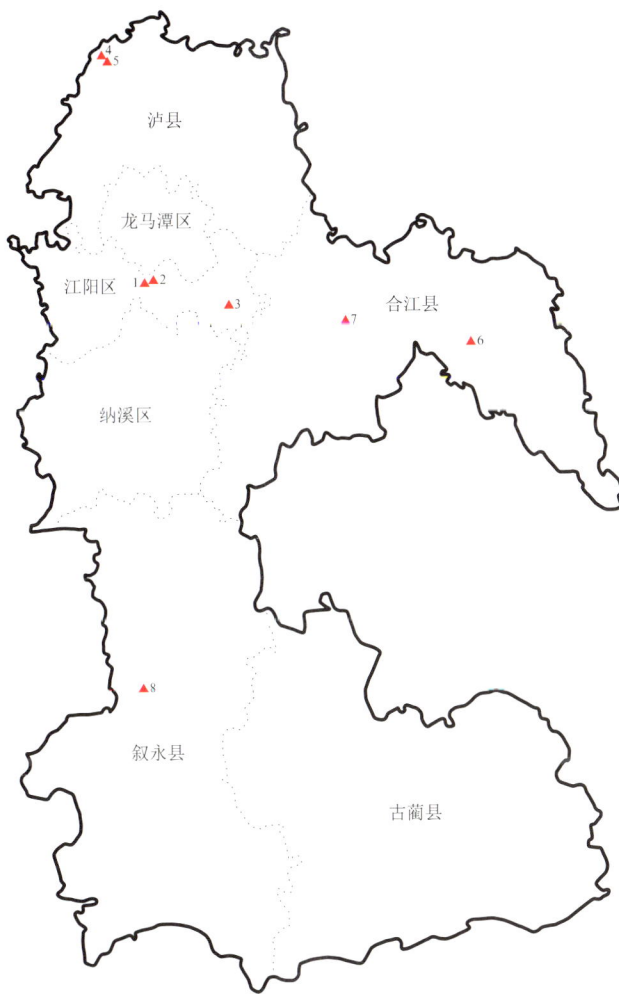

江阳区

龙透关

【地理位置】

地理坐标：东经105°25′24.6″，北纬28°52′42.55″，海拔340米。

行政属地：江阳区大山坪街道龙透关社区。

地理环境：龙透关位于四川警察学院院内，北依沱江，南临长江，周围为学校绿化环境。

【保护级别】

1991年，被四川省人民政府公布为省级文物保护单位。

【现状概述】

龙透关坐北朝南，主体建筑主要由城墙、"古龙透关"石碑、门楼、纪念碑四部分组成，总占地面积4600平方米。城墙使用长0.8米、宽0.4米的条石砌筑，由三座烽火台、两扇关门组成，主关楼朝东。目前能够在遗址上看到清代保存下来的建筑遗址及三通清代石碑，其中正对门洞的一通石碑，上刻"古龙透关"，高2.43米，宽约1.1米，厚0.26米，为吴县黄兴题（1863）。经实地测量，原关楼进深约3.9米，新建关楼进深约10.9米，宽约3.1米，门洞高约3.4米。

龙透关遗址

《古龙透关》石碑

龙透关关楼

关楼旁边有一座1991年所建的"泸州起义纪念碑",高19.26米,基座边长12.1米,长度数据为纪念泸州起义之日期——12月1日。

【历史渊源】

龙透关又名"大关门""神臂关",犹如巨龙穿透两江(长江、沱江),因此得名。原为古关隘,是古代由陆路进入泸州的必经之路。

关于龙透关的修筑,《读史方舆纪要》载:"州南七里。相传诸葛武侯所立。又州南有僰道寨。《志》云东汉征南蛮,尝驻军于此。"[1]光绪《泸州直隶州志》进一步记载:"在州西七里,(广舆记云)世传诸葛武侯立。明末补筑,旧址倾圮。同治二年,署牧周锡龄乐捐,公欲上建重关,南至大江,北至小江,修墙堞十余里,政暇辄步行督工,众工感而力倍,甫数月即告成。"[2]清代,龙透关全长七华里(3.5千米),有三个烽火台、两道关门,即大关门和小关门。大关门即现在龙透关处,小关门旧址在市中区南城乡政府处。[3]1926年12月1日,由老一辈无产阶级革命家杨闇公、朱德、刘伯承等组织和领导的泸州起义爆发;1927年,刘湘等围攻泸州,泸州保卫战的主战场即在龙透关。历经沧桑战乱,龙透关残损严重,20世纪80年代,清代石碑、关门犹存,城垣大部残毁(残存城垣紧连关门两侧,其左侧残存5.6米,右侧残存47米)。[4]为纪念中国共产党成立70周年以及泸州起义65周年,泸州全市党员和部分群众,集资修复龙透关和泸州起义纪念碑刻。1991年6月25日,龙透关遗址(由城墙、关楼、千步梯、碑林、泸州起义纪念碑等景观组成)修复工程正式竣工开放,泸州起义纪念碑也正式落成。

泸州古城三面环水,一面临山,龙透关为唯一陆道,为兵家必争之地,自东汉以来便有军队驻扎,为中央政府经略西南地区的一处重要军事据点。上述所引文献,并未确定此关为诸葛亮所立,措辞仅为"相传""世传"等。但因龙透关为战略要地,便于蜀汉政权在此驻军经略南中,故而蜀军应当在此驻扎过,于是有诸葛亮的事迹流传。

---

1 (清)顾祖禹撰,贺次君等点校:《读史方舆纪要》,中华书局,2005,第3378页。

2 (清)田秀栗修,(清)华国清等纂:光绪《泸州直隶州志》,《中国地方志集成·四川府县志辑㉜》,巴蜀书社,1992,第333页。

3 冯仁杰:《龙透关与泸州起义》,载《四川文物》,1992年第1期,第49—50页。

4 钟瑜:《泸顺起义总指挥部旧址及龙透关遗址》,《四川文物》,1985年第2期,第42—43页。

忠山武侯祠旧址

【地理位置】

地理坐标：东经105°26′28.57″，北纬28°53′19.11″，海拔341米。

行政属地：江阳区西南医科大学。

地理环境：遗址位于西南医科大学老校区的工会楼侧、忠山之上，周边为教职工、学生宿舍，校园绿化环境较好。

【现状概述】

武侯祠在忠山上。忠山又称"堡子山""宝山""泸峰山"，明代因纪念诸葛忠武侯而改名忠山。相传古代西南少数民族每年进贡的时候，都要在此地祭拜诸葛亮。现在原武侯祠遗迹已不存，后人在遗址上新建了武侯琴亭、奎星楼等景观。

【历史渊源】

忠山为当地名山，曾修建有武侯祠、江山平远堂、吕祖阁、魁星阁等。[1]通过相关名人题记可知，忠山武侯祠始建于南宋年间，供奉诸葛亮、诸葛瞻、诸葛尚祖孙三人，亦称"三忠祠"。《蜀中名胜记》载："《通志》云，泸州宝山之泸峰，有武侯庙。每岁蛮人贡马，相率拜于庙前。宋刘光祖诗云：'蜀人所至祠遗像，蛮微犹知问旧碑。'"[2]《光绪直隶泸州志》载："武侯祠，在州西宝山之峰，即三忠祠。祀诸葛及其子瞻、孙尚。《名胜志》云，旧时蛮人每岁贡马，道泸，必相率拜于像前。宋刘光祖诗云：'蜀人所至祀遗像，蛮俗犹知问旧碑。'明参政吴从义、佥事薛甲、副使何闲中，先后重修兵燹后残殿。国朝康熙七年，参政张松龄重建。乾隆五年，知州林良铨增修。……光绪十六年，知州李玉宣补葺，民国以后因驻军之故，时时拆毁，又时时葺治，今多改旧观也。"[3]当地方志中记载了多处武侯祠相关碑记。忠山武侯祠大概毁于民国年间。据泸州市博物馆讲解员梅园女士介绍，1982年10月，地处忠山的泸州医学院附属医院基建施工，在武侯祠遗址一带发掘出残存的文臣武将石像数十尊，塑像高约1.5米。当时能够看到原有祠堂的建筑格局。

由于城市化进程，该处武侯祠仅存遗址，后人在原址上新建了纪念性建筑景观。

---

1 姚玉振：《名人题咏话忠山》，载《泸州医学院学报（哲学社会科学）》，1988年第5期，第357页。

2 （明）曹学佺撰：《蜀中名胜记》，商务印书馆，1937，第231页。

3 （清）田秀栗修，（清）华国清等纂：光绪《泸州直隶州志》，《中国地方志集成·四川府县志辑㉜》，巴蜀书社，1992，第430页。

魁星阁

忠山牌坊

武侯琴亭

【文献资料】

（清）高觐光《登忠山谒武侯祠》：

儿时闻说大忠山，曾为英雄涕泪潸。
今日登临来绝顶，崇祠清肃更添颜。
才高吴魏诸人上，地带汶沱两水间。
怅望忠臣遗像在，纶巾羽扇梦中还。

（清）黄省初题联：

揽胜登临，到此地神仙洞府，丞相祠
堂，俯仰古今，事业功名空转瞬；
凭栏远眺，看无数商舶烟波，城楼灯
火，后先忧乐，山林廊庙起遐思。

（清）施剑潭《瞻仰忠山武侯祠内遗像题联》：

樽酒话沧桑，考三泸迁徙无常，如此
铁城，百感苍茫几遗老；
史家志人物，问千古名流有几，摩挲
铜鼓，一心崇拜只先生。

此外，当地方志文献中亦有相关碑记，现
载录如下：

（明）薛甲《武侯祠碑记》[1]：

武侯祠昉自沔阳而偏于蜀，今见于泸
之西山者亦其一。泸在蜀东南为乌白诸蛮
通道，而侯之威德入南人为深，故均之为
祠，而其建立所系有轻重焉。世传夷人到
泸，过祠下必拜，而其俗相沿。虽至为鄙

陋者，必称侯遗教而以死守之。然考武侯
生平经略所及，止于越巂之南，未尝亲至
此。特条教颁行而已。顾人之笃信，深慕
犹若此，亦可以验诚感之神矣！夫帝王历
数，如寒暑循环。而先主崛起西南，亦与
魏吴何异？然自孔明一倡而汉统之正，其
不可干如天。先主兴复之大义，其不容泯
没如日月。至于今出师二表，诵之者未
有不动心者也。呜呼！此岂有待乎外而然
哉！纲常伦理，民所秉持，惟不参以私智
而扩充之，则感触所加，人心自奋；而其
功业之积累，虽不成于己必成人，虽不行
于今，必行于天下后世，此达人君子，一
古今齐物我之道，而孟子所谓先立乎大者
也。侯之心事既已如此，而浅见之士犹以
起居饮食、应变将略，窃妄议其短长，可
谓鲲鹏翔于廖廓，而不免燕雀之笑者也。
甲素知敬慕于侯，窃谓孔门正心之学，惟
武侯知之，而每一论者之不能尽为恨。兹
幸获瞻拜祠下，以寄其余思，而庙宇颓剥，
口容饰弗称，无以导扬州崇之意，则为经
度其工费，料量其夫役。凡故有者，饬而
新之，缭垣墙，植以松柏，而祠背山面
江，俯瞰城郭，亦伟丽特甚，每风日之朝，
帆樯鱼鸟，行旅牛羊，往来掩映于苍烟翠
霭汀树之间。而予无事，间一登览，则天
之高，地之下，景物真会。恍若侯之精神
充溢，洋洋乎与造物偕来也。工既毕，复
命僧二人守之，而赡以山下之田久没于豪
民者，且发明侯之心事以告泸之人，使蒸
尝者有所感发，不惟举起礼焉，则斯举
也，于名教亦少补哉。嘉靖十七年戊戌七
月记。

1 （清）田秀栗修，（清）华国清等纂：光绪《泸州直
隶州志》，《中国地方志集成·四川府县志辑㉜》，
巴蜀书社，1992，第430—430页。

（明）韩位甫《重修武侯祠碑记》[1]：

> 按陈寿《三国志》，称蜀先主以汉建安十六年入蜀，取刘璋，围涪州，破绵竹，分遣诸将下蜀县。诸葛孔明、张翼德、赵子龙等，将兵泝流定白帝、江州、江阳，即泸郡也，当为侯驻节处。故宝山祠侯及关汉寿亭侯、张新亭桓侯所从来矣。癸酉春，礼部仪制郎何公奉玺书巡臬川南，驻节于泸，登谒侯祠。瞻睇恻然，乃栋宇易桷榱，垩垣壁，缮瓴甋，崇饰藻绘俱如式；前为轩三楹，曰"澹宁"。左为八卦台，像阵图之概，并易宝山曰忠山，匾焉。其阐幽景懿，意深远矣。

（清）蔡毓荣《重修武侯祠碑记》[2]：

> 康熙十年，辛亥仲秋，予自成都言归荆州道，出于泸城西山之上，旧有诸葛武侯祠。予登览焉，瞻仰之次，喟然与思曰：国势之尊卑，形胜之赢□，岂不系其人哉？巴蜀山川阻险，乘时多故，据有兹土者，由先主而上下之：其前则有若公孙述、李特（编者注：李特应在"其后"之列，此处误）；其后则有若王建、孟知祥、明玉珍辈，大都攘窃弹丸，号称僭伪。而先主用之以抗衡吴魏，鼎峙中原，千载而下，谓汉高光之业赖以不坠。古来偏隅之主，名声施于后世，未有若此其盛者也。或谓先主以帝皇之胄，图还故物，事半功倍有口然耳。然萧氏之在江陵，君子不以继建业，刘渊之在平阳，君子不以继太原，则夫绪之所归，固不仅以其势也。向使先主耳不闻卧龙之名，躬不修三顾之礼，无论三分之势未知所定，纵得蜀土而君之，其与公孙氏之徒相去几何？虽有剑阁、夔门之险不足雄，锦城、天府之饶未为富矣。予读史书，观侯之所设施，其规模气象，诚有以大过乎！人非三代以下功名之士所能庶几也。且以侯生平策功虑事，未有侈张夸大之思，大名不居，自方管乐，其拜表出师，则曰"汉贼不两立，王业不偏安"，岂虚语哉？使天不厌汉，假汉以年，平吴灭魏，侯固有以矢于志而信于信矣。是以前贤称美其文，则曰与《说命》相表里，语其人，则曰与伊、吕为伯仲。呜呼！此先主之所由声施后世者与？予因事载考记籍所谓"五月渡泸"者，盖在越嶲之南，而此州人谓州以泸名，因欲得侯而祀之，如恐或失其慕侯也。如此，顾令栋宇芜废、俎豆弗虔，可乎？辄属州守考其旧而新之，会巡吏黄石龙还臬江右，侯代于泸，相为倡率共赞斯举。予既还荆，有司以成事告，遂笔而为之记。

1 （清）田秀栗修，（清）华国清等纂：光绪《泸州直隶州志》，《中国地方志集成·四川府县志辑㉜》，巴蜀书社，1992，第430—430页。

2 （清）田秀栗修，（清）华国清等纂：光绪《泸州直隶州志》，《中国地方志集成·四川府县志辑㉜》，巴蜀书社，1992，第430—430页。

董允墓

【地理位置】

地理坐标：东经105° 35′ 27″，北纬28° 49′ 41.68″，海拔359米。

行政属地：江阳区分水岭乡董允坝村9社和大悲村1社交界处。

地理环境：董允墓为杂草和树木（多为竹）覆盖。

【保护级别】

1988年，被泸县人民政府公布为县级文物保护单位。

【现状概述】

董允墓，在自贡到泸州的新建高速公路路基保坎下，旁边为农田和住户，位于农户杨田水门前晒坝右侧，距离乡政府约1千米。墓碑已不见，墓葬周围长满杂草和树木。墓室破坏严重，杂草下有水泥掩体，无法对墓葬规模、形制等进一步考察和判断。

【历史渊源】

《蜀中名胜记》载："三国董允墓，在州治东，今名董允坎。"[1]光绪《泸州直隶州志》载："汉侍中、守尚书令董允墓，在州东四十里分水岭。《名胜志》云：'三国董允墓在州治东，今名董允坝。'明万历二十六年知州阮时升补墓碑、诗碑各一。明阮时升《董侍中墓诗》：'功著两朝存故里，人亡千载只孤坟。山河未

改生前旧，禾黍今瞻陇下耘。遗冢有基犹识姓，荐苹无主独悲君。遥知英爽依然在，欲挽炎精日已曛。'州举人韩似甫步韵诗不载……国朝嘉庆二十二年，二碑俱坏，知州沈昭兴重建。"[2]总之，该墓在1598年被阮时升修葺过；沈昭兴于1817年再次予以修葺（参见《国朝沈昭兴重修董侍中墓碑记》）。由于未经正式考古发掘，目前无法进一步了解墓葬情况。

【文献资料】

《国朝沈昭兴重修董侍中墓碑记》详细记载了沈昭兴对董允墓的修缮情况，现将全文载录如下[3]：

距泸治东南四十里许，有地名董允坝，蜀汉侍中、守尚书令董公允所藏冠剑处也。按本传：公之先巴郡江州人，还迁南郡枝江；汉末公父和，率宗族西迁，仕刘璋至益州太守；先主定蜀，征为掌军中郎将，死之日，丞相亮尝追思不止。公少以父任，选为太子舍人，徙洗马；后主袭位，迁黄门侍郎；丞相亮将北征，迁公为侍中，领虎贲中郎将，统宿卫亲兵；献纳之任，公皆专之，处事为防制，甚尽匡救之理，如止后主之采择，责黄皓之干政，纳董恢之修敬，生平守正下士，凡皆此类。官终辅国将军，以侍中守尚书令，延熙九年卒，陈祗代为侍中，与黄皓互相表里，国事遂

---

1 （明）曹学佺：《蜀中名胜记》，商务印书馆，1937，第230页。

2 （清）田秀栗修，（清）华国清等纂：光绪《泸州直隶州志》，《中国地方志集成·四川府县志辑㉜》，巴蜀书社，1992，第379—380页。

3 （清）田秀栗修，（清）华国清等纂：光绪《泸州直隶州志》，《中国地方志集成·四川府县志辑㉜》，巴蜀书社，1992，第379—380页。

坏，蜀人无不追思公焉。予谓"守正下士"四言，修己治人之要道也；后主唯不知此故，昵皓而追怨公，终至覆国。然则蜀汉之所以能延四十余年者，固武侯尽瘁于外之功，而亦公维持于内之力也欤。诸葛墓，在沔水南定军山侧，封土穹隆，庙貌巍焕，至今居民墓祭者岁数千人；而公冢之在泸也，墓地多为土人所侵占。明万历二十六年，州刺史阮公时升，修茸立碑，并树与邑人韩似甫唱和诗碑于其侧。迄今二百年来，碑圯墓颓，渐就埋没。予自丙子岁承乏兹土，披览郡志，慕公之为人，欲以公余之暇，理其墓而祭之，重以邑绅孙世瑞、王藻等之请，爰勘定界址，刊立志石，缭垣墙，以期永久。后之守斯土者，其亦继踪修茸，毋使公之冠剑遗址终归荒芜，是所望也。

泸州董允墓

董允墓地表裸露砖石

183

泸县

董允故里摩崖石刻

【地理位置】

　　地理坐标：东经105°19′44.2″，北纬29°15′28.9″，海拔304米。

　　行政属地：泸县嘉明镇秀水社区。

　　地理环境：原石刻位于观音岩，前临跨越九曲河的永嘉石桥。现迁至嘉明小学内教学楼后的文化长廊。

【保护级别】

　　1988年，被泸县人民政府公布为县级文物保护单位。

【现状概述】

　　清乾隆二十四年（1759）阴刻的"蜀汉尚书令董允故里"九字楷书题刻，石刻风化较为严重，部分字迹已经湮灭不存。两侧有落款为"四川直隶泸州府夏诏新巡查□□"，日期为"（乾）隆己卯岁季之一月吉日"。岩壁其他地方为水泥掩盖。题刻石板长为2.4米，宽0.52米，距离地面约2米，中间有断裂痕迹。题字高约0.3米，宽约0.2米，附着的岩石高约5米，长约1.2米，深约0.3米。

迁至镇政府办公楼后的董允故里摩崖石刻

董允故里摩崖石刻

【历史渊源】

当地认为，嘉明镇为董允故里。民国《泸县志》载："董允故里坊，在县北嘉明镇，乾隆二十四年知州夏诏新，为汉侍中董允建，光绪六年巡检蒋鸿宝募赀重建。"[1] 可见董允故里坊修建于1759年，1880年曾经重修。

据嘉明镇文化站站长介绍，该石刻原置于镇旁九曲河永嘉桥的石壁上，20世纪90年代城市建设，当地将石刻迁置到镇政府后院保护。此前在石刻旁还有一石刻造像，但是已经破坏不存，听说是董允的造像。2019年石刻迁至嘉明小学内。

关于董允故里，除了泸县嘉明镇这一处之外，还有一处在湖北省枝江市董市镇。这两者并不矛盾，而是都能在历史文献中找到合理的解释。对于董允父亲董和的生平，《三国志·董和传》有如下记载："董和字幼宰，南郡枝江人也。其先本巴郡江州人，汉末和率宗族西迁，益州牧刘璋以为牛鞞、江原长，成都令。"[2] 从这段记载可知，东汉末年之前，董和家族的祖先，已经从南郡枝江县溯长江而上，来到益州巴郡的江州县定居；到了东汉末年，董和又带领家族从江州继续向西溯长江而上，前往上游的成都，去投奔益州牧刘璋，刘璋先后任命他为牛鞞县长、江原县长，又升任成都县令。因此，南郡枝江县是董家的祖籍地，在这里出现董允故里是合理的。而巴郡江州县，即今重庆市区，是他们祖先进入益州之后的最早定居地。至于又出现董允故里的泸州市，在当时属于益州江阳郡的江阳县，与巴郡江州县紧密相邻，两者都在长江之滨，相距只有两三百里左右。从距离上说，江阳县是董氏家族在江州定居时的正常活动范围；再从交通上说，他们要想继续溯江而上前往成都投靠刘璋，江阳县又是必经之地，因为在此处有长江、沱江两条通航河流交汇，从其中任何一条上溯，都能够到达上游的成都。因此，董氏家族应当在江阳留下过历史的足迹，在此处出现董允故里，以及其他有关董允的文化遗存，也是合乎情理的事。

1 王禄昌，高觐光纂修：民国《泸县志》，《中国地方志集成·四川府县志辑㉝》，巴蜀书社，1992，第318页。

2 方北辰译注：《三国志全本今译注》，陕西人民出版社，2011，第1940页。

董允广场

【地理位置】

地理坐标：东经105° 20′ 23.8″，北纬29° 15′ 14.3″，海拔286米。

行政属地：泸县嘉明镇狮子村1组。

地理环境：广场前为嘉明镇到泸县的公路，离镇政府约为2千米，属于泸县现代农业园——狮子村新农村核心区。周边为嘉明镇新农村新民居。广场两边有嘉明镇宋墓石刻的宣传。

【现状概述】

2012年7月，嘉明镇政府为了打造旅游景点，纪念董允，修建了董允广场，广场上铺筑水泥，面积约2500平方米。广场上立丹霞石董允像一尊，像台基长1.7米，宽1.1米，塑像高约3米，最长约1.15米，最宽约1米。

【历史渊源】

当地的方志中有"董允故里"的记载，为打造旅游，在新建居民区附近修建了纪念性建筑。

董允广场全景

合江县

福宝张爷庙

【地理位置】

地理坐标：东经106°4′49.4″，北纬28°46′5.6″，海拔229米。

行政属地：合江县福宝古镇回龙街15号。

地理环境：张爷庙在福宝古镇回龙湾口，距离古镇入口百余米，周围民居风格为民国时期川西风情，张爷庙后为国家级森林公园福宝公园。

【保护级别】

2019年，福宝古建筑群被国务院公布为全国重点文物保护单位。

【现状概述】

张爷庙供奉的三国人物为张飞。民间相传张飞从军前是屠夫，性格忠义勇猛，成了屠商敬奉的神。当地曾在每年的农历五月二十日举办张爷庙的庙会，庙会时，远近屠商都会来此聚会，喝忠义酒，划"张飞拳"，看三国戏。

【历史渊源】

该处张爷庙位于初入福宝古镇的街巷上。大殿已不存，仅余山门连戏台。门额新挂"张爷庙"匾，院落内仍可见石板铺筑的地面。庙内无张飞塑像等纪念性景观，山门连戏台分为两层，第二层为戏台，第一层中间为天井，两侧为楼梯，一侧还有观戏楼。现今学者认为："川南的张飞庙，多集中分布于长江沿岸的场镇之中，这类场镇多处于水路交通的重要节点之上，不沿江的场镇则集中于人口集中、商业活动频繁的集市街巷中；这类建筑多为民间集资修建，在功能上更多偏向民间的各类社会活动和商业活动；这类建筑的纪念功能被弱化，院落被放大以满足各类活动的使用。"[1] 福宝古镇张爷庙的特征与上述研究相吻合，川南地区张飞庙多为行业会馆性质，如自贡桓侯宫、宜宾李庄张爷庙等。

---

1 莫唯书：《西沱张爷庙保护修复与复原设计研究》，重庆大学博士论文，2018，第14、22页。

张爷庙外景

张爷庙院落

合江武侯祠旧址

【地理位置】

地理坐标：东经105°49.5′8″，北纬28°48′28.78″，海拔312米。

行政属地：合江县终南山广场路1026号。

地理环境：旧址上已经修建为停车场及校园绿地。

合江武侯祠旧址

【现状概述】

武侯祠遗址大概在现在的合江中学食堂和4栋宿舍楼之间。目前遗址上覆盖了校园绿化树，被铺上了地砖，无遗迹留存。

【历史渊源】

《民国合江县志》载："武侯祠，在县城西门外，文昌庙左，清光绪十三年知县张兆奭率众建。民国元年与文昌庙一并改为县立中学校。"[1]由此可知，合江武侯祠建于1887年，曾与文昌庙相邻，后被改建为学校，遗址位置即今合江中学。

据合江中学退休教师鲁老师介绍，20世纪70年代武侯祠庙门已不存，只有一个大殿被称为"诸葛楼"，内有诸葛亮塑像。由于年代久远，其具体情况也难以描述，仅存的诸葛楼也在20世纪70年代末期被拆除，改建为教师宿舍。

合江中学

---

1 王玉璋修，刘天赐等纂：《民国合江县志》，《中国地方志集成·四川府县志辑③》，巴蜀书社，1992，第369页。

叙永县

春秋祠

【地理位置】

地理坐标：东经 105° 25′ 13.93″，北纬 28° 10′ 19.52″，海拔 362 米。

行政属地：叙永县陕西街 41 号。

地理环境：春秋祠所处陕西街，为县城繁华地段，周边为居民楼、银行、步行街等城市设施；祠堂所处地势较高且平坦。

【保护级别】

2006 年，被国务院公布为全国重点文物保护单位。

【现状概述】

春秋祠，即陕西会馆，祠中供奉关羽，因关羽喜读《春秋》，故名"春秋祠"。祠堂具有浓郁的晚清宫廷式建筑风格，精巧玲珑，古朴典雅，布局有序，结构严谨，曲折自然，雕梁画栋，工艺精湛。主要建筑有乐楼、回廊、耳房、飨殿、关羽殿、三官殿、内戏台、曲桥、水池、门厅，占地面积 4000 平方米。建筑的穿枋、脊梁、藻井、额枋、撑拱、雀替、窗棂、柱础上，或雕刻，或彩绘人物故事、花鸟虫鱼、龙凤走兽、山水风光、永宁八大景、百鸟梅花窗、百凤图、百寿图、渔樵耕读、仿米南宫绘画等大量木雕、石刻，精美绝伦，堪称绝世佳品。春秋祠匾额，独具风格，内涵丰富，楹联的典型之作为："华

胄溯龙逢，殷有三仁，汉有三义；孤忠照麟笔，天无二日，臣无二心。"[1]

春秋祠坐南朝北，长方形布局，从南到北的中轴线上依次为山门、乐楼、飨殿、正殿、三官殿，整体呈三进四合院布局。正殿为硬山顶，五开间，通面阔约 18 米，檐柱高约 6 米，殿内关羽像已被拆除。关羽像塑于殿宇屋脊宝顶下方，体量虽小但很精致。关羽居中端坐，右手捧《春秋》，左手捋长须；周仓手持青龙偃月刀站于关羽身右；关平手护宝剑站于关羽左侧。

祠堂以石、木雕刻著称，其石、木雕刻艺术价值非常高，具有重要的观赏和研究价值。

【历史渊源】

据学者研究："叙永县古称永宁府，位于泸州市西南，长江上游与赤水河中上游之间，毗邻云南、贵州，有着独特的地理位置，被誉为'川南门户'。清雍正年间，川盐立岸，叙永设永岸，专为外省销盐，成为自贡运销川盐到滇黔的重要口岸，是重要商贸集散地，来自陕西、山西、贵州、江西的商人共同修建了春秋祠。"[2]

---

1 本段文字根据祠内《蜀南明珠春秋祠》说明牌整理。

2 曾浩月：《泸州市叙永县春秋祠及戏曲雕刻、演剧考述》，《戏剧文学》，2016 年第 7 期，第 167 页。

春秋祠院落

春秋祠主殿屋脊上的关公雕塑

民国《叙永县志》载："春秋祠，即陕西会馆，在盐店街。清光绪二十六年（1900），陕西盐商等重建。"[1] 历时六年，光绪三十二年（1906）竣工。抗战期间，祠堂曾为西南联大叙永县分校校舍。"单体建筑除了正殿以外均有不同程度的损坏，现在乐楼的戏台已被用作春秋祠的办公用房，厢房、鼓楼、飨殿内存放着叙永地区石刻展品。春秋祠百年沧桑，历经磨难，曾为学校、军营、监狱粮仓、会场、宿舍、展览馆。"[2] 自1980年7月，四川省人民政府公布为省级文物保护单位后，逐年修缮，恢复原貌，2006年，被公布为全国重点文物保护单位。

春秋祠入口

古代下马处

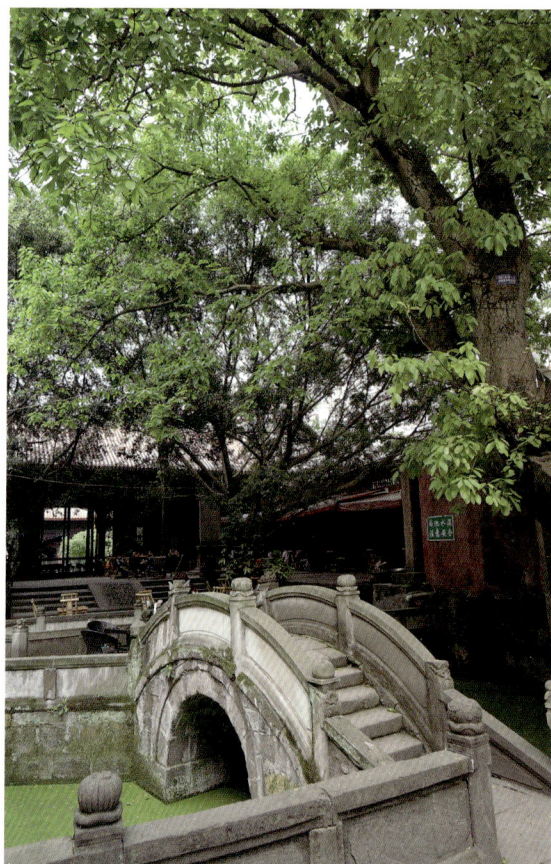

祠内曲桥

1 赖佐唐等修，宋曙等纂：《民国叙永县志》，《中国地方志集成·四川府县志辑㉝》，巴蜀书社，1992，第683页。

2 张伟：《盛世今韵，蜀地秦风——叙永春秋祠考》，载《四川建筑》，2012年第5期，第63页。

德阳市

　　德阳市，地处四川成都平原腹心地带，南邻成都市，截至2022年底，全市下辖旌阳、罗江2个区，广汉、什邡、绵竹3个县级市，中江1个县，以及国家级德阳经济技术开发区和国家级德阳高新技术产业开发区。三国时期，该区域主要为蜀汉益州广汉郡辖地，还包括梓潼郡、东广汉郡的一部分。

德阳市三国文化遗存点位分布图

1　绵竹城遗址

2　秦宓墓、秦祖殿

3　三国文化长廊（秦宓广场）

4　白马关

5　庞统祠墓

6　落凤坡

7　血坟

8　罗江诸葛点将台

9　罗江张任墓

10　罗江金雁桥

11　换马沟

12　雒城遗址

13　广汉金雁桥

14　广汉张任墓

15　赵家营

16　邓芝墓

17　马岱墓

18　诸葛双忠祠

19　诸葛瞻父子墓

20　绵竹关帝庙

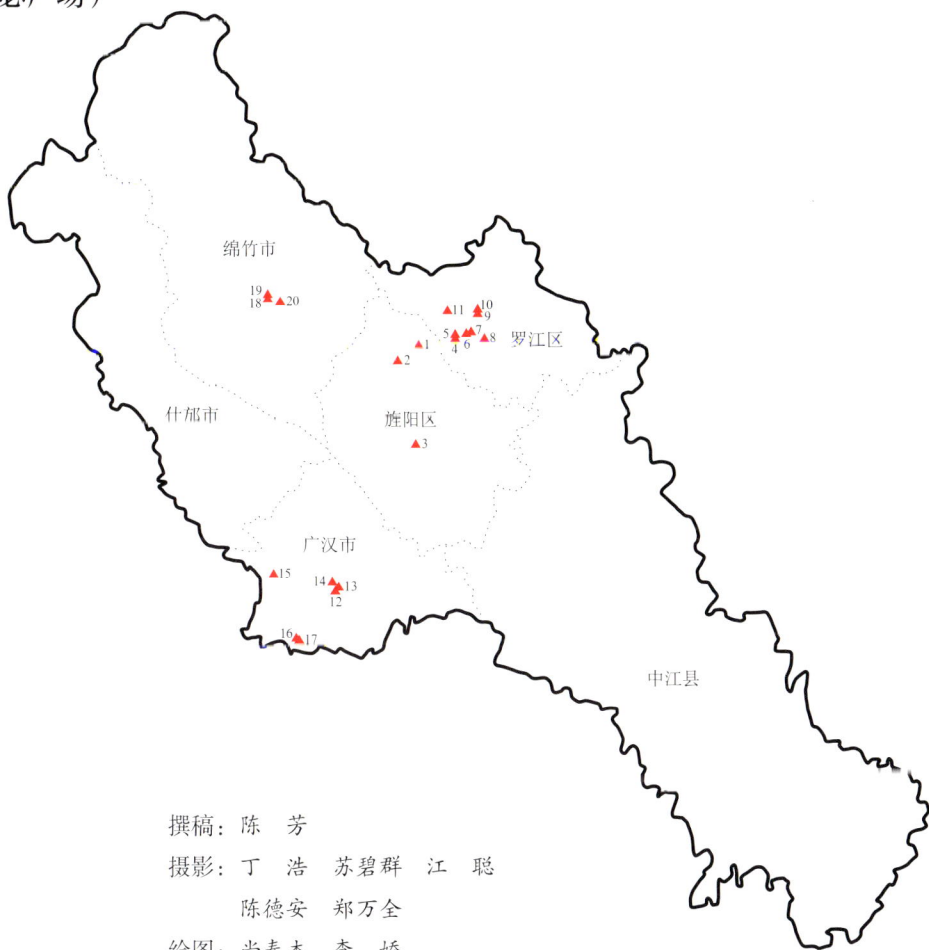

撰稿：陈　芳

摄影：丁　浩　苏碧群　江　聪
　　　陈德安　郑万全

绘图：尚春杰　李　娇

旌阳区

绵竹城遗址 [1]

【 地理位置 】

地理坐标：东经104°24′27.6″，北纬31°16′51.1″，海拔534米。

行政属地：旌阳区黄许镇江林村、新龙村。

地理环境：遗址紧靠绵远河边，高出河面10米左右，现为农田覆盖，周边亦为大片农田。

【 保护级别 】

2019年，被国务院公布为全国重点文物保护单位。

【 现状概述 】

绵竹城遗址位于川西平原北部边缘德阳市旌阳区黄许镇绵远河西岸二级台地上，东、北至绵远河，西至獐子堰，南至尹家梁子—上店子梁子一线外延20米，东西长约1200米，南北长约1000米，分布面积约120万平方米。

绵竹城遗址于1986年第二次全国文物普查时发现，因遗址北面有东西残长60米、南北宽约65米，高出周围的夯土台，当地人称"土将台"，故命名为"土将台遗址"。1990年，德阳市市中区（旌阳区）将该遗址公布为区级文物保护单位。

自1997年以来，发现了数件"绵竹城"砖，初步确认该遗址为汉晋时期的"绵竹城"。

2004年9月，四川省文物考古研究所三星堆遗址工作站、德阳市文物考古研究所、旌阳区文物保护管理所，联合对绵竹城遗址进行了考古调查和勘探。发现其主要分布范围：北至土将台，南至龙安砖厂和上店子梁子，东到绵远河，西至黄略公路西边台地边缘，面积约120万平方米。2004年10月25日至11月20日，四川省文物考古研究院三星堆遗址工作站、德阳市文物考古研究所、旌阳区文物保护管理所，联合对绵竹城遗址进行了考古试掘，发掘面积约100平方米。此次试掘发现了南、北城墙和陶排水管。北城墙宽约30米，大致呈东西走向，墙体夯筑，现存高度为1.5—1.7米，宽约20.7米。[2] 南城墙位于当地龙安砖厂和上店子梁子一线上，勘探中发现有夯土遗迹，宽约30米。陶排水管，发现于龙安砖厂取土断面，排水管呈圆筒形，长约30米，外径0.15米，内径约0.13米。采集和出土有陶器、铜器及石制品。陶器包括"绵竹城"砖11件、滴水1件；铜器包括铜朱雀1件；石制品包括石提钱，鱼俑1件，石武士俑1件，石虎1件，石狮础1件，

---

1 绵竹城遗址的资料由德阳市文物考古研究所、旌阳区文物保护管理所提供。

2 此数据源于德阳市旌阳区第三次全国文物普查领导小组办公室：《德阳市旌阳区不可移动文物名录》，2011年12月。

绵竹城遗址

绵竹城遗址出土的"绵竹城"铭文砖

铜带钩

握钱提鱼石俑

石蛙础1件。[1]2004年试掘（试掘点两个：土将台和吴家院子）过程中发现有东汉至蜀汉时期地层，在吴家院子试掘点还发现有蜀汉地层，出土陶器、铜器、绵竹城铭文砖、战马骸骨、铁箭镞、五铢钱、直百五铢、大泉五十、货泉等遗物。通过这次较为系统的调查、勘探和试掘，大致可以推测，历史上绵竹城的部分城墙及包砖城墙的修建，至迟至蜀汉初期，到东晋逐渐废弃。同时，也最终确认土将台遗址就是汉晋时期绵竹故城旧址，故将其改名为"绵竹城遗址"。2005年，德阳市将绵竹城遗址公布为市级文物保护单位。2007年6月，绵竹城遗址被四川省人民政府公布为第七批省级文物保护单位。

2015年8—9月，四川省文物考古研究院、德阳市文物考古研究所、旌阳区文物保护管理所，联合对绵竹城遗址进行了考古发掘，发掘面积约500平方米。共发现各类遗迹现象97处，包括房基2座、灰坑90个、水沟4条、陶灶1个等。出土遗物130件，主要是两汉至三国时期的各类铜、陶、铁、石器等，有铜带钩、铜铃铛、铜弩机、钱币、箭镞、陶罐、陶碗、陶钵、陶盆、瓦当、石斧等。

绵竹城遗址主要发掘出土两汉至三国时期的文化遗存，以三国时期最为丰富，对研究汉晋时期县一级建置沿革、布局、规模等提供了重要的实物资料。而且在目前三国时期重要遗址发现数量非常有限的情况之下，绵竹城遗址的发现显得尤为重要。

【历史渊源】

绵竹城是汉、蜀汉、西晋时期绵竹县的

所在地。《绵竹县志》记载："西汉高祖六年，置绵竹县，治今德阳市黄许镇，属广汉郡所辖。"[2]民国《绵竹县志》卷十六《古迹》记载："绵竹故城，即今黄许镇，汉初置，又称绵阳镇（今属德阳）。"[3]一段时间内，绵竹还曾作为益州州治所在地，《民国德阳县志》记载："灵帝中平五年，刘焉为益州牧，尝徙治绵竹。"[4]东晋隆安二年（398），绵竹县移治今绵竹市所在地。

历史上的绵竹城，曾是汉至三国蜀汉时期一处重要的军事重镇，四周的防御设施完备。建安十八年（213），刘备以绵竹为据点攻打雒城，军师庞统中流矢而死，葬县北鹿头关（今白马关）。炎兴元年（263），邓艾破诸葛瞻于绵竹，诸葛瞻父子战死于绵竹城。《嘉庆四川通志》卷五十七《古迹》记载："绵竹故城，在县东。《一统志》汉置，后汉中平五年，黄巾乱益州。从事贾龙迎州牧刘焉，徙之治绵竹。三国汉炎兴元年，诸葛瞻据邓艾至涪，前锋破，退住绵竹，战死，皆即此。"[5]《民国德阳县志》记载："平蜀台，《元和志》云邓艾以景元四年征蜀，大破诸葛瞻于绵竹，筑台以为京观……度其形势，应在黄许镇左右，或即因鹿头山关增筑之。《元和志》谓高二三丈，绵亘数里，上有九泉水皆自涌，岂人力所为？乃传闻之谬也！"[6]

1 四川省文物考古研究院、德阳市文物考古研究所、旌阳区文物保护管理所：《2004年四川德阳"绵竹城"遗址调查与试掘》，《四川文物》，2008年第3期。

2 《绵竹县志》，四川科学技术出版社，1992，第27页。

3 熊卿云等修，洪烈森等纂：《民国德阳县志》，《中国地方志集成·四川府县志辑㉒》，巴蜀书社，1992，第35页。

4 熊卿云等修，洪烈森等纂：《民国德阳县志》，《中国地方志集成·四川府县志辑㉒》，巴蜀书社，1992，第9页。

5 （清）常明等修、杨芳灿、谭光祜等纂：《嘉庆四川通志》，华文书局，1967，第2104页。

6 熊卿云等修，洪烈森等纂：《民国德阳县志》，《中国地方志集成·四川府县志辑㉒》，巴蜀书社，1992，第36页。

2004 年试掘探沟

陶水管道

2015 年发掘区全景

秦宓墓、秦祖殿

地理坐标：东经104°22′26″，北纬31°15′57″，海拔520米。

行政属地：旌阳区德新镇长江村。

地理环境：四周为农田和民居。

【现状概述】

秦宓墓、秦祖殿（纪念秦宓的祠庙）所在村庄被称为"秦宓故里"，20世纪80年代改名"秦宓村"，后改为"长征村"，现叫"长江村"。村中曾建有一座秦宓祠，因被毁坏，当地村民在原址上新建了一座秦祖殿。

新建的秦祖殿西侧供奉有秦宓及其夫人坐像，均红脸金身。东侧为一佛堂。秦祖殿前留存一块残碑，上刻"大清嘉庆元年十二月初六日立"。

秦宓墓位于秦祖殿后，已毁于20世纪60年代，后当地村民对其进行复建。

【历史渊源】

秦宓，三国时期蜀汉绵竹县人，蜀汉前期谋臣，善口辩。关于秦宓墓，《民国德阳县志》记载："在县北五里，俗呼五里堆，明邑令齐清题有墓碑。秦祖殿：秦宓之祖茔，在县北三十五里新场。"[1]20世纪60年代，墓前还保存有高大的墓碑（传有8米高），上刻铭文"汉司农秦宓字子敕之墓"，碑额上刻有"通天地人"四字。墓的东西两面留存有诗文碑数块，字迹清晰的有清代两江总督陶澍和绵竹明经曾榕所立的诗碑。

秦宓病逝后，人们为了纪念他高洁的品性，建造了"三造亭"。《民国德阳县志》记载："秦宓故宅，《元和志》：在县北五里，其地曰三造亭，初，太守夏侯纂三造其门，故名。《益州记》云三造亭，秦子敕之旧宅也。《寰宇记》云，其宅绵水冲毁，仅有余迹，其地又称三造里，亭在墓右，乡人尚能言之。盖年代久远，累修累圮，已不知几度经营矣。清道光十六年，知县裴显忠率邑绅曾传咏父子募捐重建。光绪二十年，知县许时中率邑绅杨藻、刘俊官、舒鹏程、彭宏顼、杨玉林培修。"[2]

1 熊卿云等修，洪烈森等纂：《民国德阳县志》，《中国地方志集成·四川府县志辑㉒》，巴蜀书社，1992，第32页。

2 熊卿云等修，洪烈森等纂：《民国德阳县志》，《中国地方志集成·四川府县志辑㉒》，巴蜀书社，1992，第35页。

秦祖殿

大清嘉庆元年残碑

建筑残件

秦宓夫妇塑像

三国文化长廊（秦宓广场）

【 地理位置 】

地理坐标：东经104°24′08″，北纬31°09′39″，海拔483米。

行政属地：旌阳区城北街道秦宓村。

地理环境：三国文化长廊位于北公园，毗邻青衣江。

【 现状概述 】

三国文化长廊北起青衣江大桥，南至黄河大桥，东临绵远河，西接蓥华山北路，长1.6千米，总面积约22万平方米，以秦宓和三国重大历史事件为主线，由秦宓广场、绵竹关广场、三国英雄故事长廊、双阙广场、中式回廊、八角亭广场等部分组成，广场面积约32150平方米。该文化长廊由德阳市政府打造，2010年修建完成。

三国文化长廊的主体雕像为秦宓青铜塑像，高7米，秦宓一手指天，一手按剑，袍袖飘逸，神情肃然。除此之外，还有血战绵竹关、秦宓舌战张温、赤壁之战等锻铜雕塑、石雕。

长廊中建有23个汉阙，还雕刻有4组24名蜀汉著名人物浮雕，分别为黄忠、关羽、关平、周仓、马超、蒋琬、伊籍、马良、杨仪、黄皓、张飞、诸葛亮、赵云、糜芳、关兴、张苞、姜维、王平、孙乾、秦宓、费祎、邓芝、廖化、张翼、马岱、孟达。

秦宓广场

秦宓广场牌坊

罗江区

白马关[1]

【地理位置】

地理坐标：

南关口：东经104°27′56″，北纬31°17′26.5″，海拔634米。

北关口：东经104°27′57″，北纬31°17′32″，海拔624米。

行政属地：罗江区白马关镇。

地理环境：白马关地处鹿头山。鹿头山东麓抵纹江南岸，西麓触绵阳河东岸与绵竹故城（今德阳市旌阳区黄许镇）隔水相望，纹江由东南向汇入嘉陵江，绵阳河由西北向注入沱江，迤逦山岭因为两江流向不同而被古代定为东西两川的分界。

白马关毗邻庞统祠墓、换马沟、落凤坡、诸葛点将台等，现已形成白马关景区。

【保护级别】

2006年，庞统祠墓被国务院公布为全国重点文物保护单位，白马关在保护范围内。

白马关南关楼

白马关北关楼

---

1 在罗江地区的报告编写中，庞统祠博物馆高淘老师等提供了重要资料。

白马关

白马关、庞统祠墓航拍

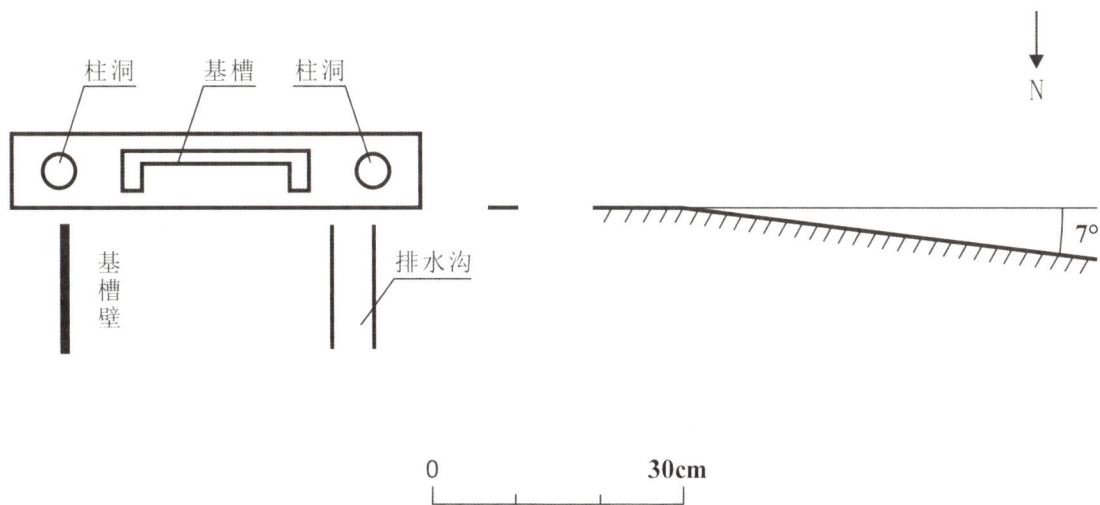

柱洞　　　基槽　　柱洞

基槽壁　　　　　　　排水沟

N

7°

0　　　　　　　　　30cm

明代关楼遗迹

明代关楼遗迹（庞统祠博物馆提供）

【现状概述】

白马关，是秦入蜀的最后一道关隘，整个西川、成都平原的屏障，有"南临益州开千里沃野，北望秦岭锁八百连云，东观潼川层峦起伏，西眺岷山银甲皑皑"之势。清代李调元曾以诗描述白马关："江锁双龙合，关雄五马侯。益州如肺腑，此地小咽喉。"

白马关是唯一一座修了两个关口（一南一北，南北关口相距约200米）的关隘。现在的关楼为2002年重修，利用的材料包括清代乾隆时期罗江旧城留下的砖等，有些砖上还刻有"正堂杨制""正武宫""万寿宫""安县"等字样。关楼上"白马关"关名，是宋代苏东坡的墨宝。南关楼重建后比明代的南关楼向南移了约1.1米。

白马关现留有明代关楼的部分遗迹，包括基槽和柱洞等。从保留下来的遗迹得知，明代关楼长约4.85米。

和白马关连接的古道为蜀道的金牛道，用石板铺筑，宽约2米，总长度4.2—4.7千米（往北3千米、南1千米）。古道两旁堆砌着历代修建庞统祠的石料。白马关关口西面新建了一个张飞殿（地理坐标：东经104°27′54″，北纬31°17′33″，海拔624米），由原北大门售票厅改建，2003年初完工。殿内塑有张飞像。张飞端坐，豹头环眼，黑脸髯须，身披铠甲，右手持丈八蛇矛。

【历史渊源】

汉代以来，从西安到成都，至少要经过五个重要关隘：葭萌关、剑门关、涪城关、江油关和白马关。因此，白马关是秦地入蜀地的最后一个关隘。

历史上，白马关曾三次易名。东汉时，因其位于古绵竹城的东北面，被称为"绵竹关"。唐代，因为关楼地处鹿头山上，又改名为"鹿头关"。907年，朱温篡唐，同年九月，王建在成都称帝。王建建立前蜀政权后，移鹿头关于绵江西岸的绵水镇（今黄许镇），亦称"绵水鹿头关"。嗣后，另置白马关于鹿头山，"两关相对""山水双防"。宋明时期，因借用历史上汉高帝骑白马路过此地、庞统和刘备曾经在山下互换坐骑这两段传说，将此关改名为"白马关"。《嘉庆罗江县志》卷十《关隘志》曾载："白马关，县西南十里，与鹿头关相对。《郡国志》：昔汉高帝乘白马至此。《读史方舆纪要》：白马关，山至险峻，有小径仅容车马。三国时营垒也。其下为落凤坡，庞士元侍昭烈于此，卒于流矢，葬在鹿头关桃花溪东岸。葬时，人见白马逸出。"[1]《嘉庆四川通志》卷三十《关隘十二》又记："白马关，在县西南。《寰宇记》：在罗江县西南十里，与鹿头关相对。《旧志》：山至险峻，有小径仅容车马，明初置巡司，今废。其下名落凤坡。俗传庞统中流矢于此。"[2]

1 （清）李桂林等纂修：《嘉庆罗江县志》，《中国地方志集成·四川府县志辑㉒》，巴蜀书社，1992，第197页。

2 （清）常明等修、杨芳灿、谭光祜等纂：《嘉庆四川通志》，华文书局，1967，第1282页。

庞统祠墓

地理坐标：

南关口：东经104° 27′ 56″，北纬31° 17′ 28.7″，海拔634米。

北关口：东经104° 27′ 57″，北纬31° 17′ 32″，海拔624米。

行政属地：罗江区白马关镇。

地理环境：位于白马关景区内，地处成都平原东北边缘，陇蜀驿道从祠旁经过。

【保护级别】

2006年，被国务院公布为全国重点文物保护单位。

【现状概述】

庞统祠墓，是安葬和祭祀三国时期刘备军师庞统的专祠，是四川修建最早、保存最完整的三国遗址之一，是全国唯一一处专门祭祀三国时期政治家、军事家庞统的祠堂和墓园。

庞统祠墓的建筑面积为1373.7平方米，建造风格独特，采用二进四合院的布局方式，由祭祀庞统的祠和墓园组成，坐北朝南，以中轴线对称布局，渐次抬高，南祠北墓紧靠陇蜀驿道西侧，依次为祠门、二师殿、栖凤殿，后为庞统墓。祠墓殿堂采用石木结构，墙、柱均为石质，梁檩、椽等为木质。两侧有龙凤柏各一株，东西厢房、东西碑室、东西马亭；祠前两侧有雄狮，石墁广场中设有清道光时铸造的三足铁鼎。庞统祠东、西墙相距46.27米，南、北墙相距92.44米，庞统墓紧靠栖凤殿北。主要入口为南北两端，北有白马关门楼，南有石墙大门。

庞统祠

庞统祠墓航拍

祠门：由八字墙、门厅及耳室、角屋组成。为石木结构，悬山顶，小青瓦屋面，抬梁式屋架，面阔五间18.08米，进深三间8.5米，矮二间为耳室，再次为角屋，角屋面阔三间11.6米，进深二间9.05米，通高7.6米。祠门面积369.76平方米。门厅为八字墙，八字墙内为一小天井。临驿道的东角屋外石墙上刻有"佛""孝""福"三个巨字，每字大4.44米×3.08米。

二师殿：为主体建筑之一，此殿原为庞统祠堂，明代改塑庞统与诸葛亮二师像，故又称"龙凤二师祠"。《嘉庆罗江县志》卷十六《祠庙》："庞靖侯祠，县西南十里白马关，前殿并祀武侯，为龙凤二师。祠庙建自后汉。"[1] 此殿为石木结构，悬山式屋顶穿斗抬梁，混合式结

构，带廊。中间高窗敞厅，左右有矮二间耳室。殿堂面阔五间阔23.8米，进深11.5米，当心间、次间通高8.5米，耳室高7.5米，素面基高0.7米，垂带踏道三级，总面积为274平方米。殿内塑庞统、诸葛亮二军师中郎将坐像各一尊。殿内有石柱二，亦刻楹联一副。殿后有整石板雕凿而成的石窗四。殿后正中有半圆石拱门通栖凤殿。

厢房：前院靠门厅处两侧各有一株唐代古柏，西侧树冠形如凤尾，称"凤柏"，胸径1.274米，高21.2米，树冠132平方米；东侧树冠形如龙头，称"龙柏"，胸径0.923米，高19.8米，树冠95.2平方米。中有厚0.2米、宽2米、长14.5米的石砌踏道直达龙凤二师殿，两侧为厢房。厢房沿中轴线左右对称排列，各面阔三间9.3米，进深三间6.8米，通高7.1米，前带廊，东西厢房保持完整，建筑面积为204.4平方米。

1（清）李桂林等纂修：《嘉庆罗江县志》，《中国地方志集成·四川府县志辑㉒》，巴蜀书社，1992，第217页。

庞统祠墓

庞统墓

庞统墓碑及墓冢

栖凤殿

栖凤殿：为祠墓主要建筑之一，为供奉庞统的专殿，石木结构，悬山顶、小青瓦屋面、穿斗、抬梁混合结构，带廊。中为敞厅，敞厅两侧矮二间为耳室，面阔五间22.5米，进深三间12.7米，通高8.5米，台基高0.85米，阶梯式踏道三级，总面积285平方米。殿内塑庞统坐像，殿前有石廊柱四，殿内有石柱二，皆有石刻楹联。此殿两壁还嵌有清代王渔洋、汪国霖、张香海等人诗刻各一方，殿后照壁嵌有清乾隆九年（1744）所刻《庞靖侯传》石刻碑一通，正对庞统墓。

碑室：中院较龙凤二师殿高0.3米，有阔2.85米、长7.5米的石砌踏道直达栖凤殿，院内由石板铺砌。踏道两侧各有一个花台及东西碑室。东、西碑室为石木结构，悬山顶、小青瓦屋面、抬梁式屋架，前立石柱，后砌石墙，面阔三间7.28米，东碑室进深一间5.4米，西碑室进深一间为6米。东、西碑室总建筑面积为89.2平方米。东碑室有明清诗碑13通，西碑室有清代庞统祠墓维修及管理碑记、古驿道保护碑13通。西碑室清嘉庆七年（1802）铺庞统祠退压减租碑及民国六年（1917）罗江县知事保护古驿道《禁止推车》通告碑较为珍贵。

庞统墓（地理坐标：东经104°27′56″，北纬31°17′30″，海拔634米）：墓冢建在北端栖凤殿后，稍偏于中轴线，与殿堂建筑成15度夹角，墓冢前立墓碑。墓为石砌，圆形，直径10.2米，高2米，封土为石板覆盖，上施八脊梁，八凤尾，中施镂空石雕宝顶五层。宝顶高3米，总高5米。墓脚用石砌石板走道，走道宽1.3米。墓冢建筑面积81.7平方米。围墙外，有柏树、鸡屎树、黄连树等名木古树。

马亭：两马亭在庞统墓前两侧对称排布，俗称"白马亭""胭脂马亭"。马亭为歇山顶，小青瓦屋面，石木结构，方形，面阔一间4.1米，进深4.1米，通高3.5米。石柱间为木栏杆，其中塑有马。马亭保存完整。两马亭总面积为33.62米。

陇蜀古驿道（金牛古道）：庞统祠东墙紧靠陇蜀古驿道，驿道宽2.15米，在庞统祠墓园林内留存有约200米，石板光滑，车辙凹痕深邃，驿道东侧石块垒砌的残垣（高1—2米）顺驿道延伸，祠门厅石坝东侧驿道上有残缺贞节牌坊（建于清道光六年）。

其他建筑：牌坊东侧为1992年修建的碑廊，总面积为350平方米。有碑刻55通（双面共110方），为现代书法名家补书历代拜谒庞统祠墓的诗文等。碑廊后为凤咀山，山顶有亭一座，面积为18.5平方米。庞统祠山门前有石墁敞坝651平方米，两侧有石狮各一，石墁敞坝东南角驿道旁存灯杆石基一座。

庞统祠墓四周种植有大量树木，以柏树、楠木为主，种植年代从唐代至清代，今存399株。

除纵穿庞统祠墓园林南北的陇蜀古驿道保存完整外，祠北至鹿头山东北山脚，南至鹿头山西南山脚古白马场，约4000米石板驿道至今也保存完整，秦汉三国以来，这里一直是四川通往京城的南北交通要道。两千年来，这条驿道屡经修整，长期承担着繁重的使命，至今青石板上仍是车痕宛然。在今川陕道上，许多地方保留着古蜀道的痕迹，其中绵阳至梓潼的石牛坝、梓潼至剑阁的翠云廊等还相当有名，而穿越白马关庞统祠的古驿道，可以说是四川境内保存得最完整的一段古蜀道，是四川古代重要的交通遗存。

1980年7月，庞统祠墓被四川省人民政府公布为省级文物保护单位；1982年11月，国务院公布剑南蜀道为国家级风景名胜区，鹿头山金牛道及庞统祠墓被列入"剑南蜀道"景区的重要组成部分；2006年6月，庞统祠墓又被国务院批准为全国重点文物保护单位。

庞统塑像

诸葛亮、庞统塑像

庞统墓旁的白马亭

庞统墓旁的胭脂马亭

陇蜀古驿道

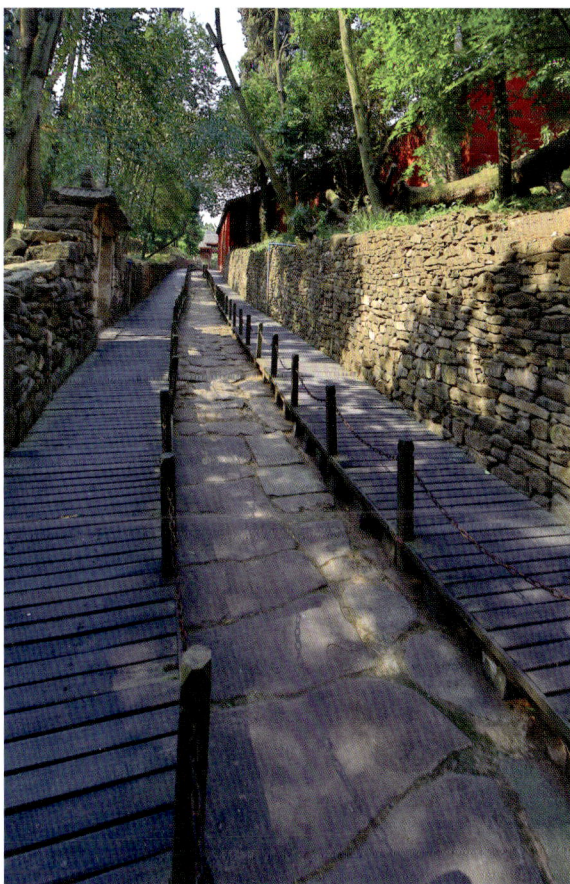

陇蜀古驿道局部路面

【历史渊源】

庞统，字士元，号凤雏，襄阳（今湖北省襄阳市）人。生于东汉光和二年（179），与诸葛亮齐名，有"伏龙、凤雏，得一可安天下"之誉。刘备取得荆州南部，委任庞统为军师中郎将。刘备攻取益州，庞统辅佐刘备，累建战功，是刘备夺取益州的功臣。建安十九年（214）四月，庞统辅佐刘备在攻打雒城（今四川省广汉市）的战斗中，不幸中流矢殁于军中，刘备将其运回紧邻广汉的绵竹，葬于城东鹿头山山顶，修建了庞统墓。《嘉庆罗江县志》卷二十九《冢墓志》记载："靖侯庞士元墓，县西十里白马关祠后，国朝康熙三十六年，巡抚能泰立碑于前。"[1]

章武元年（221），刘备称帝于成都，追封庞统为关内侯，谥号为"靖侯"，并于墓前建祠祭祀。至此，鹿头山上就有了庞统祠墓。

由于祠墓地处东、西两川分界，陇蜀古驿道要冲，毗邻白马关，是成都北部的最后一道关隘，故屡遭兵燹，几经兴废。唐代诗人杜甫过此时，祠墓已毁，只有残碣碑文，留下"有文令人伤，何处埋尔骨"的感叹。宋时祠墓修复，诗人陆游曾有《鹿头山过庞士元墓》诗："士元死千载，凄恻过遗祠。"明末清初张献忠义子孙可望，在攻取白马关的战斗中毁掉庞统祠，"嗣后复兴之，壮丽倍往日。王屏藩乱蜀，祠复毁，唯一石猰㺄尚存"。

清康熙三十年（1691），四川巡抚能泰重建龙凤二师祠。乾隆初（1736），邑令李德瀚建栖凤亭，专祀庞统，嘉庆二十年（1815）再次进行大修。

《嘉庆四川通志》卷四十七《陵墓》记载："汉庞靖侯墓在县西十里落凤坡上。《方舆胜览》在魏城县西白马山下。《明统志》在鹿头关。《县志》靖侯从先主取蜀至落凤坡中流矢，卒葬桃花溪东岸，即今白马关庙后。国朝康熙三十六年巡抚能泰立碑墓前题曰：汉靖侯庞士元之墓。"[2]《嘉庆罗江县志》卷十六《祠庙》记载："庞靖侯祠，县西十里白马关前。殿并祀武侯，为龙凤二师祠庙，建自后汉。国朝果亲王题额曰'忠节凛然'，联曰：'人杰不可以成败论；赤忠须得于是非明。'康熙三十年巡抚能泰重建。乾隆初，邑令李德瀚建栖凤亭，专祀靖侯。木主嘉庆二十年重修。"[3]

自清康熙、乾隆、嘉庆几次重建以来，庞统祠墓主体建筑一直保持着清代的建筑风格，渐成规模。

横跨鹿头山白马关，穿祠墓园林的陇蜀驿道，是秦汉时期已开辟的金牛古道，直至民国十八年（1929）川陕公路通车前，一直为出入川陕的要道，清乾隆九年（1744）全部用石板铺筑，民国六年（1917）进行了维修，罗江县署是年发布了保护驿道公告，并刻"禁止停车"碑于庞统祠驿道旁。

1949年至今，庞统祠墓的建筑、文物、古驿道、古树林、环境受到了充分的重视和保护。于1951年、1959年、1982年、1984年、1986年多次进行了维修，1992年于庞统祠前古驿道西侧园林修建了凤雏碑廊。在保护范围内拆迁了建于园林内祠北、祠东南驿道两侧的3户农房，新建了石围墙、西北围墙入口门厅。1998—2003年，陆续对庞统祠建筑进行了重大维修。2004年增设了陈列馆。2008年地震后维修保护工作分三期完成。

1 （清）李桂林等纂修：《嘉庆罗江县志》，《中国地方志集成·四川府县志辑㉒》，巴蜀书社，1992，第252页。

2 （清）常明等修、杨芳灿、谭光祜等纂：《嘉庆四川通志》，华文书局，1967，第1844页。

3 （清）李桂林等纂修：《嘉庆罗江县志》，《中国地方志集成·四川府县志辑㉒》，巴蜀书社，1992，第218页。

落凤坡

【地理位置】

地理坐标：东经104°28′27″，北纬31°17′42″，海拔589米。

行政属地：罗江区白马关镇。

地理环境：位于鹿头山北坡凤岭段，毗邻金牛古道，与庞统祠墓、白马关、换马沟、诸葛点将台等构成了白马关景区。

落凤坡

【现状概述】

落凤坡为《三国演义》中描述庞统战死沙场的地方。石板驿道旁的杂草丛中竖有二石碑，一刻隶书"落凤坡"三字，刻行书"汉靖侯凤雏先生尽忠处"十字。落凤坡前有段古驿道，外侧宽2.5米，内侧宽1.1米，长约1500米，该驿道为金牛道的一部分。

落凤坡旁的金牛古道

【历史渊源】

《嘉庆罗江县志》卷十二《古迹》记载："古落凤坡，县西十里，秦蜀驿程，后记落凤坡。上有诸葛公、庞靖侯祠。祠毁于献贼，惟祠门、石狻猊尚存。其一有碑题：'汉代龙凤二师祠。'又有'古落凤坡'碑，今名白马关。"[1]

1（清）李桂林等纂修：《嘉庆罗江县志》,《中国地方志集成·四川府县志辑㉒》，巴蜀书社，1992，第199页。

血坟

地理坐标：东经104°28′31″，北纬31°17′45″，海拔577米。

行政属地：罗江区白马关镇。

地理环境：位于落凤坡上，毗邻金牛古道。

【保护级别】

1997年5月，被罗江县人民政府公布为县级文物保护单位。

血坟

【现状概述】

血坟，相传为庞统血衣的安葬之处，修建于落凤坡上，是当地百姓自发募捐而建，建于1989年。据当地人介绍，为了纪念三国时期庞统的忠义精神，每年农历正月二十六日（庞统诞辰）前后一周，民众都会自发地在血坟前举行祭祀庞统的仪式。参加祭祀的人们会在血坟前点燃香烛、纸钱，还要绕坟转三圈，男子顺时针转圈，女子逆时针转圈，每转一圈往血坟上奉一抔土，日积月累，血坟越垒越高，形成了如今血坟高大坟冢的风貌。

落凤坡、血坟航拍

罗江诸葛点将台

【地理位置】

【地理位置】

地理坐标：东经104°28′45″，北纬31°17′40.5″，海拔635米。

行政属地：罗江区白马关镇凤雏村8组。

地理环境：位于鹿头山上，植被较少，下临通往白马关的公路。

【现状概述】

诸葛点将台位于鹿头山上，距离庞统祠约300米。该台长30余米，高10米，宽10米，是人然石叠平台。此处海拔较高，在此驻军有战略意义。

诸葛点将台之东及白马关东北的山坡在混杂的灌木林掩映下看似平缓，其实林中怪石狰狞，石罅、洞窟比比皆是，S状、W形的小小山湾又间隔出数块绿色的草地，人入其间，左旋右转恍若迷宫。当年，诸葛瞻率领的蜀汉军队就战死在这里。每至秋冬，这个因蜀汉将士们倒下而得名的"倒湾"，漫坡上丛丛带刺的野槟榔枝条，挂满串串火红的珠果。这珠果相传为诸葛瞻及蜀国死难将士们的精灵所变。一片片、一簇簇血红的兵（槟）郎（榔）子，正是他们"忠心垂寰宇，赤胆照日月"的写照。

诸葛点将台

【历史渊源】

　　诸葛点将台的来历有两种传说。一说是诸葛亮的点兵处,《嘉庆罗江县志》卷十二《古迹》记载:"将台,在落凤坡侧,相传汉诸葛武侯点兵于此。"[1] 一说张飞曾在此处点兵,清代罗江县令杨周冕,曾修建有亭于此纪念张飞,亭在民国时期被毁,《嘉庆罗江县志》卷十二《古迹》记载:"旧有亭,今废。"[2]

站在诸葛点将台上远眺

诸葛点将台遗迹

1 (清)李桂林等纂修:《嘉庆罗江县志》,《中国地方志集成·四川府县志辑㉒》,巴蜀书社,1992,第200页。

2 同上。

罗江张任墓

【地理位置】

地理坐标：东经104° 30′ 3″，北纬31° 19′ 30.5″，海拔542米。

行政属地：罗江区云盖山。

地理环境：位于云盖山上，东南面有座小庙。

【保护级别】

1997年，被罗江县人民政府公布为县级文物保护单位。

罗江张任墓

【现状概述】

张任墓，平面呈圆形，周长41.4米，高5.1米，面积约110平方米，现代培修过。罗江张任墓是在《三国演义》问世后出现的，这与清代罗江县令杨周冕对该墓地的修建和宣传有很大的关系。

【历史渊源】

《嘉庆四川通志》卷四十七《陵墓》记载："张任墓，在县北三里。任为蜀将，守雒城，与先主战，败被擒，死之葬云盖山。国朝乾隆三十年，邑令杨周冕重修筑立碑，又见汉州阆中。"[1]《同治续修罗江县志》卷五《古迹志》："县北三里云盖山下有蜀将张任墓。墓西数百步即潺水河，有古金雁桥遗址。乾隆时，邑宰杨古华为立碑题曰：汉从事忠烈张任之墓""咸丰辛酉邑宰马慧轩，少尉寸云阶，邑人张著轩等捐赀塑像，重新墓道。寸云阶又为杨古华塑像于张将军之右。""按旧志：云盖山下初无张任墓，封骨竖碑，实自杨古华始。其真伪虽不可辨，然张公忠烈沉埋千余载。"[2]

1（清）常明等修、杨芳灿、谭光祜等纂：《嘉庆四川通志》，华文书局，1967，第1844—1845页。

2（清）马传业修，（清）刘正慧等纂：《同治续修罗江县志》，《中国地方志集成·四川府县志辑㉒》，巴蜀书社，1992，第334页。

罗江金雁桥

【地理位置】

地理坐标：东经104°30′1″，北纬31°19′29″，海拔528米。

行政属地：罗江区云盖山。

地理环境：位于云盖山脚下，山上有张任墓。

【现状概述】

罗江金雁桥为三拱石桥，风化严重，长88.5米，宽4.95米，桥至水面高10.6米，一个桥拱跨度26.5米，桥墩宽2.65米。金雁桥有53个石柱，两边各有一矮柱。

【历史渊源】

罗江金雁桥，清康熙二十四年（1685）重建，1997年重建。《嘉庆罗江县志》卷十二《古迹》记载："金雁故桥，县北三里潺亭山下，今圮。旧志云：汉昭烈取蜀时擒张任于此。按：金雁桥在广汉，此乃前人附会其名。"[1]

罗江金雁桥

1（清）李桂林等纂修：《嘉庆罗江县志》，《中国地方志集成·四川府县志辑㉒》，巴蜀书社，1992，第200页。

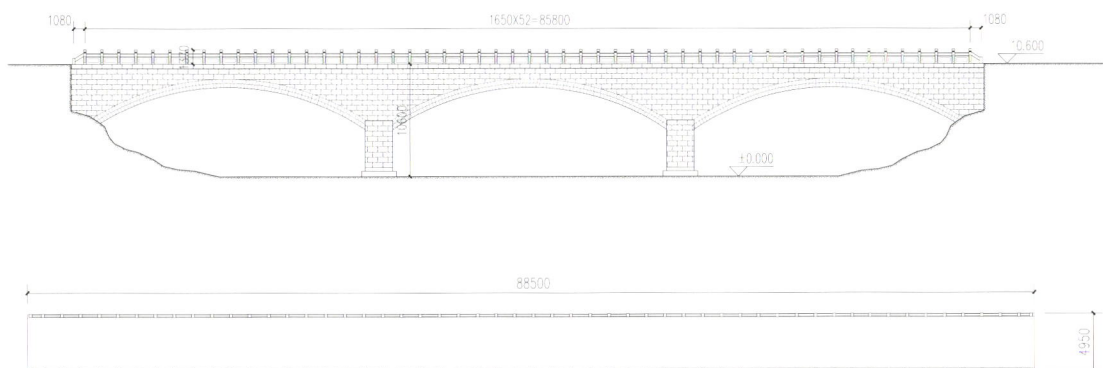

1080　　　　　　　　　　　　　1650×52=85800　　　　　　　　　1080

+0.600

+0.000

88500

4950

罗江金雁桥一侧立面（上）与平面（下）

罗江金雁桥俯视

换马沟

地理坐标：东经104°27′10″，北纬31°19′25.4″，海拔545米。

行政属地：罗江区白马关镇换马村。

地理环境：周围为农田、菜地。

换马沟

【现状概述】

换马沟，距离古绵竹关较近，相传刘备攻打白马关前，在此处与庞统更换坐骑，故名。现仅存一清代碑亭，碑宽1.1米，高2.33米，碑帽半圆形，两边竖石。

【历史渊源】

有关换马沟的记载较少，嘉靖《罗江县志》载："换马沟，县西北十五里。相传汉庞靖侯与先主易马处。旧有碑，久毁。嘉庆二年，代办州事绵竹令贾文召重立。"[1]

换马沟石碑

---

1 （清）李桂林等纂修：《嘉庆罗江县志》，《中国地方志集成·四川府县志辑㉒》，巴蜀书社，1992，第200页。

广汉市

雒城遗址

【地理位置】

地理坐标：东经104°16′52.58″，北纬30°58′30.51″，海拔458米。

行政属地：广汉市雒城镇九江路社区。

地理环境：地势平坦，遗址的一部分位于房湖公园内，与孔庙毗邻，周围树木多，绿化率高，城墙大门外有一条宽约5米的人工护城河，是20世纪90年代修的。

【保护级别】

2013年，被国务院公布为全国重点文物保护单位。

【现状概述】

雒城遗址位于广汉市雒城镇九江路社区，遗址范围东至外东顺城路，南至房湖公园南侧，西起桂花街南段，北至鸭子河南岸，总面积1.6平方千米。该遗址始建于东汉，现存三处保护点，其中，雒城遗址城墙西段（广汉宾馆段）和雒城遗址东南段（广汉导航台段）为汉代雒城基址；房湖公园一带的雒城城墙遗址为明、清时期城墙。

广汉市现将位于房湖公园内的明、清城墙进行修复和恢复，并修建一座仿古城门，正中汉隶书写"雒城"二字。为烘托三国文化氛围，公园内还打造了"智擒张任"雕像。

【历史渊源】

雒城，是古雒县的县城，又名"雒官城"，汉置工官，经管铸造、烧窑、漆器等产业。《三国志·蜀书·庞统传》记载："进围雒县，统率众攻城；为流矢所中，卒。"[1] 这里的"雒县"就是雒城。

雒县，西汉高祖六年（前201）置，西汉至南北朝时期历为州、郡、县治所。雒县建筑城池始于蜀汉刘璋时期，《嘉庆汉州志》记载："汉州，古广汉，郡治雒县，蜀汉刘璋始筑城。"[2]《华阳国志·蜀志》又记："初平中，益州牧刘焉自绵竹移雒县城，筑阙门。"[3]

历代雒城不断损毁，也不断扩建和重修。南宋端平二年（1235）至淳祐元年（1241），蒙古军入蜀，战乱中城垣遭到严重破坏。明洪武五年（1372）汉州指挥柴虎，在原州城基址上建城垣。天顺八年（1464）知州李鼎重修。弘治十年（1497）知州万玺建东北门。正德六年（1511）按察司金事郝瑄，始甃以砖石。明末城池毁。清乾隆三十六年（1771）知州徐谂重修其城。嘉庆十六年（1811）刘琼等复修。咸丰九年（1859）增修炮台。

---

1 方北辰译注：《三国志全本今译注》，陕西人民出版社，2011，第1882页。

2 （清）刘长庚修，（清）侯肇元等纂：《嘉庆汉州志》，《中国地方志集成·四川府县志辑⑪》，巴蜀书社，1992，第25页。

3 （晋）常璩撰，刘琳校注：《华阳国志校注（修订版）》，成都：成都时代出版社，2007，第131页。

雒城遗址航拍

雒城遗址城门

雒城遗址城墙

雒城遗址导航台段发掘现场
（德阳市文管所提供）

雒城遗址导航台段发掘现场残墙
（德阳市文管所提供）

"雒城"铭文砖（广汉市文管所提供）

"雒官城壍"铭文砖（德阳市文管所提供）

1982年以来，四川省和广汉市文物部门配合基建数次发掘，出土了一大批"雒城"和"雒官城壍"字样的汉代篆书体铭文砖、城墙砖。1982年冬至1984年春，四川省考古研究院和广汉市文物管理所，先后清理出较完整的汉代"雒城"砖砌墙基30多米，砌砖为黏土衔接，为2—3层，基脚夯土坚实，填土内发现有汉代五铢钱、云纹瓦当、绳纹筒瓦、陶罐、陶豆及绳纹陶片等。已发掘城墙两段，共长70米，宽2.5—8.9米，高0.3—1.4米。城墙用夯土筑成，内侧、外侧均包砌城砖。此处应是汉代广汉郡治雒城所在地。在雒城镇东南角城墙废墟上，发现有篆隶"雒城""雒官城壍"铭文砖砌筑的墙基。[1]

雒城遗址，是迄今四川地区发现面积较大、时代较早的东汉大型遗址之一，为研究广汉地区历史、东汉城垣建筑具有重要的考古价值。

---

1 该资料由广汉市文物管理所提供。

广汉金雁桥 [1]

【地理位置】

地理坐标：东经104° 17′ 13.6″，北纬30° 59′ 13.4″，海拔427米。

行政属地：广汉市沱水路。

地理环境：横跨于鸭子河上。

【现状概述】

广汉金雁桥，又名"雁桥"，横跨于鸭子河（古称"雁水"）上，史载蜀汉先主刘备攻雒城时擒获张任，就在此地。如今，鸭子河上有桥三座：一座为民国时期修建的金雁桥，仅存部分桥墩；一座为2010年竣工通车的新金雁桥；还有一座为广汉廊桥。

【历史渊源】

广汉雁桥，始见于《三国志·蜀书·先主传》裴松之注引《益部耆旧杂记》："刘璋遣张任、刘璝率精兵拒捍先主于涪；为先主所破。退与璋子循守雒城。任勒兵出于雁桥，战复败，擒任。先主闻任之忠勇，令军降之。任厉声曰：'老臣终不复事二主矣！'乃杀之。" [2]

金雁桥的得名，是因为相传此处水中曾有金雁出现，《方舆胜览》记载："（雒）水中出金雁，因以名桥。"由于广汉金雁桥气势恢宏，又横跨江水，每当雨过天晴，回澜绉碧，锦鳞游泳，长虹卧波，如诗如画，蔚为壮观，成为"汉州八景"之一，人称"金雁晴澜"。

广汉金雁桥

---

1 资料参考自四川广汉李伯农先生提供的手稿《漫话金雁桥》。

2 方北辰译注：《三国志全本今译注》，陕西人民出版社，2011，第1734页。

历史上广汉金雁桥曾多次重建，清乾隆年间就修过两次，先是州牧张珽监修，再是州牧策丹重建，"覆以长亭，环以疏栏"，被称赞为"蜿蜒如虹，一郡巨观"。当时，桥墩为石墩，共八墩、九孔，上部有木梁，梁上盖瓦，木结构长桥楼27间，两旁环以疏栏，南北桥头各雕刻彩绘重檐牌坊一座，上嵌有"金雁桥"金字大匾。

因为古桥恢宏、景色秀美，许多名人慕名而来，桥上留下了许多名人题写的匾额、楹联，有清书法家胡学海书"长虹卧波"匾额、现代书法家谢无量书"管毂万里"匾额，以及民国时仕县知事的高体瀚（署名高逸溪）先生撰书的对联："论形据沱江上游，看落霞孤鹜，杨柳春旗，幸今日湖山无恙；此地是汉家遗迹，问雁齿秋云，鼍梁夜月，比当年风景何如?"

民国三十二年（1943），清代重建的金雁桥被洪水冲毁，3年之后，按照旧貌重修，1949年，桥又被洪水冲垮，仅剩桥墩。

民国三十一年（1942），四川省公路局曾在老金雁桥下游200米处建新桥，仍名"金雁桥"。1949年12月22日夜间，桥被国民党溃军炸毁。1950年按原样修复。1978年9月1日晨，金雁桥身被洪水冲坏，交通中断，经抢修，1979年5月重新通车。

广汉张任墓

【地理位置】

地理坐标：东经104°16′32.2″，北纬30°59′46.9″，海拔436米。

行政属地：广汉市北外乡桅杆村1社。

地理环境：广汉北区公园内，南距墓葬0.5千米处有金雁湖公园。

【保护级别】

1990年，被广汉市人民政府公布为县级文物保护单位。

【现状概述】

张任墓，墓冢平面呈圆形，现存直径15米，封土高2米，墓周修筑高约1米的砖砌挡土墙，墓前有神道和石牌坊。

【历史渊源】

张任，东汉末年益州牧刘璋的下属。陈寿《三国志·先主传》裴注引《益部耆旧杂记》记载："张任，蜀郡人。家世寒门，少有胆勇，有志节，仕州为从事。"[1]建安十九年(214)，刘备攻雒城，"任勒兵出于雁桥，战复败，擒任。先主闻任之忠勇，令军降之。任厉声曰：'老臣终不复事二主矣！'乃杀之。先主叹惜焉。"[2]

关于张任墓的位置，《嘉庆汉州志》记载："任……不屈死，葬废雒县西北，后人奉以为土主，祠宇今存。"[3]《同治续汉州志》记："州北二里许有张将军墓。任守雒城，刘先主入蜀，不屈而死。"[4]

清嘉庆十四年(1809)，知州德勋为张任墓立碑，此事记载于《嘉庆四川通志》卷四十四《陵墓》："汉张任墓，在金雁桥西北三里许，墓最大。国朝嘉庆十四年，知州德勋立碑。"[5]张邦伸《云栈纪程》还记有一奇事："相传有人盗藏墓旁，夜梦其父切责之，为逼近张将军墓，将获重谴，其人因速迁之。"[6]

张任墓原墓园较大，古木参天。1954年土改时被挖掉部分封土，1964年暴露出墓砖，还出土有陶俑、陶马等随葬品，以及"元康六年八月"铭文砖等。2010年，广汉市人民政府重新修缮墓冢，新修神道和石牌坊，并拓修了北区公园。

1 方北辰译注：《三国志全本今译注》，陕西人民出版社，2011，第1733页。

2 方北辰译注：《三国志全本今译注》，陕西人民出版社，2011，第1734页。

3 (清)刘长庚修，(清)侯肇元等纂：《嘉庆汉州志》，《中国地方志集成·四川府县志辑⑪》，巴蜀书社，1992，第211页。

4 (清)张超等修，(清)曾履中等纂：《同治续汉州志》，《中国地方志集成·四川府县志辑⑪》，巴蜀书社，1992，第573页。

5 (清)常明等修、杨芳灿、谭光祜等纂：《嘉庆四川通志》，华文书局，1967，第1717页。

6 同上。

广汉张任墓

赵家营

【地理位置】

地理坐标：东经104°11′18.04″，北纬30°59′49.05″，海拔494米。

行政属地：广汉市南兴镇白果村。

地理环境：遗址上建有佛教寺庙仁圣宫，周围树木繁盛。对面为村委会。

【现状概述】

赵家营，相传赵云曾于此屯兵，故而得名。清代在原址上修建了一座庙宇，即仁圣宫，内有两株古老的银杏树，树高15—16米，树径3.8—4.4米。当地人称"赵云拴马树"，传说赵云于此拴过战马。

仁圣宫内的古银杏

赵家营遗址仁圣宫

邓芝墓

【地理位置】

地理坐标：东经104°13′15.55″，北纬30°54′47.71″，海拔476米。

行政属地：广汉市向阳镇胜利村1社、2社交界处。

地理环境：墓址四周为农田、民房。

邓芝墓遗址

【现状概述】

邓芝墓，现已不存，仅有墓址旁小路，名为"邓芝路"。

【历史渊源】

邓芝，字伯苗，义阳郡新野县人。东汉名将邓禹之后，三国蜀汉重臣，曾担任广汉郡太守、车骑将军，封阳武亭侯。陈寿《三国志》有传。《嘉庆汉州志》载："邓芝墓，治西二十里，在张化庙侧。相传碑为武生某所毁，后语人曰：'吾某科本中，解梦为邓伯苗将军勾去，责曰：汝本中第一，以毁墓碑，故奏请上帝削籍矣。'既而榜发，生果卜第，悔九及矣。"[1] 清《嘉庆四川通志》卷四十四《陵墓》载："邓芝墓，在州西二十里张化庙侧。"[2]《广汉县志·文物名胜古迹》载："邓芝墓。邓芝，三国时曾为蜀汉广汉太守。其墓在今向阳乡胜利村二社，占地约0.7亩，原有石碑1座。1974年，当地社员'挖坟取宝'，在距地表近1米深处，发现4匹砖上有灰烬和铁锈，可能该墓早年被盗，故留下上述痕迹。今碑已散失，坟堆被挖平。"

据协助此次遗存调查的广汉市向阳镇文化站站长钟敏介绍，邓芝墓原封土高2—3米，存梯步痕迹，占地约三分地（约200平方米），周边为农民自留田，听说墓毁之时出土有石桌等遗物。

1 （清）刘长庚修，（清）侯肇元等纂：《嘉庆汉州志》，《中国地方志集成·四川府县志辑⑪》，巴蜀书社，1992，第232页。

2 （清）常明等修、杨芳灿、谭光祜等纂：《嘉庆四川通志》，华文书局，1967，第1717页。

马岱墓

地理坐标：东经104°13′27.28″，北纬30°54′43.5″，海拔472.8米。

行政属地：广汉市向阳镇。

地理环境：墓址位于广汉至成都的大路旁，向阳供电站附近。

马岱墓遗址

【现状概述】

马岱墓现已损毁不存，墓碑保存于广汉市向阳镇政府旁（原为当地历史陈列室），系从发电站迁来。墓碑保存状况一般，红砂石质，高1.88米，由碑座和碑身两部分组成。碑座长1.21米，宽0.38米，高0.22米，有残损；碑身高1.66米，宽0.74米，厚0.13米。碑文朱书"汉平北将军陈昌侯马公讳岱之墓"，落款"光绪三十二年丙午春""资阳陈矩敬题"。

据协助此次遗存调查的广汉市向阳镇文化站站长钟敏介绍，马岱墓所在地原是茂密的树林，马岱墓规模小于邓芝墓，墓葬早年已毁，她本人亦未见过此墓。

马岱墓墓碑

【历史渊源】

马岱，生卒年不详，扶风茂陵（今陕西省兴平市人），蜀汉名将马超从弟，随马超归蜀，是蜀汉著名的武将，曾奉杨仪之命斩杀魏延。《三国志·蜀书·魏延传》载："魏延独与其子数人逃亡，奔汉中。（杨）仪遣马岱追斩之。"[1]

马岱墓，《嘉庆四川通志》和《嘉庆汉州志》都有记载。《嘉庆四川通志》卷四十四《陵墓》载："马岱墓、汉平西将军墓，在张化庙路西半里。"[2]《嘉庆汉州志》的记载与此相同。[3]

1 （晋）陈寿撰，（宋）裴松之注：《三国志·蜀书·魏延传》，北京：中华书局，1982，第1004页。

2 （清）常明等修，杨芳灿、谭光祜等纂：《嘉庆四川通志》，华文书局，1967，第1717页。

3 （清）刘长庚修，（清）侯肇元等纂：《嘉庆汉州志》，《中国地方志集成·四川府县志辑⑪》，巴蜀书社，1992，第232页。

绵竹市

诸葛双忠祠

【 地理位置 】

地理坐标：东经 104° 11′ 22.5″，北纬 31° 20′ 44″，海拔 593 米。

行政属地：绵竹市城西茶盘街。

地理环境：毗邻绵竹市博物馆。

【 保护级别 】

2012 年，被四川省人民政府公布为省级文物保护单位。

【 现状概述 】

诸葛双忠祠是祭祀诸葛瞻、诸葛尚父子的祠庙。三国时期，诸葛亮的儿孙，即诸葛瞻、诸葛尚父子为抵御曹魏军队，保卫蜀汉政权，英勇战死在绵竹关，其忠孝精神被后世纪念和传承。

诸葛双忠祠主要由山门、拜殿、诸葛瞻父子墓、大殿遗址、启圣殿等几个部分组成。

山门，又称"忠孝门"，源于山门左右两侧的"忠""孝"二字，据传两字临摹自南宋民族英雄文天祥的笔迹。门楣上悬挂"诸葛双忠祠"横匾，为李一氓先生所题。山门两侧悬挂魏传统先生所题楹联："一门三世英风挺；万古双忠大节标。"

拜殿，修建于清道光年间，高 8 米，宽约 8.7 米，歇山式屋顶，两侧有厢房。拜殿前的匾额是张爱萍将军所题的"汉室忠烈"四个大字。拜殿中保存有清乾隆时县令安洪德撰写的"新都诸葛都护父子墓祠记"木刻石屏 1 面，厢房墙上保存有当时名人题诗石碑 6 面。山门和拜殿之间陈列有 3 尊石像，分别为傅士仁、糜芳和郝普，被称为"蜀汉三叛"，为 1985 年绵竹关帝庙前出土。

大殿基址，大殿是供奉诸葛瞻父子的殿宇，毁于 20 世纪 50 年代，现仅存部分石柱础。

启圣殿，建于清咸丰二年（1852）三月，是供奉诸葛瞻父亲诸葛亮和母亲黄月英的地方。因大殿未修复，故将诸葛瞻父子移请至启圣殿，与父母一起共享香火和后人祭拜。目前，启圣殿正中供奉的是诸葛亮和夫人黄月英的塑像，大殿左侧供奉的是诸葛瞻的塑像，右侧供奉的是诸葛尚的塑像。启圣殿次间供奉的是张遵、黄崇、李球的牌位。

诸葛双忠祠与成都武侯祠交相辉映、相得益彰，诸葛亮、诸葛瞻、诸葛尚祖孙三人，共同形成了"诸葛一门、三代忠贞"的千秋佳话。

诸葛双忠祠山门

拜殿

拜殿内景

拜殿及"蜀汉三叛"塑像

启圣殿

启圣殿内的诸葛亮、黄月英塑像

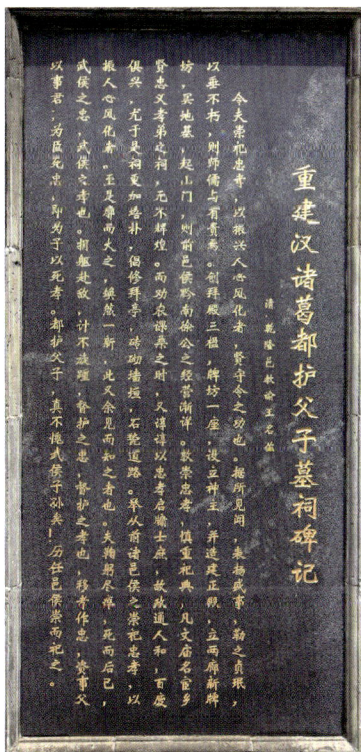

现代翻刻《重建汉诸葛都护父子墓祠碑记》碑

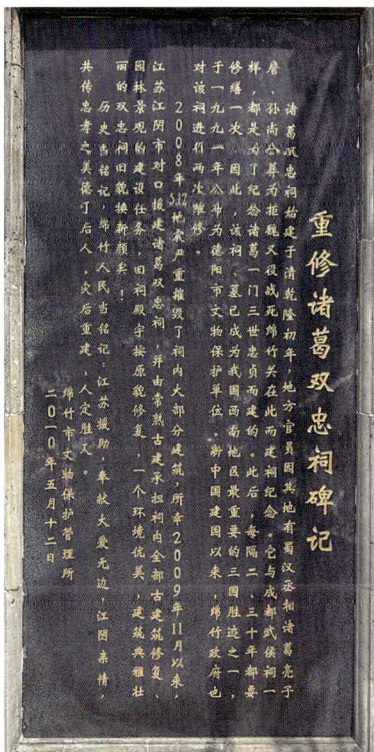

《重修诸葛双忠祠碑记》碑

【历史渊源】

诸葛双忠祠，始建于清乾隆二年（1737），知县安洪德在诸葛瞻父子墓附近修建祠宇，以供祭祀。《民国绵竹县志》卷十二《典礼》记载："考诸葛双忠祠，在西外第八区。乾隆二年，知县安洪德因其墓在，遂立祠宇。"[1]《源机禅师建立诸葛双忠祠功绩碑记》载："乾隆庚申，聊城安公洪德复丈界址，创立新祠而祀焉。"[2]清乾隆二十五年（1760），徐□对诸葛双忠祠进行了扩建、修缮，源机禅师主持此次工程。此次扩建修缮的规模较大，前后历时三十余年，花费银两二百二十五两六钱，完善西庑，增建山门、东厢房、钟鼓二楼、乐楼、牌坊等。[3]清乾隆五十三年（1788），双忠祠扩建基本完成。清道光七年（1827），续法、续起二僧增建拜殿。清咸丰二年（1852），道士王元吉、僧本心增建武侯殿。清同治八年（1869），知县杨恺重修正殿及两廊。光绪七年（1881），僧纯一重刻墓碑。清光绪三十三年（1907），知县田明理再次重修山门，并培修祠宇。从清乾隆到清光绪，诸葛双忠祠基本上每隔20多年就要扩建、修缮一次。到清末时，双忠祠殿宇宏伟，楹联题刻琳琅满目，规模已相当可观，占地50余亩，四周建有围墙。

当时，诸葛双忠祠临街建有乐楼三楹。门首竖立牌坊一座，高可数丈，上题"诸葛双忠祠"五个大字。内建钟、鼓二楼，左右相对。正中为山门，上刻对联："春秋祭祀隆双模；父子忠魂聚一抔。"山门往里为正殿，门口悬挂戊戌六君子之一杨锐的长兄杨聪撰写的楹联："想当年，国势垂危，臣主战，君主降，止争得尽瘁成仁，碧血尚膏刘氏土；信名士，宗风无忝，父死忠，子死孝，问同是捐躯赴难，青燐谁识邓家坟？"正殿祀诸葛瞻及子尚、黄崇、张遵、李球，后殿祀诸葛武侯。此外，还建有西庑、东厢、官舍、客堂、僧房、庖厨等，庭院内竖有碑刻，栽有花竹，设施相当齐备，四时游人不绝，成为绵竹著名的凭吊游览之处。

1985年，绵竹政府对双忠祠进行了一次大的修缮，修复了山门，维修了拜殿、墓茔，新建了文物陈列室，并在拜殿内制作了大型彩塑《魂壮绵竹关》。塑像上方的横匾，则是我国著名戏剧作家曹禺先生亲笔所题。

2008年汶川大地震严重摧毁了诸葛双忠祠的大部分建筑。2009年11月，江苏省江阴市对口援建了诸葛双忠祠。

---

1 王佐等修，黄尚毅等纂：《民国绵竹县志》，《中国地方志集成·四川府县志辑㉒》，巴蜀书社，1992，第651页。

2 王佐等修，黄尚毅等纂：《民国绵竹县志》，《中国地方志集成·四川府县志辑㉒》，巴蜀书社，1992，第654页。

3 同上。

诸葛瞻父子墓

【地理位置】

地理坐标：东经104° 11′ 22.5″，北纬31° 20′ 44.2″，海拔583米。

行政属地：绵竹市城西茶盘街。

地理环境：毗邻绵竹市博物馆，诸葛双忠祠内。

【保护级别】

2012年，诸葛双忠祠被四川省人民政府公布为省级文物保护单位。

【现状概述】

诸葛瞻父子墓，又被称为"诸葛都护父子墓"，现存墓冢周长30米，封土高3米，墓基围以石栏，墓前竖墓碑，高3.3米，宽0.77米，上刻"后汉行都护卫将军平尚书事诸葛瞻子尚之墓"，边款刻"康熙六十一年绵竹邑令陆箕永立"，碑阴刻"光绪七年僧纯一重竖墓碑"的刻记。墓碑两侧各有一棵大树，形同卫士，苍劲挺立。

诸葛瞻父子墓

【历史渊源】

诸葛瞻父子墓，据史料记载，位于绵竹西郊，《民国绵竹县志》记载："绵竹西郊，诸葛公父子墓在焉。"[1]

清康熙时期邑令王谦言曾拜谒该墓，并撰文《诸葛都护父子墓记》，考证该墓为诸葛瞻父子墓，而非邓艾墓。清康熙六十一年（1722），绵竹邑令陆箕永为诸葛瞻父子立墓碑。清乾隆庚申年（1740），为更好地保护墓葬和祭祀诸葛瞻父子，知县安洪德在墓旁创建了诸葛双忠祠。[2]

---

1 王佐等修，黄尚毅等纂：《民国绵竹县志》，《中国地方志集成·四川府县志辑㉒》，巴蜀书社，1992，第652页。

2 王佐等修，黄尚毅等纂：《民国绵竹县志》，《中国地方志集成·四川府县志辑㉒》，巴蜀书社，1992，第656页。

绵竹关帝庙

【地理位置】

地理坐标：东经104°11′39.1″，北纬31°20′30.9″，海拔582米。

行政属地：绵竹市剑南老街90号。

地理环境：绵竹关帝庙距离诸葛双忠祠约500米，所在的剑南老街街道，现被剑南春大唐国酒集团打造为文化旅游仿古街。

【保护级别】

2012年，被四川省人民政府公布为省级文物保护单位。

【现状概述】

绵竹关帝庙，由门前广场和关帝庙两个部分组成，面积约13亩。关帝庙坐北朝南，面积7亩多，山门为清代修建，主体由三重殿组成：前殿，供奉"关羽读春秋"塑像，主体建筑为明代修建；大殿，供奉关帝塑像，主体建筑为明代修建，两侧有现代所绘《水淹七军》《关公魂》两幅大型壁画（四川省美术学院绘）；后殿，名"启圣殿"，殿前有双踏道，主体建筑为清代修建，供奉的是关羽父母的塑像。主体殿宇两侧由南往北，依次为东西厢房、钟鼓楼、东西两廊。东西两廊位于大殿和后殿之间，是"关公故事木雕艺廊"，展示的是关羽的生平及许多与其有关的经典故事。

【历史渊源】

绵竹县的关帝庙，是明末宰相绵竹人刘宇亮所建，原址在绵竹县南街。《民国绵竹县志》卷十二《典礼》载："关庙，一在县城南门外，明天启七年，刘宇亮等建修。启圣祠在殿后，乾隆六年，知县安洪德建，道光五年知县谢玉□增修。道光二十四年，知县武来雨倡修拜殿。咸丰八年，关圣升入中祀，改称武庙，建立宫墙。"[1]

民国时期，关帝庙改为关岳庙，同祀关羽和岳飞。《民国绵竹县志》卷十二《典礼》记载："中华民国三年十一月廿日，奉到大总统申令，关岳合祀典礼。四年知事曾焜，改修宫墙，殿内正位，左奉关壮穆侯，右奉岳忠武王。"[2]

2005年，绵竹关帝庙从绵竹市老南街整体搬迁到剑南老街90号。三门为清代建筑，为达到抗震要求，有些柱子被换作现代材料，2006年新塑塑像。2007年底完工，对外开放。

1 王佐等修，黄尚毅等纂：《民国绵竹县志》，《中国地方志集成·四川府县志辑㉒》，巴蜀书社，1992，第649页。

2 同上。

绵竹关帝庙

绵竹关帝庙启圣殿

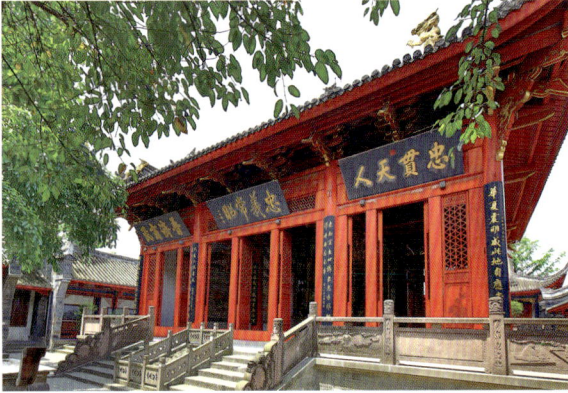

绵竹关帝庙大殿

绵竹关帝庙启圣殿内景

壁画《关公魂》

壁画《水淹七军》

绵阳市

　　绵阳市，地处四川省中北部，南邻德阳市，截至 2022 年底，下辖涪城、游仙、安州 3 个区，三台、盐亭、梓潼、北川、平武 5 个县，江油 1 个县级市。三国时期，该区域主要为蜀汉益州梓潼郡、广汉郡的辖地，还包含东广汉郡、阴平郡、汶川郡的一部分。

绵阳市三国文化遗存点位分布图

1 涪水诸葛营
2 张飞饮马渡
3 富乐山
4 平阳府君阙（李福阙）
5 营盘嘴
6 蒋琬墓
7 龙吟寺
8 五层山
9 老马渠
10 涪城坝
11 刘家营
12 郪江崖墓群
13 古郪道
14 游兵坝
15 李严故居
16 三堆子
17 御马岗
18 邓芝阙
19 杨修阙
20 七曲山关圣庙
21 七星山、演武铺

22 瓦口关
23 蹦脚石
24 送险亭
25 卧龙山
26 诸葛神垭庙
27 景福院（诸葛堂）
28 魏延祠
29 古蜀道（绵阳境内）
30 江油关城楼
31 江油关遗址
32 《汉守将马邈忠义妻李氏故里》碑
33 汉王坪遗址
34 汉王坪墓群
35 东山崖墓群
36 养马峡

撰稿：申　雷　曹　静
摄影：丁　浩　苏碧群　陈古孝
绘图：尚春杰

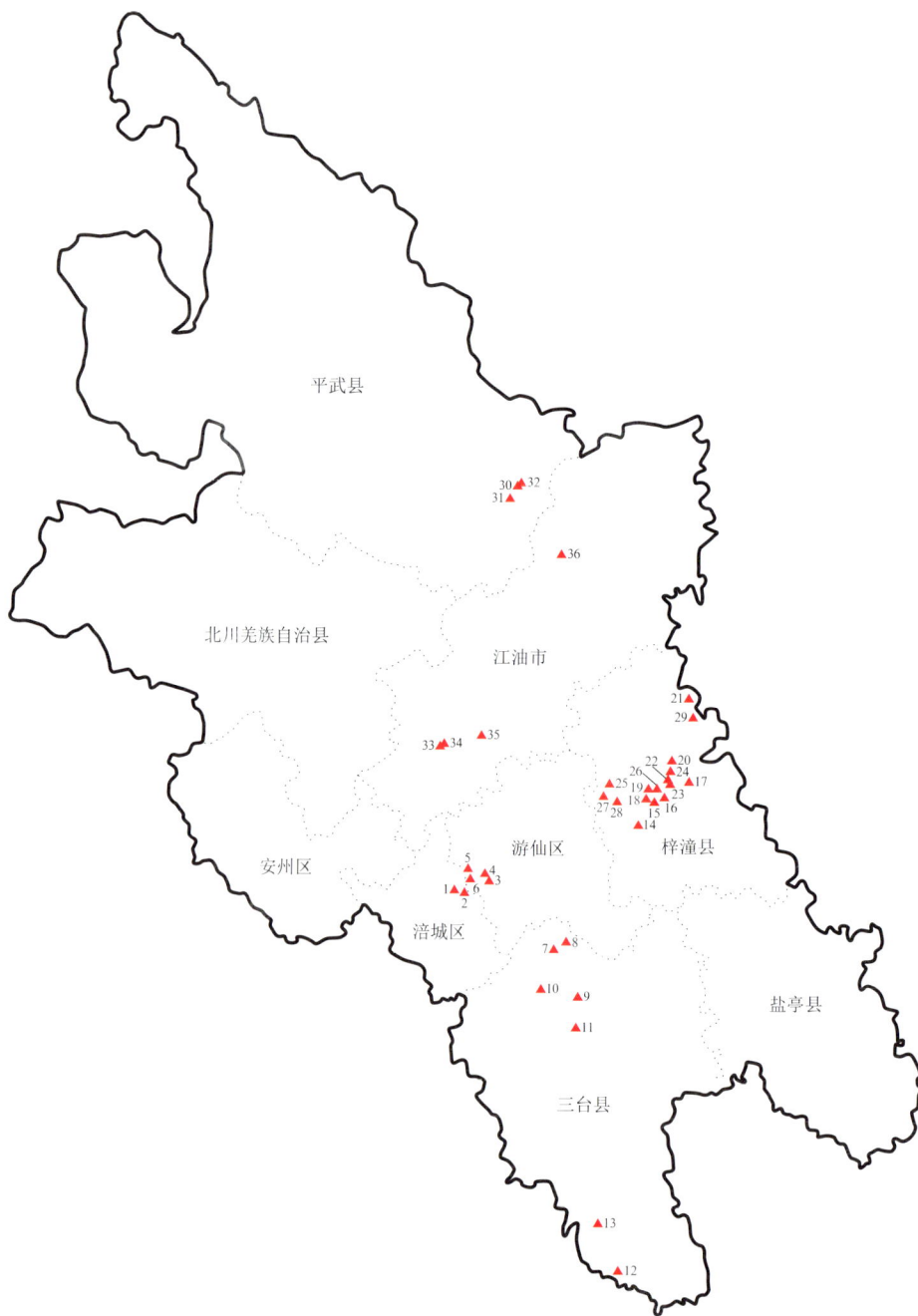

平武县

北川羌族自治县

江油市

安州区

游仙区

涪城区

梓潼县

盐亭县

三台县

涪城区

涪水诸葛营

【地理位置】

地理坐标：东经104°43′33.3″，北纬31°27′19.5″，海拔489米。

行政属地：涪城区南山街道。

地理环境：在滨江南路东段安昌河旁一平缓的山梁上，山梁下为公路。

【现状概述】

涪水诸葛营，位于安昌河南岸，在一平缓的山梁上，旁边为旗堡梁（洞天公园）。目前无留存遗迹，土梁上有一座1997年新建的佛塔，周围有众多农家乐。涪水诸葛营做过旅游规划，计划建设成为一处三国文化主题公园。

【历史渊源】

涪水诸葛营，本名"旗堡梁"。据绵阳市《三国演义》学会李德书会长介绍，相传诸葛亮率军北伐，经涪县进驻汉中，并以涪县为军粮与兵员的补给基地。诸葛亮驻涪期间，曾在此操练军队。王让《记略》载："西绝涪水，有山曰柏下，诸葛公营垒在焉；而乔木婆娑者，蒋公琬万秋之宅。"[1]民间也称此处为"涪水诸葛营"。因山梁上曾有插有旗的堡垒，后人也称此地为"旗堡梁"。由于此地为河水冲击之地，从远处看好似一片黄泥，因此当地人又称此处为"黄土梁"。20世纪70年代曾在此发现了插旗子的堡垒，出土了一些汉瓦。涪水诸葛营下为御营坝，相传因曾驻扎有刘备的御营军而得名。

有当地学者指出，涪水诸葛营的位置在今开元厂北面的龟山到五里堆一带的涪江东岸的山梁上[2]，不知是否就是此处。涪水诸葛营目前无遗迹可寻，但诸葛亮北伐途中很有可能在交通便利的涪县驻扎过军队，此点位有一定的历史依据，但目前缺乏考古资料证据。

1 （三国）诸葛亮著，段熙载等编校：《诸葛亮集》，中华书局，2018，第246页。

2 蒋志：《三国文化与绵阳》，载《绵阳师范专科高等学校学报》，2000年第1期，第70页。

涪水诸葛营"旗堡梁"门楼

涪水诸葛营遗址新建佛塔

张飞饮马渡

【地理位置】

地理坐标：东经104°44′47.8″，北纬31°27′18″，海拔442米。

行政属地：涪城区。

地理环境：遗址在涪江旁饮马渡大桥下，周围为杂草、乱石。

【现状概述】

张飞饮马渡，指饮马渡大桥下的古渡口——涪津古渡，该渡口在涪江和安昌河的交汇处，曾为古蜀道的重要渡口。

渡口早已被毁坏、废弃，实地仅存少量老桥基遗迹，桥基为何年建筑已难知晓。渡口上曾修建了小涪桥，20世纪50年代时为洪水所淹，被毁；20世纪80年代末，当地在渡口遗址上修建了饮马渡大桥。

【历史渊源】

据李德书先生介绍，当地相传，张飞得知关羽被杀害之后，马不停蹄地赶往成都。张飞到达此渡口时，其战马不愿上船，张飞就将战马带至江边饮水，随后，战马引颈长嘶，张飞也顿觉精神抖擞。张飞认为涪江之水有神力，随后便用马鞭在渡口河滩上题写"张飞饮马处"。此后该渡口被称为"饮马渡"。

《重修绵州直隶州志》记载："饮马渡：治西一里，在大西门外，龙王祠侧。夏秋水发，拨船济渡；入冬砌石架板为桥，以代舟楫。"[1]由此可推断，此处原为古蜀道上的重要渡口，后人出于对张飞的尊敬及对三国文化的喜爱，便衍生出张飞曾在此处饮马的传说。

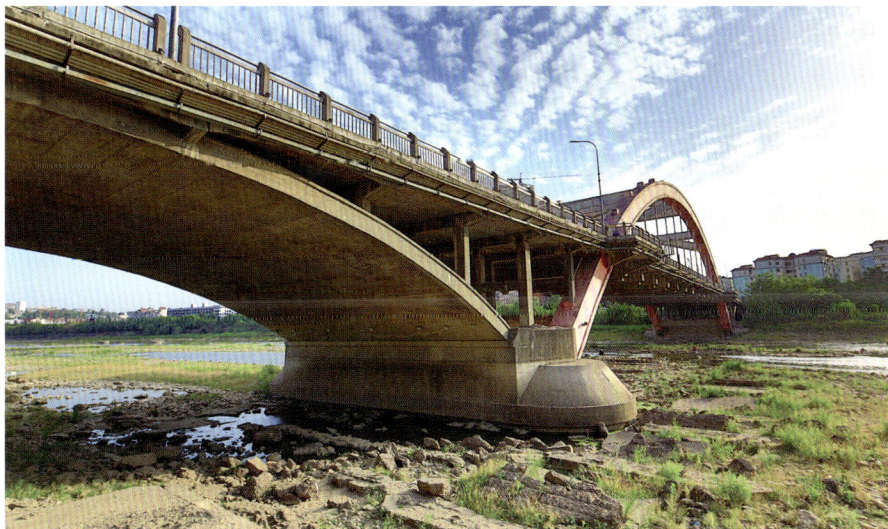

饮马渡大桥

---

1 (清)文棨等修,(清)伍肇龄等纂:《同治直隶绵州志》,《中国地方志集成·四川府县志辑⑯》,巴蜀书社,1992,第136页。

游仙区

富乐山

【 地理位置 】

地理坐标：东经104°46′28″，北纬31°28′34″，海拔450米。

行政属地：游仙区富乐山。

地理环境：富乐山位于绵阳市东郊，地处"剑门蜀道"南端，山上松柏茂密，风景优美，芙蓉溪环绕其间。

【 现状概述 】

富乐山又称"东山""旗山"，被誉为"绵州第一山"。富乐山风景区是一处以三国文化为特色的风景区，由富乐堂管理处和富乐山公园组成。1987年，绵阳市建委牵头复建富乐山风景区，目前已建成开放面积约1200亩，规划面积为10000亩。

为纪念"涪城会"的史实，山上陆续营造了豫州园、汉皇园、富乐堂、富乐阁、益州园、绵州碑林、冷源洞、玄德湖等多处三国文化景观。富乐山三国文化氛围浓厚，山上还新建了"蜀汉四英""五虎上将""庞统智献三策""桃园三结义"等多组青铜塑像，各种三国小品文化景观目不暇接，也是当地天青苑川剧团三国戏演出队挂牌处。

豫州园：得名于宋代绵州知州唐庚之"富乐之名谁所留，建安年中刘豫州"诗句。园内小湖名曰"玄德湖"，并存"昭烈阁"等三国文化景观。

富乐阁：为富乐山标志性建筑，修建于公园最高处，高约53米，被誉为"西南第一阁"。阁楼为钢筋混凝土框架仿古建筑，二级台式阁基，五层八面，雕刻精美。

富乐堂：为纪念刘备进入益州而建，在富乐寺遗址上重建。建筑群由前殿、戏楼、主殿等构成。主殿为五开间，高约30米，建筑面积约2000平方米。主殿依照《三国演义》第六十回的故事，塑造了20座人物塑像，组成了"涪城会"场景。富乐堂前临芙蓉溪，后依宝盖峰，环境优美。

冷源洞：位于富乐堂右侧，洞深4米，高约2米，洞内有一石床。相传刘备曾在洞中避暑，取泉水饮用。左侧有潮音洞，相传为僧人藏经之处。岩壁上有"碧云岩"三个大字以及历代题刻与佛教造像。

玄德湖：湖中多植莲荷，相传刘备曾在此垂钓。如今湖边有"抱膝石""二刘树"等遗迹。

此外，富乐山上还有一古井，相传刘备曾用此井之水泡茶。该井为六边形，内径0.5米，外径1.17米，由石块筑建，石板长0.6米，宽0.18米。

富乐阁鸟瞰

富乐山冷源洞

富乐山古井

富乐堂

富乐山"涪城会"场景

富乐山上的汉代残砖

【历史渊源】

211年，刘璋忌惮张鲁、曹操等对益州的威胁，听从张松等人建议，邀刘备入蜀。《三国志·刘璋传》记载："璋率步骑三万余人，车乘帐幔，精光耀日，往就与会。先主所将将士，更相之适，欢饮百余日。"[1]同书《先主传》亦言："先主留诸葛亮、关羽等据荆州；将步卒数万人入益州。至涪，璋自出迎，相见甚欢。"[2]根据《读史方舆纪要》《方舆胜览》《蜀中名胜记》等记载，刘璋、刘备在涪城相会之地，即在富乐山。"富乐山，州东五里。山高广，为众山之秀。相传刘先主入蜀，刘璋延之此山，望见蜀之全盛，饮酒乐甚，因名。《元和志》：州东有东、西门。东门久塞，富乐山气所冲。门开则丧乱，宋元嘉初太守王怀素开

之，果致丧败。自尔复塞。《益州记》：州东五里有金山，东临涧水，即富乐山矣。隋因以名郡。"[3]《民国绵阳县志》进一步言："后人建富乐寺于此山三里外之谷中，游人题咏咸集于是。"[4]富乐寺，又称"富乐堂"，始建于宋，明、清复毁，目前建筑为1991年中秋修复。

富乐山与三国时期刘璋与刘备的"涪城会"有着历史渊源，但由于历史变迁，相关遗迹多不存，仅能在山上看到蜀道遗存、零星汉砖遗存以及少量宋明古碑、崖刻和清代建筑。其中，最有名的为宋绍定二年（1229）州通守冉木的《古富乐山移文》石刻。该石刻位于富乐山下沈松公路边，沈家坝北街居民院后竹林

1 方北辰译注：《三国志全本今译注》，陕西人民出版社，2011，第1710页。

2 方北辰译注：《三国志全本今译注》，陕西人民出版社，2011，第1732页。

3 （清）顾祖禹撰，贺次君等点校：《读史方舆纪要》，中华书局，2005，第3179页。

4 潘殿钦等修，崔映棠等纂：《民国绵阳县志》，《中国地方志集成·四川府县志辑⑰》，巴蜀书社，1992，第15页。

中的岩石上，岩石宽3米，高2米。石刻右上角残缺，文题仅有"乐山移文"字样，第二行则是"朝请郎通判绵州军州事仰溪冉木"。石刻上端及左边多数风化破损，布满青苔，很多文字已经损毁，但现存的文字仍清晰可辨。移文内容有二刘相会等三国历史事件的记载。

【文献资料】

古富乐山移文

宋绍定乙丑，州通守仰谿冉木为作《古富乐山移文》，刻石第一山，今存。文云："星车荧荧，驾风鞭霆，出霞入云，回翔太清，是为古富乐之英。有假其名，若怀不平，移文于今富乐，曰：胚浑凿开，舆方盖圆。结山融川，各以名传。孰为之名？必因人焉。是名也，天不得夺，人不得移。盖不知其几千万年！吴、魏争强，孰存孰亡；蚕丛蕞尔，孰主孰张。方豫州置酒高会于吾山也，升高延伫，虎视徜徉，汸野绵亘，郁乎苍苍，曰富乐哉！有德易王，其兴勃然，遂有一方，咨富乐名，于是乃彰。是时也，汝宅培塿之邱，亦闻之乎？唐高宗显庆中，敕建坛山上，奠简江阜，时瑞气凝于翠岭，祥光烂于丹霄。武宗会昌中，投金蛟室，沉璧龙渊，时云鹤降以飘摇，天花舞而蹁跹。石刻长存，于今屹然，汝山有之乎？世道波颓，人情不美，务厌高而喜卑，或疑真而信伪。俄而山空谷黯，地是名非，骚客不吾赋，游人不吾归。川泽无光兮龙欲去，草木无色兮鹤怨飞。是故云英揶揄，寒蝉讪讽，罗浮贻笑，太康嘲弄。谓吾向也亦何丰乐，而今也亦何寂寥也？要之名虽应，各亦各有主，物理循环，当复其故。于吾何伤？于彼何补？嶓峨兮月淡天低，变化兮朝云暮

雨，上媲岷峨兮齐指拍肩，下瞰丘垤兮拳石撮土。是耶？非耶？众目共睹。但将富乐，别我今古。"[1]

（宋）雍有容《富乐山》：

> 当时四海一刘备，至此已堪悲失脚。
> 出语翻为乐国想，是人止可偏方着。
> 大汉曾封隆准翁，闻道山河锦绣中。
> 安能郁郁久居此，睥睨三秦日欲东。

（宋）唐庚《富乐山》：

> 富乐之名谁所留？建安年中刘豫州。拥兵入蜀万貔貅，屏璋送国来迎头。军中酾酒椎千牛，炙如巴山酒如湆。酒酣握手登高丘，极目紫芋蹲春畴。富乐之名此其由，君闻此说还信不？当时兵起四十秋，拆屋不足供诛求。生灵嗷嗷鼎中油，山中胡为乃尔优。想今富乐万倍刘，端能容我逃穷愁，山僧笑言客罢休。

（明）高第《富乐山怀古》：

> 君不见富乐山，汉皇曾驻山之间。自矜奇算得西土，气吞吴魏羞偏安……索居不用叹穷愁，得意何须夸富乐。游仙何时归故丘，石洞雷溪暂尔留。

（清）孙崧生《富乐山怀古》：

> ……当年昭烈定巴西，六龙亲幸芙蓉溪。避暑偶留一戏语，千秋佳话悬崖题。从此青山名富乐，后世因之建高阁……

1 （清）文棨等修，（清）伍肇龄等纂：《同治直隶绵州志》，《中国地方志集成·四川府县志辑⑯》，巴蜀书社，1992，第68页。

平阳府君阙（李福阙）

【地理位置】

地理坐标：东经104°46′9.7″，北纬31°28′52.9″，海拔434米。

行政属地：游仙区仙人桥西。

地理环境：临近芙蓉溪畔，墓阙保护范围内无植被，路面水泥化，紧邻绵阳市博物馆。

【保护级别】

1961年，平阳府君阙被国务院公布为全国重点文物保护单位。

【现状概述】

"平阳府君阙"也被称为李福阙，是全国现存汉阙中保存较为完好的一处。建于东汉晚期至蜀汉时期（约150—250），据《四川通志》载，因阙上刻有"汉平阳府君叔神道"的铭文，故名，今存"汉平"2字，"府"字依稀可见，其余字迹已经风化，难以辨识。该阙为双阙，坐西向东，两阙相距约26米，高约3.5米，由巨石和板石重叠堆砌而成。双阙均由阙基、阙身、阙盖3部分组成，其上雕刻有柱、枋、斗拱、瓦件等构件，组成一面阔两间、进深一间的庑殿顶仿木结构建筑。阙上刻有众多仙灵异兽、车马人物、民俗乐舞、传说故事和生活画面。梁大通三年（529），佛教徒在阙身雕刻佛像29龛，另有题记3则。该阙是研究汉代历史、文化、建筑与雕刻艺术的珍品样本。

【历史渊源】

关于李福，其事迹主要见《三国志·杨戏传》附载《季汉辅臣赞》："（李）孙德，名福，梓潼人也。……建兴元年，徙巴西太守。为江州督、扬威将军。入为尚书仆射，封平阳亭侯。延熙初，大将军蒋琬出征汉中，福以前监军领司马，卒。"[1]《华阳国志》进一步提到李福为"涪人也"[2]。李福"为人精识果锐，敏于从政"；曾受刘禅之托，在诸葛亮病笃之际，向其"咨以国家大计"[3]。《同治直隶绵州志》载："汉平阳府君神道，字原在县州，州本属成都府，今改直隶州。题六'汉平阳府君叔神道'，凡人字刻于石阙云平阳必姓名，如建平太守之类，叔其字也。《隶续》止有平阳府君叔神六字。"[4]最早记录阙上铭文的是南宋洪适的《隶续》，文中言阙上存"平阳府君叔神"六个字，并说明"所刻者，石缺不全，莫知为何人"。绵阳市《三国演义》学会考察相关南宋碑记记载，推测其为建于延熙初年（238）的蜀汉平阳亭侯李福的墓阙，墓主为蜀汉平阳亭侯李福。

据实地考察和上述史料可初步推测，晋爵至平阳亭侯的梓潼涪人李福，死后应当埋葬于家乡涪县。但该阙是否确定为三国时期的遗存，有待进一步研究。[5]

1 方北辰译注：《三国志全本今译注》，陕西人民出版社，2011，第2158页。

2 （晋）常璩：《华阳国志》，齐鲁书社，2010，第173页。

3 方北辰译注：《三国志全本今译注》，陕西人民出版社，2011，第2159页。

4 （清）文棨等修，（清）伍肇龄等纂：《同治直隶绵州志》，《中国地方志集成·四川府县志辑⑯》，巴蜀书社，1992，第816页。

5 绵阳市地方志办公室退休干部王志强先生考证认为"李福是该阙墓主"，详见《蜀汉忠臣李福当是平阳府君阙墓主》《巴蜀史志》，2019年第9期，第53—56页。

平阳府君阙（中国营造学社摄于 1939 年）

平阳府君阙

平阳府君阙局部

营盘嘴

地理坐标：东经104°43′25.3″，北纬31°28′37.8″，海拔512米。

行政属地：游仙区西山风景区。

地理环境：位于西山半山腰处，周围杂草丛生，多为绿化林。

营盘嘴旧址

【现状概述】

营盘嘴，位于西山风景区内，蒋琬墓之南。营盘嘴面积较大，据西山公园管理处介绍，整个西山分为三个山嘴、两个湾，营盘嘴是其中一个，面积约为300亩，可以容纳数万军队驻扎。可惜目前无任何遗迹，1991年绵阳市博物馆新立"营盘嘴"标牌介绍："营盘嘴地势险要，居高临下。相传蜀汉时，蒋琬、姜维镇守涪城曾在此处扎营，清农民起义军领袖蓝大顺也曾屯定于此，故名。"

【历史渊源】

绵阳市《三国演义》学会李德书先生介绍，有人认为，营盘嘴为三国时期蜀汉姜维驻守涪县和诸葛瞻率军抵御邓艾的营垒遗址，也有人根据王让《记略》[1]，认为其是诸葛亮北伐线路上的驻军营垒遗址，即"涪水诸葛营"。清代营盘嘴上曾经修建有镇涪亭碑，民国时被毁坏。

《三国志·后主传》载："（延熙）五年（242）春正月，监军姜维督偏军，自汉中还屯涪县。"[2]随后延熙六年（243），刘禅又同意蒋琬将蜀汉主力由汉中转移到了"水陆四通，惟急是应；若东北有虞，赴之不难"[3]的涪城，以节省人力财力；263年，魏将邓艾偷渡阴平后，诸葛瞻"督诸军，至涪停住"[4]。可见，姜维、蒋琬、诸葛瞻等蜀汉名将都在军事重镇涪城驻扎过军队。而营盘嘴所在的西山，地势较高，且较为平坦，居高临下扼卫古蜀道和江边渡口，在此地驻军有战略意义。因此，诸葛亮、姜维等人北伐之际很有可能在此驻扎过军队，故而后世流传姜维、蒋琬、诸葛瞻、诸葛亮等人在此驻军的说法。

营盘嘴与蜀汉驻军涪城的史实有一定的关联，但目前无相关遗迹留存，无法对点位性质作进一步判断。

1 王让《记略》载："西绝涪水，有山曰柏下，诸葛公营垒在焉；而乔木婆娑者，蒋公琬万秋之宅。"

2 方北辰译注：《三国志全本今译注》，陕西人民出版社，2011，第1778页。

3 方北辰译注：《三国志全本今译注》，陕西人民出版社，2011，第2112页。

4 方北辰译注：《三国志全本今译注》，陕西人民出版社，2011，第1832页。

蒋琬墓

地理坐标：东经104°43′28″，北纬31°28′1″，海拔482米。

行政属地：游仙区西山公园。

地理环境：蒋琬墓在西山公园西山上，祠墓周围古柏森森。

【 保护级别 】

2012年，被四川省人民政府公布为省级重点文物保护单位。

【 现状概述 】

蒋琬墓在西山公园内，山上有西蜀子云亭、扬雄读书台等遗迹。现存的墓园为近年复建[1]，墓园大门门额上书"蒋琬墓"三个大字（魏传统将军题），门前有一副对联："小心自可襄诸葛；大度犹能恕二杨。"由正门拾阶而入墓园，可见一条约50米的神道，神道两旁共有6座严重残损的清代石像生。

蒋琬墓结构分为座、身、檐、顶四个部分。墓平面为八角形，由条石筑造而成。莲花宝顶（边长4.65米），高4.8米，周长32米。墓

前存清道光二十九年（1849）"汉大司马蒋恭侯墓"石碑一通，高2.45米，厚0.28米，为"署知州长沙李象昺"所立；墓后存"蒋恭侯墓"石碑一通，高约2.7米，宽1.3米，厚0.28米，为"龙安府知府蒋德钧"于光绪十六年（1890）所立。

蒋琬墓后新建亭内，存今人刘天祥书《同治直隶绵州志·艺文篇》[2]载知州长沙人李象昺《修复汉蒋恭侯祠墓》诗："一抔黄土尚留香，谳屃何年卧夕阳？忠雅勋名悬日月，模糊篆籀历星霜。竭来凭吊披苔藓，赖有同心奠酒浆。慷慨陈词邀祀典，风云终为护祠堂。"跋语云："道光戊申，余权州篆，访古至西山，经侯墓道，见残碑字几莫辨，邀在籍员外熊丽堂协修祠墓，并请入祀典，庶侯数千年来严爽式凭不致湮没耳。"

此外，在西蜀子云亭附近的石台下，尚存清人李象昺书《蒋琬传碑记》，内容源自《三国志·蒋琬传》，约有半数文字模糊不清。

---

1 汤毓良：《蒋琬与"恭侯祠""蒋欧祠"》："1987年川府函〔87〕368号文批准绵阳市政府的决定，在清理收回文物景点面积0.26公顷的基础上，全部征用城郊乡三里村四组土地，总面积达23.99公顷（359.96亩），使西山景点连成一片。市政府拨款530万，又动员驻绵企事业单位及个人132家捐资410多万元用于景点建设，经过五年的建设，其中蒋恭侯祠于1900年建成单檐歇山式仿古建筑。"（收录于四川省绵阳市《三国演义》学会、绵阳市富乐山风景管理中心编：《三国文化研究》，2019，第50—51页。）

2 (清)文棨等修,(清)伍肇龄等纂:《同治直隶绵州志》,《中国地方志集成·四川府县志辑⑯》,巴蜀书社,1992,第816页。

蒋琬墓航拍

蒋琬墓山门

蒋琬墓

【历史渊源】

《三国志·蒋琬传》载："由是（蒋）琬还住涪。疾转增剧，至九年卒。"[1]而魏将钟会攻蜀之时，曾与蒋琬之子蒋斌致信，意欲瞻仰蒋琬墓，并要清扫墓地，并询问墓葬详细位置。蒋斌答复道："'亡考昔遭疾疢，亡于涪县；卜云其吉，遂安厝之。知君西迈，乃欲屈驾修敬坟墓；视予犹父，颜子之仁也。闻命感怆，以增情思。'会得斌书报，嘉叹意义；及至涪，如其书云。"[2]根据上述史料可知，246年，蒋琬在镇守涪县（在今四川省绵阳市）期间病逝，并安葬于此。而《元和郡县图志》载："蒋琬墓，在县西八里。琬为大司马，住汉中，后上疏曰：'今涪水陆四通，惟急是应，若东北有虞，赴之不难。'由是琬还住涪，疾转增剧，卒于此，葬焉。"[3]《民国绵阳县志》进一步明确记载："蒋恭侯墓在治西，西山观侧，前有方碑，高九尺，道光廿九年州牧李象昺、州人熊丽堂伐石封土，题其碣曰'汉大司马蒋恭侯墓'，旁建祠，三楹并置。"[4]从文献记载来看，该墓园当为蒋琬当年安葬之处。蒋琬墓和祠堂历史上经多次修复。"咸丰时同毁于贼，同治四年，州牧文棨重建。民国八年，五师吕超驻绵，参谋长蒋纶、知事李凤梧，倡集改建正殿三楹，东西厅事及横舍恭十间，周以石栏，

并蒋欧合祠祀之，较前宏丽。师长吕超题联柱云：'室护风云，与丞相祠堂并峙；山排旗鼓，看将军壁垒常新。'"[5]

此外，该墓很可能已经被盗。据绵阳《三国演义》学会李德书会长介绍，1949年后，绵阳市文博部门在绵阳征集到"蜀汉蒋琬带钩"1件。目前，该文物藏于四川省博物院，为二级文物，铜质，错金，通长0.119厘米，宽0.046厘米，高0.017厘米。带钩应刻有铭文72字，缺少5字以"□"标示，可辨别文字如下："帝尧所作，钩无短长。前适自中，后适自傍。主以辟兵，天圆□方。戴□报月，北斗列列。三昭在阙，旋□玉衡。□□宫卫，常保社稷。传于子孙，玉石金精。带放四方，永无祸□。寿比山海，与天相望。"

该墓在历史上多次重建，破坏较为严重。尽管有文献和文物资料佐证，但因未正式考古发掘，更加详细的情况难以获取。

【文献资料】

（清）唐存　《李刺史修复蒋恭侯祠墓落成诗》：

语到仙云齿亦香，恭侯祠墓并流芳。
小心自可襄诸葛，大度尤能恕二杨。
一代名臣留片壤，千秋知己属同乡。
零陵公辅长沙守，南国文光信有光。

1　方北辰译注：《三国志全本今译注》，陕西人民出版社，2011，第2112页。

2　方北辰译注：《三国志全本今译注》，陕西人民出版社，2011，第2114页。

3　（唐）李吉甫撰：《元和郡县图志》，中华书局，第865页。

4　潘殿钦等修，崔映棠等纂：《民国绵阳县志》，《中国地方志集成·四川府县志辑⑰》，巴蜀书社，1992，第58页。

5　潘殿钦等修，崔映棠等纂：《民国绵阳县志》，《中国地方志集成·四川府县志辑⑰》，巴蜀书社，1992，第86页。

（清）蒋琦淳《谒祠墓诗并序》节选：

忠雅开王业，艰难继老臣。
大名超费董，遗爱满峨岷。

（清）文棨《为熊丽堂重修蒋公祠落成偕僚属展祀赋诗纪盛》：

蜀汉已千秋，名臣祀典优。
感君扶大雅，使我忆前游。
瞻拜新祠宇，重登旧佛楼。
廿年一回首，风景不胜愁。"

汉蒋恭侯祠墓，署州牧长沙李晓村先生象禹修复。严履丰赋诗云："荆南才产何殊尤，武侯之亚有恭侯。两人同心谋北伐，千古勋名壮益州。或附曹群□忘汉，荀陈大姓家风变。建安忽易而黄初，二子之罪同于叛。不有零陵蒋公琬，偏安王业谁共赞？今上御极廿八年，长沙李公来刺县。一时气习颇秽恶，萑苻窃发弄戈鋋。按部焦心动抚驭，披星戴月为民虑。练团诘暴浑忘劳。编联保甲无嫌遽。雷厉风行不少延，卖刀买犊安其天。闻有坟在西山侧，汉大司马名犹传。亲到荒烟蔓草际，碑兼篆镂难详细。证以郡乘陵墓门，确是蒋公埋玉地。诸葛而后得斯人，子孙黎民胡不利？呼匠磨珉竖新碣，修明祀典光电罗。尤将本传刻于前，后世珍之如拱璧。城中更有熊比部，与官一心谐愿力。数千年经过表扬，我公洵是古循良！"[1]

---

1 （清）文棨等修,（清）伍肇龄等纂:《同治直隶绵州志》,《中国地方志集成·四川府县志辑⑯》,巴蜀书社,1992,第686—687页。

蒋琬墓

蒋琬墓神道上的石像生

三台县

龙吟寺

【地理位置】

地理坐标：东经104°58′33.58″，北纬31°21′53.72″，海拔520米。

行政属地：三台县中太镇宝盒村核桃街。

地理环境：万寿山下，周围为农田和民居。

【现状概述】

山上无遗迹留存，万寿山周边为农田，为中太镇所辖。当地经济以栽桑养蚕、煮治井盐为主。新建龙吟寺为三开间建筑，高约3米。

【历史渊源】

三台县《三国演义》学会刘德铭先生介绍，相传刘备曾在石羊场（传说中的汉代古镇，今中太镇七一村）设北大营驻军。某天，刘备率军登上北大营后面主峰山顶视察防务，某随行官员忽然记起今日是刘备生日，于是聚众人高呼为他贺寿。后人为纪念其事，将此山改为"万寿山"（今中太镇万寿村四组），将此地更名称"万寿村"，将中太老场南街称为"万寿街"。1982年地名普查时，又命名中太乡第一村为"万寿村"。龙吟寺在万寿山下，始建于何年不详，1988年修复，1994年扩建。相传刘备到访过此地。龙吟寺前《中太乡志铭文》载："万寿山，为刘备驻防之地；龙吟寺，为到访之地；石羊场，为巡视之地。"

万寿山无遗迹可寻，龙吟寺为新建建筑，未发现其他可信资料佐证。

龙吟寺

五层山

【地理位置】

地理坐标：东经104°57′14.1″，北纬31°20′43.1″，海拔549米。

行政属地：三台县建设镇长远村。

地理环境：被绵遂、绵南、中立等国家、省、县级公路交叉环绕，有山五层，森林覆盖率达41%，印合山构成五层山系，五层山系"神龟托印"。

【现状概述】

五层山，山下有住户200户。山上的五层寺修复于20世纪90年代，分为五层，分别为天王殿、三圣殿、大雄宝殿、观音殿、玉皇殿。其中第一层山上还有刘备避兵洞，相传刘备在此藏过兵器，但已倒塌。第二层三圣殿，供奉了刘备、关羽、张飞的塑像。第五层的玉皇殿，为清代建筑，供奉人物和建筑均为清代原貌。绵阳市《三国演义》学会李德书会长曾为五层山撰联云："五层山，昭烈扬兵抒壮志；八角井，使君寄印祈汉兴。"又云："一龟托玉玺，烟霞有无，群山松柏环涌雾；诸佛朝圣境，雨晴浓淡，五层楼阁耸凌云。"

【历史渊源】

五层山，当地称为：山五层、泉五眼、树五株（五株千年古柏）、寺五重、供五家（皇、释、道、儒、巫）。五层山上的五层寺，三教合一。据说该寺始建于东汉建安二年（197），扩建于西魏，毁于明末，清乾隆年间复建。《光绪新修潼川府志》载："五层寺，在县北五层山，亦呼五泉寺。"[1]《民国三台县志》亦云："五层山寨，距县北八十里，有重冈叠垒，形势五层，上有旗磴，相传蜀汉昭烈帝观兵处。今筑为寨，势甚雄峻。"[2]龚祝陵《登五层寺诗》："闲倚五层楼，风烟满目愁。干戈余旧垒，身世托孤舟。宿雨晴犹滴，长江淡不流。何当功业就，拟伴赤松游。"[3]五层寺最后毁于20世纪50年代，仅存玉皇殿。1993年开始恢复，1997年建成。为原址原貌恢复。

相传刘备与刘璋在涪城相会时，五层山成为刘备的必经之地和军事据点。"水打涪城，屯兵五层"，是说刘备入川屯军刘家营时，尚有一部屯驻东岸涪城坝。恰遇暴雨，涪水猛涨，于是移师高地，将兵马驻扎于五层寺。[4]刘备还在山上"扬兵"，在附近的八角井中"寄

1 （清）阿麟修，（清）王龙勋等纂：《光绪新修潼川府志》，《中国地方志集成·四川府县志辑⑮》，巴蜀书社，1992，第244页。

2 林志茂等修：《民国三台县志》，《中国地方志集成·四川府县志辑⑰》，巴蜀书社，1992，第440页。

3 （清）阿麟修，（清）王龙勋等纂：《光绪新修潼川府志》，《中国地方志集成·四川府县志辑⑮》，巴蜀书社，1992，第131页。

4 这一传说的故事，今人描述详情如下："211年，刘备受刘璋邀请，率领两万大军，在刘璋的谋士法正陪同下，向绵阳挺近，准备合并抵抗张鲁。不料，刘备一行人临近绵阳时，忽然接到探马急报：刘璋之子刘循在涪水关摆下阵势，欲与皇叔决一死战。刘备大惊，急令黄忠扎营涪城坝为前军，魏延结寨白岩营为后军，自己与军师庞统居中安营为中军。同时，一边求法正上涪水关交涉，一边差人去荆州搬兵。此时，川中地区连降暴雨，涪江河水猛涨。刘备即与军师庞统视察，刚抵营寨，洪水便进入黄忠营寨。刘备急令：'尽抛辎重，移营五层山暂避。'后来，张飞驰援来到涪城坝与黄忠会师，演绎了'水打五层，兵屯五层'的故事。"参见夏晨：《见证蜀汉之兴重要地标：富乐山、五层山、七曲山》，载《环球人文地理》，2012年第17期，第77—78页。

五层山远眺

五层山下点将台

五层山旗杆洞

印"。站在五层山顶极目远眺,周围山丘尽伏脚下,涪江西岸可收眼底,在此驻军具有战略意义。[1]

五层山顶峰还有一旗杆洞,相传为当年刘备屯兵插旗的地方。洞原来深度有0.6米,现在深度约0.2米,直径约0.19米。据寺庙住持释真福介绍,洞上原有字刻"大汉建兴元(六)年"。而《光绪新修潼川府志》载:"(五层寺)上旧有断碑,长丈余,刻'汉昭烈帝扬兵处'。未纪年代。其碑已埋荒梗中,今不可觅。好事者复竖小碑于寺右,书如其字。又路侧有石蹬,方广三尺余,高二尺余,中作圆孔,大如升,相传为昭烈竖旗磴。"[2]旁有字数行,模糊难辨。唯"大汉""延""兴""丁""年"六字大概犹存。

五层山下建设镇潼庙村,还有一座点将台,相传刘备曾在此点兵,实地调查发现为农田中的一高坡。此外,附近还有六角井、跑马地、练兵场、金桩桠、八角井、张飞石等三国文化遗存,现均已不存。

关于八角井和张飞石的传说如下[3]:"刘备移营五层山后,形势危急,幸亏有法正出面劝说,刘循才在涪水关撤兵。为了交好刘循,刘备还特地在五层山设宴。刘循到寨那天,张飞奉命接风陪酒。张飞为了展示刘备的威风,待酒过三巡之后,腾地一声从席上跃起来,将案上酒杯、酒壶全部推到地上,自提酒缸一饮而尽,然后走到寨外八角井边,抓起井边的一块青石板,盖住井口。刘循吓得魂不附体,灰溜溜地下山去了。据说,张飞走后,八角井上那块大石块一直没有人搬得动。"

据实地考察和相关资料的记载,五层山相关的三国文化遗存,多为传说性质,无从考证。

1 根据绵阳天艺文化传播工作室晏肆佰先生提供资料整理。

2 (清)阿麟修,(清)王龙勋等纂:《光绪新修潼川府志》,《中国地方志集成·四川府县志辑⑮》,巴蜀书社,1992,第244页。

3 夏晨:《见证蜀汉之兴重要地标:富乐山、五层山、七曲山》,《环球人文地理》,2012,第78页。

五层寺外门

五层山蜀汉英雄像

五层山三圣殿

老马渠

地理坐标：东经104°59′33.5″，北纬31°16′0.9″，海拔531米。

行政属地：三台县老马乡老马街。

地理环境：幸福桥下，附近为乡镇市场。

【现状概述】

老马渠实为涪水在此的一处支流，无纪念性标志，宽约5米，在老马街尽头。老马渠上建有一桥，名为"幸福桥"。

【历史渊源】

《民国三台县志》记载："（老马渠）在县北六十里，地当西北冲要，惟五龙庵龙头山路，能通人行，下滨涪江，其路最险。"[1]相传刘备与刘璋相拒，刘璋部将泠苞决涪江之水淹刘备大军，刘备移军高处，兵屯五城方才幸免。张飞率部撤退到老马乡时遇一溪沟，木桥为洪水冲毁，马不过溪，张飞性急，脱去战袍，用肩将马"捞"[2]过溪去，从此留下了"老马渠""老马乡"的名字。此外，张飞用肩扛马过老马渠的时候，马鞍落水，被冲走，最后形成了一个马鞍形，老百姓在上搭一桥，称为"鞍子桥"（位于老马乡老马村三社）。张飞扛马过河后，登上高山望水，其所

老马渠

登山望水的地方便从此被称为"望水垭"。"望水垭"四面群山环抱，站在上面可以俯瞰整个老马乡全景和涪江之水。为怀念张飞忠勇，当地人在望水垭修建了张飞祠。毗邻望水垭还有一纱帽山（位于老马乡建设村七社），相传张飞在望水垭看到涪城洪水滔天，心情烦躁，将自己的纱帽摘下放到右侧，后来形成了一顶纱帽状的山峰，后此山得名"纱帽山"。[3]

老马渠无历史遗存，亦无相关文献记载，可能因为此处地势险要，当地为纪念张飞，衍生出诸多关于张飞的传说。

1 林志茂等修：《民国三台县志》，《中国地方志集成·四川府县志辑⑰》，巴蜀书社，1992，第440页。

2 此语中的"捞"为四川方言，即"扛"的意思。

3 根据老马乡文化站站长吴文章口述资料整理。

涪城坝

【地理位置】

地理坐标：东经104° 55′ 8.1″，北纬31° 17′ 23.5″，海拔412米。

行政属地：三台县花园镇营成村古琴山。

地理环境：坝子下为农田和水渠。

【现状概述】

涪城坝，为涪江东面的一块平地，涪城坝西面为琴山（琴山在涪城废县北，山势如横琴，故名）。[1]山上有琴山大佛寺，坝子旁还有一清代康熙年间的水渠（永成堰）。

【历史渊源】

相传刘备曾在涪城坝设中军主营驻军，以控制花园至芦溪的涪江渡口。当地流传，刘璋之子刘循为抵御刘备大军，曾试图引涪江之水去"水打涪城坝"。涪城坝附近有一临仙洞，相传刘备在此藏过宝，实际为东汉晚期的崖墓，出土了铜镜、陶器等。[2]

涪城坝的地理环境很适合驻军，琴山大佛寺是区域的制高点，山上有寨墙遗迹，因此刘备的军队有可能在此驻扎过。但是由于无相关考古资料和文献资料佐证，故而该遗存的性质难以确认。

涪城坝

1 林志茂等修：《民国三台县志》，《中国地方志集成·四川府县志辑⑰》，巴蜀书社，1992，第440页。

2 根据三台县文广新局文管所左启先生口述资料整理。

琴山谣

无名氏

皇叔藏宝灵仙洞，水打涪城琴山留，皇叔修寨琴山头。

寨前石洞藏珍宝，三分银钱谢添油！

琴山大佛寺

刘家营

【地理位置】

地理坐标：东经104°59′14.3″，北纬31°11′139.2″，海拔388米。

行政属地：三台县刘营镇。

地理环境：当地文化部门亦无法确定点位的具体位置。

【现状概述】

刘备在此驻军的具体位置已无从考证，当地人称在今刘营镇境内涪江西岸石鼓坝一带。石鼓坝为山丘下的一处农田平坝，紧邻涪江，无迹可寻，无任何标志。

【历史渊源】

古称"刘扎营"，《民国三台县志》载："刘家营，相传先主据涪与刘璋相拒，屯兵于此。"[1]相传刘备与刘璋决裂后，刘备军马从葭萌关进军涪城，在刘营镇石鼓坝、大围坝扎下大营，同时在这一带建立了驯马场、烽火台、校场等军事设施。张飞也曾在刘营渡口东河坝（今机坪村）招收并训练新兵。刘备撤走后，将简易的营帐等物品送给了当地百姓，当地人为表达对刘备的敬仰，将此处改名为"刘扎营"。刘备在成都称帝后，当地人又把"刘扎营"改为"刘家营"，即现在的刘营镇。此外，刘营镇还叫"凤溪镇"。相传，凤雏庞统闲暇时，常去当地的凤溪（在县北六十里入涪

江，近刘家营有一水入涪，当即此[2]）钓鱼。当地人为纪念"双凤"相会的故事，又称此地为"凤溪镇"。[3]晋惠帝时，正式设置凤溪镇。刘家营内还有石鼓坝，因曾有一对石鼓而得名。刘备驻军刘营镇时，张飞为振奋士气，曾在这里击石为鼓，为操练演武的将士呐喊助威。现无遗迹可寻。[4]

刘备当年从葭萌关到涪城，确实有可能经过三台县刘营镇。虽刘家营目前无遗迹可寻，且缺乏相关正史资料佐证，但当地仍存在不少相关传说[5]：

石鼓坝：相传是刘备扎营和练兵的地方，位置在今天的刘营镇机坪村。石鼓坝曾有一对石鼓，刘备在此地屯兵时，为了振奋队伍的士气，张飞曾经在这里"击石为鼓"，为将士呐喊助威。刘备离开刘营后，当地就将这里取名为"石鼓坝"。

道士山：是石鼓坝附近龙沟村的一座山。据说刘备的军队训练时，他经常站在此处观摩和指挥。

烽火台：相传是刘备在石鼓坝扎营后，为了传送军事情报而设置的。

1 林志茂等修：《民国三台县志》，《中国地方志集成·四川府县志辑⑰》，巴蜀书社，1992，第499页。

2 林志茂等修：《民国三台县志》，《中国地方志集成·四川府县志辑⑰》，巴蜀书社，1992，432页。

3 根据李德书主编《绵阳与三国传说》整理。

4 当地文化部门称石鼓坝和刘家营在今刘营镇境内，但无法找到刘家营具体位置。

5 蒋林志：《刘营镇的三国遗迹简介》（收录于四川省绵阳市三国演义学会、绵阳市富乐山风景管理中心编：《三国文化研究》，2019，第41—42页）。

刘营镇石鼓坝水库

古校场：相传为刘备在石鼓坝扎营后，在东南西北四个方向划定的练兵比武场地。现今的显武街，就是当时的北校场。显武街曾有显武庙，今不存。

玉泉山：位于石鼓坝以北5千米的涪江边，因地形如冬瓜，当地称为"冬瓜山"。相传刘备经常站在山顶，观察山下周边的驻军和刘璋动向，刘备部下曾在山顶安装了一个石质拴马桩。

观斗山：在刘营镇西6千米柏木村，因山顶平坦、方形，山体形状如斗而得名。相传刘备屯兵刘营后，曾数次带领人马到观斗山夜观天象。

慈航寺：处于刘营镇的古渡口边，是通往涪江对岸和经大围古道北去玉泉山的必经之路。相传刘备率军扎营石鼓坝后，经常骑马路过此地，到寺庙祈福。

古渡口：在刘营镇月亮岩与里程乡回龙村之间，此处涪江河面较窄，适合摆渡。相传刘备率军在石鼓坝扎营后，便在古渡口的上下两岸停泊他从荆州带来的船只，他本人也多次乘船渡江，往返东西两岸。

古道：在涪江西岸，地势险峻。相传刘备屯兵此地后，曾常骑马来回穿梭古道，往返刘营石鼓坝、大围坝和花园小围坝、涪县之间。

凤溪：刘营镇后有一条溪流，名曰"凤溪"，凤溪上有一座桥，被称为"龙桥"。相传刘备扎营石鼓坝后，常到龙桥漫步，每次到龙桥时，都会停留于龙桥上，驻足观望鱼戏凤溪之水。

【文献资料】

（清）曾世礼经刘家营时有诗曰：

先主英雄在，乾坤几劫灰。
残山前代垒，古色戍楼梅。
江上吴船去，天边汉月来。
蜀人犹牧马，风浪不须衰。

郪江崖墓群

地理坐标：

紫荆湾崖墓群，东经105°5′12.3″，北纬30°46′19.3″，海拔531米；

金钟山汉代崖墓，东经105°5′17″，北纬30°45′53.3″，海拔531米。

行政属地：三台县郪江镇、安居镇。

地理环境：三台县南，沿郪江、锦江两岸山崖沟湾分布。

【保护级别】

1996年，被国务院公布为全国重点文物保护单位。

【现状概述】

三台县郪江崖墓群，分布于三台县的郪江、安居两镇，北距三台县城48千米。墓群在以郪江镇为中心的15平方千米的核心范围内，沿郪江、锦江两岸的沟湾山麓分布，凿造于周围群山之麓，遗留崖墓近20000座，已经发掘1600座。墓室鳞次栉比，密如蜂房，规模宏伟，结构复杂。其中，以金钟山、泉水坝、紫金湾墓群最为集中、最富特色。[1]此次考察组主要调查了紫荆湾崖墓群和金钟山汉代崖墓群。

紫荆湾崖墓，是郪江崖墓群的重点墓群之一，以东汉初期的 M1—M14 为代表，均模仿世间宅第建造，有单室、双室、三室墓等。其雕刻从屋顶样式到屋面覆瓦，从天花藻井到立柱斗拱，从壁面装饰到宅门窗棂，都是对当时木结构建筑的真实模拟，为中国古建筑史的研究提供了珍贵的实物资料。崖墓内的四神、凤阙、仙鹤、骏马和舂臼人等画像雕刻，充满神韵，极为生动，是汉代画像石的杰出代表之一。

金钟山崖墓群，也是郪江崖墓群的重要组成部分，以东汉晚期多墓室 M1—M4 为代表，模仿地上建筑建造，结构复杂，墓内雕刻精美，表现细腻。仿木结构建筑的天花藻井、斗拱、立柱、墙体等，雕刻逼真，再现了汉代的繁华。特别是悬山、卷棚、四角攒尖和覆斗形等多种室顶式样雕刻，为研究、复原四川地区汉代民居建筑提供了重要资料。室内雕刻的"狗拿耗子"、持笏人、力士和羊头等，通过隐喻和象征性的图像，形象化地表达了汉民族内在的生命本质，是先秦神话思维与汉代人文精神的完美融合。

---

1 根据金钟山汉代崖墓文物保护牌说明文字整理而成。

郪江崖墓入口

郪江崖墓墓道

郯江崖墓墓室

郯江崖墓群仿木构建筑雕刻

郯江崖墓人物雕刻

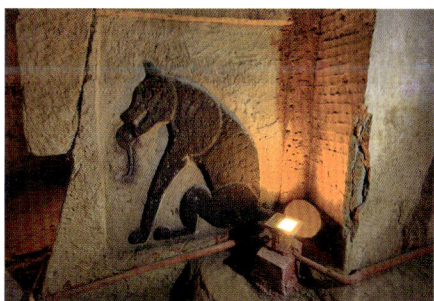

郯江崖墓"狗拿耗子"雕刻

【 历史渊源 】

西汉高帝六年（前201），置郪县（今郪江镇），属广汉郡，东汉沿袭。东汉时期，郪县豪强望族势力较大，有一定的经济地位。他们聚族而居，死后安葬在一起，逐渐形成了郪江庞大的崖墓群（也包括一些地方小吏）。蜀汉建兴二年（224），分广汉郡辖地一部分，设立东广汉郡，治所在郪县。《华阳国志》载："郪县有山原田、富国盐井……大姓王、李氏。又有高、马家，世掌部曲。蜀时，高胜、马秦皆叛，伏诛。"[1] 此即218年，马秦率部曲数万人的叛乱，刘备派李严率军平定，事见《三国志·李严传》。

郪江崖墓群，地处三台、中江两县分界处，1958年由当地村民在金钟山、紫荆湾、松林嘴等处开垦土地时发现。

1980年2月，四川省文物管理委员会进行初步勘察。1981年，三台县人民政府将郪江汉墓公布为县级文物保护单位。1996年，国务院将郪江崖墓群公布为全国重点文物保护单位。2000年5月，四川省文物考古研究所和三台县文物管理所，联合抢救发掘其中的6座崖墓。2002年5—7月，发掘了其中的10座崖墓。2002年6月—2003年11月，发掘了18座崖墓。

崖墓是东汉时期四川一种非常流行的墓葬形式。郪江流域的崖墓数量众多，形制多样，特点突出，是四川崖墓中的单独区域。郪江崖墓的大中型墓葬内都雕刻有丰富的仿木结构建筑形式和画像装饰，有的雕刻上的彩绘至今依然保存完好。[2] 郪江崖墓年代跨度比较大，其中相对年代较晚的属于东汉晚期和末期（东汉桓帝至献帝时期），与三国时期紧密相连。为研究、复原四川地区汉代乃至三国时期的民居建筑、生活方式等，提供了重要的实物参考。

1 （晋）常璩：《华阳国志》，齐鲁书社，2010，第37页。

2 夏笑容：《四川省三台县东汉崖墓》，《四川文物》，2010年第2期，第55页。

古郪道

【地理位置】

地理坐标：东经105°2′38.4″，北纬30°52′7.1″，海拔433米。

行政属地：三台县观桥镇方井村。

地理环境：调查段古道两边为村落民居。

【现状概述】

整个古郪道连接射洪等地，由石板铺成，路宽1—1.5米，但目前道路大部分已遭破坏。此次调查了方井村的一段古道，该道两侧为民居和农田，部分道路用石板铺筑，部分道路用木头铺筑，宽约1.5米，长约80米，保存较为完好。

残存古郪道青石板路基

残存古郪道木制路基

【历史渊源】

"郪道"一词最早见于《三国志·蜀书·姜维传》："于是引军由广汉、郪道以审虚实。寻被后主敕令，乃投戈放甲，诣会于涪军前；将士咸怒，拔刀砍石。"[1]这说明当时姜维率军经郪道等地前往涪城向钟会投降。这条道路是两汉及蜀汉时在今绵阳市辖境内（主要是三台、中江段）的第二条大道，是蜀汉西接三蜀、东通三巴的一大动脉。它横穿郪县境内，故被称为"郪道"，为古代的官道。郪道应该在三国时期之前就已存在。据三台《三国演义》学会介绍，这条道路在20世纪50年代时尚有宽阔的石板路。三台县境内的鲁班、观桥、安居、郪江等处，仍残存部分古道。《蜀中名胜记》载："汉郪县。《三国志》云：先主入蜀攻刘璋，遣诸葛亮等分定州郡。略地至郪。百姓以牛酒犒师于会军堂山，即此地。"[2]《读史方舆纪要》载："会军山，县东南百六十里。汉昭烈入蜀，遣诸葛武侯、张飞等略地至此，百姓以牛酒犒师，因名。"[3]可见，郪县与刘备、诸葛亮、张飞等蜀汉英雄进入益州创建蜀汉政权，以及姜维率众降魏均有一定关系。从这一角度来说，郪道见证了蜀汉政权的兴亡。

1 方北辰译注：《三国志全本今译注》，陕西人民出版社，2011，第2122页。

2 （明）曹学佺：《蜀中名胜记》，商务印书馆，1937，第415页。

3 （清）顾祖禹撰，贺次君等点校：《读史方舆纪要》，中华书局，2005，第3335页。

梓潼县

游兵坝

【 地理位置 】

地理坐标：东经105°8′，北纬31°34′46.5″，海拔465米。

行政属地：梓潼县东石乡油坪村。

地理环境：山坡下，古蜀道旁，坝子上为农田和民居。

【 现状概述 】

游兵坝又名"游坪坝""演兵坝"。《咸丰重修梓潼县志》载："演兵坝，县南十里。相传姚苌入蜀，访帝君，假以铁如意曰：'麾之可致兵。'苌未之信，帝君为之一麾，戈盾戎马万余列之平坡，即此地。"[1]位于东石乡一山坡下的古蜀道旁，为一大片平地，约2公顷，大致呈南北方向，坝子尽头为铜鼓山和塔子梁。现场未发现相关遗迹，仅存1998年上清观文物保护管理站制、邑人蒲志和书写的"游兵坝"石碑一通，碑文载："东晋时文昌帝君张亚子传授姚苌阵法，演兵于此，故名。"游兵坝现在被农田和民居占据，周围为开发区。

【 历史渊源 】

据梓潼县政协仇昌仲先生介绍，因当地流传有刘备从葭萌关到达御马岗，路过铜鼓山后，曾在此演练军队的传说，故名。游兵坝上有一座省级重点文物保护单位上清观，观内有蒙泉，相传刘备驻军游兵坝时，军马就是从该处饮水的。目前该泉水依然是道观和附近居民的主要饮用水源。上清观后山有一驻马坡，仍可在岩壁上见"驻马坡"三个红色大字，相传因刘备曾在此驻马而得名。[2]

游兵坝目前无三国时期遗迹，也不见于文献记载，可能是因为其位于古蜀道旁，由于三国文化的巨大影响力，所以被后人附会了三国传说故事。

---

1 （清）张香海修,（清）杨曦等纂：《咸丰重修梓潼县志》，《中国地方志集成·四川府县志辑⑳》，巴蜀书社，1992，第74页。

2 根据"驻马坡题刻"旁仇子元等人2003年立《驻马坡记》石碑文字资料，"驻马坡"得名源于"张亚子传授姚苌阵法"的传说，碑刻未记载刘备驻军的事迹。

游兵坝

游兵坝碑

驻马坡

李严故居

地理坐标：东经105° 9′ 24.3″，北纬31° 37′ 27.2″，海拔531米。

行政属地：梓潼县南桥村。

地理环境：长卿山南，旧址建有民居，已无人居住，杂草丛生，紧邻新建龙王庙。

【现状概述】

李严故居原建筑已不存，旧址上的民居也是如此。遗址前方有一条排水沟，还留存有部分蜀道遗迹。

【历史渊源】

《三国志·李严传》载："乃废平（李严改名为李平）为民，徒梓潼郡。（建兴）十二年（234），平闻亮卒，发病死。"[1] 相传李严被贬梓潼后就在此居住。因李严生前曾被封为都乡侯，乡民又称其故居为"王爷庙"，并在农历六月六日李严诞辰进行祭祀活动。李严故居几经毁坏。据梓潼县政协仇昌仲先生介绍，

李严墓相传在不远处的长卿山（"县治南二里。旧名神山，唐玄宗幸蜀，以山有司马相如读书窟，因改名焉"[2]），1958年时，李严故居和墓都受到了严重损坏。李严故居现仅存遗址，当地在遗址附近修建了"王爷庙"，为居民活动点。

当地相传李严被贬为庶民之后，居住在梓潼城南四里的蚕神山下（今名"长卿山"）。李严仍朝思暮想得到朝廷再度任用。一日，李严的夫人当着他的面数落丫头"罪过"时，李严连连摇头，生气地说道："横造无端，横造无端……"他又联想到自己，横造无端，贻误诸葛亮北伐，落到如此下场，就写了"横造"二字贴在门庭以示戒意。从此。李严在此的住处被称为"横造庐"。[3]

《三国志·李严传》裴注引录的诸葛亮等蜀汉官员联合上奏建议废黜李严的公文中，有"平为大臣，受恩过量，不思忠报，横造无端"的文句。这可能是李严居住之处得名为"横造庐"的历史渊源。

---

1 方北辰译注：《三国志全本今译注》，陕西人民出版社，2011，第1974页。

2 （清）顾祖禹撰，贺次君等点校：《读史方舆纪要》，中华书局，2005，第3223页。

3 根据梓潼《三国演义》学会口述资料整理。

李严故居遗址

李严故居，又称"横造庐"

三堆子

地理坐标：

上堆子，东经105°11′1.2″，北纬31°37′51.4″，海拔577米；

中堆子，东经105°9′3.3″，北纬31°37′10.8″，海拔531米。

行政属地：梓潼县文昌镇5社仇家坝。

地理环境：实地调查的"上堆子"周边为农田，杂草丛生。

【现状概述】

三堆子均位于金牛道东2千米附近，当地相传，诸葛亮为防止司马懿盗墓，从祁山到成都修了72座疑冢，三堆子即其中的三座疑冢，共分三处：

一处位于梓潼县文昌镇三星村五社仇家坝，称为"上堆子"。现存堆子高约4米，封土周长约30米，为圆形土坟墓。堆子上杂草丛生，四周为农田，旁边还新修了一土地庙。平坝中间有一高丘，下面为晒场和堰塘。考察组初步推测此为一汉墓或汉墓群。雨水对堆子墓影响较大，封土破坏严重，已经露出券顶，可看到裸露的砖石。此为砖室墓，形制不清楚。据梓潼县政协仇昌仲先生介绍，20世纪60年代曾有人挖掘此处菱形花纹砖运回砌猪圈，后因家中不幸，又原封运回来填好洞。

"上堆子"遗迹

"上堆子"遗迹裸露券顶

"中堆子"遗址

一处位于梓潼县南桥村书香街，称为"中堆子"。由于经济开发区建设，被推平，在原址上修建了电子场。

一处位于史家坝，据仇昌仲先生介绍，此处称为"下堆子"，已经被推平并砌成水沟，无法找到。当时在该处发现了6000余块汉砖。由于无法找到该点位，调查组未对此点位进行实地勘察。

【历史渊源】

《咸丰重修梓潼县志》载："武侯墓，今无考，似误传。"[1]《同治直隶绵州志》载："武侯衣冠墓，在梓潼县。今县志云无考。按：县西葛山，名卧龙山，上有武侯废庙，基址宏敞，侧有小阜，人呼'武侯垒'。"[2]而《三国志·诸葛亮传》言："亮遗命葬汉中定军山，因山为坟，冢足容棺，敛以时服，不须器物。"[3]故而，诸葛亮墓当在汉中定军山，不应在四川梓潼。很可能因当地方志存在有关武侯墓的记载，所以后人衍生成了"诸葛亮七十二疑冢"的传说。

1 （清）张香海修，（清）杨曦等纂：《咸丰重修梓潼县志》，《中国地方志集成·四川府县志辑20》，巴蜀书社，1992，第72页。

2 （清）文棨等修，（清）伍肇龄等纂：《同治直隶绵州志》，《中国地方志集成·四川府县志辑⑯》，巴蜀书社，1992，第658页。

3 方北辰译注：《三国志全本今译注》，陕西人民出版社，2011，第1823页。

御马岗

地理坐标：东经105°14′14″，北纬31°40′5.3″，海拔523米。

行政属地：梓潼县马鸣乡御马村。

地理环境：岗上有一庙宇，为马鸣乡阳戏传习所，岗东半里为龙洞河。

【现状概述】

御马岗所在的马鸣乡，相传因刘备的白马在此处饮水时长声嘶叫而得名。

御马岗为御马村内面积较大的一处山岗。据梓潼县政协仇昌仲先生介绍，后人曾在岗上建庙，供奉了刘备和白马的塑像。后来庙宇倒塌，塑像也被毁坏。20世纪80年代曾在岗上出土了一石马。1997年进行旅游开发时，在山岗上修建了御马古刹。目前，御马古刹偏殿内供奉了刘备、诸葛亮、张飞三人的塑像。

【历史渊源】

据梓潼县政协仇昌仲先生介绍，御马岗有如下多处三国文化遗迹。

马蹄印和饮马缸：相传212年，刘备从葭萌关起兵，大军在梓潼遇到王连阻击。刘备曾驻军于此，刘备所乘白马在这里的小河饮水，留下了马蹄印、饮马缸遗迹。

拴马树：相传刘备曾在此树上拴马。

实地调查发现，所谓"饮马缸"实为马鸣乡神潭沟河床上三个较大的凹形缺口，该处为石质河床，周围均为泥质河床，显得比较特

御马古刹供奉三国英雄像

殊；马蹄印的情况与饮马缸情况类似；而拴马树为一个树包，当地居民认为，此树包至少有八九十年的树龄，这个树包由七个树种组成。考察组辨认出了其中的冬青树、柏树、黄连树三种树木。

《三国志·王连传》记载："刘璋时入蜀，为梓潼令。先主起事葭萌，进军来南；连闭城不降，先主义之，不强逼也。"[1]当时梓潼县的县治，即在今四川梓潼县。御马岗地处梓潼古蜀道不远处，刘备当年入蜀时应当在此驻扎过军队，但是目前无可信记载和实物佐证，很可能是后人根据王连当年"闭城不降"的史实而衍生出的一系列传说。饮马缸、马蹄印、拴马树无可信资料的记载，通过现场调查可以判断，此处三国遗存是后人为纪念三国人物而附会的。

---

1 方北辰译注：《三国志全本今译注》，陕西人民出版社，2011，第2000页。

御马古刹

拴马树

马蹄印

饮马缸

邓芝阙

地理坐标：东经105°9′15.3″，北纬31°38′4.8″，海拔493米。

行政属地：梓潼县中和街西段89号。

地理环境：梓潼县中和街路中间，两侧为商铺和民居。

【保护级别】

1985年，被梓潼县人民政府公布为县级文物保护单位。

邓芝阙上建起了纪念牌楼

【现状概述】

邓芝阙，在梓潼县西繁华街道中和街马路中间的三开间二重檐仿古牌楼下。楼阙的两边为道路绿化树、商铺和居民楼。现存阙高3.2米，宽1.1米，厚0.6米；阙基占地约2平方米。墓阙有斗拱装饰，阙上无文字和花纹，又称"无名阙"；墓阙风化严重，风化为九块石头，又称"九块石"。

【历史渊源】

据梓潼县政协仇昌仲先生介绍，当地相传邓芝死后葬在梓潼，此即邓芝衣冠墓的墓阙。《咸丰梓潼县志》载："蜀汉邓芝墓：县西南五里，有二石阙。芝，南阳人。仕蜀为车骑将军。"[1]可见邓芝阙起初为双阙。清代该墓阙所

在区域为坟场，邓芝墓已找不到。20世纪90年代开发旅游时，先锋村村主任召集村民修建一阙门。

《三国志·邓芝传》记载，邓芝在益州为官时"赏罚明断，善恤卒伍。身之衣食资仰于官，不苟素俭；然终不治私产，妻子不免饥寒，死之日家无余财"[2]。四川境内相传有多处邓芝的坟墓。关于梓潼邓芝阙，可能是由于邓芝及其子邓良都担任过广汉太守的职位，而邓芝在任广汉太守期间"清严有治绩"[3]，故而曾经属于广汉郡的梓潼县，会有关于"邓芝墓"的记载。但由于年代久远，阙身损坏严重，难以对该阙主人的身份进行认定。

1 (清)张香海修，(清)杨曦等纂：《咸丰重修梓潼县志》，《中国地方志集成·四川府县志辑⑳》，巴蜀书社，1992，第72页。

2 方北辰译注：《三国志全本今译注》，陕西人民出版社，2011，第2140页。

3 方北辰译注：《三国志全本今译注》，陕西人民出版社，2011，第2139页。

杨修阙

【 地理位置 】

地理坐标：东经105° 9′ 30.4″，北纬31° 38′ 35.1″，海拔531米。

行政属地：梓潼县北门外文昌花园。

地理环境：在文昌花园小区单元楼角落处，杂草丛生。

杨修阙

【 保护级别 】

1985年，被梓潼县人民政府公布为县级文物保护单位。

【 现状概述 】

杨修阙，位于文昌花园小区楼下一角落的平台上，现仅存主阙阙身，子阙、阙座斗拱和阙盖都遗失不存。阙长1.7米，宽0.35米，高2.4米，厚0.95米，占地约2平方米。墓阙砂岩石质，风化剥落严重，阙身雕刻装饰也不存；字迹湮灭，"杨"字模糊不清，仅剩六块石头叠在一起。

杨修阙细部

【 历史渊源 】

当地百姓相传，此处为北方才子杨修的葬地。《咸丰重修梓潼县志》载："汉侍中杨修墓，俗传如是。有石阙十余字，仅一'杨'可辨，'修'字无考。《后汉书》亦不载。杨修亦未官梓潼，未知为何方人氏。"[1]可见当时的梓潼县志，也认为"杨修葬在梓潼"的说法仅仅是传说而已。

根据陈寿《三国志》的记载，杨修是死在随从曹操从汉中撤军回洛阳之时，他并未来过梓潼，所以本阙为三国时杨修之墓阙的可能性并不存在，当为后人出于对三国文化的喜爱，依据阙身上一个残缺的"杨"字附会而成。

---

1 （清）张香海修，（清）杨曦等纂：《咸丰重修梓潼县志》，《中国地方志集成·四川府县志辑⑳》，巴蜀书社，1992，第72页。

七曲山关圣庙

地理坐标：东经105°11′36.4″，北纬31°41′49.7″，海拔805米。

行政属地：梓潼县七曲村1社。

地理环境：古蜀道旁，七曲山大庙内，魁星楼北，古柏森森。

【保护级别】

1996年，被国务院公布为全国重点文物保护单位。

【现状概述】

关圣庙坐落在七曲山大庙内，魁星楼北面，古柏森森，位于古蜀道旁。

关帝庙坐东朝西，由皋门、拜殿、关圣殿组成。关圣殿仍保留明代的建筑特色，皋门、拜殿为清代乾隆年间所修。面阔三间，通面阔约16米，通进深约15米，高约15米。两山门用分心柱，殿内则不用。殿内共用柱18根，其中山柱6根，角柱4根，檐柱4根，内柱4根。柱头均圆形无卷杀，柱础为素面鼓镜式，以自然青石砌成。屋顶为单檐歇山式，盖筒瓦，出檐部分只用檐椽，不用飞椽。殿内所悬挂的两匾最为珍贵：一是"天大将军"，为清代湖南提督杨芳所题；一是"万古人极"，相传为道光帝所题。

七曲山大庙俯视

七曲山大庙关帝庙山门

七曲山大庙

殿内所塑关羽坐像，通体鎏金，为铁铸，像高5米，宽3米，头戴冕旒，金脸长须，身穿龙袍，衣纹流畅自然，腰束玉带，手执牙笏，神情威严。关羽像左侧为关平、关兴、王甫，右侧为周仓、关索、赵累。

此处的关公像，据说是全国独一无二的"金脸关公"。关羽的金脸，据说源于张献忠建立大西政权时。他追奉张亚子为祖先，改七曲山的文昌宫为"太庙"。张献忠以为统治天下要文武双全，所以七曲山所供奉的神像，文有张亚子，武有关公；王侯时是红脸，成神则为金脸。文昌和关圣是地位最高的神，文昌帝君是金脸，关圣也是金脸。

七曲山大庙中的关帝庙规模宏大，人物塑造精美，"金脸关公"为国内关羽造像中的佳作。

关帝庙殿内

关帝殿内配祀的周仓、关索、赵累塑像

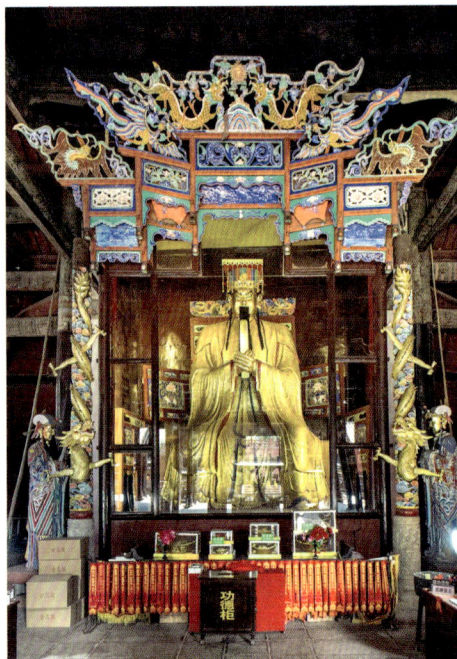

关帝神龛

七星山、演武铺

【地理位置】

地理坐标：东经105°14′36.2″，北纬31°49′24.3″，海拔784米（演武场第三层台）。

行政属地：梓潼县演武乡七星山。

地理环境：七星山地势险要，树木茂密，山底为瓦窑沟。

【现状概述】

七星山由七座山岭组成，自西向东横亘在金牛道上，如关似隘，将金牛道拦腰横断，重峦叠嶂，地势险要。陡岩下为瓦窑沟，山上无村庄和农田。

演武铺就在七星山的半山中，最早叫"阳沔戍"，《读史方舆纪要》载："阳沔戍，在县北，晋永宁二年李特围成都，时河间王颙镇关中，遣都护卫博讨特，军于梓潼，特使甘子荡袭败博兵于阳沔，即此。"[1]后世相传孔明曾在此演武练兵而改名。演武铺大概有几十亩地，分为三层台，长度大约有13千米，宽约2千米。目前未经考古发掘，无遗迹留存。

【历史渊源】

相传诸葛亮伐魏时，曾在此演兵布阵。当时蜀军在这七个山头间"白日树旗，黑夜明灯"，"设门布阵"操练"七星阵法"，于是这七座山被统称为"七星山"，沿袭至今。此后，诸葛亮又命魏延领兵开辟山寨，并在选定位置设置了"烽火台"。而设"烽火台"的山梁被称为"烽火山"。[2]《一统志》记载："烽火山在梓潼县东南一百二十里，相传武侯置烽火于此，故名。"[3]

《舆地纪胜》记载："蜀汉建兴五年，诸葛亮北伐，曾在此驻兵操演八卦阵法，在界牌子梁有演武厅、校场坝、点将台遗址；演武以东有七星山，诸葛亮曾在此'设门布阵'操演七星阵法，烟台山有蜀军烽火台遗址。"[4]演武铺山原来有点将台，清代于点将台处修庙宇、建石塔，今无遗迹可寻。

七星山为当年诸葛亮北伐的必经之路，山势险要，山上还有平台便于军队驻扎。诸葛亮的军队可能在此演练过，但只有地方志对此有简略记载，现今只有七星山所在的演武乡还留有"演武"之名。

1 （清）顾祖禹撰，贺次君等点校：《读史方舆纪要》，中华书局，2005，第3224页。

2 根据绵阳《三国演义》学会提供资料，《绵阳与三国传说》整理。（李德书主编，绵阳市《三国演义》学会出版，2010。）

3 （三国）诸葛亮著，段熙仲等编校：《诸葛亮集》，中华书局，2018，第241页。

4 王象之：《舆地纪胜》，中华书局，1992，第1732页。

七星山远眺

演武铺

瓦口关

地理坐标：东经105°11′8″，北纬31°40′20.7″，海拔609米。

行政属地：梓潼县文昌镇长岭村1队。

地理环境：水观音景区内。

【现状概述】

瓦口关，在金牛道南端附近的高坡五妇岭上，为近年新建的风景区，有关楼、城墙、雉堞等。关楼上建桓侯庙，有大败张郃占领瓦口关的张飞彩塑，关楼下右侧结义堂殿内，塑有刘备、关羽、张飞坐像，左侧贤君祠殿内塑有诸葛亮、梓潼太守张翼、梓潼县令王连像等。

《三国志·张飞传》载："曹公破张鲁，留夏侯渊、张郃守汉川。郃别督诸军下巴西，欲徙其民于汉中；进军宕渠蒙头、荡石，与飞相距五十余日。"[1]当时的宕渠，大致在今四川省达州市渠县东北，而蒙头和荡石则是宕渠区域内的小地名。可见，张飞与张郃当年交战的地点，应在今渠县一带，而不在梓潼县境内。所以此处关隘是后人纪念张飞，为开发旅游而建造的纪念性景点。

瓦口关张飞塑像

---

1 方北辰译注：《三国志全本今译注》，陕西人民出版社，2011，第1859页。

瓦口关航拍

瓦口关

踢脚石

【 地理位置 】

地理坐标：东经105° 11′ 14.01″，北纬31° 40′ 20.88″，海拔608米。

行政属地：梓潼县文昌镇长岭村1队。

地理环境：水观音景区内，古蜀道旁，新建瓦口关下。

踢脚石

【 现状概述 】

踢脚石在一段古蜀道旁，新建的瓦口关下。一块巨石上有六七道形似脚印的深槽，旁边立"踢脚石"标识石碑。

【 历史渊源 】

当地相传为张飞路过此处所留下的遗迹。一种说法是蜀汉时，张飞在巴西郡，诸葛亮在荆州，各率人马援救被困在涪关的刘备。张飞行至七曲山，见有"送险亭"（此亭是明代修建）字样，朗声大笑道："哈哈，坡去平来！"于是快马加鞭，马受惊蹄滑，将张飞掀下马，留下了两道深深的脚印。此后，张飞得知关羽被害的消息，便往成都要刘备发兵报仇。他来到踢脚石前，回忆起跌跤的教训和关羽的惨死，狠狠地蹬了几脚，又留下四道深深的脚印。还有一种说法是，张部攻取巴西后，直下梓潼，张飞追杀张部于关下，马失前蹄后留下的脚印。[1]

踢脚石在古蜀道旁历经千年，由于其形状较为奇特，后人出于对张飞的喜爱，衍生出了一些有关张飞的传说故事。

踢脚石前古蜀道

1 根据绵阳市《三国演义》学会提供资料撰写（李德书主编，绵阳市《三国演义》学会出版，2010）。

送险亭

地理坐标：东经105°11′5″，北纬31°40′31.5″，海拔531米。

行政属地：梓潼县文昌镇长岭村1队。

地理环境：在梓潼水观音景区内，丘陵与低山的交会处。

送险亭

【现状概述】

送险亭，距梓潼县南5千米，左依川陕国道，右临九曲潼水。蜀道自陕入川，百步九折，至此已是"险尽夷来"。明清时曾在此建有"坡去平来"石坊，1986年仿旧亭重建。[1] 新建小亭为六角式，无墙垣，由六根石柱承托，亭顶为六角攒尖式。六角亭一面为古蜀道，另一方向通往文昌殿。

【历史渊源】

三国时期，诸葛亮为了准备北伐，扩充、修复了部分金牛古道。后人无不怀念诸葛亮的业绩。《咸丰重修梓潼县志》载："县北十里石坊有'坡去平来'四字，言蜀栈道之险至此尽也。咸丰七年知县张香海重修，拆修之日，坊下掘一石碣，刻'明万历三十七年七月张国藩立'字，今张公复以咸丰七年七月重修，亦奇。"[2] 梓潼地处丘陵向低山过渡地带，低山与丘陵的交会处，常有坡去平来的地貌。"坡去平来"的描述，最能体现今七曲山之南一带

的地形地貌，明万历二十年（1592）在此修建六角形的送险亭，并建有"坡去平来"石坊，后遭破坏。清咸丰七年（1857），知县张香海重建。

在送险亭远眺，西北方向可以看见苍莽剑山群峰，东南方向则可见梓潼平坝和潼川浅丘。清乾隆年间，梓潼举人刘冕有诗云："循行踯躅到七曲，豁然开朗山如束。坡去平来碣高悬，抬头四望成远瞩。"送险亭的亭柱上，曾刻有一副对联："历尽艰险，才博得脚跟站稳；前途坦夷，岂能够掉以轻心！"

---

1 根据亭前《送险亭》说明牌整理。

2 （清）张香海修,（清）杨曦等纂：《咸丰重修梓潼县志》，《中国地方志集成·四川府县志辑⑳》，巴蜀书社，1992，第74页。

卧龙山

地理坐标：东经105°3′23.1″，北纬31°39′24.2″，海拔650米。

行政属地：梓潼县五一村、南河村、响水村。

地理环境：山上多松树和柏树，植被覆盖率较高，而杂草荆棘较多，路况很差。

【现状概述】

卧龙山纵卧南北，呈船形，连绵十多里，山势陡峭，山顶平坦。山上现存有诸葛寨、诸葛庙遗址、孔明泉、诸葛乔墓、拴马树、饮马池、马蹄印、板凳寺等多处三国文化遗存，山南端有全国重点文物保护单位千佛岩。

诸葛寨，又名"牛头寨"，在卧龙山上，为当地的制高点。由于年代久远，目前诸葛寨内部已无遗迹存在，存四处明代的寨门遗址。东寨门名曰"紫气门"，石门两侧对联为"凿井耕田歌帝力；家弦户坐涌春风"。西寨门名曰"清爽门"，石门两侧对联为"千年此地无惊恐；万宝从今喜造成"。北寨门名曰"长生门"，石门两侧对联为："纶巾羽扇驱司马，神兵逶迤达卧龙"。南寨门名曰"合熏门"，已被毁坏，仅存少量石块。寨门均为条石构造，有细钻花纹，门框高度在1.9—2.5米，宽度约2米。诸葛寨的历史可追溯到南宋末年，梓潼县尉朱子南为抗击元军，在卧龙山上修建营寨，后来历朝均对诸葛寨进行修葺。由于史载不详，故具体情况不得而知。从目前流传下来寨门上的对联可以推测，诸葛寨可能是当地为纪念诸葛亮北伐曾在此驻扎军队而修建。

卧龙山牌坊

卧龙山上曾建有诸葛庙，后遭破坏，清代复建。《咸丰重修梓潼县志》载："武侯庙，县西三十里葛山上，有八卦井，今庙与井俱湮没。"[1]现今仅存遗址（地理坐标：东经105°03′18.1″，北纬31°39′17″，），通过遗迹可看到砂岩质地的柱础石残件，直径约0.5米。根据倒塌的建筑构件，大致可判断诸葛庙为三重殿，墙基为石板所筑，残留了一段不太完整的墙基石。墙基做法：土中垫石，垫石上竖石板。墙基石每个长0.25米，残宽近0.06米，长1.96米。

孔明泉（地理坐标：东经105°3′21.9″，北纬31°39′24.5″，海拔635米）：为一悬崖下的石泉，相传诸葛亮北伐时，为解决军马饮水，在此处依岩掘地为泉。梓潼县《三国演

---

1 （清）张香海修，（清）杨曦等纂：《咸丰重修梓潼县志》，《中国地方志集成·四川府县志辑⑳》，巴蜀书社，1992，第52页。

诸葛寨遗址

诸葛寨紫气门

诸葛寨清爽门

诸葛寨长生门

诸葛寨合熏门

义》学会1992年立《诸葛寨饮马池》碑载:"历代史籍《元丰九域志》《舆地纪胜》《蜀中名胜记》《嘉庆四川通志》均载: 建兴六年(228)诸葛亮率军伐魏,以梓潼卧龙山诸葛寨为集粮屯兵之中途站,有诸葛坐骑饮水池在,后废,道光六年修复,今再复原。"《咸丰重修梓潼县志》记载:"葛山,县西三十里,一名亮山,今名卧龙山,昔诸葛武侯置营于此,有葛山寺,寺后有泉,石刻孔明泉,今犹引溉田数亩。寺右有盘石如车轮,由石穴转折而内,有石龛、佛像、石碑镌刻,唐贞观年立。"[1]泉的年代难以判断,泉水清澈,可直接饮用,为当地人的重要水源。据估算能够日出水两吨多,当地农民在半山处截流灌溉农田。现在依岩建殿,泉在殿中。殿内供奉有诸葛亮泥塑坐像,羽扇纶巾,蓝色袍服,右手执羽扇。坐像左右有《六出祁山伐魏图》《木牛流马传运图》两幅壁画。

诸葛乔墓(地理坐标: 东经105° 3′ 14.7″,北纬31° 39′ 23.9″,海拔645米): 在孔明泉东。当地相传,诸葛亮的养子诸葛乔,在诸葛亮北伐时,因为押运粮草失职,被贬到了梓潼卧龙山,最后死在此处。此处即诸葛乔墓,冢外部为近年修复。墓结构为石砌六面体,边长为2.45米,墓碑高1.62米,厚0.12米。墓碑上书"汉驸马都尉诸葛乔墓"(2000年邑人吴剑雄书)。左右各有一碑:

一为《重建诸葛乔墓碑记》,谭良啸、凌治年撰文,仇角羊等书丹。梓潼县《三国演义》学会庚辰年(2000)立,碑文为:"诸葛乔,本字仲慎,改字伯松。诸葛亮之兄诸葛瑾次子,生于东汉建安九年(204)。诸葛亮因年过四十而无子,故请兄将其子乔过继。诸葛瑾征得孙权同意,便派乔西来蜀国。亮遂以乔为嫡

长子,并改字伯松,才能、品行、修养均有名于当时。入蜀后官拜驸马都尉。诸葛亮北伐,乔随父出征驻汉中,并奉命与诸将子弟转运军资粮草于蜀道山谷之中。蜀汉建兴六年(228)卒,年仅二十五岁。据志书载,诸葛乔转运军资误期,其父执法公正无私,乔被贬于梓潼卧龙山读书思过。诸葛乔深明大义,读书思过之余,用山上清泉酿造美酒,送往北伐前线劳军,诸葛亮嘉之。惜天不假年,不久诸葛乔因病辞世,便就地安葬。千年风雨,世事沧桑,原墓已不存,而诸葛乔当年取水酿酒之清泉,被后人命名为'孔明泉',至今仍涌出清冽甘美之泉水,昼夜不息,滋润着这一方土地,养育着这一方黎民百姓。欣逢盛世,卧龙山民众为缅怀先贤,决定重建诸葛乔之墓以示崇敬。当地政府视之为德举,梓潼县《三国演义》学会嘉其义举,各方慷慨捐资万余元。工程从选址设计至竣工,历时五月,学会理事孔明泉之敬宾嘉主其事。重建之诸葛乔墓,依傍卧龙山,毗邻孔明泉。人们至此凭吊忠良英灵以抒发爱国、爱乡土之情愫。谨述而记之,以昭后世。"

一为《诸葛亮与兄瑾言子乔书》:"乔本当还成都,今诸将子弟皆得传运,思惟宜同荣辱;今使乔督五六百兵,与诸子弟,传于谷中。"

《三国志·诸葛亮传》载:"亮以乔为己嫡子,故易其字焉。拜为驸马都尉,随亮至汉中。年二十五,建兴六年卒。"[2]裴松之引用《亮集》云:"亮与兄瑾书曰:'乔,本当还成都。今诸将子弟皆得传运,思惟宜同荣辱;今使乔督五六百兵,与诸子弟,传于谷中。'"[3]

---

1 (清)张香海修;(清)杨曦等纂:《咸丰重修梓潼县志》,《中国地方志集成·四川府县志辑⑳》,巴蜀书社,1992,第17页。

2 方北辰译注:《三国志全本今译注》,陕西人民出版社,2011,第1832页。

3 方北辰译注:《三国志全本今译注》,陕西人民出版社,2011,第1823页。

卧龙山诸葛庙遗址

卧龙山孔明泉

诸葛乔墓

饮马池

孔明湖

通过上述记载可知，诸葛乔曾随诸葛亮前往北伐前线汉中，并参与了押运军事物资的任务。但诸葛乔25岁时死于何处，葬于何处，以及是否因押运粮草失职被贬到梓潼卧龙山等细节，史书并无记载。

拴马树、马蹄印、饮马池（东经105° 3′ 8″，北纬31° 39′ 26.5″，海拔672米）：在东山的山嘴处。拴马树，相传诸葛亮在此拴过战马，三根柏树长在半岩中，比周围柏树更为粗壮。拴马树旁的半岩石壁上，有两个清晰的马蹄印，相传为诸葛亮坐骑所留。拴马树下有一水池，名曰"饮马池"，相传诸葛亮的坐骑曾在此处饮过水。据梓潼县《三国演义》学会介绍，该水池从前四季不枯，水量很丰富，但是现在此处杂草丛生，已不见水。[1]

此次调查发现，所谓"拴马树"的树径约0.5米，树龄不可能超过千年；马蹄印和饮马池的传说，也在史书中没有记载。这三处遗存，应当是当地人出于对三国文化的喜爱而附会衍生的产物。

板凳寺（地理坐标：东经105° 1′ 27.4″，北纬31° 38′ 49.9″，海拔531米）：位于卧龙山半山坡处，寺下为梓潼县文管所和千佛岩文物管理处。

现存建筑为1997年当地复建，由前殿、观音殿、大雄宝殿组成。观音殿右侧为武侯殿，塑有诸葛亮、诸葛乔像；左侧为昭烈殿，塑有刘备、张飞像，寺庙后有殿堂供奉关羽塑像。寺内存有唐贞观八年（634）所立《阿弥陀佛并五十二菩萨传》石碑、唐僖宗中和四年（884）《造像碑记》等古迹。

板凳寺，因寺内有柏树（1000多年树龄）弯曲似板凳而得名，相传诸葛亮北伐时曾在此屯粮。此地处于古蜀道，正是蜀汉军队南上北下的必经之路，当年成批的蜀汉士兵在此运粮完全有可能。《梓潼风光名胜》记载："昔蜀汉军师诸葛亮，六出祁山北伐魏，在此练兵演武。"板凳寺其实始建于唐，规模宏大，原有九重十八殿。明末毁于战火，清康熙年间修复，为十二殿。咸丰年间，被清军围攻焚烧。光绪年间重建，仅剩两重五殿，后又遭到破坏。1978年乡镇开辟地方企业千佛酒厂，将正中殿诸葛亮之原像加工为汉白玉像。板凳寺地处古蜀道，地势险要，为当年蜀汉北伐的必经之地，诸葛亮北伐时，很有可能在此囤积过粮草，但是目前暂无有力的史料证据。

孔明湖：卧龙山附近有一福兴寺水库，为梓潼县第二大水库，介于卧龙镇与石牛镇之间，当地人称之为"孔明湖"，相传诸葛亮的军队曾在此补给水源。

此外，千佛岩的一神龛中，后人新刻一手持羽扇的诸葛亮彩绘石像，两侧对联为："纶巾羽扇驱司马；神兵逶迤达卧龙。"石像雕刻年代不详。

【历史渊源】

相传诸葛亮伐魏时，曾称赞此处酷似家乡卧龙岗，并在此屯粮练兵。故而该山得名"卧龙山"，亦称"亮山""葛山"。后世地理著作及地方志，对此曾有记载。如《读史方舆纪要》载："葛山，在县西南二十里，相传武侯伐魏，驻军于此，一名卧龙山。"[2]《蜀中名胜记》载："梓潼县西南二十里葛山，又名卧龙山，相传武侯伐魏，驻兵于此。见虎豹蛇虫势恶，自卧草中，兽皆俯伏。有古碑在此山之景福院。"[3]后人为纪念诸葛亮，又在山上修建了诸葛庙。

卧龙山大量的三国文化遗存，地方志书

---

1 根据梓潼县《三国演义》学会宋作富先生口述整理。

2 （清）顾祖禹撰，贺次君等点校：《读史方舆纪要》，中华书局，2005，第3223页。

3 （明）曹学佺：《蜀中名胜记》，商务印书馆，1937，第393页。

拴马树

马蹄印

板凳寺武侯殿

板凳寺昭烈殿

板凳寺古柏

卧龙山航拍

和地理学著作均有所记载。卧龙山是诸葛亮当年北伐的必经之地，其山势险峻，山顶平坦，诸葛亮北伐时有可能从这里经过。当地居民出于对诸葛亮的尊敬，留下许多关于诸葛亮的传说。但目前缺乏确凿的考古实物证据，故难以对其性质做出进一步的判定。

诸葛神垭庙

地理坐标：东经105°9′30.4″，北纬31°38′35.1″，海拔531米。

行政属地：梓潼县卧龙镇青春村1队1街。

地理环境：庙前为公路，庙后为农田和民居。

【现状概述】

诸葛神垭庙门前为公路，与绵阳市游仙区接壤，庙与居民住处连为一体，庙后为农田和居民区。该庙为近年复建，庙内还建了武侯殿，供奉有诸葛亮、李严（右）、诸葛乔（左）等人物塑像。"诸葛神垭庙"匾额为当地史学家王纲所题。

【历史渊源】

诸葛神垭庙，相传是李严运粮的接应处。诸葛亮北伐时，李严负责粮草押运。时值秋雨连绵，道路难行，日行十数里，到达徐家乡境，天黑道路难辨。突然垭口一片光亮，车队顺路前进，安全到达了卧龙山上的诸葛寨。后人怀念此事，明末在此修建了诸葛神垭庙，清咸丰时梓潼县令张香海，因庙破重建。此后庙宇年久失修，乡人怀念诸葛亮北伐之忠肝义胆，1993年集资重建了此庙。[1]

庙内《神垭庙考察记》，潘潢斌撰，潘潢一书，梓潼县《三国演义》学会1996年夏立，对于神垭庙的相关传说进行了考述，碑文如

诸葛神垭庙

下："神垭庙位于紫云道西约半里，卧龙至魏城古石板道上。相传诸葛亮北伐，命李严带兵回成都催粮，经此宿营，次日未行，至夜，有二金鸭绕帐长鸣，射而达之，眠而复至，难以安寝，天未明拔寨而行，后百姓广为流传，遂建神垭庙。据老翁云，原有一碑刻'神鸭庙'，建于宋代，明末毁于兵火。清嘉庆年间，重建字样。面西侧坡中埋有残瓦，庙脊残毁，瓦脊厚六分，残块花釉纹路可辨。考其遗址，原庙依山建有殿堂数处，连延近百米。庙前有石碑四栋，径达丈余之黄连一株，1958年被伐。庙毁于六十年代，残碑二栋，其一为'功德万代'，神垭庙重建碑志两行大字依稀可辨，小字模糊难辨：其一段绩可辨加五级记录；凡□内有事□鸣□务要□齐公□祠，不得畏□不前。亦不得挟嫌□□，野寺及石□□□□。为纪念神鸭催督蜀将速回成都市史传，群众集资于1993年重建神垭庙，殿内塑有刘备、关羽、张飞、佛祖等像已具规模，游览者众。1996年4月，县《三国演义》学会刘长荣、李伦德、仇昌仲等实地考察，神垭庙为紫云道至魏城捷道上又一《三国演义》文化旅游景点，特简述。"

---

1 根据庙前梓潼县《三国演义》学会1996年所立《诸葛神垭庙碑记》整理。

景福院（诸葛堂）

地理坐标：东经105° 2′ 40.4″，北纬31° 39′ 38.7″，海拔527米。

行政属地：梓潼县卧龙镇九柏村5社。

地理环境：位于卧龙山西北山麓，安梓公路侧。

【现状概述】

景福院依卧龙山而建，为佛教建筑。景福院内供奉有关羽塑像，两侧侍立关平、周仓，关羽殿门前挂有谢汉杰书"德参造化"门匾。景福院二层修建了诸葛堂，塑有诸葛亮像。目前，诸葛堂正在修建中，拟打造为二国文化与佛教文化相结合的文化景观。

【历史渊源】

景福院，又名"景福院佛龛寺"，始建于晋永安元年（304），相传诸葛亮为完成先主之统一大业而在山上安营扎寨、屯兵屯粮，人们怀念诸葛亮，故在山上建诸葛庙，庙宇年久失修，现今仅留残迹。昔唐宋名僧明心在景福院遗址处凿龛供佛，故亦名"佛龛禅寺"。[1]《咸丰重修梓潼县志》载："景福院石碑，县西二十五里。旧有石阙，在葛山下，今为佛龛寺，碑无存。"[2]《同治直隶绵州志》载："景福院石碑，在县治西二十五里，旧有石阙在葛

景福院

景福院诸葛亮塑像

山下，今为佛龛寺，碑无存。"[3]可见景福院曾存古碑，至于碑的内容已不得而知。

---

1 根据景福院内梓潼县《三国演义》学会立《景福院碑记》整理。

2 (清)张香海修，(清)杨曦等纂：《咸丰重修梓潼县志》，《中国地方志集成·四川府县志辑⑳》，巴蜀书社，1992，第74页。

3 (清)文棨等修，(清)伍肇龄等纂：《同治直隶绵州志》，《中国地方志集成·四川府县志辑⑯》，巴蜀书社，1992，第161页。

魏延祠

地理坐标：东经105°4′22.2″，北纬31°38′54.2″，海拔503米。

行政属地：梓潼县卧龙镇三泉乡2队。

地理环境：魏延祠位于卧龙山下梓卧公路旁一高坡的坝子上，祠堂下为公路和排水沟，附近为农田和民居，祠前河流为魏家河。

【现状概述】

魏延祠为20世纪90年代修建，单殿，单檐歇山顶结构，正殿加上偏殿为四柱三开间。祠内塑有红脸魏延像正中端坐，手执宝剑，高约3米。魏延像旁边为诸葛亮像。"魏延祠"三字匾额，为沈伯俊先生所题。祠前立《魏延驻兵此认证碑记》《魏延祠考察记》《南郑侯魏延简介》[1]三通新刻石碑。

《魏延驻兵此认证碑记》，梓潼县《三国演义》学会理事潘潢斌1999年撰文："诸葛亮由成都北征，经梓潼屯兵卧龙山诸葛寨时，魏延率军屯驻长生门东麓井岗坪上。为怀念魏延驻兵之史迹，当地百姓曾建魏家河庙与将军桥，庙前有古碑五张，娘娘会碑尚存。其中一碑，上刻魏延率兵事。六十年代庙碑皆毁，今由何宗发、何代富、何书宗等人调查，曾目睹其上刻有'魏延率兵驻此'之句。今尚健在者，周登甲八十七岁，住白雀一社；张富元八十六岁，住白雀五社；李永树八十四岁，住白雀一社；仇世增七十一岁，住文昌镇青

龙四社；周崇法五十岁，住白雀一社；何宗发七十五岁，住白雀二社；涂明政六十一岁，住白雀三社；何万顺八十岁，住白雀五社等证实。特刻此碑，以彰先事。"

《魏延祠考察记》，梓潼县《三国演义》学会理事潘潢斌撰，潘潢一书，敬如发刻，1995年春立，碑文为："魏延祠，坐落在卧龙山千佛岩诸葛寨东长生门下东麓井冈坪上，梓卧公路后。祠前经过路北魏家河蜿蜒东流，祠周松柏掩映，环境幽静，令人心旷神怡。祠前石梯在翠柏拱卫中拾级而上。殿宇巍峨，工艺精美，魏延像塑于祠正中，端庄威武，颇具大将风度，参观瞻仰者络绎不绝。考其祠周十余里，良田一千五百余亩，人口一千一百余众，有张、何、周、李、席、姜、曾、白、涂等姓氏。千百年来唯无魏姓也。魏家河东原有魏家河庙，庙前有石碑三通。据八旬翁回忆，其一碑上刻有'魏延率兵驻此'之句，庙毁于1968年，碑下落不明。228年，诸葛亮率军伐魏，屯兵于今卧龙山诸葛寨，令魏延率本部兵马驻今魏家河南井冈坪上，成掎角之势，以作策应，此与诸葛亮用兵谨慎相符。传说昔有一将军巡视，见魏延身穿战袍，手持大刀，牵马在小河边饮水。后建桥，乃名曰'将军桥'，今尚存，每年六、七月间，水退则可见桥。魏延勇猛善战，屡建战功，后人为纪念他，便将此河取名为'魏家河'，亦刻碑志，令众集资修建魏延祠。沈伯俊教授题匾，县《三国演义》学会名誉会长谢汉杰题名，市府老局长谢志超题写对联等，均为纪念'魏延率兵驻此'之史迹。"

---

1 《南郑侯魏延简介》依据《三国志·魏延传》内容撰写，在此不再赘述。

魏延祠

魏延像

【历史渊源】

相传诸葛亮北伐途经卧龙山时，魏延曾率军驻扎在卧龙山诸葛寨长生门东井坪上。诸葛亮命魏延在山前下寨，魏延就带着军士在山西角的树林处安营扎寨。当时天气炎热，水源缺乏。恰好当时一大团雀鸟在他头上飞来飞去，怎么赶也赶不走。魏延只好下令军士把营寨迁出林外。那些雀鸟很快就飞走了，魏延觉得奇怪，忽然感觉脚下湿湿的，看到一只白色雀鸟在自己脚旁跳动。白雀飞到一处只有一指宽的岩缝就停下了。魏延走过去抠了一下岩缝，一大块石头落了下去。原来这是一处暗河，魏延就下令将水引出地面。这样不仅解决了军队的饮水问题，又方便了当地居民。后人称这条河为"魏家河"，为纪念此事，建造了魏延祠、魏延桥。祠前原有古碑五通，20世纪60年代时庙碑皆毁。[1]

《三国志·魏延传》记载，魏延勇猛过人，屡立战功，但为人矜持高傲，与当时共事的杨仪等将领存在矛盾。诸葛亮重病时"密与长史杨仪、司马费祎、护军姜维，作身殁之后退军节度：令延断后，姜维次之；若延或不从命，军便自发"[2]。诸葛亮死后，魏延拒绝听从杨仪指挥做断后将军，并与"有如水火"的杨仪发生冲突，最后被冠以谋反的罪名夷灭三族。魏延是否有叛蜀投魏之心？陈寿认为："原（魏）延意不北降魏而南还者，但欲除杀仪等。平日诸将素不同，冀时论必当以代亮。本指如此，不便背叛。"[3]可见魏延原本并无叛蜀之心，只是与杨仪等人有私人矛盾，并与诸将关系不和睦，在争权失败后被夷灭了三族。梓潼魏延祠供奉"红脸魏延"，代表了本地居民对魏延不幸遭遇的深深同情，对其功过是非做出了公正的判断。

---

1 根据梓潼县《三国演义》学会讲述资料整理。

2 方北辰译注：《三国志全本今译注》，陕西人民出版社，2011，第1979页。

3 同上。

古蜀道（绵阳境内）

【地理位置】

地理坐标：

梓潼段：东经105° 15′ 54.8″，北纬31° 51′ 48.3″。

蹬脚石段：东经104° 47′ 28.2″，北纬31° 29′ 14.3″。

富乐山后段：东经105° 14′ 12.3″，北纬31° 48′ 8″。

行政属地：以上三段古蜀道分别位于梓潼县演武乡红岩村、梓潼县文昌镇长岭村1队富乐山。

地理环境：古道两旁多古柏。

【现状概述】

位于梓潼县演武乡红岩村段古道基本被毁坏，仅存20米左右，紧靠演武乡到七曲山大庙的公路，在一小块位于古蜀道旁平地上，古柏森森。

古柏王为其中最大的一株，树周最大达6.7米。据C14测定，树龄在1800年以上。该树已竖立栅栏围护，生长状况良好。据梓潼县政协仇昌仲先生介绍，当地居民流传，古柏王上的三个大分枝代表了桃园三结义中的刘备、关羽、张飞，五个小分枝代表了五虎上将中的关羽、张飞、黄忠、马超、赵云。该柏树在三国时期应当就已经存在，后人出于对三国人物的喜爱，附加上了自己的美好想法。

富乐山古蜀道

古柏王

踢脚石山坡处的古蜀道

梓潼县文昌镇长岭村水观音景区蹦脚石的山坡处，也有一处古蜀道，路宽约2米，破坏较严重，仅保留下长几十米路段。

还有一段位于绵阳富乐山后，现存道路宽1.5—2.2米，长300米左右。

【历史渊源】

历史上的蜀道，多指由今西安入蜀的道路。自西安入蜀，必先翻越秦岭达汉中，然后越大巴山、米仓山等进入四川，因此，凡由西安到四川的道路，诸如褒斜道、陈仓道、子午道、傥骆道、金牛道、米仓道等，皆可称为蜀道。[1]

川北的古蜀道又称"金牛道""石牛道"或"剑阁道"，开凿于战国秦惠文王时期。它贯穿巴山、沟通秦蜀，从陕西宁强南下，经广元、葭萌、剑门、梓潼、绵阳、广汉到成都。金牛道在三国时期，是诸葛亮北伐与蒋琬屯兵涪城的重要道路。《蜀中名胜记》载："《舆地广记》曰石牛道者，山有小石门，穿山通道六丈余……诸葛孔明以大剑至此有隘束之称，乃立剑门县。复于阁道置尉以守之。常璩云阁道三十里，至险。有阁尉、桑下兵也。《晋书》李特入蜀至剑阁，顾盼险阻曰：刘禅有如此地而面缚于人，岂非庸才耶！"[2]《元和郡县图志》言："剑阁道，自利州益昌县界，西南十里至大建镇，合今驿道。秦惠王使张仪、司马错从石牛道伐蜀，即此也。后诸葛亮相蜀，又凿石架空为飞梁阁道，以通行路。"[3]

由此可见，蜀道与三国文化密切相关，诸葛亮亦曾对蜀道进行过修筑。有学者甚至认为："三国历史也是一部蜀道发展史。蜀道名称出现于三国，围绕着蜀道的汉中战役催生了三国的实际形成，通过蜀道展开的魏灭蜀汉之役实际宣告了三国鼎立的结束。三国争雄促进了蜀道旧路的维护修复和新路的开辟利用，蜀道的主线、大道和支线、小路在三国历史中均扮演重要角色。"[4]而通过对绵阳一带的调查发现，绵阳地区相当一部分三国文化遗存都分布于古蜀道沿线。该地区的三国文化遗存和传说，往往与蜀汉北伐、蜀军将领驻军等军事活动相关，有着鲜明的地域特色。

---

1 刘艳伟：《三十年来蜀道研究综述》，载《重庆交通大学学报(社会科学版)》，2012年第126期，第80页。

2 (明)曹学佺：《蜀中名胜记》，商务印书馆，1937，第385页。

3 (唐)李吉甫：《元和郡县图志》，中华书局，第873页。

4 孙启祥：《蜀道与三国》，载《襄樊学院学报》，2009年第1期，第59页。

平武县

江油关城楼

【地理位置】

地理坐标：东经104°50′14″，北纬32°12′15″，海拔701米。

行政属地：平武县南坝镇。

地理环境：此地属亚热带季风湿润气候，植被良好。南面为牛心山和巩固梁，北面为凤翅山，涪江从两山之间穿流而过。

【现状概述】

该城楼位于绵阳市平武县南坝镇唐山大道，北面为南坝镇镇政府，西面有南坝小学、连心广场，东临唐山大道，系2008年汶川地震后河北省唐山市援建。城楼为重檐庑殿顶，门额题有"江油关"三个大字，城楼内部的照片、图片和文字，主要展示古代江油关，即今南坝镇的历史沿革、文化特色，以及汶川地震灾后重建的情况。城楼两侧各竖一座汉阙，分别题有"蜀汉江油关""冀川新南坝"字样。城楼东面修建了文化长廊，长廊上竖立明代汉守将马邈忠义妻李氏故里碑、明代宋生员严庸贞烈妻袁氏故里碑、现代蜀汉江油关碑、现代古龙州碑等碑刻。汉守将马邈忠义妻李氏故里碑长0.7米，宽0.8米，高2.17米。碑身右上角、左下角微残，碑体轻微风化。蜀汉江油关碑长0.89米，宽0.91米，高2.07米。该碑为1986年所立，保存较为完整。

新建的江油关城楼

蜀汉江油关碑

清雍正《四川通志》卷二载："龙安府，《禹贡》梁州之域，周秦氐羌地，汉为广汉郡刚氐道，东汉置广汉属国都尉，蜀汉为江油戍，兼置广武县，属阴平郡。"从东汉汉献帝建安二十四年（219），刘备攻占汉中称王后设置江油戍开始，至今已有1800多年的历史。有了江油戍，蜀汉在军事上进可以取阴平道北上，越摩天岭后与曹操军事集团争夺武都、阴平、陇西等地，退可以充分与附近的天险摩天岭相配合，以确保成都腹地无虞。263年，邓艾翻越摩天岭、阴平景谷步道，悬兵束马，进逼江油关，蜀守将马邈不战而降，邓艾才得以攻占涪县，进逼绵竹，迫使刘禅出降，蜀汉灭亡。

2008年汶川地震，江油关所在的南坝镇亦遭受重创。在灾后重建过程中，河北省唐山市援建了南坝镇连心广场。为充分展示南坝镇深厚的三国历史文化底蕴，在广场上重修了蜀汉江油天城楼，面朝涪江。

江油关航拍

江油关遗址

【地理位置】

地理坐标：北纬32°11′13.11″，东经104°49′32.73″，海拔695米。

阴平古道残段：北纬32°42′53″，东经104°50′01″，海拔703米。

行政属地：平武县南坝镇古龙村桐子梁。

地理环境：此地属亚热带季风湿润气候，植被良好。东面100米处为何家坝山，西面55米处为羊龙沿山，南面为牛心山和巩固梁，北面150米处为凤翅山，南面150米是现代民居，北面200米是南坝公路大桥。

【现状概述】

现遗址东西长1200米，南北宽3000米，占地面积为360万平方米，遗存有御笔手诏碑、叮当泉、蜀汉江油关碑刻、汉守将马邈妻李氏投河遗址等古迹。遗址东北有凤翅山，西南有牛心山，涪江从北向南纵贯山下，形成天然的军事关隘。

在靠近古江油关关口明月渡（今南坝公路大桥）的巩固梁半山坡上，发现一段被废弃的道路，被掩埋于杂草之下。清理后发现，道路中间为水泥路面，而两侧路面疑为古代砖石所铺就。根据南坝镇镇政府党办的杜兵同志介绍，中间的水泥路面为1949年后修的水泥公路。据考察人员观察，道路两侧的砖石由来已久，似是古道，又因该地处于江油关天险位置，这条道路是否就是阴平古道的一段，是值得深入研究的课题。

江油关遗址

【历史渊源】

江油关，又称"江油戍"，位于阴平古道中部，是三国时期蜀汉政权防备外敌入侵而设立的重要军事关隘，有"扼拒东南，藩篱西北，川蜀保障，夷夏襟喉"[1]之称。

清雍正《四川通志》卷二记载了江油戍的历史沿革：在汉代，这里本属刚氐道；蜀汉时期，首次在此设立江油戍，习称江油关；两晋时期，此处属平武县管辖；西魏时期，升格为龙州江油县；唐宋时期均为江油县；元朝末年，开始在江油县南面百里之外的武都县兴教镇，设立新的江油县（今四川省江油市）。从此"江油"这一地名，便有了老旧之分。老江油是指在平武县南坝镇的古江油戍、江油关，新江油是指现今的江油市。

三国时期与此相关的著名事件，是蜀汉末期魏将邓艾由阴平道翻越摩天岭进攻此处。陈寿《三国志·邓艾传》对此有如下记载："冬十月，艾自阴平道行无人之地七百余里，凿山通道，造作桥阁。山高谷深，至为艰险，邓艾以毡自裹，推转而下，将士皆攀木缘崖，鱼贯而进。"然而邓艾先锋部队刚到达江油关，蜀军守将马邈就投降了。《谯周传》解释了马邈投降的原因："景耀六年冬，魏大将军邓艾克江油，长驱而前，而蜀本谓：'敌不便至，不作城守调度。'"正是对敌情分析的严重失误，认为敌军不会立即进入蜀汉地域，因此完全没有应战的准备，导致邓艾的先锋部队迅速到达江油关，马邈就恐惧投降了。北魏郦道元《水经注》卷三十二补充了邓艾入蜀的路线："邓艾自阴平、景谷步道，悬兵束马，入蜀径江油、广汉者也。"

江油关因三国时期邓艾偷渡阴平，直取江油关，导致蜀汉政权火亡而载入史册。《平武县志》记载，阴平道从此也成为由陇入蜀的重要通道。宋代和明代，为保证陇蜀通道的畅通，还对阴平道进行过修整。到了清代，阴平道辟为驿道，为川甘驿道的一部分。

---

1 平武县县志编撰委员会：《平武县志》，四川科学技术出版社，1997年，第845页。

《汉守将马邈忠义妻李氏故里》碑

地理坐标：

碑原址：北纬32°12′36″，东经104°50′29″，海拔692米。

落河盖：北纬32°11′53″，东经104°50′40″，海拔686米。

行政属地：平武县南坝镇古龙村黄莲树崖。

地理环境：此地属于亚热带季风湿润气候，主要适应乔木、灌木、蕨类及多种农作物的生长。东面350米处为涪江，西面紧靠后坪山，北面450米处为凤翅山，南面800米处为羊龙岩山。东、南、北三面为现代民居、场镇街道，西面坡上30米处为板房区，老九环线由此经过。

"落河盖"

【现状概述】

该碑身为长方形，高2.17米，宽0.7米，厚0.08米。碑文为楷书竖排阴刻"汉守将马邈忠义妻李氏故里"12个大字，字径0.2米，字距0.03米。右侧刻"龙安府知府孙延、同知彭漠、推官杜邦栋、平武知县向大有立"，左刻"万历壬子，孟秋之吉，原任浙江湖州府长江县知县邑人聂傅"。碑上"忠"字被人刮掉，碑身右上角、左下角微残，碑体轻微风化。

据古龙村村委书记严立顺介绍，该碑以东约350米处为落河盖，即李氏投河处，该处现为灾后重建的南坝水电站。

【历史渊源】

清《道光龙安府志》卷八《烈女》[1]详细记载了李氏忠贞爱国、宁死不降的英雄事迹："炎兴元年冬，邓艾深入阴平，邈不为备。一日阅军，天甚寒，邈归私室与妻拥炉。妻曰：'近闻边关告急，君豫然何也？'邈曰：'天子听信黄皓，溺于酒色，吾意祸不远矣！魏兵至日，吾必降。'李唾面曰：'君为男子，先怀不忠不义之心，虚受国家爵禄，吾何面目与君共立乎？'邈默然。忽报艾已入城（关）。邈大惊，出降。李闻之，自缢死，艾问其故，邈以实告，艾怜其贤，具棺葬之。"道光时期，在老

1（清）邓存咏等纂：《道光龙安府志》，《中国地方志集成·四川府县志辑⑭》，巴蜀书社，1992，第917页。

江油，即今平武县南坝镇，还建有汉烈妇李氏祠[1]，祭祀这位忠义刚烈的女英雄。清光绪时期，在当地阳亭乡曾建有祭祀李氏的烈女祠，如今已不存[2]；在城东二里的东河堤尾发现一座墓，相传是马邈妻李夫人的墓冢，该墓年代久远，碑碣早已不存。光绪二十八年（1902），涪江洪水肆虐，堤坝坍塌，唯独此墓没有被淹没，百姓急忙到墓冢之上躲避洪水，得以保障人身安全。[3]

该碑建于明万历四十年（1612），后历史变化，根据2015年南坝镇古龙村村委书记严立顺同志介绍，该碑原在南坝镇古龙村黄莲树崖，后迁到南坝镇古龙村叮当泉侧，现立于南坝镇连心广场文化长廊。

汉守将马邈忠义妻李氏故里碑

1（清）邓存咏等纂：《道光龙安府志》，《中国地方志集成·四川府县志辑⑭》，巴蜀书社，1992，第653页。

2（清）武丕文修，（清）欧培槐等纂：《光绪江油县志》，《中国地方志集成·四川府县志辑⑱》，巴蜀书社，1992，第121页。

3（清）武丕文修，（清）欧培槐等纂：《光绪江油县志》，《中国地方志集成·四川府县志辑⑱》，巴蜀书社，1992，第143页。

江油市

汉王坪遗址

【 地理位置 】

地理坐标：东经104°41′02″，北纬31°44′26″，海拔520米。

行政属地：江油市太平镇。

地理环境：普照村6组和清华村1组交界处，境内属亚热带季风气候，气候温和，冬暖春早，夏长秋短，无霜期长，以平坝地貌为主，条件优越，农副产品丰富。东1千米处为涪江。该地地势西高东低，东临大包山，西5千米处为西屏乡。

【 现状概述 】

该遗址位于普照寺以西约1500米处，混凝土厂以北约100米处。遗址范围内现为农业生产用地，周围多为普照村村民住宅。汉王坪遗址发掘完成后被回填。

【 历史渊源 】

汉王坪，旧称"汉王台"。清代雍正时期的《四川通志》卷二十七记载："汉王台，在（彰明）县西北三十五里。"此后，清道光《龙安府志》[1]也有类似记载，并增加了"相传汉王驻兵于此"的文句内容。清同治年间《彰明县

志》[2]和《直隶绵州志》，也都有汉王台的记载，但对其地理位置的描述各不相同。《彰明县志》卷十三说"汉王台在县西北十五里"，而《直隶绵州志》卷十四[3]记载的方位与上述《四川通志》相同。《直隶绵州志》卷四十六[4]也有"汉王驻兵处"的内容。《彰明县志》和《直隶绵州志》都是同治时期所修志书，记载同一点位的方位却不尽相同，就连《直隶绵州志》同一本书中，对汉王台方位的两处记载也有所差异，这是值得注意的事。

1975年7月，当地农民在汉王坪挖掘沼气池时，发现弩机3件。[5]其中，2号弩机有明确纪年款——"景初二年"，"景初"是魏明帝曹叡的第三个年号；另外，弩机的铭文具有明显的曹魏时期特征，由此说明2号弩机为曹魏弩机。3号弩机郭后端刻铭文"吏陈□□郭道略杨阿二游氏所作十石□重四斤"，与成都市郫都区出土的蜀汉弩机上的铭文体例基本相同，有吏、工匠、弩机的强度和重量等要素，

1 （清）邓存咏等纂：《道光龙安府志》，《中国地方志集成·四川府县志辑⑭》，巴蜀书社，1992，第674页。

2 （清）牛树海原本，（清）何庆恩等修，（清）李朝栋等增纂：《同治彰明县志》，《中国地方志集成·四川府县志辑⑱》，巴蜀书社，1992，第370页。

3 （清）文棨等修，（清）董贻等修，（清）伍肇龄等纂：《同治直隶绵州志》，《中国地方志集成·四川府县志辑⑯》，巴蜀书社，1992，第163页。

4 （清）文棨等修，（清）董贻等修，（清）伍肇龄等纂：《同治直隶绵州志》，《中国地方志集成·四川府县志辑⑯》，巴蜀书社，1992，第657页。

5 黄石林：《四川江油出土三件有铭铜弩机》，《文物》，1994年6期。

汉王坪遗址

可以判定3号弩机为蜀汉弩机。[1] 1号弩机因其铭文字形潦草、刻划较浅，无法判断其归属。弩机是古代重要作战兵器，制作不易。魏、蜀弩机同时在此出土，有多种可能性，也许此处曾发生战争，抑或是俘获方带来此处遗下的兵器，或者此处是蜀汉官方制作兵器的遗址。

2008年，江油市三普资料记录了汉王坪的地层考古资料：汉王坪遗址位于河西普照村，整个遗址范围高出地面3米左右，南北长440米，东西长710米，分界清楚，形成明显台地。第一层为耕土层，厚0.5米；第二层为黄色黏土层，厚1.5米，含有红褐色陶片，绳纹板瓦，应为人工垒筑堆积，为汉文化层。说明早在汉代，此处已有人工建筑的痕迹。

调查时，据江油市文物保护办公室工作人员介绍，以前此处有一片水塘，后从东面大包山取土回填。

结合清代历史文献的记载、蜀汉铜弩机的发现、汉代地层的考古资料，可以综合推断，蜀汉末年，邓艾奇袭蜀汉，从古江油关（平武县南坝镇）至涪城（绵阳），为避开金牛道上剑门关的蜀汉大军，必定要重新规划一条新的攻取路线，汉王坪东临涪江、西靠大包山，位于绵阳市（涪城）以北30千米、平武县南坝镇（古江油关）以南55千米，蜀汉政权在此处应有过一系列政治、军事活动，是邓艾攻取古江油关后行军至涪县的一个重要节点。

1　曾昌林：《三国铜弩机考释》，载《文物》，1997年
　　2期；谢凌：《战国至三国时期的弩机》，载《四川
　　文物》，2004年3期。

汉王坪墓群

地理坐标：

M1：东经104°40′55″，北纬31°44′25″，海拔528米

M2：东经104°40′56″，北纬31°44′22″，海拔526米。

行政属地：江油市太平镇。

地理环境：境内属亚热带季风气候，温和多雨，冬暖春早，夏长秋短，无霜期长，以平坝地貌为主，条件优越，农副产品丰富。东1千米为涪江。该墓群位于汉王坪遗址东北边缘，河西—西坪公路右侧20米，墓室上为农业生产用地。

【现状概述】

据当地文物部门工作人员介绍，该墓群为东汉晚期墓葬。墓群位于汉王坪遗址东北边缘，因修河西—西坪公路取土暴露墓砖。M1距地表约1.5米，残宽2.6米，残高1.54米，发现菱形纹汉砖由南向北堆积，砖长0.44米，宽0.2米，高0.08米。M2残损严重，仅可见数块菱形纹汉砖暴露在自然塌陷的断面上。

汉王坪墓群

东山崖墓群

地理坐标：

M1、M2：东经104°46′09″，北纬31°45′07″，海拔528米。

M3：东经104°46′17″，北纬31°45′，海拔556米。

行政属地：江油市三合镇羊河村4组。

地理环境：境内属亚热带季风气候，温和多雨，冬暖春早，夏长秋短，无霜期长，以平坝地貌为主，条件优越，农副产品丰富。该墓群位于涪江以东的东山上。

东山崖墓群排布密集的墓室

【现状概述】

此次调查组来到东山时，距离东山崖墓区的考古发掘已过了10年之久，大多数崖墓都隐没于杂树荒草中，仅在东山山脚发现当时发掘的2座崖墓，因位于路旁，较易于辨认。2座崖墓墓道都不可见，墓门已被泥土淹没大半，墓内杂草丛生，崖墓周边为农田和土路。半山腰发现另一座崖墓，崖墓周边，尽是杂草树木，墓门仅容一人弯腰通过，残高1.1米。墓为单室墓，内残长5米，残宽1.8米。

【保护级别】

1992年，被江油市人民政府公布为县级文物保护单位。

【历史渊源】

根据江油市文物保护办公室提供资料，1995年3月，四川省文管会、江油市文管所组成的考古队，对东山崖墓区域进行发掘，共

东山崖墓群一处墓室内部

清理了29座崖墓，出土陶俑、陶鸡等200余件随葬品。

东汉崖墓一般由墓道、墓门、甬道及墓室组成，并根据规模大小、繁简分为单室、双室及多室3种墓型。江油市文物保护办公室提供资料显示，此次发掘共清理崖墓29座，其中单室墓26座、双室墓2座、三室墓1座。出土器物以陶器为主，铜器、铁器、瓷器次之。陶器中又以陶俑的数量为多，分为侍俑、乐舞俑、劳作俑、动物俑、抚琴俑等，这批陶俑内容丰富，造型简练，作风朴实浑厚，形象生动写实，具有研究和欣赏价值。

养马峡

地理坐标：

养马峡：东经104°56′48″，北纬32°05′，海拔805米。

阴平古道：东经104°56′45″，北纬32°05′，海拔803米。

行政属地：江油市文胜乡。

地理环境：养马峡地处文胜乡白洋村与安顺村境内，属亚热带季风气候区，温和多雨，日照充足，雨量充沛。景区位于我国西部地区东缘龙门山褶皱带，由山脉、峡谷和冲积河谷组成。景区内有梓江河、秦家沟等多条河流，每年6—11月为汛期。景区植被茂密，植物多银杏树、麻柳树、香樟树、核桃树等。

【现状概述】

经实地考察，养马峡境内的阴平古道现已不存。但根据原江油水电局工程师杨果（83岁）介绍，他的住宅背靠大叶山，面朝一片农田（原来此处为河流），是在阴平古道上修建的。

养马峡古街石砌拱形石门，位于养马坝古镇入口处。门长3米，宽3米，高3.05米，方向西偏北。门额题有"阴郡锁钥"，背面"国泰民安"，为1999年所刻。

目前，该景区以苍翠山林为基调，以古镇古道为主景，以三国蜀汉文化为底蕴，组成多景型的峡谷自然景观和三国文化人文景观。

【历史渊源】

养马峡原是阴平古道其中一段。三国蜀汉末期，邓艾率军沿阴平道，翻过摩天岭直逼江油关（今平武县南坝镇）。相传邓艾曾在此地收集粮草、饲养马匹，养马峡由此得名。此处距离江油关（今平武县南坝镇）仅约10千米，邓艾偷渡阴平道、翻越摩天岭、袭取江油关后，必定需要秣马厉兵，以图一举拿下成都，因此邓艾在此养马收粮的可能性很大。

据江油市文胜乡党委副书记谢有俊介绍，此地原叫"养马坝"，百姓俗称"野马坝"。1996年，养马坝进行旅游开发，改名为"养马峡"。养马峡风景区打造出望天峡、转迁峡、回龙寺、藏王寨、龙隐谷、白阳洞、蒲家沟等自然景点。相传，明建文帝朱允炆为躲避朱棣的追杀，曾在附近山谷中藏匿，龙隐谷因此而得名。朱允炆在谷中避难一段时间后，来到藏王寨隐居。清光绪《江油县志》[1]记载："藏王寨，在县东北，绵亘二百余里，山势险峻，俗传建文君居此，即明惠帝也。上有保王庙。"附近还有一座寺庙，名叫"回龙寺"，建于宋代，相传是明建文帝朱允炆出家的地方。

据杨果描述，秦家沟曾发现铜戈、铜矛等器物。

养马峡本为峡谷地带，水草丰富，植被茂密，土壤肥沃，因其独特的地理位置，历史上多次被选择为休养生息、隐秘驻兵、牧马屯粮、隐居避难之地。

---

1 （清）武玊文修，（清）欧培槐等纂：《光绪江油县志》，《中国地方志集成·四川府县志辑⑱》，巴蜀书社，1992，第24页。

养马峡古街

养马峡古街石门

养马峡养马棚

广元市

　　广元市，地处四川省北部，截至2022年底，下辖利州区、昭化区、朝天区3个区，旺苍县、青川县、剑阁县、苍溪县4个县。三国时期，该区域主要为蜀汉益州梓潼郡辖地，还包含阴平郡、巴西郡的部分辖地。

广元市三国文化遗存点位分布图

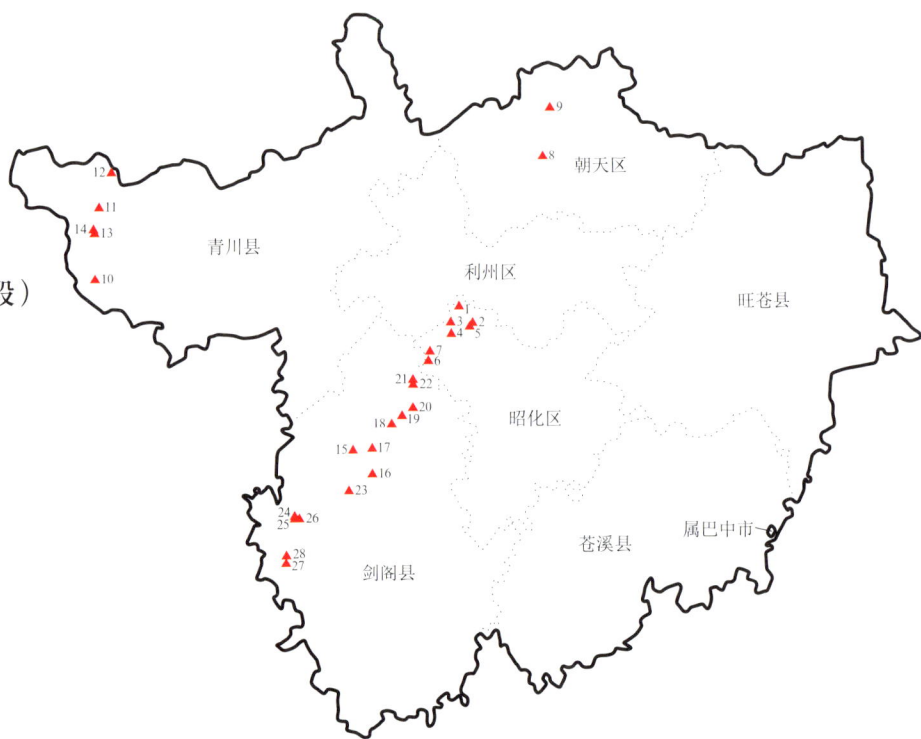

撰稿：曹　静

摄影：陈古孝　苏碧群

绘图：尚春杰

昭化区

鲍三娘墓

【地理位置】

地理坐标：东经105°41′11″，北纬32°21′47″，海拔492米。

行政属地：昭化区鸭浮村。

地理环境：位于该村曲回坝，距昭化古城北5千米处的白龙江畔。境内属亚热带季风气候区。该地气候差异较大，形成了春迟、夏长、秋凉、冬冷四季分明的特点。该墓位于白龙江畔。以北100米为剑昭公路，西边为鸭浮村卫生院，东边为昭化古城。

【保护级别】

1996年9月，被四川省人民政府公布为省级文物保护单位。

【现状概述】

该墓为一不规则的穹形土冢，冢南北长21米，东西宽19米，高4米，周长55米。墓顶杂草丛生，经清理后发现墓顶中央有一盗洞。墓前有一碑，刻有"汉将军索妻关夫人之墓"，墓碑为红砂岩质地，风化较严重，部分字迹剥落。

昭化古城鸟瞰

墓碑具体尺寸：高2.03米，宽0.91米，厚0.175米。

盗洞具体尺寸：长2.5米，宽1.7米，深0.2米。

【历史渊源】

相传鲍三娘为关索之妻，建兴五年（227），关索与鲍三娘屯兵汉寿县（今昭化古城），镇守葭萌关。景耀六年（263），曹魏伐蜀，兵临葭萌关，鲍三娘战死。后人为纪念她的功绩，将其安葬在生前操练兵马的曲回坝上。

关于鲍三娘和鲍三娘墓的故事：

清道光时期《重修昭化县志》[1]中有所记载。鲍三娘本来居住在夔州的鲍家庄，勇力绝伦，有山贼廉康想娶她，鲍三娘不从。于是双方率各自人马打斗起来，鲍三娘打败了廉康。关索知道这个消息后也来攻城，鲍三娘败给关索，率领城池和人马归降，共结连理，一起匡扶汉室。对鲍三娘的这种记录出现在志书中，表现出鲍三娘的勇猛、刚毅和忠义的性格，符合封建传统历史的价值观。

清代雍正年间的《四川通志》卷二十九上记载："鲍三娘墓，位于昭化县北十五里。"上面提到道光年间的《重修昭化县志》[2]记载该墓位于昭化县西北15里，今曲回坝北部，白水河西岸。墓葬巨大巍然，以往墓上所覆盖的土裂开，见到墓门的封门石坚实细密，外门犹如城关的形状，里面的墓穴黝黑，当地人不敢进入。

1914年，法国人色伽兰在昭化盗取鲍三娘墓，并在《中国西部考古记》中记述："故

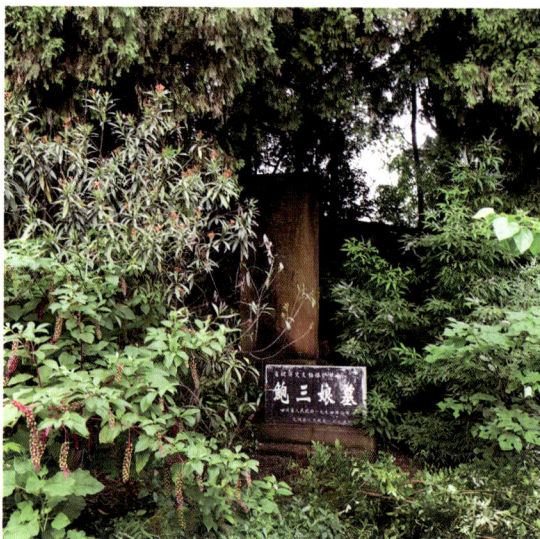

鲍三娘墓

吾人进入昭化县鲍氏女墓之中，此为中国初次创见之事。……吾人于是处发掘，见一窟室，穹顶，顶以画砖筑之。破壁而下，见一大室，长5.4米，宽1.9米。北壁砖壁已一部倒塌，吾人即由是处进入室中。室中空无所有，无棺椁之迹，掘地始得一额骨。此室应注意之处即在壁画。壁与顶皆以画砖砌成。其砖之体范，应属汉代。就饰画别其种类有五，有具菱形者，有具雕线者，有模汉武时钱文者，有模四足兽者，有模驾马者。前二类砖，穹顶有之，马与钱在壁上，四足兽在其南端。"

鲍三娘是否真有其人、确有其事，学界看法不一。但是其故事广泛传播，体现出三国历史文化传播之广、流传之久，官方修编史册、百姓茶余饭后、戏曲表演台前都有其历史印记。民国时期法国人色伽兰对鲍三娘墓的盗掘，发现大量的历史遗物，更是为鲍三娘墓的由来已久提供了有力证据。

1 （清）张绍龄等纂修：道光《重修昭化县志》，《中国地方志集成·四川府县志辑⑲》，巴蜀书社，1992，第658页。

2 同上。

昭化古镇

鲍三娘墓旧照

鲍三娘墓墓碑

敬侯祠

地理坐标：东经105°42′39″，北纬32°19′58″，海拔466米。

行政属地：昭化区昭化古城西门。

地理环境：境内属亚热带季风性湿润气候区。该墓以北为翼山，以西为牛头山，以南为嘉陵江。墓周围植被丰富，多菩提树、香樟树等。

【保护级别】

2007年6月，费祎墓被四川省人民政府公布为省级文物保护单位。

【现状概述】

广义的敬侯祠包含纪念费祎的祠堂和费祎墓。狭义的敬侯祠指的是纪念费祎的祠堂，为二进四合院落，分为前院、后院。前院由正大门、仪门和两侧的碑廊组成，碑文多为清代文人诗词，有清代马中题敬侯墓碑、清代谷蕴华敬侯祠碑、清代吴省钦吊费敬侯墓碑、清代李调元费敬侯墓碑、清光绪二十一年费敬侯本传碑（何肇祥立）等。后院由卓识堂、青铜兵器及古战车展览室组成。卓识堂内还有费祎的站立石造像及费祎生平事迹展示牌。

费祎墓位于仪门右侧，呈圆形土冢，周长38.2米，封土高2.5米，墓向345°。现存清光绪年间所立"蜀汉大将军录尚书事成乡敬侯费祎之墓"龟纹墓碑一通，碑文系时任县令吴光耀之11岁长女吴正敬书，字迹娟秀，洋溢聪慧之气，为罕见的石刻珍品。神道长41.5

米，宽3.2米，神道另一端为志虑忠纯碑。该墓为研究三国历史文化提供了实物资料。

蜀汉大将军录尚书事成乡敬侯费祎之墓碑具体尺寸：高1.29米，宽0.65米，厚0.17米；基座高0.55米，宽1.05米，厚0.26米。

志虑忠纯碑具体尺寸：高2.54米，宽1.49米，厚0.23米；基座高0.18米，宽0.128米，厚0.8米。

费敬侯本传碑具体尺寸：高1.68米，宽0.69米，厚0.19米。

【历史渊源】

关于费祎墓的历史记载主要集中在清代文献中。其中较早的是雍正时期《四川通志》卷二十九上："费祎墓在昭化县西二里，有碑记。"乾隆时期《大清一统志》记载："费祎墓在昭化县。《华阳国志》'祎葬晋寿县山'。旧志在县西关外。"

关于敬侯祠的历史记载出现较晚，清道光时期《昭化县志》[1]记录了其重修的情况：敬侯祠在社稷坛以西，旧有的祠庙已被毁。乾隆五十七年（1792）秋七月，同乡人在费祎墓的左边重修了该祠。同时期的《昭化县志》[2]和

---

1 （清）张绍龄等纂修：道光《重修昭化县志》，《中国地方志集成·四川府县志辑⑲》，巴蜀书社，1992，第653页。

2 （清）张绍龄等纂修：道光《重修昭化县志》，《中国地方志集成·四川府县志辑⑲》，巴蜀书社，1992，第658、659页。

敬侯祠大门

敬侯祠仪门

费祎墓神道

费袆墓

卓识堂

志虑忠纯碑

深谋卓识碑

《保宁府志》[1]中都记载了费祎墓的方位、沿革等基本情况，《昭化县志》记载得更为详细：费祎墓位于西门外，社稷坛南边，墓冢甚高，四周有墙，旧时设有悬于墓顶上方的房屋三间。墓碑上写有"汉尚书令费公敬侯之墓"。后来，围墙和房间都被毁，石碑也不存。雍正三十三年（1755），果亲王入蜀，书写了"深谋卓识"四个大字，并令县令刻在石上。乾隆二十七年（1762），县令吴邦焜重修费祎墓，设置碑亭，将碑立于坊道之左。道光二十九年（1848），署令毛士骥在碑亭后的空地上修建武侯祠，移建草堂于敬侯祠后。这段文字详细地记录了费祎墓及其周边在清代的变化和发展，是非常宝贵的历史资料。

清代的敬侯祠在20世纪60年代被毁，仅存墓冢。2008年在原址上重建了敬侯祠。

---

1 （清）黎学锦等修，（清）史观等纂：道光《保宁府志》，《中国地方志集成·四川府县志辑㊿》，巴蜀书社，1992，第96页。

天雄关

地理坐标：东经105°39′57″，北纬32°20′08″，海拔897米。

行政属地：昭化区战胜村6社。

地理环境：境内属亚热带季风气候区。天雄关被白龙江和嘉陵江环绕，属于剑门山系的东支。

【保护级别】

2002年9月，被广元市人民政府公布为市级文物保护单位。

【现状概述】

天雄关为剑门蜀道上的重要关隘，其北有昭化古城、明月峡古栈道遗址、筹笔驿，以南有剑门关、翠云廊，凭借其天险，平时这里是官府查询过往行人的重要卡口，战时这里又成为关键的军事防御关口。

经考察，现仅残存关门，为砖石结构，关门圆拱形，高3.37米，宽6.43米，深0.72米，上刻"天雄关"等字。关门左下方约20米处有"天雄关"碑，另存石碑11通，多为清代、民国时期所刻。天雄关对于研究古蜀道和三国文化的传播提供了宝贵的实物资料。

天雄关关门具体尺寸：高3.37米，宽6.43米，深0.72米。

天雄关碑：碑身高1.56米，宽0.85米，厚0.12米；基座高0.58米，宽1.11米，厚0.6米。

残城墙：基高0.75—2.4米，厚0.55米。

现存古蜀道：宽2.4—2.57米，每级台阶高约0.2米。

天雄关残存关门

《天雄关》碑

【历史渊源】

《重修天雄关殿阁记》[1]记载，乾隆五十九年（1794），署令朱泰茹重修了天雄关的殿阁。天雄关在牛头山上，是昭邑八景之一。山顶上原有纪念关羽的祠庙，庙后面供奉着观音像，因年代久远逐渐倒塌。1792年，川东道宪王启焜经过此处，慷慨捐赠千余金，并命署令陈焕章监督维修事宜，在祠旁添建一阁。但由于急于竣工，基坑松陷，不到一年殿阁便崩塌了。1793年9月后，朱泰茹重新募捐资金重修，召集工匠，投入了全部的精力筹划并管理。历经4个月，殿阁修复完工，恢复了往日巍峨的风貌。在《碑记》中，署令朱泰茹也对天雄关的未来保存状况表示担忧，并呼吁天雄关仍需不断维护，希望后来志同道合的人继续来保护它。

道光时期的《重修昭化县志》和《保宁府志》还记录了当时天雄关的地理方位、周围环境以及重要的关隘地位。道光时期的前者[2]记载："天雄关，在治西十五里，入蜀而来，殆与七盘、朝天二关声势联络，实剑关之密钥也。乾隆三十五年（1770），邑令吴廷相建新亭其上。"后者[3]记载："（昭化县）以天雄关为城，则上接朝天，声势联络，下望剑阁，首尾呼应。"

据广元市文物部门提供的信息[4]，关上原建有供奉关羽和姜维的祠庙，如今庙宇都已不存。《重修天雄关殿阁记》记载，乾隆时期，牛头山上确有供奉关羽的祠庙，但是否还有纪念姜维的祠庙则未记载。

【文献资料】

乾隆五十九年（1794）朱泰茹《重修天雄关殿阁记》[5]：

> 邑西十五里有牛头山，穹隆绵亘，屏障西南，昔名天雄关，乃昭邑八景之一。地当通衢，山巅旧有关壮缪祠，祠后供大士像，历久渐圮。壬子岁，川东道宪王启焜过此，仰瞻之间，慨捐廉千余金，谕署令陈公焕章监督其事，并于祠旁添建一阁，不久落成。游人韵士，凭栏遐瞩，其四壁山光、双汇烟水，宛列画图，洵为葭关第一胜地。第急于竣工，基址松陷，年余已崩塌。余于癸丑重九后，代庖兹土，复捐资重修，雇夫鸠工：向之筑以土者，今累以石；土之下，以石为脚；基之旁，以石为梓。相度经营，不遗余力。四阅月，而殿阁巍峨，顿复旧观大而后可以多历年所矣。嗟乎！昭邑为冲要之缺，宰其地者，差檄纷繁奔走，殆无虚日，鲜有逸致闲情留心于清胜之境，惟王观察重建于前，余复踵于后，俾高峰杰阁，长留孔道，得以妥神灵，而壮观眺。余愿差遂，然将来风雨飘摇，频需保护，仍望后之同志者嗣而葺之也。是以为记。

1 （清）张绍龄等纂修：道光《重修昭化县志》，《中国地方志集成·四川府县志辑⑲》，巴蜀书社，1992，第637页。

2 （清）张绍龄等纂修：道光《重修昭化县志》，《中国地方志集成·四川府县志辑⑲》，巴蜀书社，1992，第622页。

3 （清）黎学锦等修，（清）史观等纂：道光《保宁府志》，《中国地方志集成·四川府县志辑㊶》，巴蜀书社，1992，第45页。

4 广元市昭化区文管所提供资料：《广元市元坝区不可移动文物名录》。

5 （清）张绍龄等纂修：道光《重修昭化县志》，《中国地方志集成·四川府县志辑⑲》，巴蜀书社，1992，第637页。

姜维井

【地理位置】

地理坐标：东经105° 39′ 43″，北纬32° 19′ 17″，海拔1168米。

行政属地：昭化区战胜村6社。

地理环境：境内属亚热带季风性湿润气候区，四季分明，雨量充沛。姜维井位于牛头山放眼峰以南52米，周围多古柏树和拦马草。

【现状概述】

现井口平面呈椭圆形，长直径7.25米，短直径4米，深1.6米。该井原为一土坑，2007年重修，井内壁用砖石加固。目前，该井周围用木围栏加以保护，井的西侧有《姜维井碑记》。附近还有姜维井的介绍等相关信息。

【相关传说】

历史文献对于姜维井并无记载，所以此点位的形成，很可能是出自民间传说的附会。相传在三国时期，姜维抵御钟会大军时，恐剑门关有失，于葭萌关高峰处的牛头山，设兵布防，为解兵马饮水之急，设坛拜水，命士卒在峰垭开山凿石，挖井取水，掘得清泉一池，后人称其为"姜维井"。

姜维井所在的牛头山，因山形雄伟昂似牛头而得名。清道光时期的《昭化县志》[1]记载，蜀汉延熙十三年（250），姜维北伐，进攻曹魏的雍州，就是从牛头山出发的。这一记载，实际上是从《三国演义》第一百七回"姜维兵败牛头山"附会而来。《三国演义》中的牛头山，是在曹魏境内的雍州陇西郡内，而不在蜀汉境内的昭化。尽管出于附会，但可肯定的是，此地在清代就已存在浓郁的三国文化氛围，再加上姜维井的民间传说，可以看出三国文化的广泛影响。

1（清）张绍龄等纂修：道光《重修昭化县志》，《中国地方志集成·四川府县志辑⑲》，巴蜀书社，1992，第622页。

姜维井

牛头山

327

苟家坪遗址

地理坐标:

苟家坪遗址:东经105°42′19″,北纬32°19′54.25″,海拔468米。

战胜坝:东经105°42′03″,北纬32°19′55″,海拔470米。

行政属地:昭化区城关村。

地理环境:该遗址地处嘉陵江边二级台阶地,东侧有一南北走向的壕沟,西侧壕沟呈东北—西南走向,北靠公路、烟堆山,南临嘉陵江、碧家山。苟家坪遗址现大部分为农田,遗址北边为乡村公路和村民民居。

【现状概述】

苟家坪遗址位于广元市昭化古城西南1千米的苟家坪。该遗址周长1284米,面积71亩。

经考察,苟家坪遗址现多为农田。农田地势北高南低,南面临河段自然垮塌,形成高约3.7米的断面,在断面上可见文化层堆积分布,数块汉砖断瓦暴露在地层中,器物的纹饰以菱形纹为主。现战胜坝多已开垦为农田,放眼望去,与三国文化相关的仅存一现代所立的碑刻,碑名为"战胜坝"。

"战胜坝"碑具体尺寸:高1.42米,宽0.6米,厚0.14米;底座长0.81米,宽0.4米,厚0.28米。

【相关传说】

相传刘备过葭萌关后在此筑城。根据昭化古城评书员苟银春口述,以前城外有条护城

苟家坪遗址断裂土层中暴露的汉砖

河,城内有条遛遛街,是管理嘉陵江水患的专门机构所在地。护城河外有大片平坝,名叫"战胜坝",相传三国蜀汉名将张飞在此挑灯大战马超,故名。该城顺嘉陵江而建,三国时期,士兵多在河中清洗铁甲,因此该段嘉陵江又被称为"铁甲河"。

【考古调查】

2011年7—12月,四川省文物考古研究院对苟家坪遗址和战胜坝进行了考古调查,在苟家坪的田地中,发现了非常密集的汉代绳纹瓦、汉砖、陶片等遗物,另据当地人介绍,在遗址核心区域曾挖到宽约2米的青石板路面。从初步踏查的情况来看,苟家坪遗址应该是汉代、三国时期一个特别重要的人类聚居区域,遗存丰富,可能存在早期道路,是否有城垣还需进一步勘探和调查。[1]

1 四川省文物考古研究院、西安美术学院中国艺术与考古研究所:《蜀道广元段考古调查简报》,《四川文物》,2012年3期。

苟家坪遗址

苟家坪遗址

高庙铺遗址

地理坐标：东经105°36′01″，北纬32°15′58″，海拔885米。

行政属地：广元市昭化区大朝乡松宁村7社。

地理环境：境内属亚热带季风性湿润气候区，夏热冬温，冬季少雨，夏季降水多。遗址周围多种植古柏树。

【现状概述】

高庙铺遗址，是剑门蜀道遗址上的重要驿站遗址，此处是古代由关中通往成都的重要道路。遗址坐落在一处山梁之上，北侧为大剑山，山脊呈东西走向分布（蜀道走向），南侧延伸为缓坡，缓坡下200米处为大朝至剑门关旅游公路。整个遗址现部分被开垦为耕地，部分为当地农户的住房所占用，西侧与剑门雄关遥遥相对，遗址周边分布高大柏树。高庙铺段古蜀道宽1.5—2.5米，高庙铺出入口处具体坐标为东经105°36′01″，北纬32°15′58″，海拔885米。遗址以东为高庙铺驿站处，具体坐标为东经105°36′04.34″，北纬32°16′01.47″，海拔906米。遗址以西为剑阁县和昭化区的交界处，周围多古柏树，具体坐标为东经105°35′47.18″，北纬32°15′59.49″，海拔897米。在交界处以北10米的路边发现数块残石块和两个基槽。基槽长约0.7米，宽约0.3米，基槽中间的凹槽长约0.5米，宽约0.15米，深约0.05米。

【历史渊源】

当地相传，高庙铺因在火把梁山的山脊高处建有关帝庙而得名。

清代雍正时期的《四川通志》卷二十二下记载："高庙铺在（广元）县西五十里。"由此可以推知，火把梁山山脊高处的祠庙建于清雍正前，至于是不是关帝庙，就难以断定了。

清道光《重修昭化县志》记载，高庙铺塘设有守兵一名。[1] 清代道光时期，塘与以前所设的铺合并，是官方所设置的关卡，为驻防和传递军情所用。该书又记载，高庙铺系昭、剑分界处，下接剑州七里坡，每铺置司兵二名。[2] 清同治时期《剑州志》记载，高庙铺距城九十里，与昭化交界。[3] 综上可知，高庙铺位于剑阁和昭化的分界处，地理位置显要，官方在此设铺、置塘、驻兵，为的就是利用此地起到军事防御的作用。

根据2011年四川省考古研究院对广元段的蜀道遗存进行调查[4]，"高庙"的庙宇毁于大火，仅存庙前古树。在高庙铺遗址还采集到宋代耀州窑刻花青瓷和明清时期的青花瓷片。

1 （清）张绍龄等纂修：道光《重修昭化县志》，《中国地方志集成·四川府县志辑⑲》，巴蜀书社，1992，第697页。

2 （清）张绍龄等纂修：道光《重修昭化县志》，《中国地方志集成·四川府县志辑⑲》，巴蜀书社，1992，第704页。

3 （清）李溶、（清）余文焕修、（清）李榕等纂：《同治剑州志》，《中国地方志集成·四川府县志辑⑲》，巴蜀书社，1992，第763页。

4 四川省文物考古研究院、西安美术学院中国艺术与考古研究所：《蜀道广元段考古调查简报》，《四川文物》，2012年3期。

高庙铺

从高庙铺远眺剑门关

松宁桥

地理坐标：东经105°36′25″，北纬32°16′40″，海拔803米。

行政属地：昭化区大朝乡孟江村1社。

地理环境：位于孟家岩河口，境内属亚热带季风性湿润气候区，夏热冬温，冬季少雨，夏季降水多。松宁桥周围多古柏树。

【现状概述】

松宁桥是剑门蜀道上的重要古桥之一，具有深厚的蜀道文化历史底蕴。该桥为双孔石板桥，砖砌桥墩，呈东北西南走向。整个桥面长6.5米，宽2.86米，高2.0米，两边桥栏高0.5米，厚0.12米；桥面由七块厚0.4米的石板构成，东段四块，西段三块；桥西5米处原立有标志碑一通，但字迹被人为划刻，已辨认不清。2004年，在原碑以东3米处重新立一石碑，碑正面刻有"松宁桥"三个大字，背面为《修复松宁桥记》。在桥西北约200米处发现一石碾的碾盘，直径1.8米；碾管位于碾台中心，是用来约束碾子的轴，形状似正方体，边长约为0.15米；具体坐标位置为东经105°36′25.25″，北纬32°16′40.52″，海拔805米。松宁桥对于研究剑门蜀道文化历史和古代桥梁建筑工艺，具有重要的实物参考价值。

【历史渊源】

根据现代《修复松宁桥记》石碑得知，松宁桥原名"架枧沟桥"。在历史文献中仅道光

松宁桥

松宁桥附近的剑门蜀道

《重修昭化县志》[1]中有此桥的记载，说是"架枧沟桥，一道，长三丈五尺，宽八尺，系石桥"。

1 （清）张绍龄等纂修：道光《重修昭化县志》，《中国地方志集成·四川府县志辑⑲》，巴蜀书社，1992，第642页。

朝天区

明月峡古栈道遗址

【地理位置】

地理坐标：东经105°52′01″，北纬32°37′55″，海拔521米。（测点位于明月峡景区大门入口处。）

行政属地：朝天区朝天镇。

地理环境：位于嘉陵江东岸绝壁上。该地属亚热带季风湿润气候，境内气候湿润，雨量充足，光照适宜，四季分明。

【保护级别】

2006年，剑门蜀道遗址被国务院公布为全国重点文物保护单位，明月峡古栈道遗址为剑门蜀道遗址的重要组成部分。

【现状概述】

明月峡景区修复后的栈道，全长约2千米。分布古栈道孔约1400个，现存400余个。栈道孔的形状主要分为两种：横梁孔洞和立柱孔洞。多数横梁孔上窄下宽，向岩壁内下斜，插入木梁后稍稍向上，孔眼底部有插入横梁的栓眼，用于固定木梁。有的孔眼底部边沿开有一小槽，水可顺小槽流出，以避免横梁腐烂延长使用时间。

现存的孔洞有一层、二层、三层和四层，老虎口处多达五六层，孔洞下临江水7—10米不等，反映出不同朝代各种形制的栈道修筑方式，主要有两种：依坡搭架式和悬崖搭架式。依坡搭架式栈道，是在倾斜的山坡凿孔架梁，下面利用斜坡凿孔或平台置柱托梁，在梁上铺木板成路。悬崖搭架式栈道，是在陡直的悬崖处，无法利用斜坡地势开孔立梁时使用，开凿两层或者三层孔眼，第一层横梁上的支撑柱立于第二层横梁上，第二层支撑柱立于第三层横梁上，且横梁越到下面越短，这样既可以分解受力，又可以减弱洪水的冲力。

经考察，在明月峡古栈道遗址南段分布的2个栈孔，都为横梁孔洞。具体坐标位置为：东经105°52′32″，北纬32°37′18″，海拔521米。

栈孔1具体尺寸：高0.43米，上宽0.49米，下宽0.54米，深0.75米；小圆孔具体尺寸：直径0.06米，高0.06米。

栈孔2具体尺寸：高0.40米，上宽0.35米，下宽0.46米，深0.75米；小圆孔具体尺寸：直径0.07米，高0.06米。

明月峡

明月峡栈道

334

根据清代官修的地理总志《大清一统志》[1]《四川通志》等史籍可知，明月峡又名"朝天峡"，因此我们在梳理明月峡的历史沿革中，也会涉及朝天峡的历史记载。

明月峡古栈道，位于金牛道的嘉陵江南岸，是历史上连接秦蜀两地的重要通道。唐代诗人李白在《蜀道难》诗中所描述"地崩山摧壮士死，然后天梯石栈相钩连"，讲的是古蜀国开明王朝时五丁开山修路的故事，就涉及金牛道上的栈道。可以推断，明月峡的古栈道可能在先秦时期就已开通。

三国时期，蜀汉丞相诸葛亮为北伐行军打通道路，派费祎修葺了这一带的栈道、栈阁等交通设施。[2]三国时期，诸葛亮给他的胞兄诸葛瑾写信，也提到过当时栈道的构筑形制："其阁梁一头入山腹，其一头立柱于水中。"这种类型的栈道离水面距离较近，一头横梁插入山中开凿的孔眼中，另一头由直立的木柱支撑在水中，横梁上铺满木板，连接成道路。

相传唐代安史之乱后，唐玄宗为避战乱逃往四川，途经此处，当地官员聚在这里朝拜天子，故而取名为"朝天峡"。有了朝天峡，就有朝天岭。朝天岭位于朝天峡东岸山地的最高处，北宋时期，蜀地诗人文同在诗中是这样描述朝天岭的："岭若画屏随峡势，水如衣带转岩阴。"

明代早期，薛瑄有诗《自朝天驿回京》："去春舟发朝天驿，今夏朝天岭上回。水陆朝天行已遍，朝天从此上金台。"明代晚期，曹学佺在《蜀中广记》卷二十四中也提到："朝

明月峡古栈道遗址的古栈孔

天者，水驿也。"可以看出明代朝天峡的通行方式，从水陆并行发展开始变为以水路为主。

清代，朝天峡已成为文人墨客缅怀古贤、即兴采风的胜地，据传曾有诗人根据李白"清风生虚空，明月见谈笑"的诗句，将其改名为"明月峡"，但当地人还是习惯称其为"朝天峡"。《大清一统志》《四川通志》等都记载了朝天峡名称的变化："明月峡在（广元）县北八十里，一名朝天峡，江流所经。"清代的朝天峡，其交通方式以水路为主。《道光龙安府志》[3]记载："明月渡，在县东一百二十里，旧州通省要道，士民捐修，设有义渡。"说明到清代这里不仅是水路交通要道，设有水驿，还有老百姓自发捐资修建的免费渡门。

民国时期，在金牛古道基础上修建川陕公路。中华人民共和国成立后修建的宝成铁路是在民国川陕公路基础上建成的。20世纪80年代，广元市政府在栈道遗址上新建旅游栈道，这是宋代朝天峡栈道荒废后的第一次恢复。

1 《大清一统志》卷二百九十七卷："明月峡在（广元）县北八十里，一名朝天峡，江流所经。"

2 付文军：《论剑门蜀道文化线路的保护（上）》，《中国名城》，2009年11期。

3 （清）邓存咏等纂修：《道光龙安府志》，《中国地方志集成·四川府县志辑⑭》，巴蜀书社，1992，第647页。

筹笔驿遗址

【地理位置】

地理坐标：东经105°53′21″，北纬32°43′19″，海拔542米。

行政属地：朝天区军师村1组。

地理环境：该地属亚热带季风气候区，境内温和湿润，雨量充足，光照适宜，四季分明。筹笔驿位于嘉陵江东岸的冲积扇上，以北为梅家河，西边为河漫滩地坎。筹笔驿以东为朝阳公路，以南有"三国遗址筹笔驿"石碑。

筹笔驿石碑和筹笔驿遗址文物保护单位标识牌

【保护级别】

2013年，被广元市人民政府公布为市级文物保护单位。

【现状概述】

现筹笔驿遗址为南北长、东西窄的椭圆缓坡台地，南北长约120米，东西宽约55米，占地面积约6500平方米，出土庙基基址等遗迹、汉砖、铁刀、瓦砾等遗物，这些历史资料对研究三国历史文化、诸葛亮北伐和蜀道文化有着极其重要的价值。

【历史渊源】

唐代的《元和郡县志》卷三十四记载："诸葛亮相蜀，又凿石驾空，为飞梁阁道，以通行路。"说的是蜀汉时期，诸葛亮令人开凿山石，插立梁柱，形成空中栈道。北伐时期，诸葛亮与其兄诸葛瑾写信，说是赵云退军时，为防止敌人追赶，烧坏赤崖以北沿着河谷的阁道一百余里，这些阁道的横梁插入山腹之中，支撑横梁的柱子立于河谷之中。[1] 可见蜀汉时期已大量修建栈道，掌握了建造栈道的高超技术。

南宋祝穆《方舆胜览》卷六十六记载："筹笔驿，在绵谷县，去州北九十九里。旧传诸葛武侯出师尝驻此。"《明一统志》卷六十八载："筹笔驿，在广元县北八十里。蜀汉诸葛亮出师尝驻于此。"可见诸葛亮北伐进驻汉中，很有可能沿嘉陵江沿岸北上，过朝天峡栈道、筹笔驿[2]，最后到达阳安关。

后世诗人深切怀念诸葛亮"鞠躬尽瘁，死而后已"的报国精神，在筹笔驿留下了许多歌

---

1 四库全书·史部·正史类·三国志补注·卷五："诸葛亮与兄瑾书曰：'前赵子龙退军，烧坏赤崖以北阁道，缘谷一百余里，其阁梁一头入山腹，其一头立柱于水中。'"

2 南宋祝穆《方舆胜览》卷六十六载："筹笔驿在绵谷县，去州北九十九里。旧传诸葛武侯出师尝驻此。"《明一统志》卷六十八载："筹笔驿在广元县北八十里。蜀汉诸葛亮出师尝驻于此。

筹笔驿遗址

颂诸葛亮的诗句。比如唐代罗隐诗"唯余岩下多情水，犹解年年傍驿流"，唐代殷潜之诗"山秀携英气，川流入妙诗"，晚唐杜牧诗"永安宫受诏，筹笔驿沉思"，北宋文同诗"君看筹笔驿江边，翠壁苍崖起昼烟"，清代王士祯诗"当年神笔走群灵，千载风云护驿亭"。从历代诗句中，可以窥见筹笔驿的历史发展过程。唐代人还认为，此处是蜀汉丞相诸葛亮设中军帐、筹划制定伐魏方略的地方。南宋诗人陆游《筹笔驿》一诗云："运筹陈仓故依然，想见旌旗驻道边。一筹人间管城子，不堪谯叟作降笺。"

记载筹笔驿较早的历史文献是南宋祝穆的《方舆胜览》，时间虽比上述诗歌稍晚，但以更清晰的方式记录了其地理位置："筹笔驿，在绵谷县，去州北九十九里。旧传诸葛武侯出师尝驻此。"明代曹学佺《蜀中广记》卷二十四记载："又二十里，为神宣驿，即古筹笔驿也，相传武侯出师驻此。"此后，清代雍正时期的《四川通志》、民国时期的《重修广元县志稿》对筹笔驿的记载，都基本依照明代曹学佺的观点来描述。

1993年，在筹笔驿遗址附近修建军师庙大桥时，曾出土庙基基址及东汉时期遗物，如汉砖、铁刀、铁剑、陶罐等，现存于朝天区文物管理所。2011年，四川省文物考古研究院对蜀道广元段进行考古调查，在军师庙遗址（距离筹笔驿遗址600米）的台地上，发现汉代菱形花纹砖。考古抢救性发掘和考古调查的成果显示，汉代乃至三国时期，这里存在大量人类活动的痕迹，与后世诗歌、历史文献对筹笔驿的记载能够相互印证。"徒令上将挥神笔，终见降王走传车"，诸葛亮在筹笔驿留下的传说，隐含着诸葛亮筹谋北伐中原的心血和出师未捷的泪水。所幸此地终被考古发现证实，现已被广元市政府公布为市级文物保护单位。

青川县

阴平古道（高桥寺至土地垭段）

【地理位置】

地理坐标：

高桥寺：东经 104° 49′ 33″，北纬 32° 24′ 56″，海拔 1132 米；

羊子岭：东经 104° 49′ 42″，北纬 32° 24′ 53″，海拔 1120 米；

九龙口：东经 104° 49′ 44″，北纬 32° 24′ 47″，海拔 1160 米；

半边街：东经 104° 48′ 44″，北纬 32° 23′ 43″，海拔 1330 米；

流沙坡：东经 104° 48′ 38″，北纬 32° 23′ 29″，海拔 1408 米；

黄土梁：东经 104° 48′ 16″，北纬 32° 23′ 02″，海拔 1568 米。

行政属地：青川县青溪镇金桥村。

地理环境：境内地势西高东低，以山地为主。属亚热带季风气候，全年气候温和，四季分明，雨量充沛。高桥寺至羊子岭段多金桥村民居，九龙口至土地垭段民居较少，多为农业生产用地。

【现状概述】

阴平古道遗址，自今甘肃省文县鸪衣坝始，途经文县县城，翻越青川县境的摩天岭，经唐家河、阴平山、马转关，至江油关（今四川省平武县南坝镇）。该段阴平古道位于青川县青溪镇金桥村境内，距离马转关最近，根据金桥村村长蒲进德描述，该段阴平古道的基本路线为：高桥寺—

阴平古道高桥寺至九龙口段

阴平古道黄土梁段

阴平古道流沙坡段

大梨子树—羊子岭（水观音）—九龙口—金坝齿—鲜家院—半面街—流沙坡—黄土梁—土地垭。该段路线往北接阴平山、摩天岭，往南由桅杆坪可至江油关（南坝镇），全程约长5千米，道宽2.5—3.5米不等。

经考察，羊子岭段阴平古道宽3.2—3.5米，古道附近有供奉通商守护神的神龛。在神龛周围的石道上，发现疑似被利器砍凿的痕迹。在羊子岭段的小土包上还有一座观音庙，为中华人民共和国成立后修建，如今仍在使用。流沙坡段地势较为平坦，中间有一片空地，相传为古驿站。黄土梁段有一段残存的古道，长8.2米，宽2.9米，在古道附近发现一块柱石，呈不规则圆形，直径0.3米，高0.1米，石头中间有一凹洞，凹洞亦呈圆形，直径0.09米。

【历史渊源】

西晋陈寿《三国志·邓艾传》记载："冬十月，艾自阴平道行无人之地七百余里，凿山通道，造作桥阁，山高谷深，至为艰险，又粮运将匮，濒于危殆。又以毡自裹，推转而下，将士皆攀木缘崖，鱼贯而进，先登至江油，蜀守将马邈降。"又据《三国志·姜维传》："而邓艾自阴平由景谷道傍入，遂破诸葛瞻于绵竹。后主请降于艾，艾前据成都。"以上史载的阴平道，为古蜀道的分支，在三国时期，阴平道周围人迹罕至，山高壁陡，难以通行。

正是因为如此，邓艾才能经此奇袭江油关，进而攻灭蜀汉。

邓艾伐蜀时所经阴平道的路线，历来具有争议。有学者认为[1]，阴平道应从今甘肃省文县，翻越青川县境的摩天岭，经唐家河、写字岩到达青溪镇，再经过箐青山（靖军山）出涪江东岸，沿涪江岸边的左担道、马阁山至江油关（今四川省平武县南坝镇），经石门山（龙门山）到达涪县，入成都。又有学者考证[2]，阴平道应是从甘肃文县碧口一带出发，南下翻越摩天岭，到达青溪镇，向东南行至青川县关庄乡一带，再往南至江油市雁门镇（汉德阳亭），再沿小河谷向西攻取江油关（今平武南坝），然后长驱南下，破绵竹，下成都。

值得注意的是，上述两条路线无论是哪一条，都要经过青溪镇这一重要节点。所以自从邓艾伐蜀后，青溪镇在军事上的重要性便显现出来，历代政府多在此派兵驻防。

总之，阴平古道在青川县境内的这一路段，位于川甘两省的交界，三国时期关系到蜀汉政权的存亡，此后成为官方军事防御的重要门户。

1 蓝勇：《历史上的阴平正道和阴平斜道》，《文博》，1994年2期。

2 鲜肖威：《阴平道初探》，《中国历史地理论丛》，1988年2期。

写字岩

【地理位置】

地理坐标：东经104°50′07″，北纬32°32′49″，海拔1220米。

行政属地：青川县青溪镇唐家河国家级自然保护区。

地理环境：唐家河保护区内有50多条山溪性河流汇集于唐家河。枯水期细流涓涓，洪水期水流湍急，沿山崖跌落形成多处瀑布。写字岩位于唐家河自然保护区内，岷山山系龙门山脉西北侧，摩天岭南麓，北与甘肃文县境内的白水江国家级自然保护区相连，东接青川县东阳沟省级自然保护区，西与绵阳市的平武县毗邻。该地属亚热带季风湿润气候，四季分明，雨量充沛，温暖湿润。

【现状概述】

据落衣沟村民向子军介绍，早年此处山岩上刻有"邓艾过此"四字，后来在修公路时部分被毁。如今在原址重新刻上这四个大字。

【历史渊源】

当地传说，三国时期，邓艾经阴平古道翻越摩天岭后在此经过，遂在石上题刻"邓艾过此"四个大字，这块石头便是邓艾的磨刀石。

"邓艾过此"石壁

阴平古道（摩天岭段）

【地理位置】

地理坐标：东经104°51′57″，北纬32°37′55″，海拔2223米。

行政属地：青川县青溪镇唐家河国家级自然保护区。

地理环境：四川省唐家河国家级自然保护区，1978年经四川省革命委员会报国务院批准成立，1986年经国务院批准，晋升为国家级自然保护区，是以大熊猫及其栖息地为主要保护对象的森林和野生动物类型自然保护区。北与甘肃省文县境内的白水江国家级自然保护区相连，东接青川东阳沟省级自然保护区，西与绵阳市的平武县毗邻。

【现状概述】

阴平古道（摩天岭段）分布着许多与三国历史文化有关的景点，如摩天岭关、裹毡亭、将军寨等。摩天岭关，古名"青塘关"，为阴平古道最险要的地方，是甘肃通四川的界山。邓艾由阴平古道经过甘肃进入四川，须翻过摩天岭。今摩天岭保存有孔明碑，原为清道光七年（1827）所立，现代重修。碑长1.6米，宽0.49米，厚0.023米。有碑文云："二火初兴，有人越此，二士争衡，不久自死。"裹毡亭，距摩天岭关西南方向800米，摩天岭北（位于甘肃省文县）坡度较缓，南面（位于四川省青川县）多悬崖峭壁，无路可行，相传当年邓艾就是从这里裹毡而下，然后过摩天岭关直取江油关。如今摩天岭已开辟了曲折小道，当地人叫"九倒拐"。将军寨在裹毡亭以东300米处，该处地势较为平坦，现亭周围有一片空地，相传邓艾翻越摩天岭关后，暂时驻扎在此休整。

【历史渊源】

摩天岭，位于今四川省青川县与甘肃省文县的山脉交界处，摩天岭以北为甘肃省文县，以南为四川省青川县，山道崎岖，地势陡峭，为阴平道的最险要之处。陈寿《三国志·邓艾传》中记载邓艾率魏军"行无人之地七百里……将士攀木缘崖"的山岭之巅，正是此处。蜀汉江油关守将马邈自认为北边山势险要，无人敢由此越入蜀地，因此防守懈怠，造成蜀地尽失，也从侧面印证了翻越摩天岭的凶险艰难。

清雍正时期的《四川通志》记载，摩天岭铺位于四川省平武县东北一百九十里，是当时传递公文和信件的驿站。道光时期《龙安府志》[1]记载："龙郡之北界，甘省以摩天岭为扼要，内有北雄关、铁蛇关，则知摩天岭又为二关之外捍矣。"说明在道光时期，摩天岭仍以自然天险控制了四川和甘肃交通的要冲，即使龙安府在川甘分界处设置了北雄关、铁蛇关，却仍将摩天岭作为两关外的屏障。另外，道光时期在摩天岭上还立有孔明碑[2]，但上面字迹磨灭，已不可辨识。

---

1 （清）邓存咏等纂修：《道光龙安府志》，《中国地方志集成·四川府县志辑⑭》，巴蜀书社，1992年，635页。

2 （清）邓存咏等纂修：《道光龙安府志》，《中国地方志集成·四川府县志辑⑭》，巴蜀书社，1992年，675页。

唐家河国家级自然保护区

将军寨

九倒拐

摩天岭

点将台山

【地理位置】

地理坐标：东经104°49′18″，北纬32°30′36″，海拔1121米。

行政属地：青川县青溪镇落衣沟村3组。

地理环境：该地属亚热带季风气候，四季分明，雨量充沛，温暖湿润。点将台山背靠圆堡山，面朝农田。点将台山附近有唐青公路。

【现状概述】

经过测量，点将台山为一土堆，高约31米，山顶有一座废弃的无名庙，庙内供奉有玉皇大帝。

【历史渊源】

根据落衣沟村村民向子军介绍，相传邓艾经过阴平古道，翻摩天岭后途经此地，在此驻军炊煮、休整部队，因环境恶劣，邓艾部队抖落身上的泥土过多，在原来的地面上形成一座小山包，故名为"点将台山"。

点将台山

落衣沟

地理坐标：东经104°49′17″，北纬32°30′39″，海拔1180米。

行政属地：青川县青溪镇落衣沟村2组。

地理环境：该地属亚热带季风气候，四季分明，雨量充沛，温暖湿润。落衣沟位于郭家坡和老厘子山之间，沟上有落衣沟桥。

【现状概述】

落衣沟桥，东西向跨于落衣沟上，为单孔拱券式石平桥。原为青溪至唐家河的必经之道，后修建落衣沟新桥，此桥遂废而不用。现桥面长11米，宽4.3米，高出河床9.13米，拱跨6.9米。因长期未使用，桥上现已长满了杂草。该桥对于研究古代交通及桥梁建筑工艺提供了实物材料。

【历史渊源】

相传当年邓艾由阴平古道翻越摩天岭来到这里，见此有一石碣，上书"二火初兴，有人越此。二士争衡，不久自死。丞相诸葛武侯题"，邓艾大惊，慌忙对碣跪拜曰："武侯真神人也！艾不能以师事之，惜哉！"此时，山谷中传来有如千军万马奔杀而出的声音，邓艾不敢久留，惊慌逃窜之时，被树枝荆条扯掉了战袍，战袍落在沟里，因此后世称为"落衣沟"。

落衣沟

剑阁县

邓艾祠墓

地理坐标：东经105°25′10.64″，北纬32°5′30.34″。

行政属地：剑阁县北庙乡孤玉街2号。

地理环境：邓艾祠墓以南为孤玉山（又称"庙包"），以北一条公路为营盘山。该祠北面现存4棵古柏树，其中1棵直径3.23米。

【保护级别】

1988年，邓艾墓被剑阁县人民政府公布为县级文物保护单位。

【现状概述】

邓艾祠在北庙小学内的西南角。如今该祠位于一条长10.23米、宽6米、高3.11米的台基上，台基前端为半椭圆形，后端为长方形。台基所用石料都是20世纪60年代拆除前殿和东西厢房时留下的建筑石料。台基两侧有台阶，台基左前方、右前方有两尊石狮。台基前端是一个稍低的小台子，小台子的石料与台基相同。现台基处原为以前四合院的天井。

邓艾墓，位于北庙小学以东200米，坐西朝东，墓向60°。该墓长2.34米，宽1.45米，高1.24米。墓顶石块厚0.23米，两侧石壁厚0.15—0.18米，墓门石厚0.14米，残损严重，墓门残破斜掩，荆棘丛生，墓碑不知去向，墓砖暴露在地表，仅存县文物部门1991年所立的县级文物保护单位标记石碑一块。

【历史渊源】

《三国志》记载，蜀汉末年，魏将邓艾率军从阴平道袭取江油关，斩诸葛瞻于绵竹，蜀后主刘禅在成都投降，蜀汉灭亡。不久，邓艾被钟会诬告谋反，被押送回洛阳。在成都手握大权的钟会举兵反叛被杀，邓艾的部下追上囚车，想将他接回成都，在返回成都的途中（绵竹县西边）被卫瓘派出的部下田续带兵杀害。

除了剑阁县这一处的邓艾祠，蜀地其他地方也曾出现过纪念邓艾的祠（庙）。如唐代《元和郡县志》卷三十四记载："邓艾祠，在（梓潼）县南百步。"梓潼县与剑阁县相距并不远。北宋《太平寰宇记》卷八十四记载，龙州的江油县也有邓艾庙，且引用《土地志》的记载"邓艾以伐蜀之勋，历艰难，后人敬之，故庙存焉"来解释蜀地出现纪念邓艾祠庙的原因。《明一统志》卷六十八记载："邓将军庙，在剑州。魏将军邓艾为钟会所诱，殁于绵竹，后葬于此，邑人为立庙。"其中提到邓艾死于绵竹，但后来葬在剑州，剑州立有纪念邓艾的将军庙。

另外，曹学佺《蜀中名胜记》卷二十六记载，剑阁县还立有两通纪念邓艾的唐代碑刻：唐剑州刺史邢册所题的《魏太尉邓公神庙记》碑，唐刺史郭淮立石的《邓卫圣侯碑》碑。清雍正《四川通志》卷二十六记载："《魏太尉邓艾神庙记》，唐长庆四年刺史邢册题：《邓艾卫圣侯碑》，唐中和五年刺史郭淮立石。"

邓艾祠

邓艾墓

邓艾墓的文献记载出现较晚，多集中在清代文献中。《大清一统志》卷二百九十八记载："魏邓艾墓，在剑州北二十里。"清雍正时期《四川通志》卷二十六记载："邓艾墓，在剑州北七十里。"清道光时期《保宁府志》[1]记载："邓艾墓，在（剑）州北二十里孤玉山下。艾为魏将，灭蜀，姜维以计杀之，遂葬于此。"《同治剑州志》[2]也明确记载："孤玉山，在州北二十里，魏邓艾墓在其下。"

据当地人介绍，20世纪70年代以前，邓艾庙是一个四合院，分为前殿、后殿，两侧有东西厢房，20世纪60年代，前殿和东西厢房被拆，仅存天井和后殿。邓艾祠的名字经过数次更替，最终改为"玉山节屋"。

20世纪80年代，剑阁县文管所的王兴志和普安中学的杨仕甫记录了邓艾墓的形制：墓外表高2.6米，墓道坍塌，墓室内并列两石室，各长3米，高1.8米，宽1.4米。墓前有一石碑，书刻"魏大将军邓艾之墓"。[3]

1 （清）黎学锦等修，（清）史观等纂：《道光保宁府志》，《中国地方志集成·四川府县志辑㊿》，巴蜀书社，1992，第97页。

2 （清）李溶、（清）余文焕修，（清）李榕等纂：《同治剑州志》，《中国地方志集成·四川府县志辑⑲》，巴蜀书社，1992，第764页。

3 王兴志等：《剑阁邓艾墓真伪考》，《四川文物》，1988年4期。

普安武侯桥

【 地理位置 】

地理坐标：东经105°28′06.15″，北纬32°02′10.36″，海拔475米。

行政属地：剑阁县普安镇。

地理环境：武侯桥以南为鹤鸣山，北面为20世纪90年代新修的无名桥。桥下有闻溪河穿流而过。桥位于剑阁县普安镇中心，桥址以北为旧108国道，以东为普安镇政府。

【 现状概述 】

现为在原址上重修的长65米的11孔石墩桥。普安镇原四面筑有明代时期的老城墙，20世纪80年代城墙被拆，现仅残存270米。因武侯桥靠近东门城墙，因此又被称为"东门桥"。

【 历史渊源 】

武侯桥位于普安镇东街玄末门，横跨闻溪河上，西接东门口，相传始建于蜀汉。

宋代房芝在《重修武侯桥记》[1]碑文中记载了武侯桥的来历及宋代的修缮情况："剑州治汉阳山之麓，其东下为闻溪，蜀相武侯作石栈以通道于剑关，传者喟然。岁久涨潦，奔跌大坏。绍兴二十三年秋霖，人病涉，有司速徙梁以济。邑子贾凌、浮图道暄等七人，诱乐施者助其役。监押李忠指使蒲冕、董其成，取石于江皋之碍流者，輂以六牛，不役一夫，而足其用。酾水为十六道，长二百三十尺，广丈有三尺，高九尺四寸，翼以扶栏，如其长

之数而两之。冬十二月既望，经始凡七十二日而讫功，仍建武侯祠，以为神主。通判华阳房芝撮郡事，因纪所作，求曲江张晦书，勒于岸左。"县志中另附碑文来历："是碑在文庙侧荒地中，隶书完整，以地僻，故世鲜知之。电报局长南溪刘如娄近访得以手拓本，见贻因录存之，张政附识。"

《明一统志》卷六十八中有简略记载："武侯桥，在剑州治东。"

清代的文献对武侯桥的记载较为完备。《大清一统志》卷九百一十八记载："武侯桥，在剑州东，跨闻溪，相传汉诸葛亮所建。"《四川通志》卷二十二下记载："武侯桥在剑州东门外。"道光时期《保宁府志》和同治时期《剑州志》，比较详细地记载了武侯桥在明清时期的发展和变化：武侯桥，在剑州东门外，相传为诸葛亮北伐出师时所建；明崇祯七年，遭遇洪水，桥被毁；清康熙五十三年，署绵州知州刘个臣重修；清雍正元年，又遇大水，桥又被冲毁，署州事广元知县潘体丰重修；[2]乾隆四十二年，知州徐时敏复修。[3]

1 张政等纂修：《民国剑阁县续志》，《中国地方志集成·四川府县志辑⑲》，巴蜀书社，1992，第942页。

2 （清）李溶、（清）余文焕修、（清）李榕等纂：《同治剑州志》，《中国地方志集成·四川府县志辑⑲》，巴蜀书社，1992，第768、769页。

3 （清）黎学锦等修，（清）史观等纂：《道光保宁府志》，《中国地方志集成·四川府县志辑㊹》，巴蜀书社，1992，第82页。

普安武侯桥旧址

民国时期，剑阁县还保存着古代的武侯桥，相传是诸葛亮北伐经由剑阁时留下的遗迹。[1]而且在民国时期，在剑阁文庙侧面的荒地中，发现了宋代房芝所作的《重修武侯桥记》碑，碑文隶书所写，因地处偏僻，所以鲜为人知。[2]

1935年修建川陕公路时，武侯桥被拆毁，后在原址上重修。据剑阁县文管所工作人员付玉斌介绍，重修后的武侯桥为木桥，1997年洪灾中又被冲毁。

1 张政等纂修：《民国剑阁续志》，《中国地方志集成·四川府县志辑⑲》，巴蜀书社，1992，第882页。

2 张政等纂修：《民国剑阁续志》，《中国地方志集成·四川府县志辑⑲》，巴蜀书社，1992，第942页。

抄手铺

【地理位置】

地理坐标：东经105°28′06″，北纬32°5′28″，海拔803米。

行政属地：剑阁县抄手乡飞凤2队。

地理环境：抄手铺紧靠一座无名山，附近有孙家河。西北、西南、东北方向分别有鸡公梁、黄连垭、新观山三座比较大的山。旧址位于原抄手铺政府所在地，目前已经破损不堪，废弃不用。附近原本有乡村小学，后亦废弃。

抄手铺

【现状概述】

抄手铺旧址现为人口居住密度较低的村落，乡村道路多为石板路或土路，崎岖蜿蜒，村落房屋可见泥巴墙、瓦面顶，泥巴房屋空置率较高。

【历史渊源】

据当地人介绍，相传诸葛亮北伐时，此处或为蜀军行军时的中等驿站，或为蜀汉时期阆中至昭化途经的驿站。据剑阁县文管所工作人员付玉斌描述，抄手铺的主干道为剑门蜀道的古驿道，原道路两旁种满柏树，此道在古代被称为"皇柏大道"。当地还留存饮马槽等三国文化遗存，相传为蜀军战马饮用的马槽。

抄手铺碑

汉源驿

【地理位置】

地理坐标：东经105°30′55″，北纬32°8′14.46″，海拔814米。

行政属地：剑阁县汉阳镇上街。

地理环境：汉阳镇有段道路（108国道的一段）两旁仍然有多棵古柏树。附近有汉阳中学校、汉阳派出所、农村信用社汉阳分社等。

【现状概述】

原遗迹已不存，现108国道经过，两旁并列种植柏树。

【历史渊源】

相传蜀汉时期，此地位于出入蜀地的交通要道，官方便开始在此开设驿站。

北宋《太平广记》转引晚唐五代的《北梦琐言》说："西川监军使鱼全谭特进，自京搬家，憩于汉源驿。"可见晚唐五代时期，此驿站仍在使用，往来官员可在此歇宿。

《大清一统志》卷二百九十七记载："汉源坡，在剑州东，旧置驿于坡上，曰'汉源驿'。后唐长兴初，（后唐）讨（西川节度使）孟知祥，前锋将王宏贽，自白卫岭从小剑路出汉源驿，还攻剑门，破之。宋乾德三年，王全斌伐蜀，别将至清缰店，出剑关南二十里，蜀将王昭远引兵陈汉源坡，以拒清缰之兵，皆即此。旧志汉源坡，在州东三十里。"可见五代至北宋时期，这里既是交通要道，又是军事重地。

汉源驿址

翠云廊

【地理位置】

地理坐标：东经105°32′20.10″，北纬32°09′10.79″，海拔835米。

行政属地：剑阁县108国道旁，距剑门关7千米的大柏树湾。

地理环境：现为AAAA级旅游景区，国家首批重点风景名胜区、国家重点文物保护单位，靠108国道。周围多柏树、紫薇等植物。

【保护级别】

2006年，剑门蜀道遗址被国务院公布为全国重点文物保护单位，翠云廊为剑门蜀道遗址的重要组成部分。

【现状概述】

广义的翠云廊，分为西段、北段、南段，指以剑阁为中心，西至梓潼，北到昭化，南下阆中的三条古柏道路，在这三条蜿蜒三百里的道路两旁，遍植修长挺拔的古柏，形成数百里绿色长廊的奇观。

狭义的翠云廊，现已被开发为翠云廊旅游风景区，为北距剑门关7千米的大柏树湾至剑门关的蜀道，也是我们此次调查的重点。剑门蜀道上最大、最有名气的古柏，都位于此处：包括三国鼎立柏、剑阁柏、古柏王、皇柏、阿斗柏、汉砖柏等。道路两旁古柏参天，郁郁葱葱，古道宽2—2.6米。

【历史渊源】

翠云廊的形成，历经2000余年。随着古蜀道的开拓和驿道整修，路旁留有自然生长的树木，也有大量人工栽植的行道树，逐渐形成数百里的林荫大道。

相传蜀汉时期，为了保证剑门蜀道军事的畅通，张飞曾在此大规模种植柏树。清代《四川通志》卷二十六记载："翠云廊，自剑阁南至阆川，再至梓潼三百余里。明正德时知州李璧以石砌路，旁植柏数十万株，如苍龙蜿蜒，夏不见日，国朝知州乔钵题曰'翠云廊'。"

20世纪60年代，剑阁县林业部对枯死古柏进行过年轮测定，最长树龄达2500年左右，最短的也有400余年。翠云廊被世人赞叹为"蜀道奇观""稀世珍宝""剑门蜀道陆路交通的活化石"。

翠云廊古道

三国鼎立柏

翠云廊古柏

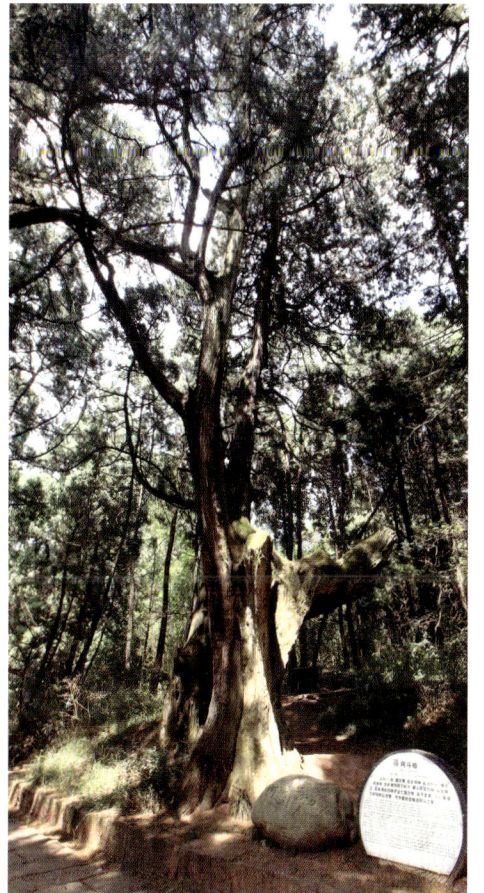

阿斗柏

青树子汉德县故城

地理坐标：东经105° 33′ 24.50″，北纬32° 10′ 03.20″，海拔889米。

行政属地：剑阁县剑门镇青树村。

地理环境：地势高低起伏不平，周围多种植柏树，附近有青树村集中供水站。

【现状概述】

该处发现数个长约5米、宽约4米、深约3米的不规则土坑。在一小土堆上发现一石碑，为《青树子古遗址简介》。上书："剑门镇青树村挖砖梁（坟林嘴—青树梁一带的山梁上），面积约5平方千米，为汉代遗址，以青树梁、挖砖梁，坟林嘴一带耕种线以上为重点范围。1991.8立碑。"在道路两旁的土埂中还发现条纹状、子母口的汉砖。

【历史渊源】

蜀汉时期，刘备新立汉德县。唐房玄龄《晋书》卷十四《地理上》记载："刘备据蜀，……又立汉德县，以为梓潼郡。"唐代《元和郡县志》卷三十四《剑南道》还记载了汉德县故城的地理位置："汉德故城又名黄芦城，在（普安）县东北四十六里。三面并阻绝涧，唯西面少平，周回百五十步。"清道光时期《保宁府志》[1]记载，汉德故城在（剑）州东北，蜀汉置，属梓潼郡。晋宋齐因之，后省。

青树子汉德县城址

【考古发掘】

1987年6月，剑阁县文物普查工作队在青树子（剑门关镇青树村）发现了汉代古墓群，随即对发现的两座古墓进行了实地探掘，出土了陶灯、陶盘、陶俑、镇墓兽、五铢钱、铜镜等随葬器物，根据器物造型、制作技艺和墓室花纹砖纹样综合判断，这两座墓应该为东汉时期墓葬。[2]

2011年7—12月，四川省文物考古研究院、西安美术学院中国艺术与考古研究所，组队对蜀道广元段及相关遗存进行了考古勘察，调查中，在剑阁县剑门镇青树村"掏砖梁"上，发现较多的汉代、三国时期的花纹墓砖，以及断断续续的夯土墙基，田地内亦发现绳纹瓦、泥质陶片等遗物。此地距剑门关5千米，北有剑门天险，南经剑州、绵州，通成都，东南经江口，由水路可达阆中，蜀道自此南北贯穿，为当时交通的一个重要节点。因此该遗址还需进一步勘探调查，很可能为蜀道上的一个城址。[3]

1 （清）黎学锦等修，（清）史观等纂：道光《保宁府志》，《中国地方志集成·四川府县志辑㊺》，巴蜀书社，1992，第110页。

2 母学勇：《剑阁青树村汉墓清理简报》，《四川文物》，1989年5期。

3 四川省文物考古研究院：《蜀道广元段考古调查简报》，《四川文物》，2012年3期。

剑门关

【地理位置】

地理坐标：

剑门关景区：东经105° 33′ 48″，北纬32° 12′ 53″，海拔738米；

营盘嘴：东经105° 33′ 53.14″，北纬32° 12′ 53.69″，海拔875米；

剑门关关楼：东经105° 33′ 50″，北纬32° 12′ 31″，海拔745米。

行政属地：剑阁县剑门镇。

地理环境：剑门关旅游景区位于剑阁县城南15千米处，关楼位于大剑山之中断处，关隘宽20米，长500米，地势险要。

【保护级别】

2006年，剑门蜀道遗址被国务院公布为全国重点文物保护单位，剑门关为剑门蜀道遗址的重要组成部分。

【现状概述】

剑门关现为剑门关旅游景区的核心组成部分，该景区是国家自然和文化双遗产、全国重点文物保护单位、国家森林公园、全国爱国主义教育基地。剑门关集三国文化、蜀道文化、关隘文化于一体，是非常重要的三国文化遗存点位。

【历史渊源】

"剑门"的得名，源于三国时期蜀汉丞相诸葛亮在此设立的剑门县。曹学佺《蜀中名胜记》卷二十六《剑州》记载："《舆地广记》曰：'诸葛孔明以大剑至此，有隘束之称，乃立剑门县；复于阁道置尉，以守之。'至唐，始置剑门关。"诸葛亮看到大剑山脉在此处突然中断，形成天然的关隘约束交通，形势极其险要，就在此设立剑门县；同时又设置县尉，防守经过这一线的栈道。可见"剑门"的得名，是因为大剑山脉在此突然中断，两旁山岩壁立陡峻，如同门户，好似利剑砍切而成。到了唐代，才开始在这里正式设置剑门关。

宋代，政府设置兵马都监管理剑门关。明洪武末期，剑门关被废；明嘉靖二十一年（1542），重新设立剑门关，并设置专门的官员——百户来维护和管理之。清代，设置驿丞管理剑门关。民国初年，知事张政重修剑门关，并于关内建立营房；民国七年（1918），知事王亮又重修剑门关。[1]1935年，民国政府修建川陕公路时，因公路通过关门，遂将关楼拆毁。现今的剑门关楼，是2009年仿照明代关楼重建的。

---

1 张政等纂修：《民国剑阁续志》，《中国地方志集成·四川府县志辑⑲》，巴蜀书社，1992，第879页。

剑门关俯视

剑门关远眺

剑阁姜维墓

【地理位置】

地理坐标：

姜维祠：东经105°33′53″，北纬32°12′32″，海拔775米；

姜维墓：东经105°33′57″，北纬32°12′32″，海拔798米。

行政属地：剑阁县剑门镇。

地理环境：剑门关旅游景区内，周围种植有樟树、银杏。

【保护级别】

1988年，被广元市人民政府公布为市级文物保护单位。

【现状概述】

姜维祠坐东朝西，曾名"伯约庙""姜公祠"，包括姜维殿和孔明授书殿。

姜维墓为后世纪念蜀汉末年姜维大将军镇守剑门关而修建的衣冠冢，现位于姜维祠的后方，也是坐东朝西，东偏北80°，墓高3.35米，垒砌的石砖高为1.85米，基座底周长为30.4米。

【历史渊源】

清同治时期的《剑州志》[1]记载，剑门驿东北里许有一座钵盂寺，寺后大石高矗，在石体中建有一座阁楼，内供奉姜维像。石体圆滑，形状犹如钵盂，因此该寺取名"钵盂寺"。民国时期的《剑阁续志》[2]又记载，姜维祠在剑门内，就是以前的钵盂寺。

根据景区工作人员介绍，姜维祠复建于2009年；姜维墓原墓址位于关内金牛古道旁（今剑门关镇医院门口南侧），1936年修川陕公路时墓冢迁至大剑溪对岸今停车场处，2010年又迁至此。可见剑门关附近的姜维祠、墓历史并不长，最早只能追溯到清同治时期，为民间百姓怀念蜀汉大将姜维而自发建造，这是清代晚期三国人物地方崇拜的普遍现象。

1 （清）李溶、（清）余文焕修、（清）李榕等纂：《同治剑州志》，《中国地方志集成·四川府县志辑⑲》，巴蜀书社，1992，第773页。

2 张政等纂修：《民国剑阁续志》，《中国地方志集成·四川府县志辑⑲》，巴蜀书社，1992，第903页。

姜维墓及神道

平襄侯祠山门

姜维祠墓俯视

拦马墙（凉山铺段）

【地理位置】

地理坐标：东经 105°24′48″，北纬 32°0′48″，海拔 653 米。

行政属地：剑阁县凉山乡。

地理环境：拦马墙所在古道位于走马岭、王家坡其中一段的剑门蜀道，附近有 108 国道。

【保护级别】

2006 年，剑门蜀道遗址被国务院公布为全国重点文物保护单位，拦马墙为剑门蜀道遗址的重要组成部分。

剑门蜀道

【现状概述】

保存较为完整的拦马墙古蜀道用青石块铺路，依山势而建，道路两旁有古柏。此段拦马墙长约 68 米，宽约 2.8 米。拦马墙石块长约 0.68 米，宽 0.35—0.75 米，高 0.17—0.92 米。

拦马墙

【历史渊源】

秦汉古道大都顺山脊而造，依危崖而修，危处自有墙式围栏建筑，或以土为墙，或以土石混合为墙，唯有此处的拦马墙，是以宽厚石墩为墙，接合部用糯米、石灰黏合，这是古蜀大道上典型的道路安全标志，也是今人研究古代道路建筑的重要标本。

相传当年张飞出征，行至剑阁，因前方回报信使迟迟未回，就令将士寻找，在前方转弯处的悬崖下，找到了死去的信使，张飞大哭，令将士在驿道险要处修筑拦马墙，用以防备官差骑马奔驰时跌落悬崖。

柳沟武侯桥

【 地理位置 】

地理坐标：东经105° 21′ 22.92″，北纬31° 57′ 5.70″。

行政属地：剑阁县柳沟镇迎宾街。

地理环境：柳沙河穿流而过，附近有高寺山。位于柳沟镇中心，周围有柳沟镇税务所、酒楼、旅馆等。

【 现状概述 】

该桥长40米，宽4.8米，高约8米。桥身用砖石垒砌成7个8米高的桥墩，桥两侧有高约0.8米的铁护栏，桥头有一架2.2米的限高栏杆。

【 历史渊源 】

该桥跨于柳沙河上。相传肇建于蜀汉，历代皆有维修。清道光时期《保宁府志》[1]记载，柳沟桥在（剑州）西四十里。据当地人介绍，柳沟桥原为石板桥，比今桥低，仅能通行人和非机动车，车辆不能通行，1935年修建川陕公路时拆毁后重修。

柳沟武侯桥

---

1 （清）黎学锦等修，（清）史观等纂：道光《保宁府志》，《中国地方志集成·四川府县志辑㊶》，巴蜀书社，1992，第82页。

剑阁张飞庙

【地理位置】

地理坐标：东经105°18′11.10″，北纬31°57′11.66″，海拔851米。

行政属地：剑阁县垂泉乡。

地理环境：张飞庙位于一座无名的小山包顶部，山包上多柏树。小山包南面即张飞庙。

【现状概述】

整体建筑坐北朝南，面阔两间，进深两间，呈四合院格局。张飞庙位于东侧前殿，庙内供有刘备、关羽、张飞塑像，左右两侧各竖立一黑一白武将，手持张飞和关羽的武器：丈八蛇矛和青龙偃月刀。东侧后殿为文昌殿，文昌殿东侧还有一偏殿，为观音殿。西侧前殿为无名殿，殿内供奉弥勒佛和二郎神，左右两侧为两尊金刚塑像，殿外左右两侧各有一棵古柏树。西侧前殿面朝通往山下的山长块青石条铺成的台阶，在台阶上发现一"马蹄印"，长0.16米，宽0.1米，深0.02米。西侧后殿大门左右两侧发现"垂泉乡人民公园"和"张飞庙管会"的挂牌，但大门紧闭，未能入内，门前的庭院空地晾晒衣物，并在殿外发现盆、碗等日常生活用具。

剑阁张飞庙

张飞庙内塑像

张飞井

地理坐标:

张飞井:东经105°18′14.40″,北纬31°57′10.75″,海拔853米;

垂泉铺:东经105°18′15″,北纬31°57′7″,海拔827米。

行政属地:剑阁县垂泉乡。

地理环境:位于剑阁县垂泉乡以北约150米处,张飞庙东南方向(左前方),张飞井西方有一新修的蓄水池(堰坝)。

张飞井

【保护级别】

1988年,被剑阁县人民政府公布为县级文物保护单位。

【现状概述】

井口水泥浇铸呈圆形,外围建凉亭保护此井。张飞井井口内径0.55米,外径0.8米,水面离井口深3.9米。井内部用石块垒砌成正方形,边长约1.2米。现张飞井外加盖双层六角攒尖顶凉亭加以保护,梁上记有"中华人民共和国甲申年冬月十三日建修"的字样。

张飞井上盖井亭

武功桥

【地理位置】

地理坐标：

武功桥：东经105°16′07.11″，北纬31°52′10.7″，海拔476米。

武功县城址：东经105°16′15.82″，北纬31°52′12.82″，海拔476米。

行政属地：剑阁县武连镇。

地理环境：镇西2千米，乌木滩河穿流而过，桥以南为照壁石山，桥东北处有武连职业中学。

【现状概述】

武功桥长15.5米，宽2.27米，高3.5米。山11块青石板铺成，其中一块长4米，宽0.795米。该桥呈南北走向，为石结构四孔平桥。

【历史渊源】

相传武功桥始建于蜀汉，因诸葛亮北伐经此地建桥而得名。

清雍正时期《四川通志》卷二十二记载，武功桥位于当时的武连驿。清道光时期《保宁府志》[1]记载，武功桥位于武连驿西，桥久圮，今设渡。道光时期，武功桥塌坏，人们在桥边设置渡口，以供行人通行。清同治时期《剑州志》[2]记载，武功桥在武连县西。明代崇祯十三年，武功桥桥梁损坏，不能通行。清雍正二年剑州知州李梅宾重修。《民国剑阁县续志》记载，清末宣统三年，武功桥再次崩坏。民国元年，知事张政重修。[3]上述文献比较详细地记载了武功桥的建置沿革及历代修缮情况。明代崇祯前，武功桥就已存在，明代毁坏后，曾于清代雍正、宣统时期及民国时期多次重修。

---

1 (清)黎学锦等修,(清)史观等纂：道光《保宁府志》,《中国地方志集成·四川府县志辑㊌》，巴蜀书社，1992，第82页。

2 (清)李溶、(清)余文焕修、(清)李榕等纂：《同治剑州志》,《中国地方志集成·四川府县志辑⑲》，巴蜀书社，1992，第769页。

3 张政等纂修：《民国剑阁续志》,《中国地方志集成·四川府县志辑⑲》，巴蜀书社，1992，第879页。

武功桥现状

武功桥桥面

武连南桥

【地理位置】

地理坐标：

武连南桥：东经105° 16′ 34.32″，北纬31° 53′ 1.72″，海拔491米；

武连驿：东经105° 16′ 20.55″，北纬31° 52′ 52.40″，海拔509米。

行政属地：剑阁县武连镇新绵街。

地理环境：东西跨小西河，附近有武连小学、邮政储蓄银行等。

【现状概述】

现为四孔石桥，桥两侧有铁护栏。在桥墩下发现一段残存石板桥，残长9.8米，残宽10.32米。

【历史渊源】

相传该桥肇建于蜀汉，东西跨小西河，属古驿道桥，历代多有毁、修，今残存石砌桥基长约25米。据剑阁县文管所工作人员付玉斌介绍，该桥原为木桥，后因火灾被毁。

武连南桥

遂宁市

遂宁市，位于四川省东部，截至2022年底，下辖船山区、安居区2区，蓬溪县、大英县2县，射洪市1个县级市，以及高新区、经开区、河东新区3个独立核算园区。三国时期，该区域主要为蜀汉益州东广汉郡辖地。

遂宁市三国文化遗存点位分布图

1　过军渡遗址
2　明月关庙

撰稿：彭　波
摄影：罗景玠
绘图：尚春杰

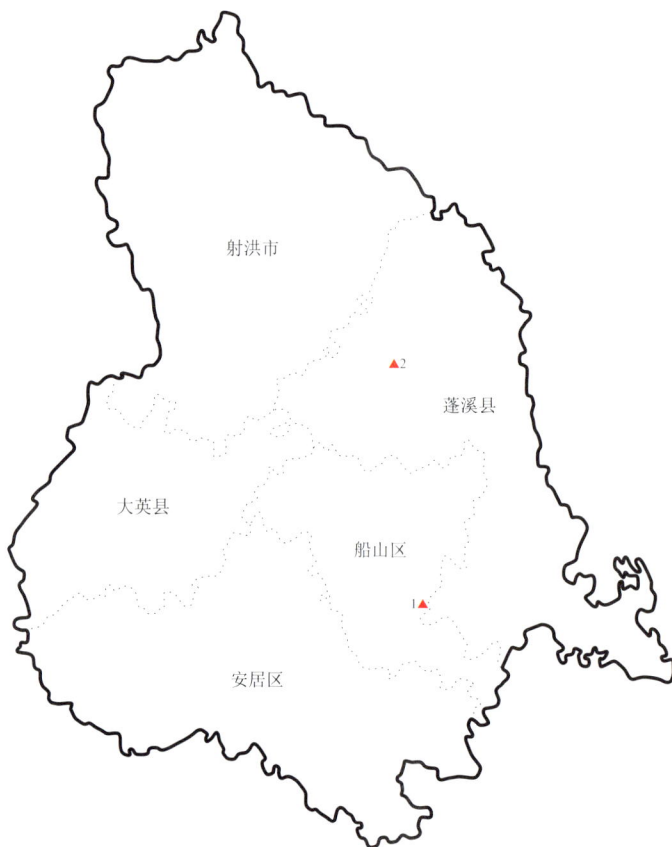

船山区

过军渡遗址

【地理位置】

地理坐标：东经105°38′54.41″，北纬30°27′28.80″，海拔264米。

行政属地：船山区仁里镇（松林村）东兴村1社。

地理环境：地处涪江东岸的一处台地，过军坝村西北，距过军渡水电站工程大坝东南约150米处，北有一土丘名曰"张飞梁"，四周为农田及民房。

【现状概述】

由于常年汛期，洪水冲刷以及开采河滩砂石，修建水电站和明星大道，遗址现已不存。

【历史渊源】

过军渡相传为张飞渡军之处。清乾隆《遂宁县志》载："过军渡，在县南十里。刘璋遣张裔拒张飞于德阳陌下，即此。"[1]当地传说，张飞带兵在此渡河，用了三天三夜才全部渡完。渡河时军队便驻扎在渡口东岸的山梁之上。后人便把这个山梁称作"张飞梁"。张飞梁原有一尊巨大的张飞石雕像，1947—1948年，当地村民取材建屋时毁。[2]

2009年，遂宁市文物管理所在过军渡东岸台地上发现一处古代渡口遗址，即过军渡遗址，东西宽约30米，南北长约150米，高约4—6米，采集到东汉红陶绳纹釜、东汉灰陶绳纹板瓦、棱纹汉砖、唐代灰陶碟、南宋青白釉盏、明清青花碗残片等。[3]2008年过军渡水电站大坝建成以前，这里仍是一处渡口，往来船只不断，大坝建成后交通皆从陆路，渡口废弃。

建安十九年（214），诸葛亮率张飞、赵云溯江西上，至江州后，诸葛亮与张飞溯垫江西上，赵云从外水上江阳。[4]《三国志·张裔传》载："张飞自荆州由垫江入，璋授裔兵，拒张飞于德阳陌下。"[5]学者考证，当时的德阳县县治就位于今遂宁市龙凤场一带。[6]过军渡传说的由来应当与此相关。

1 (清)田朝鼎修，(清)周彭年纂：《遂宁县志》卷一《古迹》，清乾隆十二年刻本。

2 据唐仁美口述资料整理。唐仁美，74岁，东兴村1社村民。

3 船山区文物管理所提供资料。

4 (晋)陈寿著：《三国志》，中华书局，1964，第949页。

5 (晋)陈寿著：《三国志》，中华书局，1964，第1011页。

6 遂宁市文管所提供资料。

过军渡航拍

蓬溪县

明月关庙

【地理位置】

地理坐标：东经105°36′21.043″，北纬30°44′34.86″，海拔286米。

行政属地：蓬溪县明月镇望月街社区222号。

地理环境：地处芝溪河北岸，南临明回路，四周为民居。

【保护级别】

2012年，被四川省人民政府公布为省级文物保护单位。

【现状概述】

明月关庙，坐西北朝东南，建筑面积约1300平方米，四合院布局，由山门、戏台、大殿、左右厢房组成。

山门位于整个建筑的东南角，原山门已毁，现山门为新建。山门前原有照壁，破"四旧"时亦毁。[1]戏台位于山门左侧，单檐歇山顶，木结构建筑，下承四行木柱，面阔三间22.3米，进深两间9.5米，高8.2米，戏楼左右与耳房相连。大殿与戏台相对，单檐歇山式顶，抬梁式与穿斗式复合梁架，面阔四间13.5米，进深四间10米，高7.4米。大殿主脊檩上有墨书题记"皇清乾隆己卯岁次孟冬月；皇图巩固，帝道遐昌，且立"，脊檩左右横梁上也有墨书题记。右题"地主杨正（乾林葱英常挥与）侄启

（元惟圣伦□□）启（龙凤□祥□□）启（云裕青□征□）客长张天禄，会首……"；左题"客长（向良贵、但开相……）长乐寺场客长萧美玉、陈天元……"。侧檩上墨书题记"川北镇标中营驻防蓬溪县加二级史□□"。大殿明间神台上有关羽、关平、周仓、张飞、刘备、诸葛亮、孔子等塑像，为20世纪80年代新塑。左侧次间神台有观音、地藏王菩萨、送子观音等塑像，右侧次间原改用为明月小学食堂厨房，现闲置。左右厢房为二层廊房，改建痕迹明显，每层均被隔成7—8个单间。

【历史渊源】

明月关庙，县志无载。据大殿脊檩上墨书题记，其始建年代大致为乾隆二十四年（1759）。20世纪70年代，关庙被明月镇供销社征用为棉花仓库。20世纪90年代，出租给私人，作为木材加工厂，不久后关闭。20世纪90年代末期，当地政府将关庙用作老年活动中心，并对关庙局部进行了修缮。2005年，关庙再次出租给私人作为茶水铺，同年被蓬溪县人民政府公布为县级文物保护单位，2010年茶水铺关闭。2012年被四川省人民政府公布为省级文物保护单位。2016年，当地文物部门对关庙戏台进行维修。2018年老年活动中心关闭，现闲置。为了加强文物保护，当地文物部门雇用了一名妇女代为看管。

---

1 据杨贤芳老人口述资料整理。杨贤芳，59岁，明月镇知青。

明月关庙俯视

明月关庙大殿

明月关庙山门

明月关庙大殿局部

大殿内关羽塑像

明月关庙戏台

  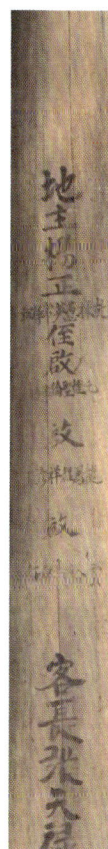  

脊檩题记　　　纪年题记　　　　梁上题记

内江市

内江市，位于四川省东部，截至2022年底，下辖市中区、东兴区2个区，隆昌市1个县级市，威远、资中2个县。三国时期，该区域主要为蜀汉益州辖江阳郡地，还包含了犍为郡的部分辖地。

内江市三国文化遗存点位分布图

1　资中武庙
2　罗汉洞武圣殿
3　迎祥街武侯祠旧址

撰稿：吴　娲　申　雷
摄影：罗景玠　彭　波
　　　尚春杰　李鑫智
绘图：尚春杰

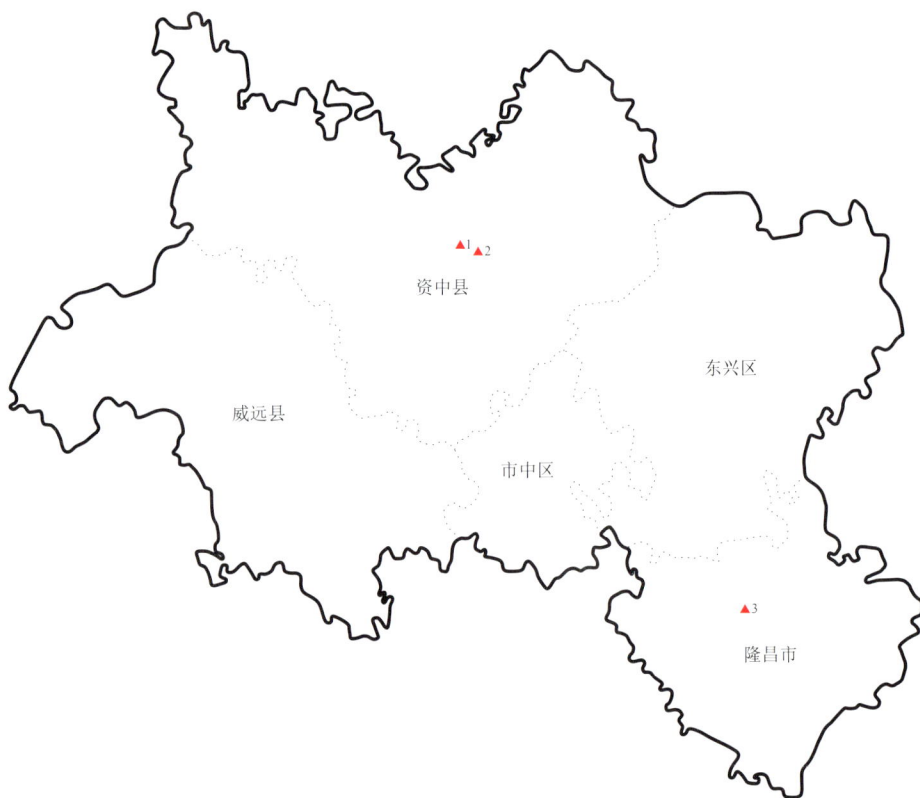

资中县

资中武庙

地理坐标：东经 104° 51′ 0.6″，北纬 29° 46′ 56″，海拔 285 米。

行政属地：资中县重龙镇文庙社区公园路 1 号。

地理环境：位于城北重龙山山麓，坐北朝南，南端为武庙广场，距其西北向 200 米处为资中文庙，西面为广义河，文庙与武庙之间为南北走向 840 米长的状元古街。

【保护级别】

2006 年，被国务院公布为全国重点文物保护单位。

【现状概述】

资中武庙（关帝庙），现占地面积 3731 平方米，建筑面积 1608.8 平方米。中轴线上由南向北依次分布有照壁（复建）、外月池（复建）、七星门（复建）、朝贡殿、钟鼓楼、关圣殿。关圣殿东西两侧各建一区，西为三义祠（复建）、东为启圣殿。

朝贡殿主殿为歇山式屋顶，两侧各有耳房，覆绿色琉璃筒瓦，面阔七间 32.9 米，进深三间 7.3 米，通高 7 米。门额悬挂牌匾“朝贡殿”，悬挂对联：“义薄云天，立德修身凭铁骨；忠贯社稷，安邦治国献丹心。”正梁上有题记：“皇清同治四年乙丑岁仲秋月廿六日谷旦立。”朝贡殿院落东西厢房现为 2019 年复原展陈的古代名将馆。

关圣殿为两层楼阁，建于高 2.75 米的素面台基之上，重檐歇山式屋顶覆琉璃瓦，正脊中置葫芦宝顶，面阔三间 13.7 米，进深三间 8.5 米，通高 15 米，外绕回廊宽 2.3 米，殿前设有比武台。关圣殿黄绿两色重檐，体量高耸，两侧有钟楼、鼓楼廊庑环抱，围合出宽敞的殿前祭拜空间。

关圣殿内塑像，均为 2019 年复原展陈，主祀关羽，头戴冠冕，手持饰有北斗七星的笏板，神龛上方悬“义炳乾坤”匾额，龛侧悬对联：“东拒北伐，赤面赤心，忠义威名称万古；左图右书，青灯青史，庙堂俎豆映青秋。”塑像前供有关圣帝君神位，关羽塑像左侧侍关平持印，右侧侍周仓持青龙偃月刀。启圣殿为单檐歇山顶，覆绿色琉璃筒瓦，殿内龛座现供奉关羽上三代祖先牌位。殿东檐下有岳飞铜像，殿前对联：“华夏千秋，扬正义必崇关羽；珠江一庙，继忠贤当敬岳飞。”

三义祠院落为硬山式屋顶，封火墙、脊以青花瓷片装饰，祠内忠义堂现供奉有刘备、关羽、张飞的塑像及牌位。

【历史渊源】

资中武庙始建于明嘉靖年间，清乾隆五十六年、清同治四年、清同治十二年先后三次补修。

《光绪资州直隶州志》详细记载了资中武庙祭祀关帝的礼仪规制：“关帝庙，在北关外，明嘉靖建，国朝乾隆辛亥补。顺治九年，敕封

资中武庙建筑群鸟瞰

朝贡殿院落

关圣殿院落

资中武庙建筑群关
圣殿山面鸟瞰

关圣殿正立面

'忠义神武灵佑关圣大帝'，嘉庆十九年，奉文加封'仁勇'二字于原衔之下。岁以春秋仲月上戊日致祭，前殿祭品用帛一、白色牛一、羊一、豕一、笾豆各十；其五月十三日致祭，不用笾豆。""道光时，奉文加封'威显'二字于原衔之下；咸丰二年，加封'护国'二字；三年，加封'保民'二字；六年，加封'精诚'二字于原衔之下；七年，御书'万世人极'匾额，颁发各直省县悬挂。咸丰四年，奉文升入中祀春秋二祭典，圣庙典礼同五月十三日，圣诞致祭祀前致斋一日，不作乐，不设馔，供品鹿、兔、果、酒，其余礼节与春秋二祭同。"

后殿祭祀关羽的前三代祖先，《光绪资州直隶州志》记载的礼仪规制为："雍正三年，敕封关帝三代公爵——曾祖光昭公，祖裕昌公，父成忠公；制造神牌，供奉后殿，春秋致祭。光昭公，正中南向；裕昌公，东一室南向；成忠公，西一室南向。祭品——帛各一，白色，豕各一，羊各一，笾豆各八，行二跪六叩礼。""后殿五月十三日致祭。咸丰五年，曾祖光昭公，加封为光昭王；祖裕昌公，加封为裕昌王；父成忠公，加封为成忠王。"

武庙春秋二祭祝文（咸丰四年颁）："惟神星日英灵，乾坤正气。允文允武，绍圣学于千秋；至大至刚，显神威于六合。仰声灵之赫濯，崇典礼于馨香。兹当仲春秋，用昭时飨；惟祈昭格，克鉴精虔。"

武庙圣诞祝文（咸丰四年颁）："惟神九宇垂庥，两仪合撰。嵩生岳降，溯诞圣之灵辰；日午天中，届恢台之令序。聪明正直壹者也，千秋征肸蚃之隆；盛德大业至矣哉，六幕肃馨香之荐。爰循懋典，式展明禋；苾芬时陈，精诚鉴格。"

武庙春秋二祭乐章（咸丰四年颁）："迎神格平之章——懿铄兮焜煌，神威灵兮赫八方。伟昭烈兮累禩，祀事明兮永光。精诚兮黍稷，

馨香俨如在兮洋洋。初献翊平之章——英风飒兮，神格思纷羽盖兮。龙旗□桂醑兮，盈卮香始升兮。明粢惟降鉴兮，在兹流景祚兮翊昌时。亚献恢平之章——觞再酌兮告虔，舞干戚兮合宫。悬歆苾芬兮洁蠲，扇巍显塑兮神宫宣。终献靖平之章——郁鬯兮三甲，罗笾籩兮毕陈。仪卒度兮肃明，禋神降福兮宜民宜人。撤馔彝平之章——物惟备兮咸有，明德惟馨兮神其受。告撤兮礼终，往咎佑我家邦兮孔厚。送神康平之章其一——幢葆葳蕤兮神聿归，驭风轸兮骖虬䮦。降烟缊兮余纷絣，愿回灵盼兮德洽明威。望燎康平之章其二——焄蒿烈兮燎有辉，神光遥□兮祥云霏。祭受福兮茂典无违。庶扬骏烈兮永奠疆畿。"

后殿春秋二祭祝文（咸丰五年颁）："惟王世泽覃麻，令仪裕后。灵钟河岳，笃生神武之英；诚溯渊源，宜切尊崇之报。班爵超躬桓而上，馨香肃俎豆之陈。兹际春秋，爰修礼事，尚其昭鉴，式此苾芬。"

后殿五月十三日致祭祝文："惟王迪德承家，累仁昌后。嵩生岳降，诚毓圣之有基；木本水源，宜推恩之及远。封爵特超于五等，馨香永荐于千秋。际仲夏之届时，命礼官而将事；惟祈昭格，鉴此精虔。"

清同治十二年（1873），资中武庙正殿加高，并增修了钟鼓楼、启圣宫和三义祠，文献对此记载："武庙在北关外，庙貌湫隘，不足以安神。乃州人士，于同治十二年癸酉禀请改造。将原提斗秤息及岁收租钱，购置材料；不敷，又提急公局钱数千钏。其正殿，将原址加高，修高阁如文庙式，旁建钟鼓楼，左修启圣宫，右建三义祠；中厅石坊，仍旧外筑宫墙，墙外有池，砌石加深，规模宏厂，栋宇巍峨，诚为壮观，足表崇报。外有捐资罚款若干，勒石不具载。"

启圣殿院落

资中武庙七星门

三义祠院落

资中武庙关圣殿内景

北

启圣宫

关圣殿

比武台

后院

忠义堂

西廊

东廊

西厢房

东厢房

三义祠

鼓楼

钟楼

盘破门武术研究会
展区

朝贡殿

西厢房

东厢房

七星门

外月池

照壁

0　　9米

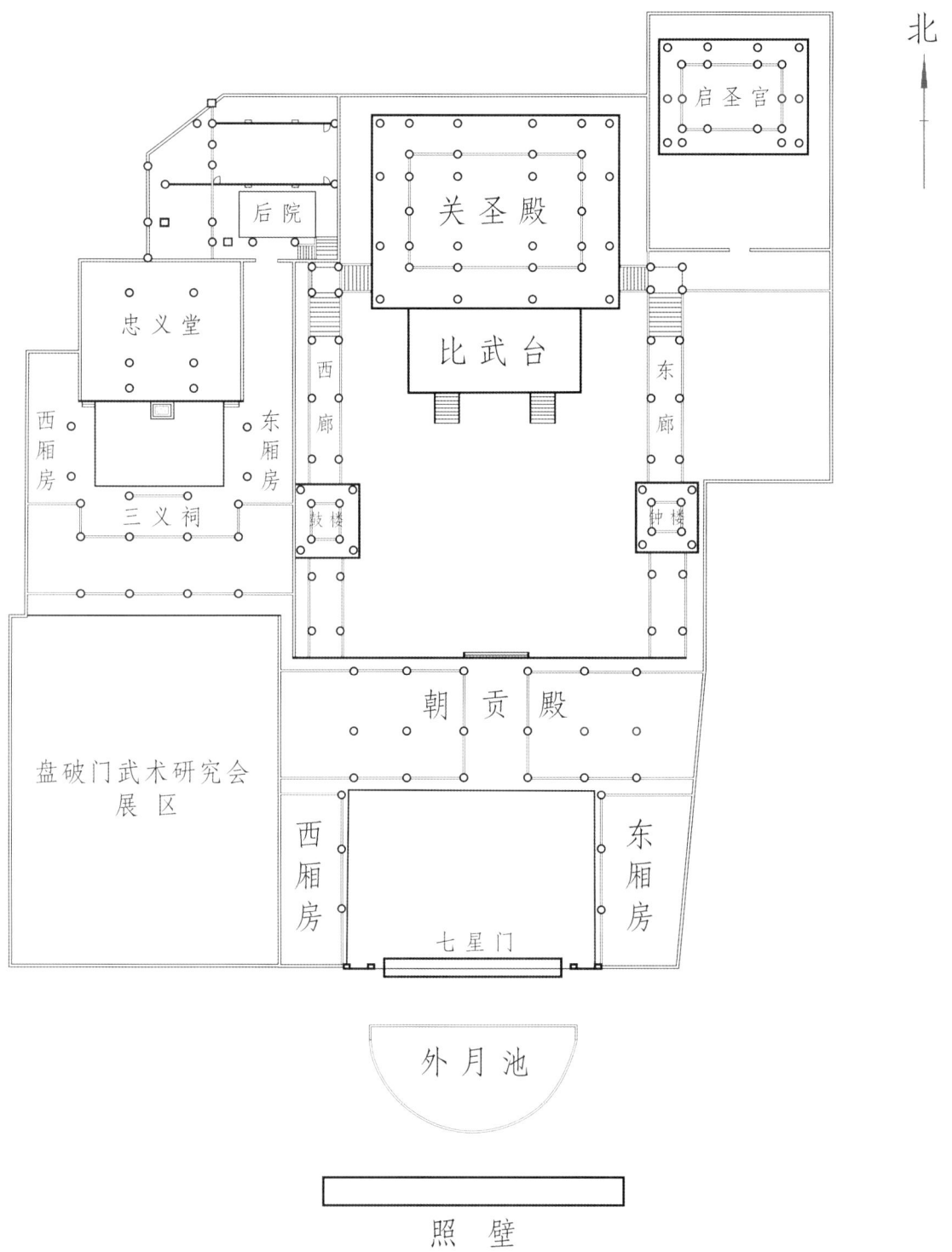

资中武庙平面图

罗汉洞武圣殿

【 地理位置 】

地理坐标：东经 104° 52′ 17.59″，北纬 29° 46′ 38.4″，海拔 285 米。

行政属地：资中县重龙镇罗汉洞村 8 组。

地理环境：南临沱江，北依东岩，西南面 500 米处临城市公路。

【 现状概述 】

罗汉洞武圣殿是一座建于清代咸丰年间的关帝庙，根据殿内木刻题记，武圣殿为当地廖氏族人廖晓岚修建，故当地又俗称其为"廖家庙"。此庙宇建筑至今仍为廖氏后人贺兴甫一家居住，在贺家人的维护下，主体建筑及内部塑像保留完整，形成祭祀庙宇与居住空间相互融合的独特格局。

武圣殿建筑背靠东岩摩崖山体，坐西北向东南，木构建筑，抬担式结构，建筑在高度为 0.5 米的土砌高台上。青瓦屋面，屋脊上塑有二龙戏珠，封火墙，因长年作为居住房用，武圣殿外立面呈现更多的是清末民初的民居建筑风格。

武圣殿建于咸丰八年（1858），主梁上有题记"大清咸丰戊午八年五月"，整个建筑体量不大，面阔三间共 12.5 米，总进深 7.35 米，明间面阔 4.5 米，进深 4.99 米，通高 9.48 米，占地面积 91.88 平方米。

殿宇内有三座牌楼式木制神龛，主神龛位于殿中央，主祀关帝。主神龛左手神龛为太阳殿，主祀太阳帝君；主神龛右手神龛为太阴殿，主祀太阴星君。关帝神龛为牌楼式木制主神龛，位于房屋中央，朱漆底色，三层重檐，面宽 3.2 米，高 3.5 米，进深 1.3 米，置于 1.2 米高的石砌神台之上。檐下木牌文字、彩绘均已脱落不存。据屋主贺隆建介绍，神龛檐下字牌曾经刻有"盖天古佛"四字，这是关羽在佛教里的封号。神龛中祀关羽，关平、周仓陪祀。龛前有石造香炉，上宽 0.9 米，高 0.85 米。

罗汉洞武圣殿鸟瞰

武圣殿外立面

武圣殿关帝神龛

关帝塑像局部

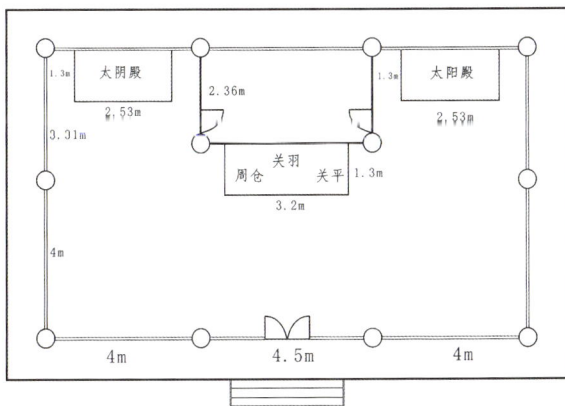

罗汉洞武圣殿平面图

主祀关帝塑像为木胎泥塑彩绘坐像，高2.3米，宽1米，卧蚕眉，丹凤眼微闭，长须垂胸，神情威严。关帝左手拖巾持笏板，右手交握，身着四爪龙纹袍，作帝王打扮。头戴纶巾，头顶冕旒珠饰已不存，彩绘颜色部分风化，马毛制作的髯须部分断落，除此以外，保存基本完整。关帝塑像左首为关平木胎泥塑像，高1.65米，宽0.6米，关平足蹬长靴，头戴方形盔帽，身披锦袍，微含笑意，站立一旁。此关平像双手残损，彩绘部分脱落。周仓木胎泥塑像左手持关刀，右手扶腰带，身披袒臂袍甲，位于关帝塑像右首。此周仓像高1.75米，宽0.62米，黑脸，双眼圆睁，虽左眼球已脱落，但神情威武。

主神龛左首神龛为太阳殿，置于1.16米高的石砌神台上，牌楼式木制神龛高2.8米，进深1.4米，双重檐，檐下字牌刻"太阳殿"，主祀太阳帝君，为道教传说中的日神。太阳帝君坐像高1.7米，宽0.9米，帝君右首侍从站像高1.1米，宽0.35米，双足残损不能立，斜靠在太阳帝君塑像上，帝君左首侍从站像高1.15米，宽0.35米，双手残损。

主神龛右首为太阴殿，置于1.16米高的石砌神台上，牌楼式木制神龛高2.8米，进深1.4米，双重檐，檐下字牌刻"太阴殿"，主祀太阴星君，为道教传说中的月神。太阴星君坐像高1.8米，宽1.2米，星君右首侍从站像高1.1米，宽0.35米，右首侍从站像高1.1米，宽0.35米，左首侍从站像高1.2米，宽0.35米。

周仓塑像　　　　　关平塑像　　　　　太阴殿

太阳殿

咸丰己未夏五月木刻题记

【历史渊源】

主神龛背面木板有行楷题刻，字迹清晰，保存完整："州之东郭外数里有崖阿，纵横百余步，空明洞彻，居然大厦。崖上滴泉，自夏迄秋，潺溪不绝。有居民数家，鸡犬牛羊，纷然杂处。中存一佛像，右行数十步外，有大佛高丈许，余悉埋没，不知几历年所。道光甲辰岁，廖晓岚年伯置业于兹，见残碑，始知旧有罗汉五百，乃命掘土中，得其像，残毁不足者，为之培补修饰，卒成五百之数。旧无庙宇，香火寂然。又于前创大殿一重，奉祀武圣，殿后构妙香阁数楹，台下凿池以为四时游人玩赏之地。其傍大佛石壁上，凿大唐颜鲁公《中兴颂》，久为风霜剥蚀，迹就湮没，观览不易。因刻置壁间，点书残缺者，概仍其旧玉。然楹联数幅，亦皆集鲁公书以成之者。因为数言纪之，后之览者，庶乃识其梗概云。咸丰己未夏五月瑀嵝林淑琮。"

这段文字记述了武圣殿之建殿始末。武圣殿所处之东岩，历来山水毓秀，有天然洞穴，有唐宋摩崖，神庙兴盛。只可惜庙宇楼台均在明末毁于战乱。道光年间，邑人廖晓岚在洞边发现了一块残碑，根据碑文记载得知此处除大佛外，曾祀有500罗汉，乃命人掘土，并培补修饰残毁的罗汉像于洞中，又在罗汉洞前建武圣殿，祀关羽，殿后建妙香阁。

抗日战争时期，为了躲避敌机轰炸，资中专署曾经迁到武圣殿内办公。中华人民共和国成立后，这里曾经做过谷田乡的乡公所，后来是公社的大队部和小学所在地。土改分房时该建筑分给了村民廖忠权，廖忠权无儿女，因此后来将房子转赠给了自己的侄子贺兴甫，贺家一直居住至今。如今，罗汉神像及庙宇建筑大部分均已不存，廖家后人住在武圣殿里，神仙与大众、信仰与世俗，就这样在一个空间里奇妙地共存下去。

隆昌市

迎祥街武侯祠旧址

【 地理位置 】

地理坐标：东经105°12′45″，北纬29°23′17.81″，海拔399米。

行政属地：隆昌市迎祥镇。

地理环境：旧址大概在迎祥镇镇政府停车场处，未见相关遗迹。

迎祥街武侯祠前街道武侯街

【 现状概述 】

迎祥街位于隆昌西北部，距县城7千米，据清代《泸州志》记载："建兴三年，南中诸郡反叛，诸葛亮率军出征，渡泸水，平定南中四郡，其兵马皆在隆桥驿迎祥街驻扎。"诸葛亮在迎祥街附近一小山坡督战，故迎祥街有武侯祠，20世纪80年代犹存。根据展览文字介绍可知，迎祥街武侯祠在20世纪80年代尚存，但其始建时间及建筑形制等信息不详细。根据附近村民介绍，遗址所在地便在今迎祥镇镇政府停车场处。调查小组在现场未发现关于武侯祠的遗迹存在，但镇政府前面的一条街，名为武侯街。

迎祥街武侯祠旧址

【 历史渊源 】

《读史方舆纪要》言："迎祥山，县东二十里。宋置祥州，以此。又县南十五里有兴庆山，县因以名也。……汉阳山，在县北八十里，相传诸葛武侯南征驻军此山，或云故汉阳县盖治此山之侧"[1]。《光绪叙州府志》载:"武侯祠在县北三十里迎祥街。朱云骏诗《迎祥街谒武侯祠》:'迎祥街谒武侯祠,慨想高风佐命时。出处不侔三代后,驰驱矢报一人知。紫阳史法祧余闰,张俨微文漫诋訾。汉祚若非终四百,壶浆中夏劳王师。'"[2]查找相关资料知道,《迎祥街谒武侯祠》一诗的作者朱云骏(1718—1781年)是金匮人(属常州府),为乾隆年间举人,官至隆昌知县,善诗书画。当时清廷征讨金川,朱云骏供应粮草,不以扰民,辛劳过度而亡。考察朱云骏的生平可大致推断,《迎祥街谒武侯祠》当创作于其任隆昌知县之际,由此可知迎祥街武侯祠在乾隆年间便已存在。

诸葛亮南征的军队有可能在迎祥镇驻扎过,后人出于对三国文化的喜爱和对诸葛亮敬仰,在此修建了武侯祠,但随着城市化进程,武侯祠已经不存,未见相关遗存,遗址前街道名为"武侯街",即为此处曾修建过武侯祠的印证。

当地流传有关诸葛亮南征的传说[3]:相传诸葛亮南征,驻扎在川南隆桥驿迎祥街。时值春夏之交,诸葛亮率众在迎祥街练兵,亲自在一高山上擂鼓布阵。此山后来就被称为擂鼓坡,当地也叫"雷公坡"。一日,诸葛亮行至黑沟子河边(今两路口村),见农民从龙市河中提水灌田,便驻足观看。农民所用楠竹筒约2丈,竹筒中空,用一长竹竿绑一块抹布在竹筒中抽拉,河水就缓缓经竹筒里而提至田里,但劳作人民累得大汗淋漓。诸葛亮回到军中构思并绘制图纸,令工兵用木材连夜打造,制造成脚踏式滚动水车,其结构主要由车筒(吸水管道)、车轮(转动盘)、车把(人操作的依靠)构成。第二天拿到黑沟子河边一试,改进水车提水速度比之前的竹筒快了几十倍。考虑到一人踩踏太累,诸葛亮又将其改进为可容两人合力操作的双人车把。诸葛亮命工兵再造十余架装置分送周边农民。后世广泛推广、效仿,称之为"孔明水车"。这类水车直到20世纪80年代在西南还大量使用。此后又有参军报告,称隆桥驿市井发生瘟疫,但龙市河沿岸数十里却无人感染。诸葛亮返回迎祥街,沿龙市河上游从黑沟子查探至高峰寺,发现沿途水岸及山头长满金银花、鱼腥草、马齿苋、百花蛇舌草等植物,诸葛亮便以上述四种草药为主,配成药方煎水,起名为"四妙勇安汤"。"四妙勇安汤"很快阻止瘟疫,这个偏方也在民间流传开来了。

1 (清)顾祖禹撰,贺次君等点校:《读史方舆纪要》,中华书局,2005,第3321页。

2 (清)王麟详修,(清)邱晋成等纂:《光绪叙州府志》,《中国地方志集成·四川府县志辑㉘》,巴蜀书社,1992,第284页。

3 根据隆昌县作协副主席林昌宏先生的《诸葛亮驻扎迎祥街》([2021-12-16]https://www.sohu.com/a/129098506_517778)短文,将相关传说附记于此。

乐山市

　　乐山市，位于四川省东南部。截至2022年底，下辖市中、五通桥、沙湾、金口河4个区，峨眉山1个县级市，犍为、井研、夹江、沐川4个县和峨边、马边2个彝族自治县。三国时期，该区域主要为蜀汉益州犍为郡辖地，还包含越巂郡一部分。

内江地区三国文化遗存点位分布图

1　《昔诸葛武侯炼铁于兹》碑遗址

2　犍为铜鼓顶

3　庞坡洞

4　夹江关帝庙

5　千佛岩关公摩崖浮雕

6　千佛岩铁石关古栈道

7　诸葛亮点将台

8　石丈空石刻

撰稿：谢　乾　陈　芳　申　雷
摄影：苏碧群　罗景玠　尚春杰
　　　彭　波　李鑫智　樊博琛
绘图：尚春杰

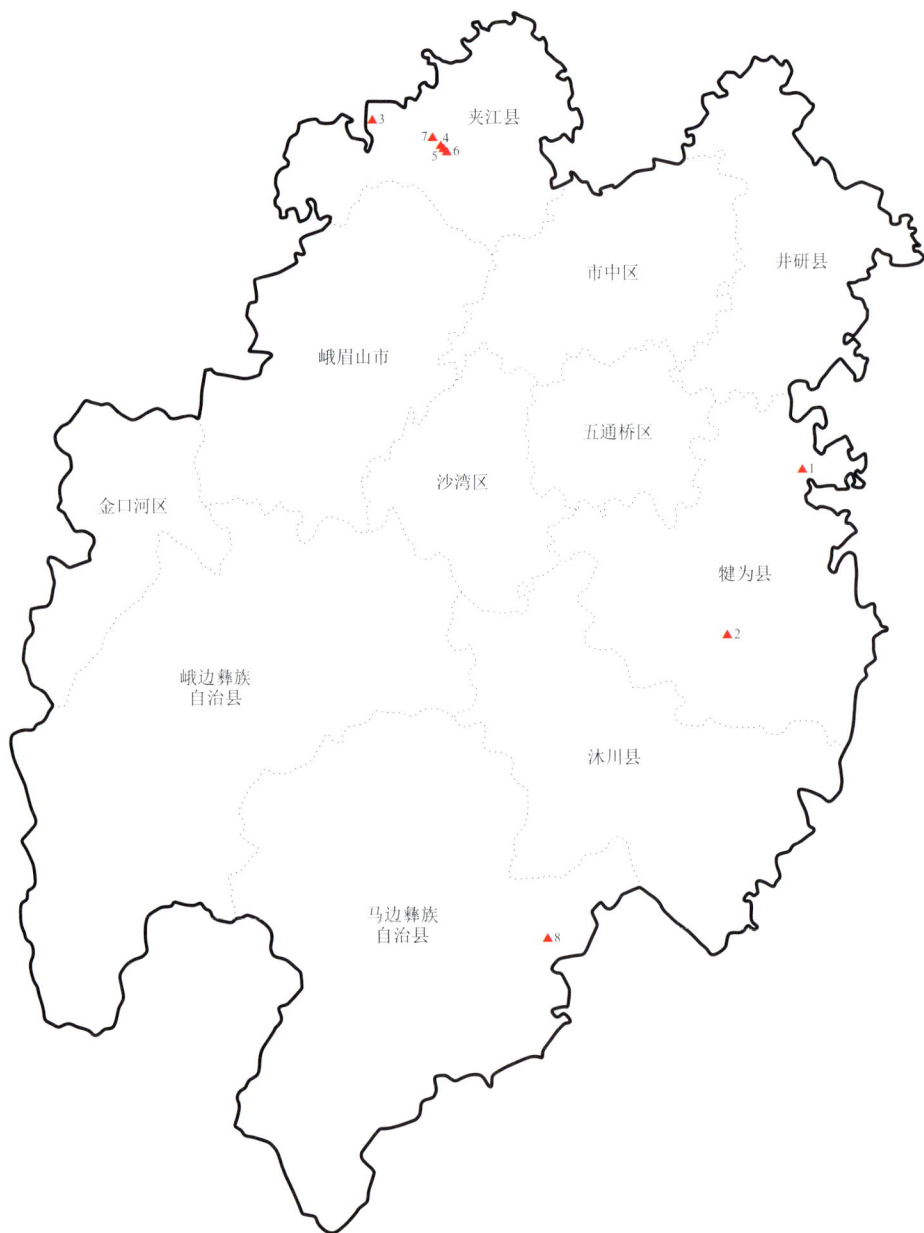

犍为县

《昔诸葛武侯炼铁于兹》碑遗址

【地理位置】

地理坐标：东经104° 3′ 27.99″，北纬29° 21′ 40.61″，海拔637米。

行政属地：犍为县罗城镇铁山村6组。

地理环境：罗城镇位于犍为县东北部，距县城约25千米，距乐山市60千米，与井研县、自贡市荣县接壤。罗城古镇为国家AAAA级旅游景区，其中船形街为省级文物保护单位。

【现状概述】

1958年，此地出土两通清代石碑，上书"昔诸葛武侯炼铁于兹""昔诸葛武侯岩前取铁"。现仅存出土遗址，为农田所覆盖。石碑均已不知去向。

【历史渊源】

罗城镇始建于明崇祯年间，是一座因贸易而兴的场镇。铁山位于镇东北，延绵30多里，传说是峨眉山的姐妹山，最高海拔约724米。铁山产铁，《汉书》记载："南安，有盐官、铁官。"汉代的南安县，即今乐山市。清乾隆《犍为县志》记载："（犍为）县东南一百里，产铁刚利，诸葛武侯尝取为兵器。"清嘉庆《犍为县志》记载："（犍为）县东南一百里，产铁，诸葛武侯取铸兵器。"

据铁山村原支部书记向先洪介绍，石碑出土附近还有其他有关诸葛亮传说的遗址，但均凡文献可考，现引录如下：

诸葛亮屯兵处。地理坐标：东经104° 3′ 29.49″，北纬29° 21′ 47.44″，海拔713米，位于铁山村6组，"昔诸葛武侯炼铁于兹"遗址附近山坡高处，现为铁山观音阁。传说昔日诸葛亮曾屯兵于此炼铁，铸造兵器，后来又长期派兵驻守，保卫铁山炼铁作坊。

诸葛亮开会崖洞。地理坐标：东经104° 4′ 15.92″，北纬29° 22′ 37.66″，海拔470米，位于铁山村5组天井河山、苞谷岭两山的谷底，洞深6.1米，高6.9米，长15.8米，据向先洪书记介绍，旧时洞内有石桌凳，20世纪70年代被破坏。崖洞附近又有点灯山、点灯路，传说因诸葛亮点灯示警而得名。

观音阁鸟瞰

传说诸葛亮开会崖洞

武侯铸铁碑遗址

388

犍为铜鼓顶

【地理位置】

地理坐标：东经103°57′18.83″，北纬29°10′08.05″，海拔346米。

行政属地：犍为县玉津镇铜高村16组。

地理环境：玉津镇为犍为县政府驻地，地处岷江西岸、马边河北岸之三角冲积地带。铜鼓顶位于国道213旁。

铜鼓顶鸟瞰

【现状概述】

俗称"腰鼓岭"，现存半边山坡。由213国道沿乡村水泥路而上，有村民定居于此，并种植蔬菜、果树等。有一高约2米、面积不及半亩的凸出台地，被村民开垦为农田。

【历史渊源】

玉津镇，因旁边岷江曾有渡口"璧玉津"而得名，先后作为犍为县治长达700余年。蜀汉时期，此地属南安县辖地。相传诸葛亮南征路过此地时，曾遗失铜鼓，遂有此称。民国《犍为县志》记载："铜鼓顶，上有古蛮洞，相传里人于此得诸葛铜鼓，山因以名。"所谓"诸葛铜鼓"，即传说诸葛亮南征时所制战鼓。一说此鼓白天可以当锅使用以煮饭，晚上则用以戒备，通过敲击发出警报；另有一说，诸葛亮将铜鼓散埋于山中，借以镇定一方。

铜鼓顶遗址

"诸葛鼓"一词最早见于明代，而此类铜鼓多见于云贵川等少数民族聚居地区，如曹学佺《蜀中广记》卷三十五《边防记·雅州》引《图经》记载："芦山县新安乡，五百余家，獠种也。……俗信妖巫，击铜鼓以祈祷焉。"铜鼓因诸葛亮南征而与之产生联系，成为互联互通的文化符号。另据乐山市文广新局文物科原科长唐长寿称，铜鼓顶是西晋末期，贵州一带僚人入蜀后，其民族的铜鼓文化在地名上的遗存。

夹江县

庞坡洞

【 地理位置 】

地理坐标：东经103° 26′ 3.02″，北纬29° 48′ 20.86″，海拔507米。

行政属地：夹江县木城镇太平村12组。

地理环境：木城镇位于夹江县西北部，青衣江西岸。北临马村镇，东为青衣街道、冯城街道，西与华头镇、眉山市洪雅县相连，南与乐山市峨眉山市相邻。

【 保护级别 】

1982年，庞坡洞摩崖造像被夹江县人民政府公布为县级文物保护单位。

【 现状概述 】

庞坡洞所在山谷地处木城镇与洪雅县交界，谷内现为石斛种植基地，沿石梯蜿蜒而上可至洞口。洞外为一平台，有石柱穿斗式结

庞坡洞鸟瞰

390

构悬山顶房屋，破败不堪，面阔五间约17.8米，进深三间约8.6米。屋内有一"大雄宝殿"匾，殿门上悬"庞坡隐士"匾，仅余上联"破曹魏献连环，千古名扬颂奇策"。据调查，仅14个石柱及门外残存石柱础为原有遗存。

据现场考察及测量，庞坡洞为一天然砂岩石洞，洞口坐西南朝东北，高约5.1米，宽1.6米。入洞较狭窄，洞内为天然石峡，呈甬道状，目光可及深约18米，洞底水滴不绝而成石窝，内部曲折蜿蜒，为巨石所阻，仅有小洞口，不得入。洞内并无人为开凿痕迹，仅洞壁有近人游玩刻画痕迹。

洞口右侧镌有"庞坡洞天"，上方镌有"庞德仙洞"。洞口旁有石梯十余阶，可至夹江县级文物保护单位庞坡洞摩崖造像，造像旁有阴刻竖排明嘉靖元年《重建庞坡古迹，比丘德中、引化众信、竖造关房、镌妆诸佛、罗汉、神龙祖师□□名第永远之记》、明正德十五年张凤扛《题庞坡洞摩崖碑记》（清《嘉庆夹江县志》记为《庞坡洞记》，文字较碑记较少且略有出入，二者可互补）、清商衍鎏游记。

【历史渊源】

庞德公，陈寿《三国志·庞统传》裴注引《襄阳记》，记载蜀汉名臣庞统是他的堂侄。他是襄阳的名流高士，与水镜先生司马徽交游，评价诸葛亮、庞统二人为卧龙、凤雏。今湖北省襄阳市鹿门山有庞居洞，传说就是庞德公隐居处。

此处之所以被称为"庞坡洞"，是相传庞德公曾经在此隐居。张凤扛《题庞坡洞摩崖碑记》就认为，庞德公虽然曾隐居襄阳，但其子孙等人皆宦于蜀，且蜀地跟湖北接壤，故应该存在庞德公后来入蜀，并隐居于庞坡洞的可能性。

庞坡殿旧址

庞坡洞外景

庞坡洞内景

庞坡洞外摩崖造像

商衍鎏题刻

嘉靖元年功德碑记

明正德十五年《题庞坡洞摩崖碑记》

张氏碑记下又有商衍鎏的游记，也赞同上面的看法，他的游记中就有如下诗句："遐哉庞德公，一官薄刺史。鹿门托采药，白云郁千里。南安山水幽，芒溪寄妻子。朝□吸湛露，霜雾漱颊齿。洞以庞坡名，清操共仰□。"商衍鎏，字藻亭，清末探花，著名学者、书法家。全面抗日战争爆发后，曾寓居乐山、夹江等地。

但是，根据上面提到的明代碑文记载，明代僧人德中，曾于庞坡洞建造佛教神像，重建庞坡古迹。可见庞坡洞在历史时期又曾是宗教场所。仅凭张凤羾一家之言，无法断定庞德公是否曾隐居于此，其真相则有待于进一步探索和考证。

据太平村村民邓启和介绍，洞外的房屋为庞坡洞大殿，新中国成立前被拆毁，后重修，20世纪90年代曾有和尚居住于此，后又因年久失修而坍塌。民国《夹江县志》记载为"庞坡寺"，四川省夹江县编史修志委员会编纂《夹江县志》记载，庞坡洞所处为猫儿山，该房屋为庞坡庙，供奉庞德公夫妇。

【文献资料】

明正德十五年（1520）张凤羾《题庞坡洞摩崖碑记》：

> 夹江县南安镇，逾岭而西，缘谷而南，随山屈曲，至一石罍，有洞曰"庞坡"。距县治一舍许，相传为庞居士潜修处，故以其姓名洞。古无记，惟僧德中，就岩石初镌居士及其女灵照像为可久。洞在山胁间，深无尽止，僧百炬以往，未半辄返。山四面皆石，若削若叠，（粉质）奇丽莫可状，中一石特出若太湖，其巅平可列坐，上有数若张盖，僧呼为楠隐。溪环合泉，鸣如雨声，其坡峻，盘道而上，土宜芋实，如斗苗，如橡荷，如巨盘。僧居磐石，下覆若天构，草色花容，鸟语云态，引觞对酌，举欣欣然若与游人俱而不忍去。此吾乡一绝境，非培塿类也。按《一统志》，汉庞德公、唐庞蕴皆隐于襄阳鹿门。德公不肯官刺史，刘表不能屈，盖欲遗子孙以安也，后携妻子采药不返。孟浩然、杜子美皆有诗颂之。子焕，晋牂牁太守，从子统，蜀汉爵关内侯，今荣县有庙祀，统之子宏，涪陵太守。子孙皆仕蜀，德公其殆入蜀于此乎？不然，接舆亦楚人也，而终于峨眉，此亦足征也已。释氏谓蕴恭马祖，闻一口吸尽西江之说，遂悟。言之刺史于顿曰，但愿空诸所有，慎勿实诸所无。与灵照俱坐游世，故号庞居士。蕴修于鹿门，终于鹿门，山其姓之，似举兹山以属之可乎？夫天下名山多归释氏，而释之事蕴者，天下亦未少。僧于斯者借世之所爱慕以求庇，亦情也。予也既终国事而蚤于偷安，亦欲择所以遗后人者。兹行也，获睹德公之隐迹，喜其秘于古而彰于今也，故为之记。

张凤羾，字来仪，夹江人，明弘治九年（1496）进士，官至山西按察使。

夹江关帝庙

【地理位置】

地理坐标：东经103°32′16.60″，北纬29°45′23.90″，海拔371米。

行政属地：夹江县青衣街道千佛社区东风堰—千佛岩景区。

地理环境：青衣街道位于夹江县南部，青衣江穿流而过，东临甘江镇，北接漹城街道，西为木城镇，南与峨眉山市相邻。境内有国家级文物保护单位千佛岩石窟。

【保护级别】

1988年，被夹江县人民政府公布为县级文物保护单位。

【现状概述】

夹江关帝庙建于清代，因原址位于漹城街道，故又名"漹城关帝庙"。现存大殿、二殿，坐东北向西南，坐落在千佛山脚下，前为青衣江。大殿为歇山顶穿斗式木结构建筑，小青瓦屋面，面阔五间20.3米，进深四间9.6米，檐高5.2米，建于高约1.45米的石砌台地上。二殿为歇山顶抬梁式木结构建筑，小青瓦屋面，面阔三间10.36米，进深三间7.6米，檐高5.6米，建于高约0.5米的石砌台地上。两殿现分别为东风堰水文化陈列馆"禹迹千秋""润泽生民"展厅，两殿内部均有吊顶、内墙壁粉刷等装修，对外开放参观。

【历史渊源】

关帝庙原址位于夹江县漹城街道南街，1988年迁建至现址。1996年，包括关帝庙前、后殿在内的数栋建筑被改造为夹江县手工造纸博物馆。2018年，夹江县为建设东风堰国家水情教育基地，将夹江县手工造纸博物馆改建为东风堰水文化博物馆。

关帝庙俯视

关帝庙山面鸟瞰

关帝庙大殿

关帝庙内部现状

关帝庙二殿

千佛岩关公摩崖浮雕

【地理位置】

地理坐标：东经103°32′21.78″，北纬29°45′15.92″，海拔364米。

行政属地：夹江县青衣街道千佛社区东风堰—千佛岩景区。

地理环境：千佛岩所在的青衣街道位于夹江县南部，青衣江穿流而过，东临甘江镇，北接漹城街道，西为木城镇，南与峨眉山市相邻。

【保护级别】

2006年，千佛岩摩崖造像被国务院公布为全国重点文物保护单位。

【现状概述】

千佛岩关公摩崖浮雕位于景区内佛廊西端的万咏崖上，紧挨游客步行栈道，脚下为水流湍急的东风堰。造像为砂岩浮雕，关公坐像居中，面部残损，有施彩痕迹，左手扶膝，右手捻须，头戴兜鍪，身着甲袍，靴踏脚凳，像高1.2米，宽0.75米。关平、周仓半身像分居左右，磨损较为严重，其中关平双手捧官印，头裹巾帻，像高0.4米，宽0.26米；周仓左手持青龙偃月刀，络腮，头戴圆顶帽，像高0.48米，宽0.3米，青龙偃月刀长0.7米。

浮雕坐东北朝西南，像外线刻有龛，其中上部有三重龛痕迹，最外重为龙凤纹，左右及下部有二重龛痕迹，外重均为云纹。龛外又有石孔，有木石结构搭建痕迹。

【历史渊源】

千佛岩摩崖造像开凿于隋朝，兴盛于唐朝，持续到明清，主要为佛像、供养人像。因多为民间人士自发镌刻，题材较为多样。

万咏崖远眺

千佛岩关公摩崖浮雕

千佛岩铁石关古栈道

【地理位置】

地理坐标：东经103°32′23.85″，北纬29°45′13.50″，海拔381米。

行政属地：夹江县青衣街道千佛社区东风堰—千佛岩景区。

地理环境：千佛岩所在的青衣街道位于夹江县南部，青衣江穿流而过，东临甘江镇，北接漹城街道，西为木城镇，南与乐山市峨眉山市相邻。自铁石关上行有诸葛亮点将台。

【保护级别】

1988年，被夹江县人民政府公布为县级文物保护单位。

【现状概述】

千佛岩望龙坪前有一座复建的"铁石关隘"牌坊，北依大观山千佛崖壁，南临青衣江，即铁石关遗址。牌坊向下岩壁上可见方形石孔痕迹，现有108阶砂岩石梯，即秦汉铁石关古栈道，现为千佛岩景区游客步道。

【历史渊源】

铁石关栈道又称"平乡明亭大道"。宋洪适《隶续》记载，千佛岩原有东汉永元八年(96)《南安长王君平乡明亭道碑》一通："维平乡明亭大道，北与武阳，西与蜀郡青衣、越嶲通界。"记述了平乡明亭大道，北接武阳(今眉山市彭山区)，西至青衣(今雅安市芦山县)、越嶲(今凉山州西昌市)，即联通青衣江流域的青衣道。据此可认为，铁石关栈道与汉五尺道的开凿具有一定的关系。《史记》记载，五尺道开凿于秦代，沟通中原与云贵川地区，秦亡后荒废为民间通道，汉武帝时中郎将唐蒙为通夜郎又重修五尺道。从蜀地沿青衣江岸而下，即青衣道段，经夹江至乐山后再循岷江岸南下后，分别至云、贵两地。清同治《嘉定府志》记载，当时乐山、夹江境内道路"斩凿之迹尚存"。

夹江县"路当孔道，水陆交冲"，铁石关位于夹江"县北五里千佛岩孔道，上巉岩，下江潭，一径中通，曲折上下，险出天成"[1]，大观、依凤与青衣江"两山对峙，一水中流"，占据天险，因而成为用兵之地。

---

1 罗国钧等修：《夹江县志》，《中国地方志集成·四川府县志辑㊳》，巴蜀书社，1992，第11页。

铁石关隘

铁石关古栈道局部

后来，随着盐业贸易的兴起，铁石关栈道又成为茶马古道中嘉阳驿道路段的一部分。明清时期曾多次于此设置关隘，即铁石关。民国《夹江县志》记载，清光绪十七年（1891），当地迷信风水的人认为铁石关锁门户，妨碍文风，于是趁夜将关石毁坏，并抛弃于关下青衣江龙脑沱附近。[1]

清顾祖禹《读史方舆纪要》记载："青衣水经南安故城，亦谓之南安峡口。蜀汉章武二年，汉嘉太守黄元叛，杨洪度其必乘水东下，敕诸将陈曶等于南安峡口邀击，果得元。是也。"即公元222年，刘备因夷陵之战败北而病重，蜀汉汉嘉太守黄元反叛，留守成都的益州治中从事杨洪，料定黄元会顺江东下，于是禀告后主刘禅之后，下令将领陈曶、郑绰在南安峡口埋伏，果然生擒了黄元。

后世有人认为南安峡口即位于此，但也有人认为是在夹江县木城镇或乐山市市中区附近。

1 罗国钧等修：《夹江县志》，《中国地方志集成·四川府县志辑㊳》，巴蜀书社，1992，第11页。

诸葛亮点将台

【 地理位置 】

地理坐标：东经103°32′9.92″，北纬29°45′35.32″，海拔429.9米。

行政属地：夹江县漹城街道千佛村。

地理环境：地处青衣江北岸，台基周围翠竹环绕；台基南为民居，北面外乡间公路，邻近国家重点文物保护单位千佛岩。

【 现状概述 】

点将台亦名"箭台石"，为高崖下的一墩巨石，高约15米，顶上面积有百余平方米，此处自古传为诸葛亮南征点将之处。实地考察发现点将台台基下残存古代题刻，年代不详。据夹江县文管所所长宋洋介绍，明清时期，台上修建一亭。目前残存疑似明清时期柱础遗迹（一个为方形，长0.23米；三个为圆形，直径分别为0.2米、0.27米、0.24米）。20世纪80年代在台上修建了六角亭和牌楼，碑上刻有诸葛亮像，墙上刻有《出师表》文字。

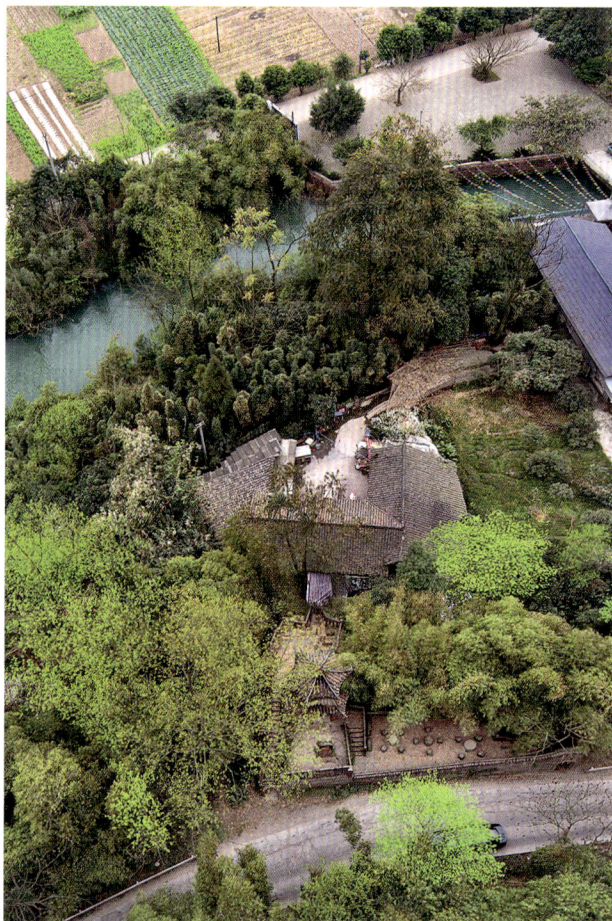

诸葛亮点将台鸟瞰

【 历史渊源 】

《民国夹江县志》载："熊耳山，一名熊耳峡，旧平羌县东北三十一里，连山竞险，接岭争高。古老云：'武侯凿山开道，即是熊耳峡东（即）古道'……按方舆考略记此有二，一在乐山县属交眉州界，一在夹江县雅江西北二里，今其下即为县城。"[1]当地文博部门推断，熊耳峡就在现今的千佛岩一带，同时根据地方志记载夹江世代相传诸葛亮"凿山开道"的说法，推测在千佛岩附近，可能存在诸葛亮点将台之类遗址。

---

1 （民国）罗国钧等修：《夹江县志》，《中国地方志集成·四川府县志辑⑱》，巴蜀书社，1992年，第14页。

诸葛亮点将台

诸葛亮点将台局部鸟瞰

401

马边彝族自治县

石丈空石刻

【地理位置】

地理坐标：东经103°41′44.8″，北纬28°48′0.5″，海拔910米。

行政属地：马边彝族自治县荍坝镇石丈空村1组。

地理环境：石刻邻荍坝河，四周植被丰富、树木繁茂。石刻西150米为马新路。

【保护级别】

2012年，被乐山市人民政府公布为市级文物保护单位。

【现状概述】

据乐山市文物保护研究所负责人介绍，石丈空地处马边县与宜宾市屏山县接壤地带，属于丹霞地貌。石丈空摩崖石刻《石丈篇》一诗，位于距地面7.8米处的红砂岩崖壁上，坐东向西，长2.03米，宽1.03米，竖排阴刻楷书，21行，206字，字径0.02米，字距0.01米。从右到左的诗句为："来登石丈空，天险足称雄。一时低徊留，良钦蜀相风。德威乘叛服，南人绝内讧。岩畔藏锋镝，坦然推赤衷。信可孚豚鱼，精感殊族通。邈矣卧龙迹，仰止意何穷。蠢兹遗孽在，陆梁倚深丛。出入诡难测，筹边亟守攻。龙湖正错壤，震邻且震躬。谁渡五月泸，载竖七擒功。虎窟歼余种，麟阁表元戎。顾言各努力，此日亟索弓。万历癸丑（1613）春王正月下澣（浣），海虞陈禹谟锡玄

甫题。"附近还有"凿开天险""漫履雄关""峭壁凌空红日近"等多处摩崖石刻，以及清乾隆三十一年（1766）功德碑。因常年风雨侵蚀，摩崖石刻和碑刻字迹均有风化侵蚀。

【历史渊源】

石丈空摩崖石刻所在区域属明代叙马古道中的一段，是古代南北商旅必经之路。山势陡峭，道路难行，现存的摩崖石刻和碑刻中还有"山巅残碉窥古径，岩畔栈道送游人""其往来之仕宦客商，莫不嗟行旅之艰难"的文句。

石丈空一带，有关诸葛亮南征的传说流传甚广。嘉庆《马边厅方略志》记载："其道缘崖而上，行者如在虚空。旧刻有'凿开天险'四字，绝顶有洞，传武侯藏甲于中，有铁枪插入石隙。明陈禹谟赋《石丈篇》，镌于石壁。"[1]

石丈空摩崖石刻中的《石丈篇》，是时任马湖府兵备道的陈禹谟途经此地，感慨诸葛亮南征功绩所作。光绪《叙州府志》记载，陈禹谟自序"余时阅武过此，有慨于中，爰赋石丈篇"[2]。

---

1 （清）周斯才纂修：《嘉庆马边厅志略》，《中国地方志集成·四川府县志辑㊾》，巴蜀书社，1992，第429页。

2 （清）王麟祥修，邱晋成纂：《光绪叙州府志》，《中国地方志集成·四川府县志辑㉙》，巴蜀书社，1992，第445页。

石丈空石刻文保碑

"山巅残碉窥古径，岩畔栈道送游人"

石丈空石刻

《石丈篇》诗刻

"漫履雄关"

"凿开天险"

石丈空石刻地理环境

石丈空山崖

乾隆三十一年功德碑

南充市

　　南充市，位于四川省东部，截至2022年底，下辖顺庆、高坪、嘉陵3个区，南部、营山、蓬安、仪陇、西充5个县，阆中市1个县级市。三国时期，该区域主要为蜀汉益州巴西郡辖地。

南充市三国文化遗存点位分布图

1　万卷楼
2　谯公祠墓
3　王平墓
4　汉桓侯祠
5　瓦口隘

撰稿：谢　乾　樊博琛
摄影：苏碧群　丁　浩
绘图：尚春杰

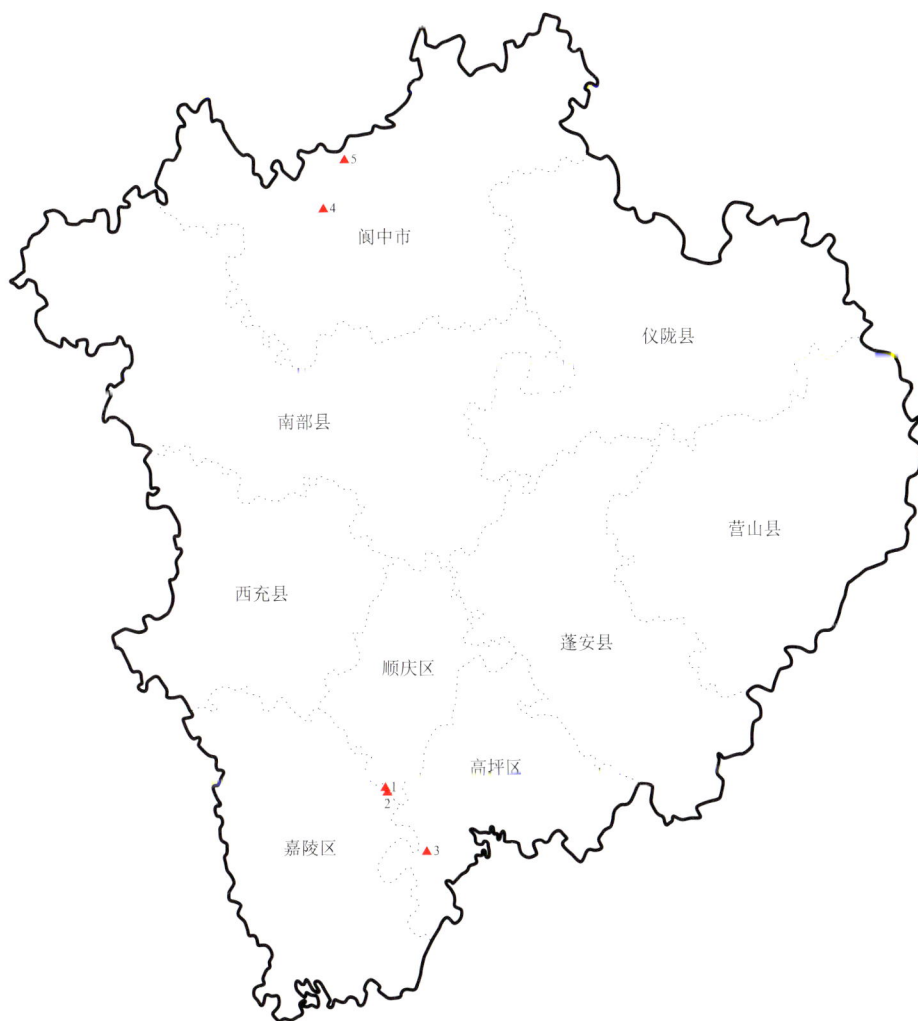

顺庆区

万卷楼

【地理位置】

地理坐标：东经106°3′48″，北纬30°46′67″，海拔374米。

行政属地：顺庆区玉屏路6号西山风景区内。

地理环境：西山风景区位于嘉陵江及西溪河西岸，占地面积20余平方千米。

【现状概述】

南充西山属剑门山脉，建有AAAA级西山风景区。万卷楼风景区依西山之玉屏山而建，由万卷楼、安汉城楼、谯周祠墓、紫云阁、陈寿读书台、陈寿旧居、昭护庙等组成，西山另有开汉楼、栖乐山等5个景区。万卷楼为歇山顶砖木仿古建筑，三进院落，分别为两个展厅和藏书阁，塑有陈寿像，并以文字、图片等形式展示陈寿经历、《三国志》影响及三国文物艺术品。

【历史渊源】

陈寿（233—297），字承祚，巴西郡安汉县（今南充市顺庆区）人。师从同郡大儒谯周，精通《尚书》、"三礼"，曾任蜀汉东观郎、秘书郎、散骑侍郎、黄门侍郎等职，蜀汉灭亡后进入晋朝，任佐著书郎、著书郎等职。《晋书·陈寿传》记载，"寿父为马谡参军，谡为

万卷楼

陈寿读书台

万卷楼藏书阁

万卷楼陈寿塑像

万卷楼建筑群鸟瞰

昭护庙

诸葛亮所诛,寿父亦坐被髡",加之其他原因,导致仕途并不得意。但陈寿有才且好学,通过参考《史记》《汉书》及魏、吴史书,搜集大量蜀汉史料,历时多年编写《三国志》,开创纪传体正史中分国记载同时代历史的新体裁,与《史记》《汉书》《后汉书》并称"前四史",陈寿也因此被誉为"并迁双固",即与《史记》作者司马迁、《汉书》作者班固齐名。因《三国志》而衍生的诗文、戏剧、影视、话本、绘画、塑像、工艺品,特别是元末明初罗贯中创作的长篇小说《三国演义》,更将三国故事和文化推向了高峰,广泛而持久地影响了中华民族精神及传统文化。陈寿另撰有《古国志》《益都耆旧传》等著作。[1]

巴西郡作为川东门户,蜀汉大将张飞曾攻取并长期坐镇于此,为此地留下诸多史料及传说。张飞殁于蜀汉章武元年(221),12年后陈寿就在此出生了。

西山群峰因"风水绝胜"而"郡中名家多卜地于此"[2],据史书记载,南充城西的金泉山,北倚果山,"层峰秀起,松柏生焉",万卷楼即建于此,相传为陈寿少时读书学习处。[3]原址在四川省蚕丝学校老校区附近,20世纪60年代被毁,1983年,陈寿万卷楼遗址被南充市人民政府公布为市级文物保护单位。另有陈寿衣冠冢及昭护庙祭祀陈寿,建于元惠宗至正年间(1341—1370),又名"土主庙"[4],清时已不存。

现在的万卷楼重建于1990年,谯周祠墓、陈寿读书台、陈寿旧居、昭护庙等一并新建于此。

1 (唐)房玄龄等:《晋书》卷八十二,文渊阁四库全书,第1—2页。

2 (清)李成林修,罗承顺等纂:康熙《顺庆府志》,《中国地方志集成·四川府县志辑㊴》,巴蜀书社,1992,第413页。

3 (清)李成林修,罗承顺等纂:康熙《顺庆府志》,《中国地方志集成·四川府县志辑㊴》,巴蜀书社,1992,第438页。

4 (清)李成林修,罗承顺等纂:康熙《顺庆府志》,《中国地方志集成·四川府县志辑㊴》,巴蜀书社,1992,第445—569页。

谯公祠墓

【地理位置】

地理坐标：东经106° 4′ 1″，北纬30° 46′ 43″，海拔318米。

行政属地：顺庆区玉屏路6号西山风景区内。

地理环境：位于万卷楼南侧。

【现状概述】

谯公祠墓由大门、廊轩、正殿及殿后谯公墓组成，占地400余平方米。祠为汉晋风格仿古建筑，正殿居中祀谯周画像，殿内四壁彩绘其事迹，大门外有联："三分难恃，亡蜀至今恨庸主；一邦蒙赖，保民当世依硕儒。"墓为条石所砌圆形墓，有蜀汉光禄大夫谯周之墓碑。另有《谯周讲经图》石雕等。

【历史渊源】

谯周（200—270），字允南，巴西郡西充国（今南充市阆中市）人。父谯岍，主治《尚书》，兼通经、图、纬之学，早逝。谯周"耽古笃学"，未因家贫而弃学，"研精六经，尤善书札，颇晓天文"，又"身长八尺，体貌素朴"，性格则"推诚不饰，潜识内敏"，遂以其才得诸葛亮赏识，任益州劝学从事，后历任益州典学从事、太子仆、太子家令、光禄大夫等职。邓艾入蜀后，谯周劝后主出城投降，被司马昭认为有"全国之功"，封阳城亭侯。[1]

《元和郡县志》记载，谯周去世后被安葬于巴西郡安汉县。据元武宗时人胡醇《南充谯公庙记》记载，北宋时已有谯公庙，为乡人所祭祀，元武宗至大二年（1309）重修。[2]明嘉靖年间，顺庆府知府丁自申曾主持重修谯周墓及谯公祠，并作《重表谯公祠记》以记之[3]，其间曾迁葬于城西，旋又迁回。明万历初年，移葬于县衙西北隅（今南充市工人文化宫）。清康熙年间，南充知县王鹤写有《谯光禄墓》诗："光禄侯封九十余，争传仇国劝降书。漆灯明灭秋烟里，石马萧条夜月虚。都尉坝荒陈寿宅，宕渠人忆纪公车。惠陵昭烈如相见，旧日君臣叹索居。"[4]清道光二十七年（1847），顺庆府知府全顺谯公墓祭碑记载，当时的谯公墓"平地坟起，老树荫葱"[5]，谯氏族人奉祀不断。后县衙搬迁，房屋作为祠堂使用。1926年，川军军阀何光烈修建果山公园，谯周墓位于公园西北侧，祠已不存。20世纪60年代，谯周墓被人为损毁，1988年政府拨款修复，谯周墓移入工人文化宫后院，有汉谯周墓碑及《重建汉谯周墓碑记》。2007年，南充市政府于西

1（晋）陈寿撰，（宋）裴松之注：《三国志》，中华书局，1982，第1027—1034页。

2（清）李成林修，罗承顺等纂：康熙《顺庆府志》，《中国地方志集成·四川府县志辑(54)》，巴蜀书社，1992，第601—602页。

3（明）黄宗羲：《明文海》卷三百七十一，《钦定四库全书》，第3—6页。

4（清）李成林修，罗承顺等纂：《康熙顺庆府志》，《中国地方志集成·四川府县志辑(54)》，巴蜀书社，1992，第727页。

5 李良俊修，王荃善等纂：《民国新修南充县志》，《中国地方志集成·四川府县志辑(54)》，巴蜀书社，1992，第138—139页。

谯公祠

谯公祠墓鸟瞰

山风景区复建谯周祠墓。另有谯周观星台[1]、谯公巷、谯周故宅、果山书院，均已不存。

【文献资料】

（元）胡醇《南充谯公庙记》，全文如下：

顺庆府南充，旧有谯太师之庙，冯休、谯炎曾为之记，自兵毁后，莽为荆榛。按蜀相亮命公为劝学从事，后主拜仆射、家令。时边将挑衅，军旅数兴，侯陈《仇国论》，盖儒而知兵者也。后迁光禄大夫，以文墨议论结主知。每询问大议，则对以经传，莫非尊主庇民之学，忠肝义胆，必欲嘘赤龙氏既灰之鼎而复燃之，其忠诚可嘉尚。景耀五年（262），魏遣邓艾间道伐蜀，声势震荡，众议奔南，侯力止之，蜀民安堵，侯之谋也。魏以侯全蜀有功，封阳城亭侯，竟不屑受。侯之文章事业，当传无穷，史称其博览经传，知天文，生平著述有《五经论》，定《法训》《古史考》凡百余篇，御史陈寿常师事之。吁！侯有文武全才而藏诸用焉，为邦家公计而显诸仁，以功以德，庙食乡国，固宜衍而未艾。庙之复兴也，泸溪杜君源海百川，条陈有司，从所请，杜乃捐金，独力成之。非敬神如在，见善必为者，畴克尔耶？是役也，自至大戊申秋创造，己酉仲春落成。新庙奕奕，民且具瞻，属余为记。自惟衰耄，学殂荒落，何足以发挥神之盛德大业？姑叙兴创始末，纪实而已。

谯周画像

谯周墓

1（清）袁凤孙：咸丰《南充县志》舆地志卷一古迹，第10页。

高坪区

王平墓

【地理位置】

地理坐标：东经106°07′33″，北纬30°41′49″，海拔294米。

行政属地：高坪区都京街道（原永安镇临江村）。

地理环境：位于嘉陵江东岸边宁馨坝。

【保护级别】

1994年，被南充市人民政府公布为市级文物保护单位。

【现状概述】

王平墓在凤凰山半山腰，沿崎岖狭窄道路可至，墓周已为荒地。墓向北偏西，墓基存五层条形石，每块条形石长约1.2米，宽0.26米，高0.1米。墓顶封土裸露。新墓位于北宋无量宝塔北侧，为石券封土墓，有蜀汉大将王平之墓碑。

【历史渊源】

王平（？—248），字子均，巴西郡宕渠县人。随曹操出征汉中时降于蜀汉，历任牙门将、裨将军，因街亭一战获诸葛亮赏识，晋升讨寇将军，封亭侯。后屡立战功，进封安汉侯，官拜前监军、镇北大将军，统率汉中军事。王平虽识字不到十个，却有将才，令人为自己诵读史书，能通晓其大义，乃蜀汉后期重要军事将领。[1]王平墓位于"（县）治南二十五里宁馨坝山麓，距永安场五里"[2]。一说王平去世后，被安葬于达州市大竹县平池里[3]，宋时其后人迁居南充，遂迁葬至今址。1999年，高坪区人民政府于白塔街道环塔路112号白塔公园内新建王平墓。

1（晋）陈寿撰，（宋）裴松之注：《三国志》，中华书局，1982，第1049—1051页。

2（民国）李良俊修，王荃善等纂：《民国新修南充县志》，《中国地方志集成·四川府县志辑㊺》，巴蜀书社，1992，第199页。

3（明）曹学佺：《蜀中广记》卷二十八，文渊阁四库全书，第11页。"汉墓者，平池里有王平墓，土人掘得铜香炉、安汉侯银牌等器，有汉王将军字额"。

王平墓

王平墓所在路口

阆中市

汉桓侯祠

【地理位置】

地理坐标：东经105°57′44″，北纬31°34′45″，海拔349米。

行政属地：阆中市保宁街道古城西街59号。

地理环境：位于嘉陵江环绕的阆中古城核心保护区内，阆中古城为AAAAA级旅游景区，有川北道贡院、阆中文庙等文保单位。

【保护级别】

1996年，被国务院公布为全国重点文物保护单位。

【现状概述】

汉桓侯祠，又称"张飞庙""张侯祠""张桓侯祠""雄威庙""桓侯庙"，是为纪念蜀汉大将张飞而建的祠庙。始建于蜀汉时期，历经多次损毁及重建。目前所存建筑中，除山门、敌万楼为明代建筑外，其余均为清代建筑。

《三国志》记载，张飞"雄壮威猛"，与关羽并称"万人之敌"。[1]因阆中"居三巴上游，北接梁洋，西控梓益"[2]，极具战略地位，张飞遂以征虏将军的军职，兼任巴西郡太守，镇守于此，曾大破曹魏大将张郃，保一方百姓之平安。蜀汉章武元年（221），刘备集结军队欲报关羽之仇，张飞在出征伐吴前夕为部将所杀，身首异处，追谥桓侯。其子张苞早逝，次子张绍，官至侍中、尚书仆射；其孙张遵，随诸葛瞻抵抗魏军，战死于绵竹。张飞遇害后，阆中人民敬仰其忠勇和功绩而筑冢建祠，累祀不绝。唐德宗建中三年（782），颜真卿向朝廷建议，批准张飞配享武庙，宋时亦循此例。[3]北宋乐史《太平寰宇记》记载："张飞冢，在刺史大厅东二十步，高一丈九尺"。[4]北宋曾巩《桓侯庙记》记载："州之东有张侯之冢，至今千有余年而庙祀不废，每岁大旱、祷雨辄应。嘉祐中，比数岁连熟，阆人以为张侯之赐也，乃相与率钱，治其庙舍，大而新之。"明成化年间，保宁府知府李直到任后，即"晋谒祠下，瞻拜侯之遗像，赫赫有生气"，"凡政事之未备，及疑狱有不可决者，咸请成于侯，侯亦随时响应无少爽"，又"郡中每遇岁稍旱"，李直都亲率僚佐"斋沐致祷"而"膏

1 （晋）陈寿撰，（宋）裴松之注：《三国志》，中华书局，1982，第944页。

2 （明）顾祖禹：《读史方舆纪要》，中华书局，2005，第3202页。

3 （宋）宋祁、欧阳修等撰：《新唐书》卷十五，文渊阁四库全书，第16页。

4 （宋）乐史撰：《太平寰宇记》，中华书局，2005，第1715页。

雨随至"。[1] 由宋至明，张飞俨然化为阆中一地的保护神。其后历经多次重修，有明确记载的，如明嘉靖三十九年（1560）曾重修桓侯祠[2]，清顺治十三年（1656）时任川北道台的卢光祖又在阆中城北重修桓侯演武场，"前后堂各三楹，左右厢厨各三楹，并筑将台一，鼓亭旗台一"[3]，清乾隆三十三年（1768）重修桓侯庙及墓[4]，清嘉庆年间四川总督常明上书将张飞列入祀典，清光绪初年重建正殿并增修花园[5]，民国时花园曾作为劝学所、教育局使用。

另据传说，张达、范强二人杀害张飞后，持其头颅欲奔赴孙吴，顺江而下时听闻吴蜀媾和，惧而抛张飞头于江中，并为云阳渔夫所获。渔夫梦中为张飞所托，愿将头颅葬于蜀地不入吴境，遂葬于云阳凤凰山麓，即所谓"头葬云阳，身葬阆中"。其地即今重庆市云阳县盘石街道，有全国重点文物保护单位、AAAA级旅游景区张飞庙（张桓侯庙、显忠庙、武烈祠）。

桓侯祠外铁狮（中国营造学社摄于 1939 年）

汉桓侯祠敌万楼，檐下原为"永佑巴西"匾额
（中国营造学社摄于 1939 年）

1 （清）黎学锦等修，史观等纂：《道光保宁府志》，《中国地方志集成·四川府县志辑》，巴蜀书社，1992，第 118~119 页。

2 （清）黎学锦等修，史观等纂：《道光保宁府志》，《中国地方志集成·四川府县志辑⑤》，巴蜀书社，1992，第 424 页。

3 （清）黎学锦等修，史观等纂：《道光保宁府志》，《中国地方志集成·四川府县志辑⑤》，巴蜀书社，1992，第 426 页。

4 （清）黎学锦等修，史观等纂：《道光保宁府志》，《中国地方志集成·四川府县志辑⑤》，巴蜀书社，1992，第 438 页。

5 岳永武修，余仲钧等纂：《民国阆中县志》，《中国地方志集成·四川府县志辑⑤》，巴蜀书社，1992，第 657 页。

汉桓侯祠山门

故万楼

汉桓侯祠鸟瞰

汉桓侯祠大殿

汉桓侯祠墓亭

张飞墓

大殿内张飞塑像

明《桓侯灵异记》碑

桓侯灵异记

（明）李直

记曰，法施于民则祀之，以死勤事则祀之，能御大灾、能捍大患则祀之，是知古之忠臣烈士生而建功于当时，没而被泽于后世，则国家崇德报功而封谥之有加，褒恤之有典，庙祀之有所，又岂可少哉！粤稽蜀汉西乡亭侯、车骑将军、涿郡张侯翼德，以智勇为将，号万人敌，尝佐昭烈帝兴义师取蜀，东征西伐，所向无前。及昭烈举兵伐吴侯，率万人自阆州会江州，临发被害，遂葬阆州。凡水旱之灾、疫疠之作，有祷必应。宋嘉祐中，连岁大熟，阆人以为侯之赐，乃相率建祠墓下，岁时祀焉。成化丁亥春，直自南京水部郎中来守是邦，莅事伊始，即晋谒祠下，瞻拜侯之遗像，赫赫有生气，故凡政事之未备，及疑狱有不可决者，咸请成于侯，侯亦随时响应，无少爽。尝有盗王胜辈，劫人财，事觉，逮系者数十人，狱久不能决。直视篆之初，命吏取案至前覆之，见其所系多无确据，心窃疑之。越日，斋戒至祠祝于侯，忽梦寐中，若有人呼盗者之名，而语以奸状。诘旦鞫之，果得其情，遂检获奸党而群盗伏辜。又尝有部使者按事郡境时，奸利诬罔之徒有为直置于法者，辄乘风妄有所指斥，赖侯素察直之存心与直之听治，故阴佑默相，有以潜消其倾巧变诈之私，竟莫能有所指摘而去。又郡中每遇岁稍旱，直躬率僚佐斋沐致祷，而膏雨随至，若有所司而与之者，故一境之中，连年百谷用登，居民安堵，凡皆侯之灵不一而足。直惟人神之道幽明虽疏远，而协应感通之妙无少异者，则以主典阳事者，人也；权衡阴事者，神也。神人协和，有感斯应，亦理之自然耳。使主典人事者，上以欺其天，下以欺其人，内以欺其心，则神将降之以殃，乌有协应感通捷于桴鼓，影响若是之灵且异哉。直少时读《三国志》，每慕侯之风烈，愿为之执鞭而不可得。今幸莅侯之旧镇，获拜侯之遗像，又得于侯周旋阴阳表里，屡获灵异若此，安得不备著以为邦人告哉。既告之，又从而歌之曰："嘉陵之水，浩乎茫茫；嘉陵之山，郁乎苍苍。缅维我侯，灵异孔彰，殆将与兹水兹山，同其悠久而长！"

瓦口隘

【地理位置】

地理坐标：东经105°59′55″，北纬31°38′58″，海拔600米。

行政属地：阆中市沙溪街道瓦口隘村。

地理环境：背靠凹形山丘，前为悬崖。

【现状概述】

现存石砌城墙遗迹约百余米，东西走向，条石砌筑，城墙残高2.9米，宽2.3—3.6米不等，条石宽0.3米，长0.9米。城墙南北均为菜田，周围有零散民宅。

【历史渊源】

瓦口隘，又名"瓦口关"。传为"桓侯故营"[1]，张飞屯兵战曹魏张郃处，后人曾在此立庙祭祀张飞。据村民讲述，原城墙中段有拱形石门，上刻"瓦口隘"大字，有清咸丰年间培修隘墙碑记，附近农田中还曾出土有箭镞等古兵器，石门及碑记均毁于20世纪80年代。附近棋盘山相传是张飞下棋之处，关下营盘湾则是张飞饮酒装醉大骂守关魏将张郃，诱其出战之地。此说无文献可考。一说瓦口关位于梓潼县北。

瓦口隘残存城墙

远眺群山

1（清）黎学锦等修，史观等纂：《道光保宁府志》，《中国地方志集成·四川府县志辑㊶》，巴蜀书社，1992，第72页。

眉山市

眉山市，位于四川省中部，地处成都平原南部，北靠成都，有成都"南大门"之称。截至2022年底，下辖东坡、彭山2个区，仁寿、洪雅、丹棱、青神4个县。三国时期，该区域主要为蜀汉犍为郡辖地。

眉山市三国文化遗存点位分布图

1 眉州武庙
2 孔坝武侯祠
3 千秋坪
4 文武庙
5 熊耳古道（青神县段）

撰稿：彭　波
摄影：罗景玠　尚春杰　吴　娲
绘图：尚春杰

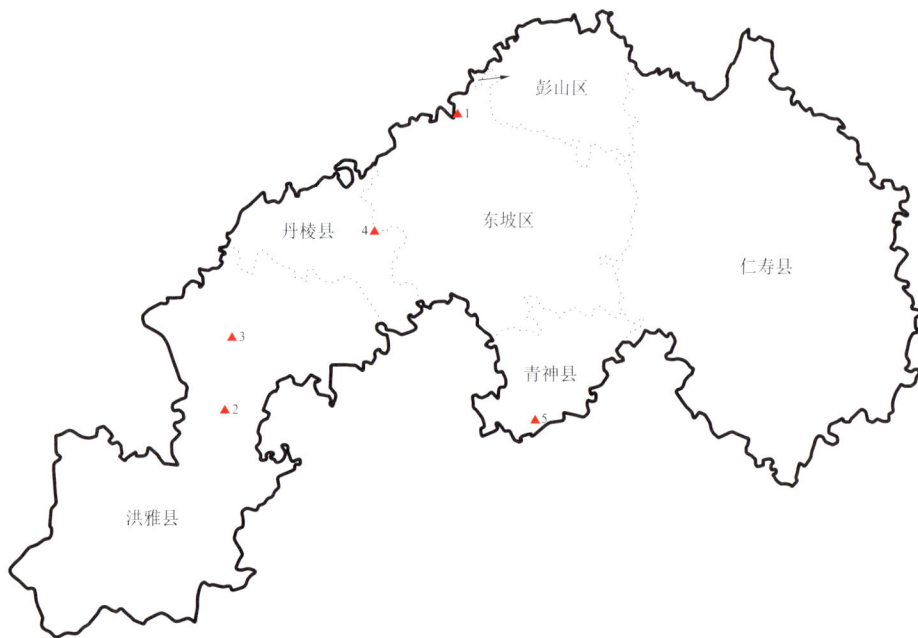

东坡区

眉州武庙

【地理位置】

地理坐标：东经103°39′11.49″，北纬30°11′47.03″，海拔562米。

行政属地：东坡区多悦镇寨子山寨子城内。

地理环境：地处寨子山东南山麓，东侧有一条南北走向的乡村公路，四周为林地或农田。

【保护级别】

2007年，寨子城及武庙被四川省人民政府公布为省级文物保护单位。

【现状概述】

武庙坐北朝南，平面呈矩形，总建筑面积1234.2平方米。武庙依山势而建，中轴线布局，从南至北依次为新建山门、原山门、前殿、大殿，两侧有对称厢房，形成两进院落格局。

原山门，面阔五间21.6米，进深一间5.8米，悬山顶，穿斗结构，两侧有风火墙。1994年改建为城隍庙，殿内塑有城隍菩萨。

前殿，位于山门北侧，面阔三间16.17米，进深两间7米，面积约118平方米，悬山顶，穿斗结构，两侧有弧形风火墙。2003年改为斗姆庙。殿内塑有斗姆、西华、地母娘娘等神像。

大殿，位于前殿北侧，歇山顶，穿斗结构，面阔三间带两侧围廊19.33米，进深三间带两侧围廊12.77米，面积261米，两侧有弧形风火墙。2003年大殿明间改为三清殿，塑三清神像。西次间为关帝庙，门外楹联："赤面秉赤心，骑赤兔追风，驰驱时无忘赤帝；青灯观青史，仗青龙偃月，隐微处不愧青天。"内塑关羽读《春秋》坐像，左右两侧侍立周仓、关平。东次间改为太一殿，塑哪吒、太乙真人、杨戬神像。大殿房梁上墨书"特授四川提□峨边右营驻防眉州汛右司厅军功加三级"。大殿东、西两侧神龛上塑有其他道教神像。

中轴线两侧为对称的厢房，建筑形制相同，建筑布局体现了中国传统寺庙建筑布局的特点。武庙现为道教分支太平教道观，由道士管理，道教氛围浓厚。

【历史渊源】

眉州武庙，又名"关帝祠"，原位于眉山市大北街红星机械厂内。始建年代不详。清嘉庆《眉州属志》载："关帝祠，州治北。知州金一凤重修并装各神像"。[1]金一凤约在康熙三十七年（1698）任眉州知州，关帝祠重修时间应距此不远。乾隆四十二年（1777），知州蔡宗新建拜厅；乾隆五十三年（1788），知州

1（清）涂长发修，（清）王昌年纂：《眉州属志》，《中国方志集成·四川府县志辑㊷》，巴蜀书社，1992，第95页。

武庙大殿

大殿山面

后殿关羽周仓关平塑像

眉州武庙建筑群
山面鸟瞰

眉州武庙建筑群
鸟瞰

前殿斗姆殿

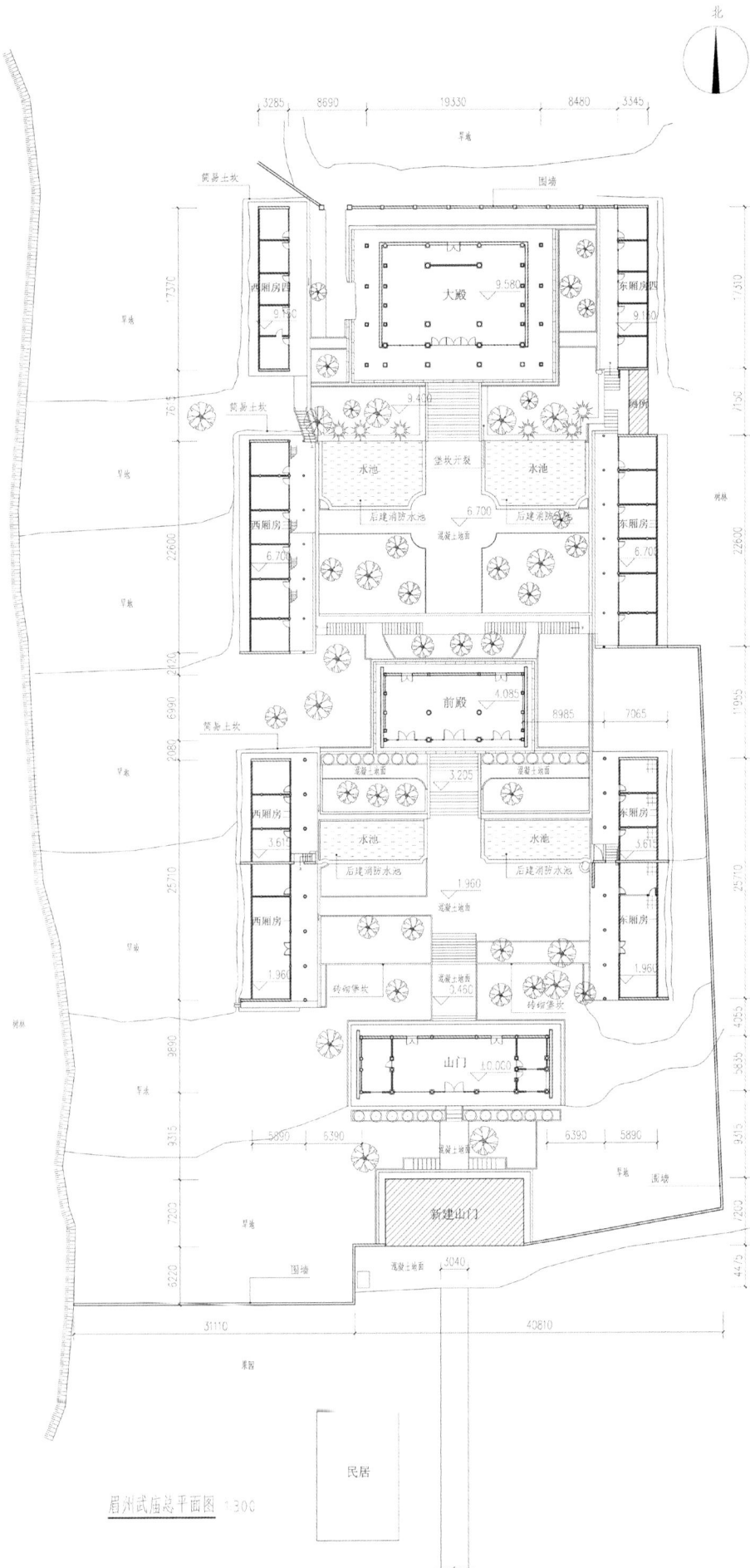

北

眉州武庙平面图
（东坡区文管所提供）

眉州武庙总平面图 1:300

原武庙山门改建为城隍殿

赵秉渊重修大殿[1]；道光二十九年（1849）重修大殿；咸丰五年（1855）再一次进行修缮。民国三十年（1941），县人黄天杰、王杰等在关帝庙开办学堂。中华人民共和国成立后，武庙被征用为眉山中学校舍。1962年交与红星机械厂使用，1988年公布为县级文物保护单位。1993年因旧城改造，眉山县（今东坡区）人民政府决定将武庙整体迁建于寨子城内。2001年9月，寨子城及武庙联合成功申报眉山市市级文物保护单位。2003年，东坡区、多悦镇两级政府共同出资10万元，对武庙外观进行油漆维护。[2]

1（清）涂长发修，（清）王昌年纂：《眉州属志》，《中国方志集成·四川府县志辑39》，巴蜀书社，1992，第95页。

2 眉山市东坡区文物管理所提供资料。

洪雅县

孔坝武侯祠

【地理位置】

地理坐标：东经103°14′31.884″，北纬29°44′35.9844″，海拔486米。

行政属地：洪雅县花溪镇孔坝村2组。

地理环境：地处花溪河东侧台地上，地势平坦。西面为大峨眉国际旅游西环线，四周为农田及村舍。

【现状概述】

孔坝武侯祠，原址位于今武侯祠西北约500米处，后毁。今武侯祠于1992年新修。今武侯祠依地势而建，坐东北朝西南，由山门、戏台、大殿三部分组成，占地面积约200平方米。山门后右侧有碑两通，一通为清乾隆年间所刻，一通为清同治年间所刻，均从原址迁来。

孔坝武侯祠鸟瞰

孔坝武侯祠山门

次间内"洙泗渊源"匾

大殿面阔五间19米，进深三间，悬山顶，由现代农居改建而来。殿门上悬一匾，系根据原武侯祠门匾翻刻[1]，匾书"武侯祠"三字，右题"少保头品顶戴兵部侍郎兼都察院右副都御史，贵州巡抚邑人曾璧光敬题并书"；左题"加同知即用知县孔广杰，光绪十年岁在甲申仲春月朔有二日谷旦"，下方还有尹德明、尹秋元、王廷芳等人名字。殿内明间神台上塑有诸葛亮、刘备、关羽、张飞塑像，为1996年新塑。右次间为孔子殿，壁上有一匾，文字亦为原武侯祠题匾翻刻，匾书"洙泗渊源"四字，右题"钦加太子少保头品顶戴，贵州巡抚部院曾璧光拜题"，左落款"光绪壬午年季夏月谷旦"。神台上有孔子、颜回等三尊塑像。

大殿内诸葛亮、刘备、关羽、张飞塑像

【历史渊源】

当地传说诸葛亮南征时曾在此驻兵屯田，兴修水利，发展农业生产，后人为了纪念他，立祠祭祀，始建年代不详。原武侯祠坐北朝南，占地约1000平方米，三重院落，殿内塑有诸葛亮、刘备、刘封、关羽、张飞、蒋琬等蜀汉人物塑像。[2]清嘉庆《洪雅县志》录有清乾隆年间邹梁《培修诸葛忠武侯祠记》碑文，说是"夫吾乡孔贤党，旧有武侯祠，岁久倾圮，里人葺而新之"[3]，说明至少在清乾隆年间原武侯祠就已经存在了。清代孔氏族人迁于此处，以为"孔明"姓孔，而崇之为先祖，故以武侯祠为祠堂，将诸葛亮、孔子及其他孔氏族人并祀。民国年间，孔祥熙曾到此祭拜。1958年修建公社食堂及小学时，因缺乏建筑材料，孔坝武侯祠被拆毁。1991年当地孔氏族人自筹资金于此重修武侯祠，并于1996年重塑诸葛亮、孔子等像。现武侯祠为本地村民管理，每逢初一、十五，周围百姓到此烧香祈福。

---

1 据洪雅县学者王仿生口述资料整理。

2 据洪雅县学者王仿生口述资料整理。

3 （清）王好音修，（清）张柱等纂：嘉庆《洪雅县志》，《中国方志集成·四川府县志辑㊳》，巴蜀书社，1992，第453页。

千秋坪

【地理位置】

地理坐标：东经103°15′27.1656″，北纬29°50′44.358″，海拔509米。

行政属地：洪雅县东岳镇团结村3组。

地理环境：地处青衣江南岸，花溪河北岸，两河直线距离约800米。千秋坪即位于两江并流处的制高处。现南临乐雅高速公路，西临一条乡村公路。

千秋坪全景鸟瞰

【现状概述】

遗迹现已不存，四周为农田及村舍。

【历史渊源】

千秋坪，传为刘备与诸葛亮会军之处。顺治十三年（1656），刘文秀带兵入川，并于此筑城，曰"天生城"，并刻"蜀王睿制天生城碑"为记，碑文云："洪雅城南二十里许，有胜地焉，旧名千秋坪。世传汉昭烈与武侯会军于此，雍闿宾服，干羽遂停，此隔岸'止戈街'之名所自来也。"[1]表明千秋坪的传说，在明末清初之时就已存在。据当地学者王仿生先生回忆，他曾于1947年登临此山观摩，并实地丈量"蜀王睿制天生城碑"。原碑高3.6米（含龟趺），厚0.06米，宽1.6米，无纹饰，字已稍有刳蚀，但还能辨识。[2]1958年时，碑毁成数块，现藏于洪雅县博物馆内。

碑文中所言刘备与诸葛亮领兵在此相会，使得南中从此完全服从了蜀汉政权，这在《三国志》等史籍上并无记载。因此，千秋坪的传说，应为后人附会而成，借以表达人们渴求社会安定、和平的愿望。

---

1 （清）郭世棻修，（清）邓敏修等纂：光绪《洪雅县志》《中国方志集成·四川府县志辑㊳》，巴蜀书社，1992，第607页。

2 据洪雅县学者王仿生口述资料整理。

丹棱县

文武庙

【地理位置】

地理坐标：东经103°30′44.49″，北纬30°1′0.65″，海拔493米。

行政属地：丹棱县文庙街12号。

地理环境：东侧为新北路，西侧为近北街，南面为正街，周围为住宅或商铺。

【保护级别】

2006年，被丹棱县人民政府公布为县级文物保护单位。

【现状概述】

武庙坐北朝南，现仅存东、西厢房及后偏殿。

东厢房面阔五间19米，进深四间8.48米，檐高5米，悬山顶，穿斗与抬梁混合式结构，南北有弧形风火墙。门外有门廊，廊柱上悬挂楹联三副。明间楹联为："因忠义而神行，昭武庙德垂千古；后文宣而圣祀，孔丘乐□享万年。"上悬匾额"忠义神武"。南次间楹联为："爱国始桃园，东拒孙吴北抗曹魏；崇文兼义勇，心存蜀汉志学《春秋》。"北次间楹联为："文庙长临大雅堂，水绕丹城名胜地；武殿重兴齐乐县，山拱白塔太平天。"殿内中供奉有关羽、秦琼、尉迟恭、玉皇、王母等神像，均为现代新塑。

西厢房建筑式样与东偏殿一致。廊柱上亦有楹联三副。明间楹联为："莲花佛化身，一叶一花稽觉悟；观音慈所在，三经三忏度迷津。"南次间楹联为："大成至圣，贤人七二，世间景仰思先哲；文宣素王，学者三千，儒教精华勉后生。"北明间楹联为："恶贯满盈，百怨多冤，谨防打入地狱；善行无量，四知二孝，必然登上天堂。"殿内供奉有孔子、观音、苏东坡、城隍菩萨等像，均为现代新塑。

后侧殿面阔三间长15.1米，进深三间14米，檐高6米，左右两侧有弧形风火墙。原为武庙的一部分[1]，现改为大雄宝殿。

文武庙大殿约于2004年被拆除，所在处现为广场，广场内还保留有原建筑柱础，柱础一般高约0.85米，雕刻有不同的花纹，如"二龙戏珠"等图案。

【历史渊源】

丹棱文武庙，是文庙和武庙的合称。文庙的修建最早可追溯至绍兴十八年（1148）。[2]武庙始建年代不详。《眉州属志》载："武庙，治东三里旧建，悉如制。乾隆九年（1744）武生宋芳溪、陈斐章等重葺"[3]。当时武庙与文庙并

---

1 据丹棱县文管所所长郭爱军口述资料整理。

2 丹棱县志编纂委员会：《丹棱县志（1993—2006）》，方志出版社，2011，第545页。

3 （清）涂长发修，（清）王昌年纂：嘉庆《眉州属志》，《中国方志集成·四川府县志辑㊴》，巴蜀书社，1992，第95页。

东厢房山面

原大殿柱础及东后侧
偏殿封火墙

东厢房正立面

东侧后偏殿正立面

东厢房内关羽塑像

武庙建筑群俯视

未在一起。道光二十二年（1842），知县周家志率领乡绅集资，增修武庙于文庙东。文、武庙始合并。同治十年（1871），知县庄定域对文武庙进行了较大的扩建，增修两庑戟门，对周围的石栏、神龛木栏等进行了改建。[1] 现在的文武庙建筑群变化很大，半月池、崇圣祠等已不存，剩余建筑曾经改为丹棱中学校舍。2004—2005年，丹棱中学迁出，武庙改由私人经营。

1　丹棱县志编纂委员会：《丹棱县志（1993—2006）》，方志出版社，2011，第546页。

青神县

熊耳古道（青神县段）

地理坐标：东经103°48′11.0736″，北纬29°43′12.4032″，海拔490米（关子门）。

行政属地：青神县汉阳镇文新村。

地理环境：古道地处岷江南岸，周围是山林和田地。

【保护级别】

2016年，被眉山市人民政府公布为市级文物保护单位。

【现状概述】

熊耳古道，属于岷江道其中一段，南北走向，北起青神县汉阳镇，南至乐山市板桥溪。以关子门为界可分为南、北二段，北段属青神县，南段属乐山市。青神段长约2.1千米，一些路段已被破坏，上面铺筑水泥公路。残存路段路基宽1—1.5米，面上铺有厚0.1—0.2米不等的石板。

关子门，为熊耳古道上重要节点，坐北朝南，面阔5.8米，进深31米，两侧崖壁高约10米，实际为两山之间的天然峡谷。西面的营盘山，传为驻兵之处。[1]清代《青神县志》载："关子门，在县四十里，与乐山县交界，山路窄狭，凿石成路，如门户焉。"[2]关子门内两侧

古道局部

崖壁上，有石刻及开凿的摩崖造像。东侧崖壁上方有石刻楷书"凉风洞"三个大字，风化严重。东壁崖壁中部有一拱形龛，下承莲花座，通高约2.1米，宽约1.2米，龛内有佛像，风化严重，已不可辨识。龛周围有直径约20厘米的栈孔，推测龛外原有保护佛像的木结构建筑。西壁有龛3个：一龛为拱形，高约80厘米，宽约90厘米；一龛为方形，高约80厘米，

---

1 据青神县文物管理所所长岳华刚口述资料整理。

2 （清）郭世菜撰：光绪《青神县志》，《中国方志集成·四川府县志辑㊲》，巴蜀书社，1992，第842页。

关子门

关子门东壁拱形龛

关子门西壁穹隆顶龛

熊耳古道
"青神""乐山"分界摩崖

熊耳古道局部鸟瞰

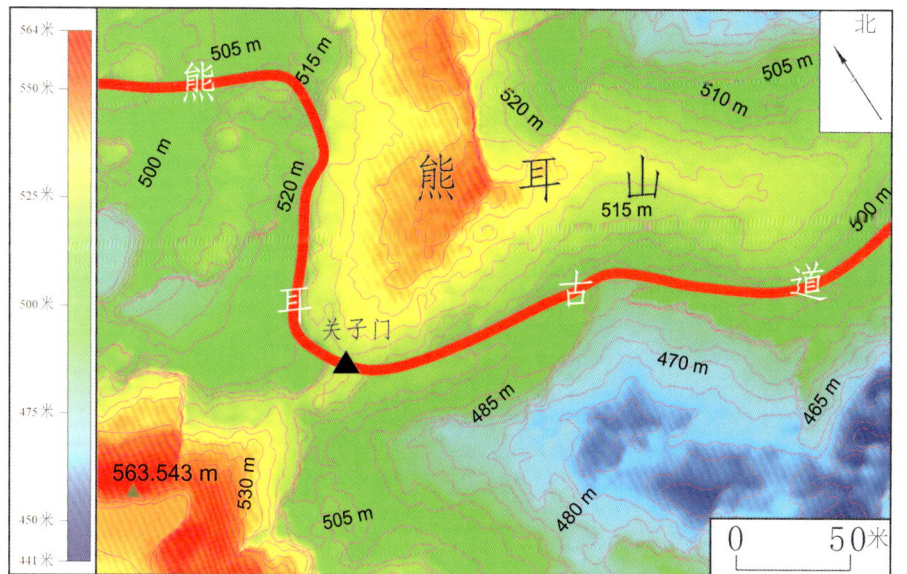

熊耳古道示意图

宽约80厘米，原有清代题记，现已不存[1]；一龛顶部为穹隆顶，高50厘米，宽30厘米，内部佛像亦不存。距离关子门约150米处，有石刻，宽约1米，高1.5米，字径0.35米，楷书"青神县界""乐山县界"八字。

【历史渊源】

熊耳古道，因熊耳峡而得名。《华阳国志·蜀志》载："（杜宇）自以功德高诸王，乃以褒斜为前门，熊耳、灵关为后户。"[2]熊耳，即为熊耳峡。[3]《水经注》载："江水又东南，经南安县，西有熊耳峡，连山竞险，接岭争高。"[4]杨守敬引《元和郡县志》云"熊耳峡，在（平羌）县东北三十一里"，考证认为，熊耳峡"在今乐山县北，青神县西"。[5]

熊耳古道记载始见于宋代，传为诸葛亮所开。《太平寰宇记》载："熊耳水，一名熊耳峡。古老云武侯凿山开道，即是熊耳峡，东即古道。"[6]又《舆地纪胜》载："熊耳峡，在龙游县北六十里，湧佛山之上，诸葛武侯凿山开道，今湖灢峡。"[7]此处所说的"龙游县"，即今乐山市，湖灢峡今名"平羌小三峡"，地理形势与今相当。明清时期文献如《四川通志》《蜀中广记》《读史方舆纪要》等，记载也大体相似。清代熊耳古道的关子门为青神至乐山的一处关隘，有官兵驻守，查验过往行人路引和征收茶税、盐税。[8]

史载，秦汉时期成都至僰道，除岷江水道外，还有一条沿岷江而南的陆路。秦昭王时，李冰命其子二郎沿岷江南下"积薪烧岩，激水成道"，歼灭"豪强塞氏子"余部。[9]《三国志》载："建兴三年（225）三月，诸葛亮南征四郡……十二月，亮还成都。"因当时"牦牛绝道，已百余年"，诸葛亮南征时沿岷江南下至僰道（宜宾）。[10]这应为宋代以降文献史料所言"诸葛亮凿山开道"一说的渊源。

1 据青神县文物管理所所长岳华刚口述资料整理。

2 （晋）常璩著，任乃强校注：《华阳国志校补图注》，上海古籍出版社，1987，第118页。

3 （晋）常璩著，刘琳校注：《华阳国志校注》，巴蜀书社，1984，第182页。

4 （北魏）郦道元注，（清）杨守敬疏：《水经注疏》，江苏古籍出版社，1989，第2771页。

5 （北魏）郦道元注，（清）杨守敬疏：《水经注疏》，江苏古籍出版社，1989，第2771页。

6 （宋）乐史撰：《太平寰宇记》卷七十四《剑南西道三》，清文渊阁四库全书补记古逸丛书景宋本。

7 （宋）王象之撰：《舆地纪胜》卷一百四十六《嘉定府》，清影宋钞本。

8 据青神县文管所所长岳华刚口述资料整理。

9 蓝勇：《四川古代交通史》，西南师范大学出版社，1989，第112页。

10 赵德云：《诸葛亮南征"渡泸"前路线问题再探》，《南方民族考古（第十辑）》，科学出版社，2014，第119页。

宜宾市

　　宜宾市，位于四川省东南部。截至2020年底，下辖翠屏、南溪、叙州3个区，江安、长宁、兴文、屏山、高县、珙县、筠连7个县，长江、金沙江、岷江在此交汇。蜀汉时期，该区域主要属犍为郡地，还包括江阳郡、越嶲郡、朱提郡的一部分。

宜宾市三国文化遗存点位分布图

1　丞相祠

2　流杯池关帝庙

3　流杯池孔明井

4　流杯池点将台

5　观斗山

6　李庄桓侯宫

7　中山武庙

8　井口武侯祠

9　安远寨、孟获坟

10　古校场

11　大营盘、二营盘、三营盘

12　留耕场

13　周家咀墓

14　诸葛古榕

15　武侯塔遗址

16　雌雄盐井遗址

17　流米寺关羽摩崖

18　石门栈道

19　五尺道（筠连段）

20　土官寨孟获洞

21　龙华古镇

22　安上

23　清平乡老营盘

撰稿：尚春杰　吴　娲　郭的非　彭　波

摄影：苏碧群　李鑫智　彭　波　尚春杰　吴　娲

绘图：尚春杰

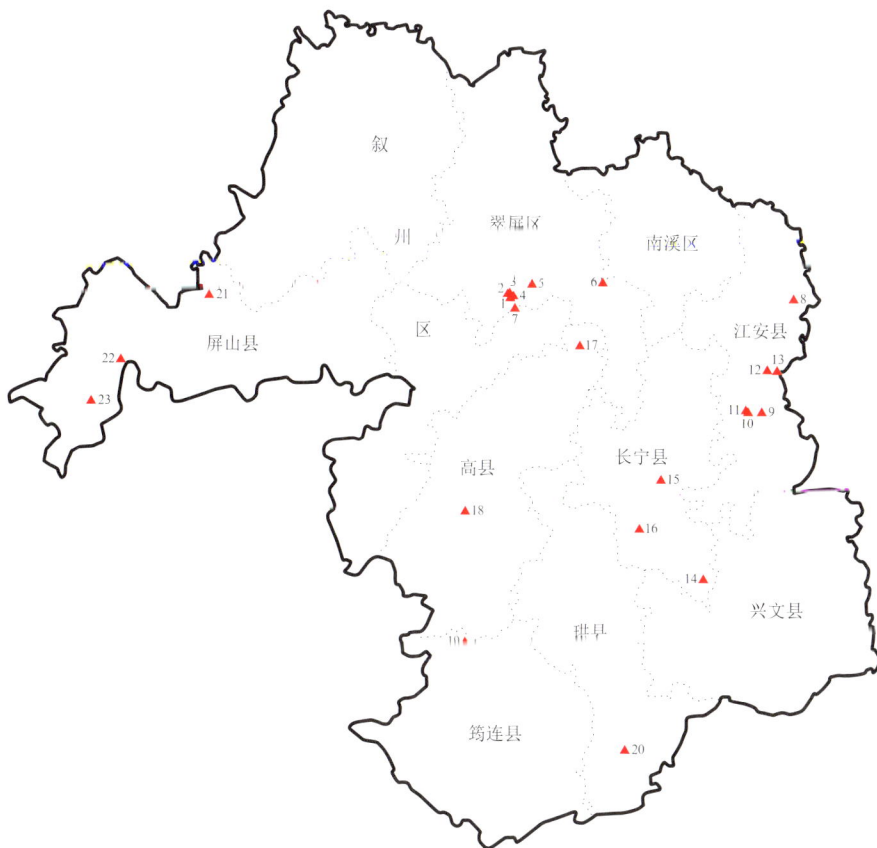

翠屏区

丞相祠

【地理位置】

地理坐标：东经104°36′，北纬28°46′，海拔272米。

行政属地：翠屏区安阜街道。

位置环境：位于流杯池公园内。

【现状概述】

丞相祠位于翠屏区安阜街道流杯池社区流杯池公园东南部，宜宾岷江北岸，占地约15亩。主体建筑由祠门、前殿、正殿、后殿（关帝庙）组成，殿前有宋代石砚，上书"笔点丹池"。前殿正中供奉有"汉丞相诸葛忠武侯先贤位"的牌位，左侧有李恢、姜维、马超、赵云塑像，右侧有马忠、黄忠、张飞、关羽塑像。正殿为诸葛亮殿，上方悬挂"宁静致远"匾额，诸葛亮端坐中央，两旁分别有其子诸葛瞻和其孙诸葛尚塑像，二人皆站立。除此之外，宜宾丞相祠至今还保存有明嘉靖九年（1530）通判赵远写的《武侯涪翁分祠记》石碑，该石碑碑首雕刻为二龙戏珠的图案，碑体为长方形，碑文描成红字，碑座分为两层，皆为长方形。现存建筑进深内殿8.6米，外殿22.6米，天井长8.3米，宽12.3米。

宜宾丞相祠山门牌坊

宜宾丞相祠前殿

【历史渊源】

祠堂始建于宋代，建立之初的目的是纪念北宋黄庭坚，俗称"山谷祠"。明正德年间（1506—1521），知府胡沣培修其祠，供诸葛武侯像并祀之。嘉靖九年（1530）知府赵儒，将武侯、山谷分祠以祀之，通判赵远撰有《武侯涪翁分祠记》。清咸丰元年（1851），该祠和流杯池一带毁于兵乱。咸丰六年（1856），又重建。清光绪辛丑年（1901）十月，叙州知府文焕书写祠堂门额匾"丞相祠堂"，以及石门联"明知炎德已衰，感三顾君恩，出扶危局；毕竟大名不朽，怀两川相泽，来拜荒祠"。1999年流杯池公园对丞相祠进行全面修复，并塑诸葛亮、关羽等塑像，供奉祭祀。

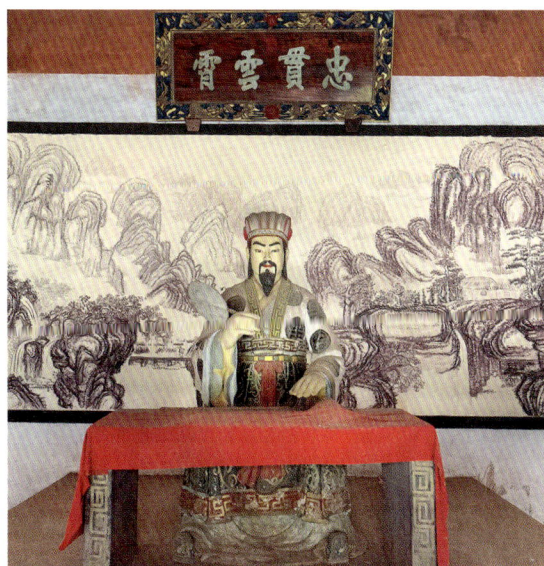

宜宾丞相祠正殿诸葛亮塑像

宜宾丞相祠前殿后视

宜宾丞相祠正殿

442

流杯池关帝庙

地理坐标：东经104°37′，北纬28°46′，海拔278米。

行政属地：翠屏区安阜街道。

位置环境：位于流杯池公园丞相祠东南侧，紧邻观音阁。

【现状概述】

关帝庙为丞相祠后殿，自成院落。庙门外悬挂"气狭风雷无匹敌；志垂日月有光芒"对联。殿内塑关羽、周仓、关平像。关羽居中而坐，身穿绿色龙袍，腰束金色单带，左手捋须，右手放在右边膝盖处，正气凛然。关羽右边为周仓，黑帽黑面，怒目而视，双手紧握大刀站立；关羽左边为关平，身穿铠甲，腰佩长剑，左手叉腰而立。

【历史渊源】

庙内收集宋徽宗赵佶、明神宗朱翊钧、清康熙、乾隆、咸丰、同治等皇帝的题匾、对联十余副。内容包括明神宗万历四十二年（1614）写的对联"五夜何人能秉烛；九州无处不焚香"等。1999年在原址上重建，遗存二通嘉靖年间捐资修建石碑。

流杯池关帝庙山门

流杯池关帝庙（丞相祠后殿）

流杯池关帝庙殿内关羽塑像

流杯池孔明井

【地理位置】

地理坐标：东经104°37′，北纬28°47′，海拔277米。

行政属地：翠屏区安阜街道。

位置环境：紧邻公园内放生坊、育龙池。

孔明井碑

【现状概述】

为近年重建，八边形井，对角线长0.81米，边长0.32米，高0.81米，上刻八卦图，井口为水泥封住，现已不能使用。

【历史渊源】

据宜宾市翠屏区文管所所长张舰先生介绍，孔明井相传是诸葛亮南征云南率军顺岷江而下，途经僰道时安营扎寨、推演兵法、操练八阵图于此，凿井供兵马之饮，井如八卦形，水如泉涌，清凉甘甜。诸葛亮南征后，人们世代享用，人称"孔明井"。

孔明井紧邻放生坊、育龙池

流杯池点将台

地理坐标：东经104°36′，北纬28°46′，海拔291米。

行政属地：翠屏区安阜街道。

位置环境：为公园后的一高台，周围为公园绿地。

【现状概述】

点将台位于关帝庙后山顶上。巨石侧面刻有"点将台"三个大字，以及如下文字："点将台相传为孔明南征点兵处，一九八三年春刻石，陈一足书。"点将台上又有清光绪年间刻碑，上书"诸葛亮推演兵法处"，石碑高1.86米，宽1米，厚0.12米。点将台的大石表面还刻有八阵图形，以及"白虎""兑""乾"等字。

【历史渊源】

光绪年间叙州知府文焕在此立碑，此碑尚存，上刻："呜呼，此乃蜀丞相诸葛武侯推演兵法处也。光绪辛丑十月，知叙州府文焕立。"

点将台与观星亭

观斗山

地理坐标：东经104°39′12.65″，北纬28°48′17.74″，海拔489—610米。

行政属地：翠屏区象鼻街道观斗村。

位置环境：崔科山位于翠屏区白沙湾街道307省道处。植被茂密，夏季杂草丛生，无法进入，未开发。

【现状概述】

观斗山又名"孔明山"。实际上是宜宾境内的一座山脉，整个山脉发源于流杯池，山脉起点为崔科山，山中共有六个村落，观斗村为山脉中心的一个村。在观斗山半山处有一处观斗大庙遗址，庙下古阶梯部分得以保存，大部分为近年新建。大庙遗址上的现存建筑为近年所建，石柱为清代遗存，还存有乾隆年间功德碑。

【历史渊源】

据宜宾市翠屏区文管所所长张舰先生介绍，观斗山最高处有一平台，相传诸葛亮南征时曾在此夜观星斗以排兵布阵。平台大约有10平方米，台上从不长草。目前台上无任何遗迹。

观斗山山道

观斗山山顶

李庄桓侯宫

【地理位置】

地理坐标：东经104°47′，北纬28°48′，海拔283米。

行政属地：翠屏区李庄镇。

位置环境：位于幼儿园内，李庄古镇中大部分建筑已改造为民用，桓侯宫部分建筑亦改造为幼儿园设施。

桓侯宫大殿

【现状概述】

桓侯宫目前一侧为居民住处，部分为幼儿园教学设施，仅存部分建筑构架。大殿为硬山顶式，上有廊。现存大殿构架五开间。大殿长20米，进深无法测量，约12米。大殿前存台阶步道。大殿前平台长9.2米，宽3.5米。

【历史渊源】

桓侯宫俗称"张爷庙"，坐南朝北，始建于清乾隆年间，同治二年（1863）予以整修。光绪三十一年（1905）由李庄镇的屠帮集资重建，占地面积约1450平方米，由厢房与大殿、戏楼、前殿连成一个大四合院。

桓侯宫前廊卷棚

中山武庙

地理坐标：东经104°37′30.46″，北纬28°46′26.89″，海拔302米。

行政属地：翠屏区中山社区武庙街14号。

位置环境：武庙南侧和西侧均为酒都饭店职工宿舍，东侧为武庙街小学，东南为华藏寺[1]。

武庙地址门牌

【保护级别】

2002年，被宜宾市人民政府公布为市级文物保护单位。

武庙入口

【现状概述】

武庙建筑群坐西北朝东南，现为前殿、大殿及东、西厢房的四合院布局，建筑面积约1200平方米。前殿面阔九间约39.1米，进深三间约8.9米，穿斗式木结构，前后出廊，硬山顶。正殿前建有月台，月台为简化须弥座，长8.6米，宽15.7米，高0.8米，前有四级台阶。正殿面阔五间20.9米，进深四间11米，穿斗抬梁混合式梁架结构，重檐歇山顶。正殿明间脊檩下有纪年题记："大清嘉庆二十一年岁序丙子陆月谷旦。"东、西厢房对称分布于两侧，面阔九间约38.3米，进深两间约5.1米，穿斗式木结构，单檐硬山顶。目前武庙在整修，由酒都饭店代管。

---

1 据宜宾市博物院介绍，华藏寺原为中山文庙。

武庙正殿梁架空间

武庙前殿

武庙院落

450

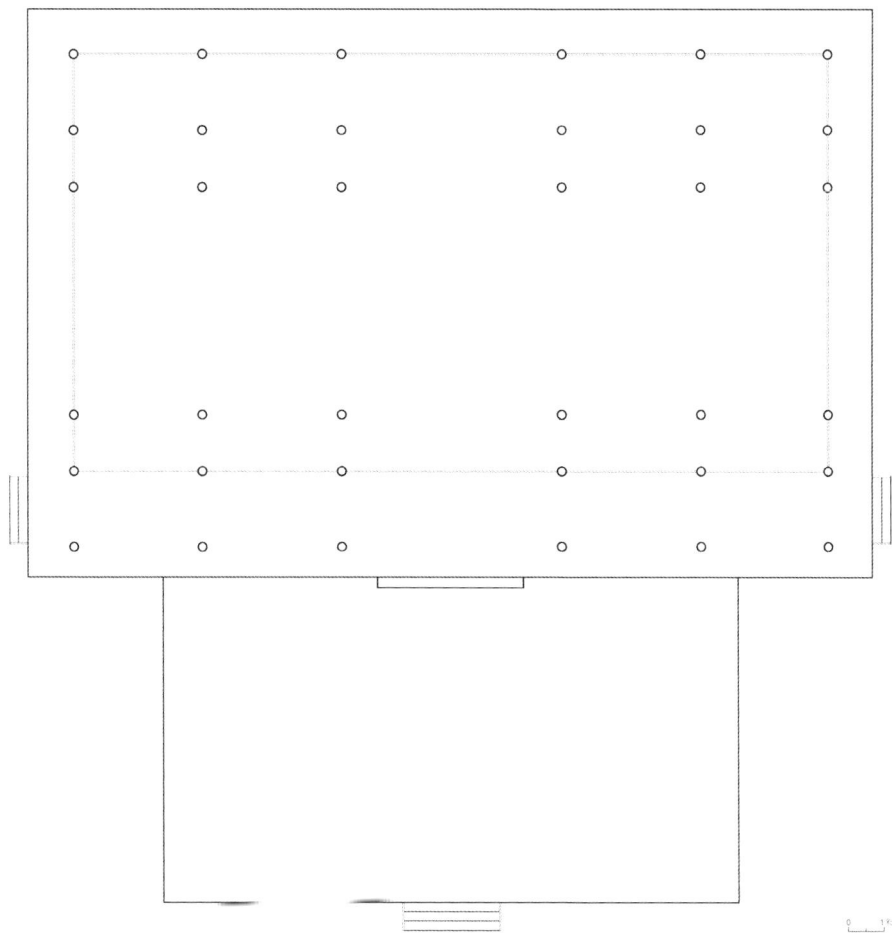

宜宾武庙正殿示意图

【历史渊源】

中山武庙，始建年代不详，从正殿题记可知，武庙的始建年代不晚于嘉庆二十一年（1816）。据宜宾市博物院考证，中山武庙实为叙州府武庙。[1]当地居民介绍："中华人民共和国成立后，武庙先后作为宜宾行署第一招待所、宜宾地委招待所，以及酒都饭店的客房、办公室、宿舍使用。"2011年宜宾市博物院对其进行过抢险维修工程，并对武庙进行了全面勘察。

---

1 罗培红：《四川宜宾市叙州府武庙勘察与布局复原研究》，《四川文物》2014年第6期。

江安县

井口武侯祠

【 地理位置 】

地理坐标：东经105°11′3.09″，北纬28°46′46.08″，海拔254米。

行政属地：井口镇井安社区武侯街。

位置环境：井口镇武侯祠距长江北岸60米，西北侧为井口镇码头，西侧为毗卢寺。

【 保护级别 】

2017年，被宜宾市人民政府公布为市级文物保护单位。

【 现状概述 】

井口镇武侯祠坐东朝西，现存山门、正殿及两侧厢房，建筑面积262平方米。武侯祠山门为新修，据当地管理者介绍，原山门在井口粮站，现已不存。武侯祠院内花草点缀，绿树成荫，正殿前种植银杏树。正殿面阔3间约16.6米，进深3间约15.2米，抬梁式砖木结构，单檐歇山顶，屋顶两侧垂脊置两尊武士。

正殿前设一素面台基，平面呈半圆形，两侧各置12级踏道。正殿前廊以青砖为柱，柱的前檐置镂空人物浮雕。殿内供奉诸葛亮、诸葛瞻、诸葛尚塑像，诸葛亮左侧为文臣廊，依次供奉庞统、董允、蒋琬、费祎、吕凯、简雍；右侧为武将廊，依次供奉赵云、马超、黄忠、姜维、廖化、王平。诸葛亮像高3.2米，羽扇纶巾，左手持羽扇，右手抚右膝，神态儒雅。两侧厢房形制一致，均与正殿呈纵向排列，穿斗式砖木结构，硬山顶，面阔三间14.9米，进深两间7米。

【 历史渊源 】

井口镇武侯祠建于清代，1946年重建。据当地管理者59岁的王云老师介绍："诸葛亮南征时途经于此，在此歇息，也叫'歇脚庵'。后来，清末时期有一位姓金的大善人，为纪念诸葛亮，故在此处修建武侯祠。武侯祠分别在民国时期、20世纪90年代进行过维修。"

井口镇武侯祠鸟瞰

坐看江岸的井口镇武侯祠

井口镇武侯祠山门

井口镇武侯祠前廊

井口镇武侯祠正殿前廊侧视

井口镇武侯祠正殿

井口镇武侯祠正殿内主祀诸葛亮

安远寨、孟获坟

地理坐标：东经105°06′，北纬28°35′26″，海拔440米。

行政属地：江安县夕佳山镇安远村青年组。

位置环境：安远崖为安远村青年组的制高点，竹林较多，杂草丛生，原安远寨现为安远村，已变为村庄和农田，路况较差。

【现状概述】

安远寨位于安远崖上，相传诸葛亮南征时曾在此屯兵。目前安远寨已经废弃，仅存两个山门遗址及部分古道，大山门宽约3.8米，小山门宽约2.2米，为安远村青年组居民居住区和农田、竹林区。孟获坟在安远寨一高台下，当地人传为孟获的坟墓。据夕佳山博物馆书记曹家树先生介绍，该墓已经被盗，仅存遗址。由于路况较差，此次无法进入考察。

【历史渊源】

该墓已经被盗，仅存遗址。孟获的生卒年，史书上未有记载，此处孟获坟保存状况较差，除传说外无其他证据，详情不得而知。

安远寨残存古道

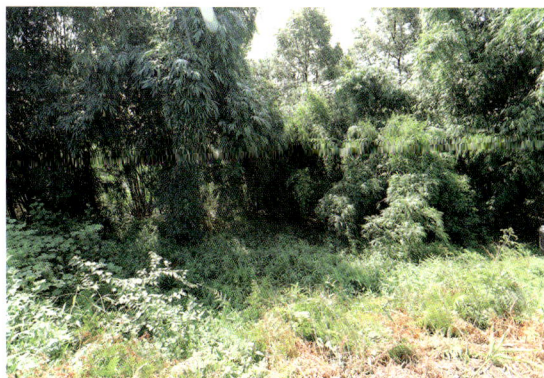
安远寨现状

古校场

地理坐标：东经105°06′，北纬28°35′，海拔420米。

行政属地：江安县夕佳山镇安远村青年组。

位置环境：古校场一侧为安远崖，一侧与安远村相邻，校场遗址部分为水泥淹没，竹林丛生。

【现状概述】

古校场位于安远寨下的一处平地上，夕佳山博物馆书记曹家树先生介绍，当地相传为诸葛亮南征时的练兵校场。部分旗杆眼在修建公路时被水泥封住或被埋在竹林泥土下。目前能够辨认出32个旗杆眼，均深0.2—0.3米，直径0.16—0.2米。

【历史渊源】

江安境内及邻近地区，有不少相似的民间故事流传，并以这些民间故事为基础，出现了一些相传为三国人物的遗址遗迹：仁和乡境内有仁和寨，据传为孟获的大本营，建在山顶，寨内见有大中小三个营盘、五道寨门、三座大殿，还有校场和跑马场、射箭场；亦有相传安远寨一带为孟获城，诸葛亮在安远寨古校场练兵，而孟获城则是孟获屯兵的据点；仁和乡佛耳村鸡冠寨发现有城墙遗址，全部用石砌成，还能看到城门箭垛，据传为孟获所建。

古校场现状

大营盘、二营盘、三营盘

【 地理位置 】

地理坐标：东经105°06′，北纬28°35′，海拔408米。

行政属地：江安县夕佳山镇安远村。

位置环境：位于安远崖墓附近，为三个高台，台上仅存杂草和树木。营盘下为民居和农田、树木。

【 现状概述 】

据夕佳山博物馆书记曹家树先生介绍，三个营盘相传为诸葛亮南征时的驻军处，实际为山间的三个高台，一至三层由高而低，未发现遗迹、遗物。

大营盘、二营盘、三营盘遗址

留耕场

【地理位置】

地理坐标：东经105°08′，北纬28°39′，海拔466米。

行政属地：江安县留耕镇。

位置环境：位于留耕镇干鱼塘山下，镇中的黄龙村桂花组，有魏晋石棺，曾挖出石斧。

【现状概述】

据夕佳山博物馆书记曹家树先生介绍，当地相传诸葛亮南征时曾在此处屯兵，但未发现遗迹、遗物。

留耕场现状

周家咀墓

【地理位置】

地理坐标：东经105°8′30.09″，北纬28°39′8.82″，海拔400米。

行政属地：江安县留耕镇人民村周家咀组。

位置环境：位于周家咀组一处山坡上，周围植被茂密，杂草丛生。

【保护级别】

2022年，被宜宾市人民政府公布为市级文物保护单位。

【现状概述】

凿山为墓，该墓为长方形单室崖墓，墓前正对山崖，坡度较大，墓道已不可见，墓已被盗，无随葬品残留，墓中残存三具石棺，石棺及墙壁刻有画像，内侧墓门之上有墓灯台一个。

【历史渊源】

整个墓葬规模偏小，但从墓内装饰来看，墓主应为有一定经济实力和社会地位的人。该墓无随葬品残留，周围亦无其他墓葬发现，按其墓葬形制，为东汉时期四川地区崖墓的流行形制。考虑到宜宾一带崖墓流行时间整体偏晚，且江安留耕镇黄龙村、仼家坝、周家咀等处，已有东汉魏晋时期古石棺之例（存夕佳山民俗博物馆），初步推测该墓的时代为东汉晚期至蜀汉时期。

周家咀墓墓壁画像

周家咀墓墓室后壁墓灯台

周家咀墓石棺画像——双阙

周家咀墓石棺庖厨场景浮雕

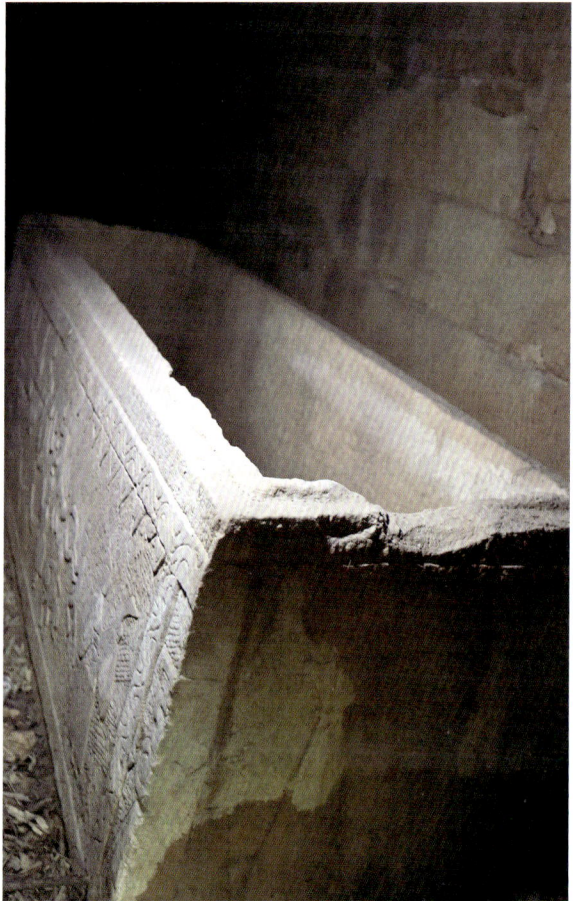

周家咀墓石棺宴饮浮雕

周家咀墓石棺

长宁县

诸葛古榕

【地理位置】

地理坐标：东经105°1′0.109″，北纬28°17′56.91″，海拔456米。

行政属地：长宁县梅硐镇龙尾村太平山。

位置环境：诸葛古榕位于太平山山坡处，周围植被茂密。

【现状概述】

诸葛古榕为黄桷树，又名大叶榕，树根粗壮，树形近似倒"八"字状，树腰直径约11.4米，树腰各处绑有红绳。古榕前有当地村民搭建的神龛，神龛为两层，上层供奉观音菩萨，下层供奉土地神。古榕旁有一条古道，往上可往宋代遗址凌霄城，往下可至两河口。据当地村民尹建铭介绍："龙尾村关于古榕有两个习俗：第一个习俗是在树腰处绑红绳，其目的主要是为自身和子孙保平安；另一个习俗是在树根的空隙处放指路碑，等树长大后将石碑包住，其目的主要为其子孙求好口碑、行善积德。"

【历史渊源】

诸葛古榕栽种时间不详，据当地传说，古榕处原先有一口泉水井，诸葛亮南征时途经于此，士兵们当时得了怪病，喝了泉水后，士兵们的病就好了。于是诸葛亮下令在此处种植一棵榕树，榕树栽种完毕后，井就消失了。当地人为纪念诸葛亮，称该树为诸葛古榕。[1]

诸葛古榕紧邻古道

树冠繁茂的诸葛古榕

诸葛古榕树干包裹的指路碑

---

1 龙尾村当地村民尹建铭介绍。

武侯塔遗址

【地理位置】

地理坐标：东经104° 55′ 42.35″，北纬28° 28′ 22.86″，海拔240米。

行政属地：长宁县竹海镇金河湾塔沙村。

位置环境：武侯塔遗址东南处为淯河，西南处为相公岭。

【现状概述】

据长宁县地志办介绍，武侯塔遗址以前留存有地基，因年代久远，武侯塔地基已无迹可寻。现周围为树林和梯田，植被茂密。

【历史渊源】

根据南宋王象之的《舆地纪胜》可知，武侯塔传为诸葛亮所修筑，用来安定地方。清代嘉庆《长宁县志》亦载："（武侯塔）在泾滩岸上。"

武侯塔遗址鸟瞰

雌雄盐井遗址

地理坐标：东经104°53′6.43″，北纬28°23′8.50″，海拔276米。

行政属地：长宁县双河镇笔架村。

位置环境：雌雄盐井位于东溪、西溪交汇处，宝屏山在渭井西北面。

【 现状概述 】

雌雄盐井又称"渭井"。清代嘉庆《长宁县志》载："渭井，在城北溪岸上，可以煮盐。"[1]据长宁县地志办介绍，雌雄盐井为双泉井，一咸一淡，塞其一泉皆不流，放开则两泉皆通。因年代久远，雌雄盐井已无迹可寻。现周围为杂草和乱砖。

【 历史渊源 】

雌雄盐井产生年代不详，传说其产生和当地产盐有着密切关系。据长宁县地志办戴宇威老师介绍："关于盐井的传说主要有两个版本，第一个版本是诸葛亮南征时登上宝屏山，看见两山间有一个小盆地，景色不错，认为此处有一宝，然后就在此地发现了雌雄盐井。另一个版本为两个人同时发现了雌雄井，然后二人约定在水上放一个漂木，看谁的漂木更快，谁就获得此盐井，最后其中一人获胜。"[2]

雌雄盐井遗址

---

1 （清）杨庚，（清）曾秉让修纂：嘉庆《长宁县志》《中国地方志集成·四川府县志辑㉜》，巴蜀书社，1992，第170页。

2 相关传说可见《中国地方志集成·四川府县志辑㉜》，巴蜀书社，第170页。

雌雄盐井遗址现状

雌雄盐井位置环境航拍

高县

流米寺关羽摩崖

【地理位置】

地理坐标：东经104°45′48.07″，北纬28°41′36.86″，海拔583米。

行政属地：高县胜天镇。

位置环境：位于红岩山景区犀牛山牛鼻洞石窟内，整座犀牛山翠竹环绕，鸟语清幽，山坡上是当地村民开垦山地种植的李树。7月，满山硕果，果香弥漫。

【保护级别】

1982年，红岩公社牛鼻寺摩崖造像被高县人民政府公布为县级文物保护单位。

【现状概述】

牛鼻洞石窟位于流米寺建筑最高处红砂岩山体的牛鼻山山峰，经过风雨侵蚀，形成了这处天然岩洞，流米洞位于岩洞入口岩壁上，是一个直径约0.2米的天然圆洞，洞前立有观音像。石窟内现存43尊摩崖造像，题材有观音、释迦牟尼、玉帝、药王等。关羽神龛位于岩洞深处，坐西北朝东南，龛高2米，宽2米，关羽坐像居中，像高1.62米，宽0.8米。关羽着袍，右肩右膝戴护甲，左手抚膝，右手捻须。关平像高1.3米，宽0.4米，左手持印，腰部佩剑，陪侍关羽右侧。周仓像高1.2米，宽0.3米，右手持青龙偃月刀，立于关羽左侧。流米寺身处景区内，游客较多，远近知名。

【历史渊源】

流米寺，古名"牛鼻寺"，因曾经从寺内洞中流出白米的传说，故名"流米寺"。据高县文管所所长汪霞介绍，山下的南广河曾经是一条船运要道，传说鸟儿时常在河道偷运粮船上的粮食，衔回流米洞里藏起来，久而久之，积少成多，从洞中就溢出米来。如今红岩山一带的南广河河道变窄，航运已经变成历史，传说的背后，是关于古道河运兴衰的故事。牛鼻洞石窟曾有关圣秉烛待旦像。《光绪叙州府志》载，牛鼻寺，在县东一百五十里，有石横生其旁，平列二孔，状如牛鼻，因以名寺。其孔皆高三尺，阔七八尺，左孔壁上刻诸佛像石刻，关圣秉烛待旦像，容貌如生，旁书"流米洞"三字，笔力遒劲，惜未著姓字。[1]志书中所载关圣像和流米洞题刻，现今均已不存，如今的关羽摩崖，时间不可考，推测应在清光绪以后。

1（清）王麟祥修：《光绪叙州府志》，《中国地方志集成·四川府县志辑㉘》，巴蜀书社，1992，第310页。

牛鼻洞关羽摩崖

牛鼻洞石窟关羽神龛位置环境

裸露的红砂山崖上为便是斗鼻洞石窟

流米寺建筑群鸟瞰

石门栈道

地理坐标：东经104°32′12″，北纬28°24′44″，海拔286米。

行政属地：高县庆符镇。

位置环境：石门栈道处于南广河河谷西岸，湍急的南广河由南向北汇入长江。

【 保护级别 】

1982年，石门题刻被高县人民政府公布为县级文物保护单位。

【 现状概述 】

石门栈道属于五尺道的一段，目前河谷沿岸的栈道已不存，只有石门石刻一段长约18米的古道题刻残存。北壁距地面约3米，凿壁题刻"勒愧燕然"四个大字，字径约0.68米，笔力雄浑，赫然入目。有无名氏五言诗题刻："江石悠然在，三才镇世间。道德长春古，名利不如闲。"还有五言诗句排律题刻："世路荆榛迷，当道豺狼吼。满目干戈横，壮士牛马走。叙南石门关，似擘巨灵手。层山塞其前，湍流绕其右。云根动地开，日脚射泉纽。征夫苦经过，行行重回首。西蜀天下险，此险复何有？不有大将才，谁作长城守？我从亚夫营，剑气冲牛斗。恨不乘天风，顷刻扫尘垢。一剪荆榛平，再造干戈后。还从赤松游，放歌时纵酒。"

【 历史渊源 】

五尺道在蜀汉时期，是从川入滇的重要路道，诸葛亮兵分三路派军南征，由此留下了许多传说与古迹。《光绪叙州府志》载，庆符镇境内曾有姜维屯[1]、诸葛校场等古迹："诸葛校场：诸葛武侯平西南夷，驻军此山，今山中有校场，在二级坡雪顶寺下，与白云寺相对，平地三台中一台有石，高五尺，上凿一眼，系中军帐插旗之处。外有大石缸，可容水百十石，今已无存。又上台有磨刀石数十块，其迹宛然。"[2]如今姜维屯、诸葛校场均已不存无考。

1（清）王麟祥修：《光绪叙州府志》，《中国地方志集成·四川府县志辑㉘》，巴蜀书社，1992，第411页。

2 同上，第417页 。

古道沿南广河谷蜿蜒

石门栈道古道题刻

石门题刻遗存

筠连县

五尺道（筠连段）

【 地理位置 】

地理坐标：

凌云关，东经104°32′13.96″，北纬28°11′35.23″，海拔606米；

隐豹关，东经104°32′17.5″，北纬28°06′26.5″，海拔589米。

行政属地：宜宾市筠连县筠连镇。

位置环境：古道大部分处于山林之中，周围植被茂密，或为农田，人迹罕至。

【 保护级别 】

五尺道筠连段：2012年，被四川省人民政府公布为省级文物保护单位。

凌云关：2012年，被四川省人民政府公布为省级文物保护单位。

隐豹关：2010年，被筠连县人民政府公布为县级文物保护单位。

【 现状概述 】

五尺道从高县过凌云关入筠连县后，分为两路：一路沿定水河南下至塘坝，进入昭通市盐津县境内；一路向东南，过隐豹关至巡司镇，经高坪入云南省彝良县境内。[1]筠连县古道现保存较好尚有两段。

一段位于筠连县城之北，筠连县筠连镇与高县焦村镇之间。南北走向，由石板、卵石

铺就而成，现存长度约1300米，宽在1.2—2.5米之间。古道原是高县至筠连县的交通要道，206省道修通后古道行人渐稀。清同治十二年（1873），为征收来往盐茶商税，知县程熙春在两县交接处主持筹建关楼"凌云关"，当时称为"御风亭"。[2]今凌云关保存较为完好，坐西南朝东北，占地面积约120.7平方米。墙体用条石砌筑，内外两层，外长17米，外宽7.1米，内长14.5米，内宽3.8米，南北墙中部辟2门洞，券拱形，高3.3米，宽2.1米。关口北面壁上原有石刻匾额楷书"凌云关"三字，长约2米；南面壁上原也有石刻匾额楷书"毓秀储英"四字，长约2米，刻字今已风化不存。[3]

一段位于筠连县县城之南，筠连县筠连镇柏杨村至巡司镇巡司村之间。东西走向，由青石板和卵石铺就而成，现存约3500米，宽度在0.8—1.8米之间。公路修通之前，古道一直是巡司镇至筠连镇的交通要道。清咸丰八年（1858），为征收来往盐茶商税，知县张奋翼在两乡交接处筹建关卡"隐豹关"。[4]今关口保存较为完好，地处两山夹立的山坳处，占地面

---

1 筠连县文化馆提供资料。

2 （清）王麟祥修，邱晋成等纂：《叙州府志》卷十三《关梁》，清光绪二十一年刻本。但据筠连县文化馆提供资料是清同治十二年程熙春在原有关口基础上扩建。

3 筠连县文化馆提供资料。

4 （清）王麟祥修，邱晋成等纂：《叙州府志》卷十三《关梁》，清光绪二十一年刻本。但据筠连县文化馆提供资料是清咸丰八年张奋翼在原有关口基础上扩建。

五尺道凌云关

凌云关位于高县和筠连县分界处

凌云关

凌云关关楼内部

五尺道犀牛村段

五尺道犀牛村段残存古道入口

隐豹关

隐豹关及巡司镇五尺道段鸟瞰

筠连县至巡司镇五尺道段

筠连县至巡司镇五尺道段上的马蹄印

积为35平方米，由条石砌筑而成，墙体厚2.5米。正中辟有2个门洞，高约3米，宽约2.4米，北侧门洞已坍塌。因修红旗渠，南侧门洞下变成水渠通水口，部分古道被占。原关上有题额"隐豹关"三字，现已不存。[1]

【历史渊源】

五尺道，北起僰道（今宜宾），南至郎州（今曲靖），因道宽五尺而得名，始开通于秦惠王时期。[2]司马迁《史记·西南夷列传》载："秦时常頞略通五尺道，诸此国颇置吏焉。"[3]汉武帝建元六年（公元前135），令中郎将唐蒙"发巴蜀卒治道，自僰道指牂牁江"[4]，以通"南夷道"。对秦代以来的道路进行维修加宽后，五尺道成为汉代南夷道的一部分。有观点认为，

蜀汉建兴三年（225）秋，诸葛亮平定南中后，即从滇东经平夷、汉阳（今赫章）到盐津县，取此道回成都。[5]魏晋南北朝时此道依旧是贯通南中的重要通道。隋唐时是中原王朝联系南诏的要道，史书称"使南诏路"。[6]唐代诗人权德舆《送袁中丞持节册南诏五韵》云："途轻五尺险，水爱双流净。"[7]宋初此道继续使用，元代时多次对旧道进行整治。清代雍、乾年间，云南东北昭通等地出现盐荒，清政府下令川盐入滇，此道渐成川盐入滇的商业贸易通道，盛极一时，至今仍可见古道上的马蹄印。咸丰、同治年间，筠连县在古道上设凌云关、隐豹关两道关卡以征来往商税。现代公路修通后此道荒废。

1 筠连县文化馆提供资料。

2 （宋）李昉等撰：《太平御览》，上海古籍出版社，2008，第619页。

3 （汉）司马迁：《史记》，中华书局，1963，2993页。

4 同上，第2994页。

5 《三国志·费祎传》载，建兴三年，随诸葛亮南行，归至汉阳县。

6 （宋）王象之撰：《舆地纪胜》卷一百六十三《潼川府路》，清影宋钞本。

7 （清）《全唐诗》卷三百二十三《权德舆》，清文渊阁四库全书本。

珙县

土官寨孟获洞

【地理位置】

地理坐标：东经104°51′40″，北纬28°0′11.66″，海拔585米。

行政属地：珙县孟获村4组。

位置环境：土官寨山形如馒头，属于乌蒙山脉，孟获沟作为南广河的支流环绕山脚流过，山下是苗族村落。

【现状概述】

孟获村现在是以苗族和汉族为主的村落。孟获洞，当地传说是孟获出生的山洞，位于洛亥镇土官寨山。土官寨山是座有花岗岩的土山，如今无人居住，密林覆盖，山路陡峭，只能艰难攀爬前行。山中有18个大小不一的喀斯特地貌山洞，孟获洞位于半山腰处，是其中一个天然岩洞。岩洞坐南朝北，洞口用就地取材的花岗片石砌了寨门，只留了一个高于地面2.2米的四方形洞口供人进出。洞口宽0.8米，高1.5米，深2.35米。搭上木梯爬进洞口，豁然开朗，别有洞天，阳光从东侧的石墙缝隙透进来，一方野草让溶洞增加了绿意。洞宽约35米，进深约26米。洞内被人为砌出了厨房、厕所等空间，洞顶还能看到垂挂的钟乳石。从孟获洞再往上攀爬百余米，还有土官寨寨门遗迹。

土官寨山中曾建有孟获庙，早已不存，如今在山对面有一座20世纪90年代盖起的孟获庙，为当地村民、66岁的苗族大姐黄续莲搭建。据大姐介绍，她年轻时一直受病痛困扰，有一晚孟获托梦给她，说他已经化身为山对面的黄葛古树，希望大姐为其修庙。黄大姐于是围绕黄葛古树搭起简易的砖房，祭祀黄葛大仙，当地人也习惯称这处地方为"孟获庙"。近年来，不时有百姓前来祭祀，祈福身体健康平安。

【历史渊源】

土官寨作为古迹在《光绪珙县志》中已有记载，当地把其中山洞称作孟获出生地的具体时间已不可考。山下流淌的孟获沟，沟口曾建有诸葛武侯祠："在集义乡洛亥堡中，相传武侯南征渡泸以后曾至于此，今其西有孟获沟。"[1]据51岁的村支书袁义强介绍，传说诸葛亮南征时，渡过泸水到达孟获村附近。因渡泸水时受到瘴气影响，兵马不足，诸葛亮便命令士兵牵着马匹，在马厂坝用黄泥涂抹马匹，再把涂了黄泥的马匹牵到洗马凼，又洗掉黄泥，抹上黑泥，又转回出发的地方，如此反复七天七夜。诸葛亮又派士兵在附近山顶下五了棋，一边下一边大喝"一、二、三、四"，类似军中操练时呼喊的口号，让对方以为漫山遍野都是诸葛亮的军队在练兵，因此取得胜利。

1 （清）冉瑞炯等纂修：《光绪珙县志》，《中国地方志集成·四川府县志辑㉟》，巴蜀书社，1992，第28页。

村民扛着扶梯协助登山前往孟获洞

搭建孟获庙的苗族大姐黄续莲

孟获洞洞口

孟获洞内有被避难村民改造居住的建筑痕迹

孟获庙

需要借助扶梯才能
攀爬进孟获洞

土官寨山远景鸟瞰

土官寨山的寨墙遗存

屏山县

龙华古镇

【 地理位置 】

地理坐标：东经104°1′，北纬28°47′，海拔400米。

行政属地：屏山县龙华镇。

位置环境：位于龙华镇八仙山下。

【 现状概述 】

镇境内有省级文物保护单位丹霞洞石刻及造像，有高约30米的大立佛，还有安澜清洪桥、禹王宫、龙华寺、都司衙门、分银石、石狮以及保存完好的全木质结构街坊等。细沙溪两岸有3万多株国家一级保护植物桫椤树，地处打鱼村的丹霞地貌秀丽多姿。

龙华古镇禹王宫阙上现存三国故事浮雕（地理坐标：东经104°1′，北纬28°47′，海拔400米）。据龙华镇综合文化站站长陈长春先生介绍，禹王宫为乾隆年间建造，主殿正面拦墙两侧绘有六个清代三国故事浮雕，浮雕图案保存基本完好，外框上部为"凸"字形花纹，下部为花纹和图案，破坏严重。

此外古镇上曾建有武侯祠。龙华镇综合文化站站长陈长春先生介绍，禹王宫后龙华镇小学为之前的武侯祠遗址，但是年代久远，相关信息不明。

【 历史渊源 】

龙华古镇因明代所建龙华寺而得名。古镇地处川滇边界，自古为彝汉杂居之地。龙华镇综合文化站站长陈长春先生介绍，当地人传说，三国时期，诸葛亮南征，孟获曾率大军从这一带渡金沙江入云南。宋代在此屯兵，明、清时期规模不断扩大，是历代四川边防驻军重地，至今仍可见屯兵遗迹。

龙华古镇禹王宫

龙华古镇街景

安上

地理坐标：东经 103° 50′ 24″，北纬 28° 40′ 2.63″，海拔 371 米。

行政属地：屏山县新市镇。

位置环境：金沙江与西岭河交汇，江面开阔，南岸为杨柳坝，北岸是寨子岩。

【现状概述】

新市镇沿金沙江而建，蜀时为犍为郡与越嶲郡交界处，从古至今都是进入大凉山腹地的重要码头。原码头已经在修建向家坝水电站蓄水水库时被淹没，新的新市镇建于原址南岸高处的杨柳坝，西岭河大桥与南岸大桥跨于金沙江面之上，金沙江水在两桥之间的码头江面形成一个 U 形，分别流往大凉山方向和云南绥江方向，当地俗称"二龙口"。溯金沙江往西南，便进入大凉山腹地。20 世纪 90 年代时，搭乘轮船仍然是新市镇居民往返宜宾的主要交通选择。如今，虽然码头被淹没，但是江面仍然通航。站在江岸，不时有机动货船从江上驶过，汽笛声声，仿佛在青山绿水的河谷中诉说历史往事。

【历史渊源】

安上，是诸葛亮率军进入越嶲平叛时的重要交通节点。《华阳国志·南中志》载："建兴三年春，亮南征，自安上由水路入越嶲。"《华阳国志·蜀志·越嶲郡》载："章武三年，越嶲高叟大帅高定元，称王恣睢，杀将军焦璜，破没郡土。丞相亮遣越嶲太守龚禄，住安上县，遥领太守。"关于"安上"的位置，目前主流学术观点认为在屏山县新市镇。

《华阳国志》记载越嶲郡有安上县，为《续汉书·郡国志》所无，当是蜀时新设之县。越嶲太守住此县，经略越嶲郡，应在郡之边界。张澍《蜀典》卷一曰："安上，在今屏山县。"所说近之。安上县当水陆要冲，盖在今新市镇。是时，经营安上作为通往越嶲之据点也。[1]

---

1 方国瑜：《诸葛亮南征的路线考说》，《思想路线》，1980 年第 2 期。

安上遗址

从安上方向开往马湖方向的货船

金沙江道在此形成 U 形,
当地称"二龙口"

清平乡老营盘

【地理位置】

地理坐标：东经103°47′4.45″，北纬28°35′59″，海拔1096米。

行政属地：屏山县清平彝族乡岩平村。

位置环境：岩平村位于金沙江岸边的山林深处，与云南省绥江县南岸镇隔江相望，沿金沙江继续往南能到达大凉山的马湖。

【现状概述】

老营盘是一处废弃的屯兵寨子，长25米，进深16.6米。寨墙基本垮塌，只剩最下一层条石，寨门残存，荒草丛生，青苔遍地。山中知了叫声悠长特别，婉转空灵。

【历史渊源】

此次调查时，据61岁的当地村民李贵银介绍，当地传说此处为诸葛亮驻军的兵营。在老营盘对面叫做"三交界"的山峰处，有石碑，相传是诸葛亮所立。

清平乡老营盘

清平乡老营盘俯视

广安市

广安市，位于四川省东部。东与重庆垫江、长寿县（今长寿区）相邻，南与重庆合川、渝北区相接，西与遂宁市蓬溪县，南充市嘉陵区、高坪区接壤，北同达州渠县、大竹毗连，自古有"川东门户"之称。截至2020年底，广安市下辖广安、前锋2个区，岳池、武胜、邻水3个县，代管华蓥市1个县级市，以及1个经济开发区。三国蜀汉时期，该地区主要为益州巴西郡辖地。

广安市三国文化遗存点位分布图

1 姜山
2 中心武庙
3 飞龙武庙
4 沿口关庙
5 袁市镇关帝庙
6 卧龙坡

撰稿：彭　波
摄影：彭　波　尚春杰　吴　娲
绘图：尚春杰　张　驰　杨瑾瑄
　　　黄　越　王桂如

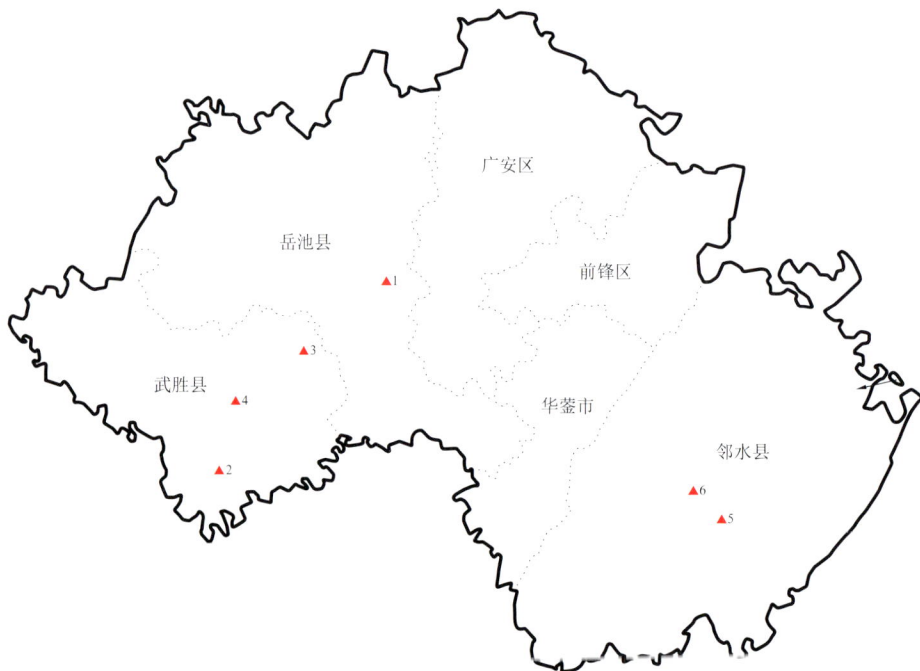

岳池县

姜山

【地理位置】

地理坐标：东经106°30′40.10″，北纬30°30′9.02″，海拔445米（姜山寺）。

行政属地：岳池县九龙街道姜山寺村。

地理环境：位于岳池县城东南方，距离县城约6千米，东麓与广岳大道相近，西麓近兰渝铁路，山上植被茂密，四周为农田及村舍。

【现状概述】

姜山为岳池县城东南的一处山丘。山麓北侧有洗马池，面积约20平方米，传说姜维曾在此洗马；山腰开凿有石质台阶，名"十八梯道"，传说是姜维从军帐中骑马至练兵场的道路，台阶18级，每级长约1.1米，宽0.3米[1]；山顶姜山寺传说为姜维中军大帐，后人在此修建了姜山寺，现在的姜山寺为20世纪80年代当地村民在原寺的基础上修复重建。

新建姜山寺为一进四合院建筑，前殿为天王殿，2008年新建，内有四大天王塑像；大殿建在高约0.4米的台基之上，歇山顶，面阔三间12.9米，进深三间10米，檐高3.8米。殿内正中塑三世佛像，右侧神台上有诸葛亮、姜维塑像。殿前一对石狮柱础，系原姜山寺建筑构建，形象威严。庭中有古榕一棵，亭亭如盖。

距离姜山寺不远的石崖上还有"汉室英雄""飞泉"等摩崖石刻，但因时代久远，石刻题记早已不存。[2]2003年大石乡政府为了开发姜山旅游资源，修建了一条上山步道，后因退耕还林与生态移民，山上植被恢复，人烟稀少，十八梯道、摩崖石刻等遗迹已难寻踪迹。

【历史渊源】

姜山，因传说是蜀汉姜维屯兵处而得名。[3]姜山之名最早见于宋代。《舆地纪胜》载："姜山，在岳池县东八十里云山镇之外，相距五里许。由神极为灵，有祷者则应，近年是山有元光光绀碧现于山之东。"[4]但宋代的姜山并无姜维的传说，及至明代姜山才开始和姜维联系在一起。《明一统志》载："姜山，在岳池县东

---

1 岳池县文物管理所提供资料。

2 岳池县文物管理所提供资料。

3 (清)何其泰，(清)吴新德等纂：《岳池县志》卷三《疆域·山川》，清光绪元年刻本。

4 (宋)王象之撰：《舆地纪胜》，江苏广陵古籍刻印社，1991，第1173页。

二十里，蜀汉姜维屯兵于此。"[1]此后的方志文献，如明曹学佺《蜀中广记》、清乾隆《岳池县志》、清光绪《岳池县志》等也都采用此说。

姜山寺，因建于姜山上而得名。清嘉庆《四川通志》载："姜山寺，唐僖宗时建。"[2]清代时，姜山寺前建有牌坊刻"汉将英雄"四字。[3]光绪《岳池县志》著录有清道光二十八年（1848）王子诏《姜山寺重修释迦佛像碑记》，从碑文中可知，当时姜山寺周围已有洗马池、蜀汉英雄坊等遗迹。

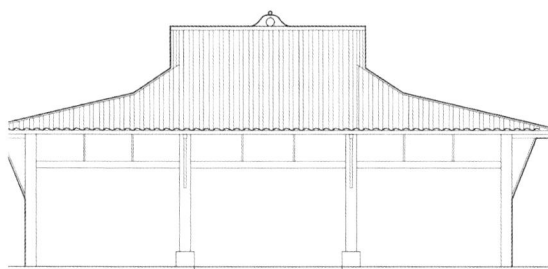

岳池姜山姜维祠正立面图

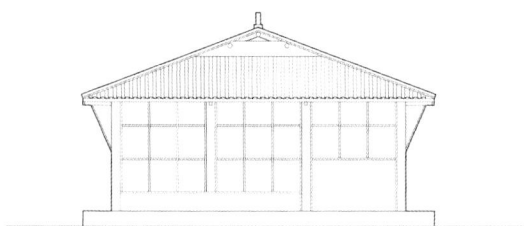

岳池姜山姜维祠侧立面图

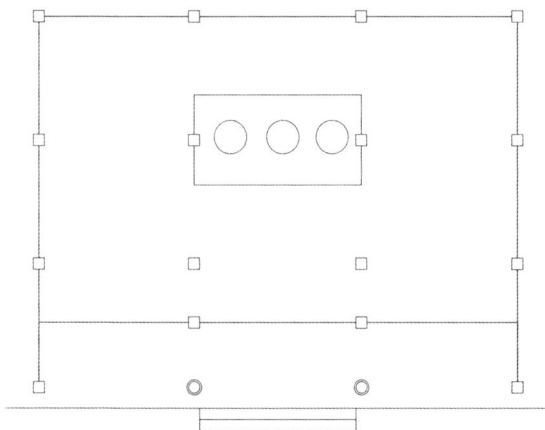

岳池姜山姜维祠平面图

1 （明）李贤撰：《明一统志》卷六十八《保宁府》，清文渊阁四库全书本。

2 （清）常明修，（清）杨芳灿等纂：《四川通志》卷三十九《舆地志·寺观三》，清嘉庆二十一年木刻本。

3 （清）何其泰，（清）吴新德等纂：《岳池县志》卷十五《题名》，清光绪元年刻本。

跑马十八梯

姜山寺大殿

姜山鸟瞰

姜山寺大殿山面

大殿柱础（一）　　　　　　　　　　　　　大殿柱础（二）

姜山寺前石刻

姜山寺院落

武胜县

中心武庙

【地理位置】

地理坐标：东经106° 15′ 36.67″，北纬30° 15′ 58.86″，海拔215米。

行政属地：武胜县中心镇西街。

地理环境：地处嘉陵江西岸，与武胜中心中学相邻。东北方向与文昌宫相接，西南紧靠城隍庙，周围为民房住宅。

【保护级别】

2012年，武胜中心镇古建筑群被四川省人民政府公布为省级文物保护单位。

【现状概述】

中心武庙坐西北朝东南，两进院落，山门已不存，前殿在20世纪50年代拆除，在原址上新修一栋现代二层砖砌建筑。原武庙建筑总占地面积1100平方米，建筑面积782平方米，现存大殿及左右挟屋、后殿、左右长廊、工字廊等。

大殿建在一座高约2米的台基上，台基分两层，各有梯道相接。大殿建在第二层台阶上，单层重檐歇山顶[1]，面阔五间16.57米，进深四间9米，高约10.13米。20世纪50年代因被征用为粮站粮仓，曾对大殿外观和内部空间结构稍加改建，故形制上略有变化。从结构上观察，原大殿周围应有回廊，作为粮站时将

左、右、后回廊封闭，仅余前廊。内部也用木板隔成三个小间，并用圆木将大殿分隔为上、下两层。

大殿南北两侧有形制一致的挟屋，建在第一层台阶之上，悬山顶，穿斗式架构，面阔三间12.7米，进深三间3.7米，高8米，后与廊庑相接。南侧廊庑保存较好，北侧廊庑已不存。大殿与后殿之间有工字廊相连，工字廊悬山顶，面阔5.4米，进深8.1米，高6.57米，工字廊与南、北廊庑平行，在前、后殿之间形成南北两个天井。

后殿位于天井之后，建在一个高约1.57米的台基上。单层悬山顶[2]，穿斗式架构，面阔五间12.8米，进深三间8米，高6.57米。20世纪60年代作为学校教室时对后殿的外观及空间结构改变较大，外观用砖将内隔成三间小房间，并用木板将后殿分成上、下两层。

中心武庙现今闲置，武胜县文管所聘请了一位中心镇粮油食品站退休员工进行日常看管。

【历史渊源】

古代的武庙，通常都是祭祀关羽的庙宇。中心武庙始建年代不详。史书记载，清康熙八年（1669），定远县并入合州，雍正六年（1728）

---

1 20世纪50年代作为粮站仓库时改建为两层。

2 20世纪60年代后殿作为学校教室时改建为两层。

大殿侧视

中心武庙、城隍庙、文昌宫建筑群俯视

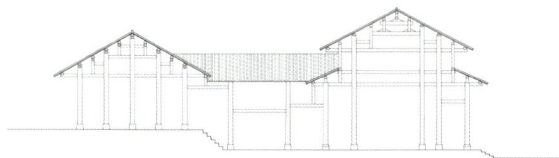
中心镇武庙剖面图

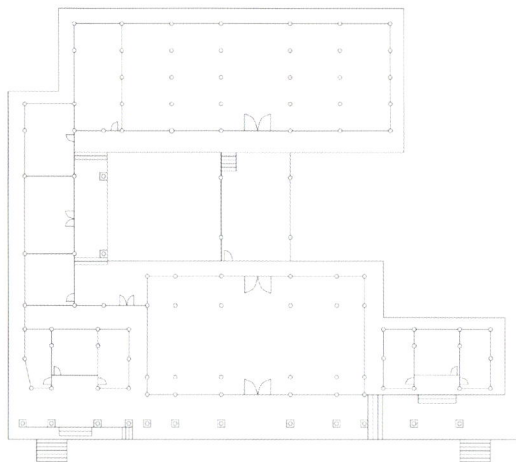
中心镇武庙立面图

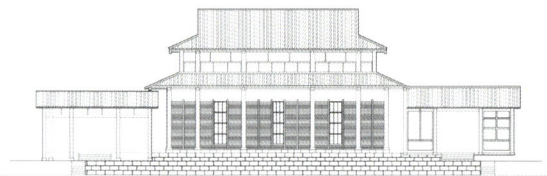
中心镇武庙平面图

大殿正立面

大殿山面鸟瞰

殿内梁架

南侧天井

前殿遗址现状

工字廊鸟瞰

右挟屋

复置定远县，属四川省川东道重庆府。[1] 这是清代崇奉关羽的兴盛期，中心武庙可能建于此时。据民国《武胜县志》载，武庙旧址在南门外，清雍正九年（1731）知县吴作霖移城内西南隅，即今中心镇武庙。清乾隆十五年（1751），知县秦宜稷重修武庙正殿一楹，左右朝房六间，前设乐楼，外有照壁，民国四年（1915）改武庙为关岳庙。[2] 20世纪50年代至90年代，中心武庙大殿作为粮站用地。20世纪50年代初，山门及前殿被拆除，在前殿原址上新建了一栋现代建筑，作为粮油食品中心。20世纪60至年代至70年代，后殿作为中心镇小学教室。2005年，中心镇武庙、文昌阁、城隍庙联合，被广安市人民政府公布为市级文物保护单位，2012年又被四川省人民政府公布为省级文物保护单位。

明嘉靖三十年（1551），定远知县胡濂以"石崩水溢为患"，迁县治于庙儿坝[3]，即今中心镇，直到中华人民共和国成立后的1953年才将县治迁徙至沿口镇，即今武胜县城内。中心镇作为县治，历时400余年，文化遗迹丰富。除了武庙外，现存有城墙、文庙、天上宫、文昌宫、城隍庙、万寿宫、镜心亭、传教士故宅等，建筑面积近6000平方米，对研究川东地区明清县城规制具有一定意义。

1 （民国）罗兴志等修，孙国藩等纂：《武胜县新志》，《中国方志集成·四川府县志辑㊾》，巴蜀书社，1992，第461页。

2 （民国）罗兴志等修；孙国藩等纂：《武胜县新志》，《中国方志集成·四川府县志辑㊾》，巴蜀书社，1992，第471页。

3 （民国）罗兴志等修；孙国藩等纂：《武胜县新志》，《中国方志集成·四川府县志辑㊾》，巴蜀书社，1992，第461页。

飞龙武庙

地理坐标：东经106° 23′ 16.1″，北纬30° 24′ 57.1″，海拔259米。

行政属地：武胜县飞龙镇老街48号。

地理环境：位于飞龙场镇老街，其南500米为飞龙麻里湾水库，东50米为原飞龙铁厂，现已废弃，周围为民居住宅。

【保护级别】

2012年，被四川省人民政府公布为省级文物保护单位。[1]

【现状概述】

武庙坐西向东，四合院中轴线布局，占地面积2100平方米，建筑面积475平方米，由山门、戏楼、大殿、偏殿、挟屋及南北厢庑组成。

山门为歇山顶式木结构建筑，面阔三间8.15米，进深二间7.1米，高9米，左右两侧各有一耳房。山门后即为戏楼，歇山顶木结构双层建筑，面阔三间，进深二间，一层过厅内有弥勒佛、四大天王泥塑像，为现代新塑。

大殿建在高约0.7米的台基上，前有宽约2.3米的阶梯。大殿现为悬山顶[2]，穿斗架梁结构，面阔三间11.45米，进深三间七架长7米，高8.4米，正殿供奉有阿弥陀佛、报身佛、药王、十八罗汉等，均为现代新塑。脊檩有墨书题记"佛日增辉，法轮常转"，中间彩绘龙凤呈祥图案。脊檩下方两侧五架梁亦有墨书题记，南侧书"大清嘉庆二十一年丙子岁乙未月辛未日辛卯时阖境乡街首事人等建立"；北侧书"传临济正宗院龙法派当代主持上智下慧，捐修淡月，嗣徒法月，从孙应宗、堂、福，监院曾孙青觉别□，凡元孙兆□仑远□，兆瑢华乘□，兆常念昆孙灵枢同修建立"。

大殿右侧有挟屋，位于台基下，东与南侧厢庑相接，悬山顶，面阔三间，进深三间，内有地藏王菩萨、王母、观音等塑像，为现代新塑。

偏殿位于大殿北侧，与北侧厢庑相接，歇山顶，面阔三间，进深三间，高6.71米。脊檩上有太极纹饰，五架梁上有彩绘纹饰。殿内有观音、王母、玉帝等塑像，均为现代新塑。南北厢庑与山门耳房相接，构成一个封闭的四合院格局。南北厢庑中间，各有一戏台。两侧戏台左右对称，均为歇山顶，单开间，墙内还残存有彩绘痕迹。

---

1 武胜县文物管理所提供资料。

2 武胜县文管所郑仁荣同志介绍，大殿原为歇山顶，后坍塌。2002年维修时改为悬山顶样式。

飞龙武庙航拍

大殿内梁上纪年题记

山门

戏台

右侧廊庑

维修大殿时出土的乾隆
年间香炉

【历史渊源】

　　飞龙武庙始建于清乾隆四十三年（1778），2001年对武庙进行维修时出土过乾隆五十年（1785）信士供奉的香炉。后废。清嘉庆二十一年（1816），临济宗黄龙法派僧人智慧主持重修，当时计有门庭、正殿、后殿，并以厢庑围合。民国二年（1913），武庙被辟为飞龙乡公署，并有民团随之进驻。民国十五年（1926），土匪抢劫乡公所，纵火烧毁了武庙后殿。1952—1992年，飞龙武庙先后为飞龙区公所、飞龙乡及飞龙公社署地。2001年成立飞龙武庙管理委员会，并由管委会出资，在市、县两级文物部门及有关专家的技术指导下，对飞龙武庙进行了较大规模的维修。

武胜飞龙武庙剖面图

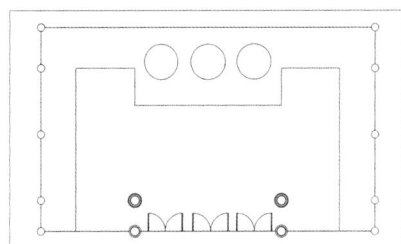

武胜飞龙武庙平面图

沿口关庙

【 地理位置 】

地理坐标：东经106°17′6.97″，北纬30°21′18.09″，海拔191米。

行政属地：武胜县沿口镇滨江路3号。

地理环境：位于沿口古镇内，地处嘉陵江东岸台地，前临滨江路，周围为住宅、饭店、宾馆。

【 保护级别 】

2010年，被武胜县人民政府公布为县级文物保护单位。

【 现状概述 】

沿口关庙占地面积约500平方米，现已改建成饭店，布局、结构尚有部分保留。关庙坐东朝西，依地势而建，现存山门、大殿、玉皇阁、后殿。

山门为歇山顶，面阔四间，为现代重建。山门之后有17级梯道与大殿相连。大殿建于高约3米的台基之上，单檐悬山顶，面阔五间19.5米，进深三间9米，高8.2米，穿斗与抬梁式相结合的构架。大殿残存有卷棚顶，推测原大殿前应有前廊，进深一间。大殿两侧有山墙，北面山墙保存较好，南面山墙已不存。殿内明间主脊两侧檩下有墨书题记，北侧书"大清乾隆二十四年仲冬月吉旦""皇图巩固，帝道遐昌"，中间间隔以太极图；南侧书"四川重庆府定远县正堂加三级记录十二次""四川重庆府定远县儒学正堂加三级□□"。北侧明间主脊下亦有墨书题记"都理总修会首生员

大殿内梁架结构

玉皇楼柱础

杨觐堂、成文遥、章元亨、王子俊、刘占榜、焦华章""举人冯祖辉、谢世琳、罗毓明、鲁天爵，选拔何湜"。

玉皇阁位于大殿之后，建在比大殿高2.8米的台基上，前有17级踏道与大殿相通，为三重檐歇山顶楼阁式建筑。一层面阔三间，进深三间，明间为梯道，两侧次间各有两层挑楼；二层面阔三间，进深三间；三层为单开间，面阔4.18米，进深3.69米。

后殿位于玉皇阁后，修建在与玉皇阁二层持平的台基上，面阔五间15.5米，进深6米，改建痕迹明显，难以辨明其间架结构。殿内保存有一通清光绪十四年（1888）的木质碑记《重修关帝庙暨新修玉皇楼碑记》，记录了光绪十四年乡绅、士民募钱重修关帝庙的情况，碑文多磨损，不可全识。

【历史渊源】

沿口关庙的始建年代，从大殿檩上题记推测可能为清乾隆二十四年（1759）。清道光十七年（1837），邑人集资对关庙进行了补修。清光绪十四年（1888），因关帝庙年久失修，"庙宇倾颓，神像尘封"，乡绅集资又对关帝庙进行了重修，除了对大殿进行翻新外，还在大殿后新建了玉皇阁、挑楼四间、后殿，形成了今天的格局。中华人民共和国成立后，20世纪50年代至90年代，先后做过武胜县国营酒厂、糖果厂的厂房。20世纪90年代末期改建成饭店。

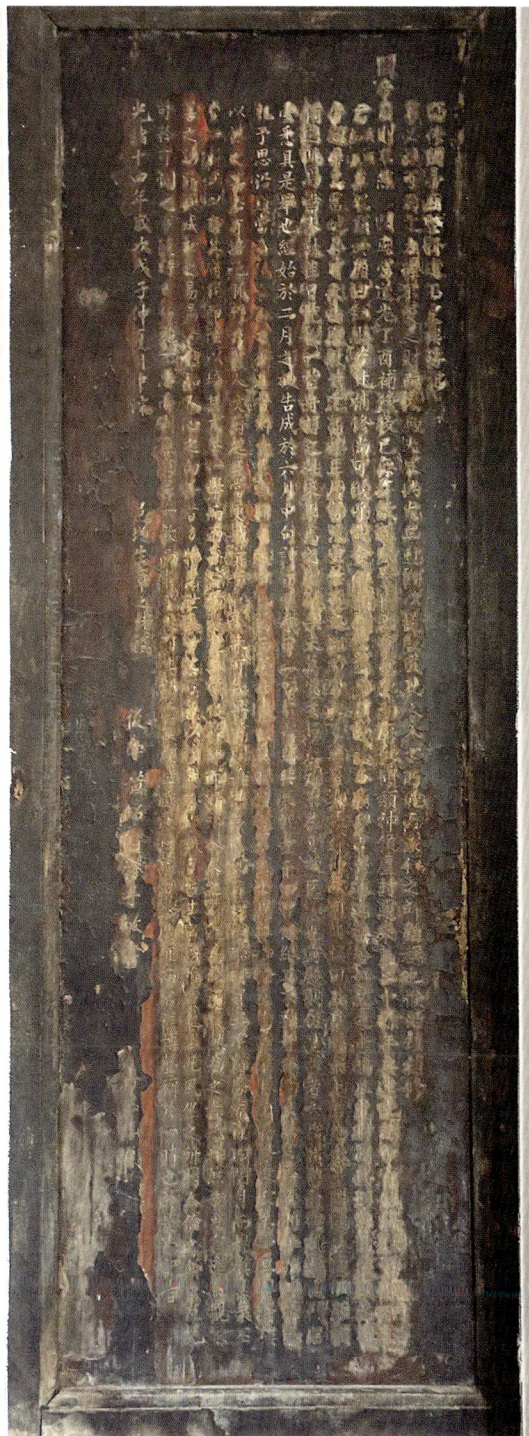

后殿内保存的光绪十四年《续修关帝庙暨新修玉皇楼碑记》

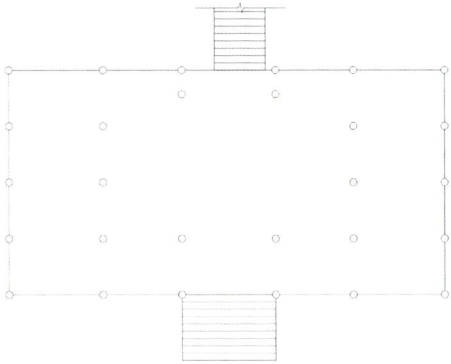

武胜县沿口关庙平面图

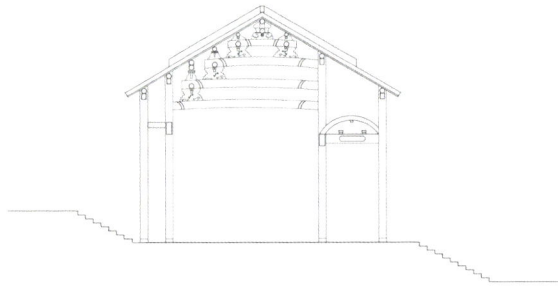

武胜县沿口关庙剖面图

沿口关庙临江视角鸟瞰

邻水县

袁市镇关帝庙

【 地理位置 】

地理坐标：东经107°0′43.89″，北纬30°12′30.47″，海拔324米。

行政属地：邻水县袁市镇袁庙社区3组。

地理环境：位于邻水县东南，西与袁市镇中学毗邻，门前有一条南北走向的乡村公路，周围为农田和住宅。与关帝庙距离不远，还有清末修建的魏家祠堂、南华宫等建筑。

【 现状概述 】

袁市镇关帝庙山门、戏楼、前殿等被拆除，现仅存南北角门、大殿。角门位于大殿台基之下，南北各一扇，为条石砌筑。南侧角门保存较好，门楣上还有阳刻"□辕门"字样。

大殿建在高约2米的台基之上，门前有10级梯道。坐西南朝东北，悬山顶，穿斗与抬梁相结合构架，面阔五间21.24米，进深四间13.8米。殿前廊柱上镌刻楹联两副，明间楹联为："束发读《春秋》，权可通经，忠义常昭千古；雄心敌吴魏，天如祚汉，江山岂肯三分？"次间楹联的上联已残，下联为："麟经窥大义，封金挂印，肯因货取负初心？"下联左下侧落款"赐进士第知邻水县事张奋翼敬题"。

20世纪50年代后，关帝庙的归属几经改变，内部空间变化较大。从结构上观察，大殿原应有前廊，前廊与殿之间有台阶相连，台阶两侧有八字门，现前廊被砖石砌筑封闭，内部用砖石隔成四间小屋。殿内南侧墙壁上还镶嵌有两通民国时期的木质碑刻，一通为民国十年（1921）的《新会碑记》，一通为民国十二年（1923）的《十全会碑记》，对考证关帝庙历史沿革有参考价值。

袁市镇关帝庙全景航拍

袁市镇关帝庙山面鸟瞰

殿内梁架

袁市镇关帝庙正立面

大殿明间对联

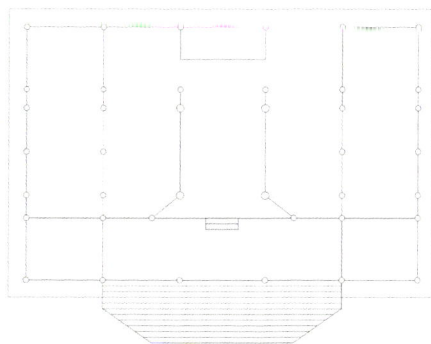

邻水县袁市镇关帝庙平面图

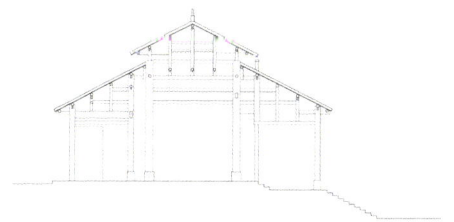

邻水县袁市镇关帝庙剖面图

束髮讀春秋權可通經忠義當昭千古

敝屣散吳魏天如祚漢江山豈首三分

明间楹联上联　　　　明间楹联下联　　　　大殿内保存的民国十年《新会碑》

新会碑记

　　盖闻神在天下，如水在地中，无所往而不在也。况夫子布昭圣武，威震华夷，朝廷历颁祀典，岂士庶罔荐馨香哉！袁市场旧有武庙，越百数十年，或补修之，或恢拓之，宫殿虽崇，祭需将缺。同治戊辰，邑令刘惺甫奉札劝捐。我场绅民素明大义，踊跃从公。除纳捐及费用外，剩银或十余两，前辈诸君子复倡义，举约我同人各出会本三百文，并纳捐余银共成六十钏，每年利息以为庙祀之需。越癸酉年，改图春秋楼额曰"麟经阁"，工程浩大，入不敷出，爰拨会本二十钏以襄其事。迄戊八年间，祭典销隆，功私官判。岁庚辰，恭奉圣诞，场中绅耆集庙商议，给还头利四十钏，另积新会，各相庆祝，庶神人以和，永绵禋祀于无穷也，是为序！

　　民国十年辛酉岁十月中浣。

【历史渊源】

　　袁市镇关帝庙始建年代不详。根据大殿廊柱上楹联落款考证，张奋翼系清道光甲辰年（1844）进士，咸丰三年（1853）至咸丰五年（1855）期间任邻水知县。[1]关帝庙可能始建于此时。同治七年（1868），邻水县令刘惺甫号召当地士绅乡民维修。同治十二年（1873），将关帝庙中春秋阁更名为"麟经阁"。光绪六年（1880）至民国年间关帝庙作为"十全会"集会场所。[2]中华人民共和国成立后，20世纪50年代关帝庙改建为乡镇医院，20世纪六七十年代改为养老院，20世纪70年代修建袁市乡公所时，拆除关帝庙的戏楼、前殿及厢房以作为建筑材料。20世纪70年代末，将关帝庙分配给四户农村居民，20世纪90年代，所住居民迁走后便闲置。

1（清）郑杰修，邱锡章纂：《邻水县续志》卷二《选举志》，光绪钞本。
2 据关帝庙内《新会碑记》碑文考证。

卧龙坡

地理坐标：东经106°58′7.77″，北纬30°14′30.25″，海拔509米。

行政属地：邻水县袁市镇卧龙坡村1组。

地理环境：地处铜锣山脉中段，山麓之下有一条南北走向的乡村公路，山麓南侧有一条川北至川东的古道，现荒草丛生，踪迹难寻，山麓之北为G350高速公路。

【现状概述】

卧龙坡为铜锣山脉中部的一段。卧龙坡南麓有一间现代修建的小庙，庙内供奉有土地、观音等菩萨。小庙位置即为清代卧龙坡武侯祠遗址所在地，周围地上还散落有原庙址建筑石构件。卧龙坡山腰处有一山洞，当地人称为"孔明洞"，山巅有石寨名曰"孔明寨"，为清代抗击白莲教所修建的寨堡。现因退耕还林，卧龙坡植被茂密，上山道路荆棘满布，人迹罕至。

【历史渊源】

卧龙坡，因传说诸葛亮曾经过此地而得名。明嘉靖《四川总志》载："邻水县治东北三十五里，武侯尝经过于此。山畔有大石高二丈，吉人袁省书'卧龙坡'三字于上。"[1]此后方志，如明万历《四川总志》、清雍正《四川通志》、清乾隆《邻水县志》等记载大体一致。清康熙年间，邻水知县徐枝芳在卧龙坡下建

武侯祠[2]，祠前有楹联一副："义胆忠肝陈两表；奇谋秘计定三分。"[3]作诗《卧龙坡》云："遥望卧龙胜，巍然霄汉间。……我来存感慨，丞相渺难攀。"[4]道光元年（1821），知县吴秀良曾为武侯祠题匾"灵迹光昭"[5]。1967年对联被拆除，1977年庙宇被拆毁。山畔大石上"卧龙坡"三个大字，也已湮没在历史的尘埃中。

当地关于诸葛亮途经邻水有三种说法：一是诸葛亮南征时途经邻水；二是诸葛亮从荆州入益州时经过邻水；三是应刘备召见前往白帝城接受托孤时取道邻水。[6]邻水县卧龙坡应是后人景仰诸葛亮而产生的纪念性遗存。

1（明）刘大谟等修，（明）杨慎等纂：《四川总志》卷七《顺庆府·邻水》，明嘉靖刻本。

2（清）廖寅等修，（清）蒋梦兰等纂：《邻水县志》卷一《古迹》，清道光十八年（1838）刻本。

3 四川省邻水县地方志编纂委员会编：《邻水县志》，四川科学技术出版社，1991，第561页。

4（清）廖寅等修，（清）蒋梦兰等纂：《邻水县志》卷五《艺文》，清道光十八年刻本。

5（清）廖寅等修，（清）蒋梦兰等纂：《邻水县志》卷一《古迹》，清道光十八年刻本。

6 据邻水县史志办前主任丁禹强研究员口述资料整理。

卧龙坡鸟瞰

卧龙坡村路标

卧龙坡武侯祠原址散落的建筑构件

达州市

达州市，位于四川省东部。截至2022年底，下辖通川区、达川区2个区，宣汉县、开江县、大竹县、渠县4个县，代管万源市1个市。三国时期，该区域主要为蜀汉益州巴西郡辖地。

达州市三国文化遗存点位分布图

1 真佛山金刚殿
2 柏树镇关岳庙
3 马渡关
4 八濛山古战场遗址
5 城坝遗址
6 贵福镇关帝庙
7 花萼山
8 驮山徐庶寺
9 石窝镇张爷庙

撰稿：谢　乾
摄影：彭　波　尚春杰
　　　丁　浩　吴　娲
绘图：尚春杰　张　驰　王桂如

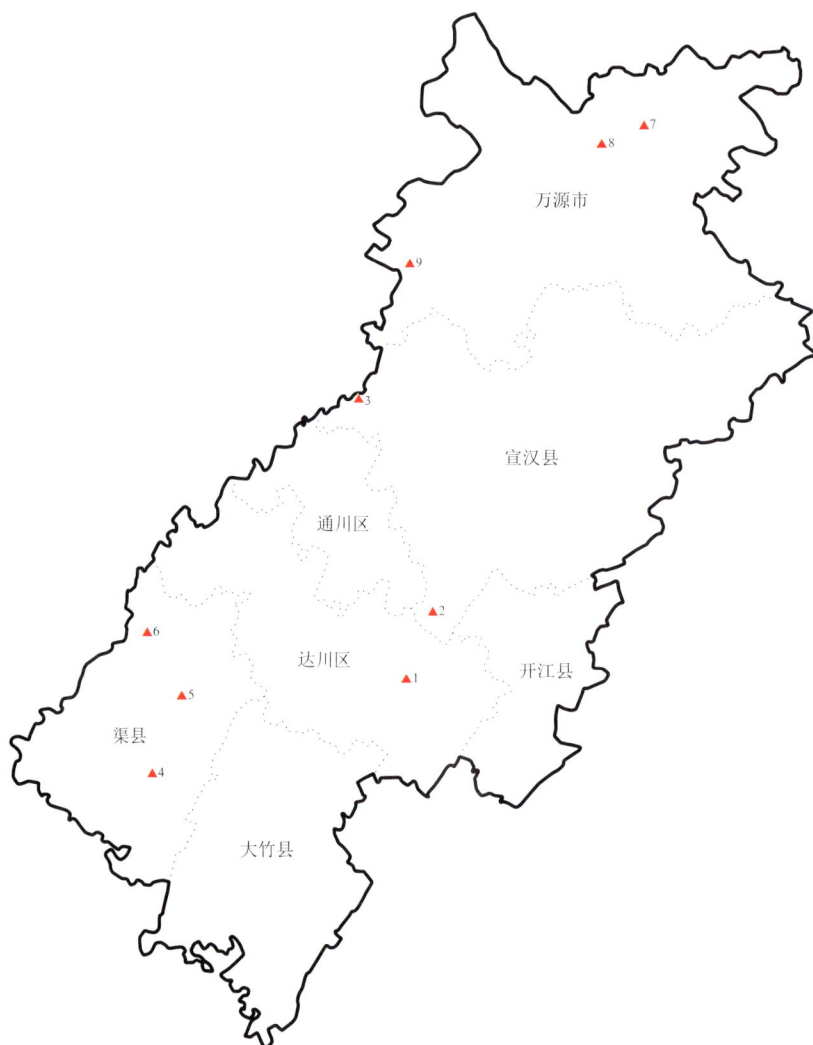

达川区

真佛山金刚殿

【地理位置】

地理坐标：东经107°35′30.82″，北纬31°2′31.73″，海拔551米。

行政属地：达川区福善镇清河村13组。

地理环境：距达州城区约30千米，地处七里峡山脉中段，明月江西侧。真佛山寺庙群建筑面积约15000平方米，占地400余亩。

【保护级别】

2013年，真佛山庙群被国务院公布为全国重点文物保护单位。

【现状概述】

金刚殿，又名"文武殿"，是规模庞大、保存完好的真佛山庙群后殿之一，其余尚有月台、山门、戏楼、玉皇殿、天子殿、乐楼、德化寺山门、六厅亭、大雄殿、新佛殿、观佛殿、韦陀殿及和尚坟等建筑。整座庙群均坐东向西，依山势而建。

由德化寺山门过六厅亭，背书对联一副："孝善法门，统千古仙佛圣贤，谁能出不由户？仁义正路，愿万世君臣士庶，从此共登其堂。"拾级而上，即金刚殿，为悬山式砖木结构，有前廊，廊上有重檐歇山式牌楼，其上砖雕、灰塑、脊饰较精美，内书"忠孝还山"四字。廊内有"乃圣乃佛"匾额，大殿面阔三间长18.5米，进深三间10.5米，脊高11.7米，其中明间面阔8.3米，神台长6.2米，高1.8米，

木制神龛高5.5米，宽1.8米。龛内奉祀文武二圣，即文昌帝君、关圣帝君，关圣帝君为泥胎坐像，冠旒盛服，着官靴，左手扶膝，右手持笏板。面如重枣，丹凤眼，卧蚕眉，三绺长须，不怒自威。像高4米，宽1.9米，脚下神台高0.2米，进深1.5米。左手旁并侍关平、周仓，关平右手托印，周仓右手持青龙偃月刀，二像高1.65米，宽0.5米，一面白无须风流儒将，一面黑虬髯怒目而视，二像栩栩如生。文昌帝君右侍天聋、地哑（一说渊石、懋阳），殿两侧为八大金刚塑像、地脉龙神、土地神像。

金刚殿内龛上有民国三十一年（1942）大竹县清水镇灯油会信众所献"孝佛普度"匾额，内有"文武圣人"等小字，龛旁立柱书对联一副："纵有善根必要向中心做去；欲求真佛还须从孝字得来。"殿内又有"德化群黎""至诚如神"等匾。殿后壁有韦陀像，金刚殿后为大雄宝殿。

【历史渊源】

据达川区文化旅游发展中心工作人员郭印介绍，真佛山庙群所处山名"中华山"，又因五峰兀立如莲瓣而得名"莲花山"。明末清初，乡人为避战乱而结高坪寨自保，寨中修关帝庙，因此真佛山区域旧又称"关帝庙"。今日的金刚殿旧址正是关帝庙所在。

金刚殿梁架

金刚殿鸟瞰

德化寺山门

德化寺六厅亭

金刚殿

金刚殿神台塑像

周仓关平二侍像

武圣坐像

真佛山庙群山门

据何光表《真佛山》介绍，清乾隆年间高坪寨有位蒋姓农民一面修行道术，一面行医种药，治愈者数以百计，不取酬，人称"蒋善人"，亦称"蒋活佛"。他在高坪寨上自建德化寺，百姓云集上山朝拜，筹资建庙。真佛山则为绥定知府在德化寺求子成功后命名。德化寺始建于清道光十八年（1838），历经同治四年（1865）和民国年间数次修复。

根据金刚殿脊梁题记，金刚殿修建于民国三十年（1941）2月。又据殿内1983年《真佛山碑序》记载，1938年殿曾遭火灾焚毁，僧众、信徒捐资重修，历三载而成。真佛山庙群佛、道、儒三教合一，具有较高的宗教和建筑研究价值。

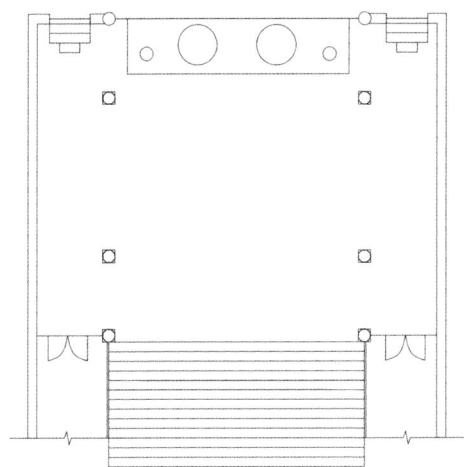

真佛山金刚殿平面图

宣汉县

柏树镇关岳庙

【地理位置】

地理坐标：东经107°39′3.68″，北纬31°9′57.27″，海拔317米。

行政属地：宣汉县柏树镇观月街34号。

地理环境：地处大巴山南麓，明月江流域，距县城约30千米。柏树镇境内有宣汉国家森林公园。

【保护级别】

2014年，被宣汉县人民政府公布为县级文物保护单位。

【现状概述】

经观月街上的柏树镇政府大门，可进入关岳庙，整体呈年久失修状态。关岳庙为四合院式砖木结构建筑，坐东北朝西南，对称严谨。经门楼入院，院阔150平方米，两侧有厢房，门楼、厢房均为二层，由门楼侧后木阶梯而上。正殿面阔三间长10米，进深11.8米，前廊两侧有耳室、天井。正殿八面形立柱柱础上有人物、花草等纹饰。门楼两旁有封火墙。

建筑中随处可见拱券结构，具有强烈的西式建筑风格。后期改造明显，厢房、正殿均改建为办公室、议事厅、宿舍等功能用房，目前多废弃。

【历史渊源】

柏树镇建于清乾隆年间，关岳庙始建于清雍正年间，原名"文武宫"。历经同治二年（1863）、民国二年（1913）两次焚毁及复建。

依"文武宫"旧名，可推断修建时为文昌、武圣共祀。民国重建后不久北洋政府出于"壮军志而固国维"之目的发布"关岳合祀"告令，岳飞移祀入庙，文武宫改称"关岳庙"，庙所处观月街正得名于此。

柏树镇关岳庙大殿正立面

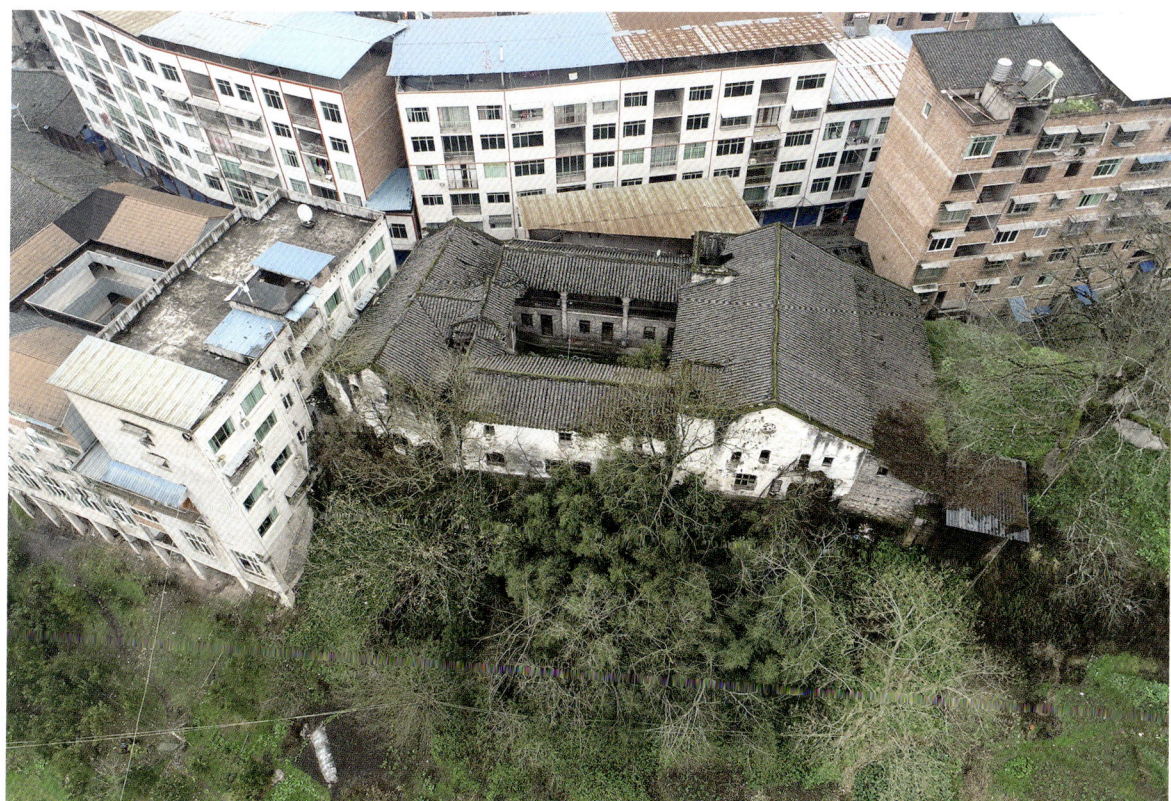

柏树镇关岳庙山面鸟瞰

厢房

梁架结构

前廊柱础

殿内石雕柱础

前殿鸟瞰

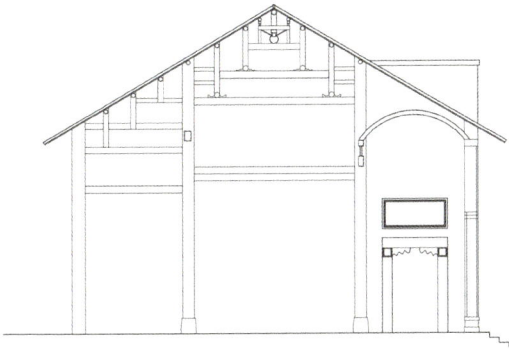
柏树镇关岳庙剖面图

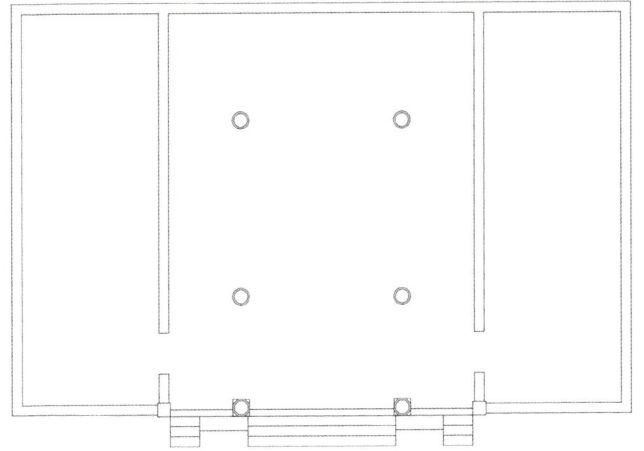
柏树镇关岳庙平面图

马渡关

【地理位置】

【地理位置】

地理坐标：东经107°28′26.64″，北纬31°35′57.86″，海拔370米。

行政属地：宣汉县马渡关镇。

地理环境：位于沙河路北侧。马渡关镇以沙溪河为界，北接巴中市平昌县岩口镇。境内有省级文物保护单位浪洋寺摩崖造像、马渡关石林、荔枝古道、赤色保卫局红四军军部遗址等。

【现状概述】

经镇上数段青石板铺就的古道沿岸而下，沙溪河上有石质龙脑桥一座，即沙溪桥。桥长31.5米，现存9块石板、8个桥墩共16孔，桥墩上兽首均已不见。石板长3.5米，宽1.1米，厚0.3米。桥墩横置，宽0.6米，上下游方向分别伸出0.5米、0.4米，墩上石孔直径0.2米。

【历史渊源】

马渡关镇建于清乾隆年间，原名"沙溪坝"。嘉庆时期，因三国名将张飞曾骑马夜渡沙溪河而改名"马渡关"。据马渡关镇石林社区原书记胡家顺（81岁）介绍，龙脑桥所在位置即传说张飞马渡沙溪处。东汉建安年间，张飞受命夺取巴西郡，率部奔至沙溪河，因河水陡涨而无舟桥可渡，张飞借酒浇愁，三更提矛扬鞭，一举跃马渡河，乡人于其渡河处刊石刻碑，碑文"张飞跃马飞渡"，故此地又称"张飞渡"或"飞渡"。又传说张飞渡河至巴中时，一路上还遍植柏树，今河两岸已无留存。

从荔枝道走向来看，由宣汉隘口经马渡关，至巴中平昌岩口，为荔枝道所经地点，张飞途经此地的传说便通过古道流传开来。

马渡关龙脑桥

马渡关俯视

龙脑桥桥墩

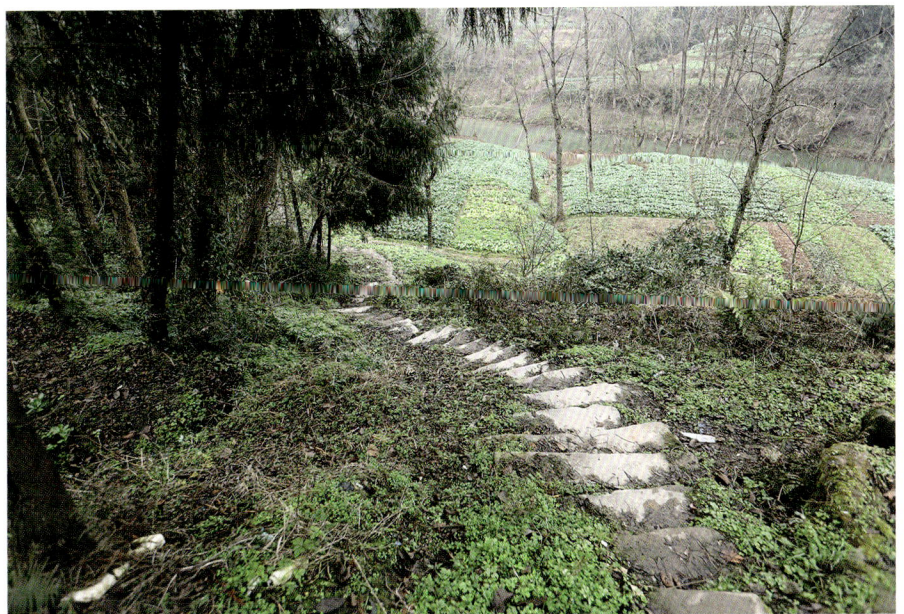

青石古道

渠县

八濛山古战场遗址

【 地理位置 】

地理坐标：东经107° 0′ 1.56″，北纬30° 51′ 2.53″，海拔317米。

行政属地：渠县天星街道八濛村9组。

地理环境：八濛山位于渠江江湾处，三面环水，有数座山峰相连，东距渠县城区约5千米。

【 保护级别 】

1988年，被渠县人民政府公布为县级文物保护单位。

【 现状概述 】

依山建有八濛山生态公园，面积约170万平方米，拾级而上，视野开阔，可览渠江及渠县城区。

【 历史渊源 】

《三国志·蜀书·关张马黄赵传》记载："飞领巴西太守。曹公破张鲁，留夏侯渊、张郃守汉川。郃别督诸军下巴西，欲徙其民于汉中，进军宕渠、濛头、荡石，与飞相距五十余日，飞率精卒万余人从他道邀郃军交战，山道连狭，前后不得相救，飞遂破郃。郃弃马缘山，独与麾下十余人从间道退，引军还南郑，巴土获安。"另据民国《渠县志》记载，八濛山位于渠县东北方向，即张飞大战张郃处。山上旧有桓侯庙，今已不存。[1]有八濛寨，"渠江环其三面，余一径仅容一人一骑行，蜀汉张桓侯破张郃于此，其故垒犹约略可辨，上有桓侯庙，今废"[2]。

濛，即细雨。《太平寰宇记》记载，因此处山势起伏八处，有水环绕，常有烟雾濛其上，故得名"八濛山"。"濛山晓雾"也是渠县八景之一。据八濛山村9组村民肖文富（66岁）介绍，相传张飞战胜后曾在石壁上隶书"汉将军飞率精卒万人，大破贼首张郃于八濛，立马勒铭"，即所谓"八濛摩崖"或"张飞立马铭"。清光绪年间，有好事者据拓本而重刻于石上，俗称"桓侯碑"，民国时移至城内县立高级小学，今已不存。2015年，政府建设八濛山生态公园。

---

1 杨维中等修：《渠县志·地理志》，1932，第40页。

2 杨维中等修：《渠县志·地理志》，1932，第56页。

远眺八濛山

烟雨八濛山

八濛山古战场
遗址文保碑

城坝遗址

地理坐标：东经107°4′2.98″，北纬31°0′6.98″，海拔346米。

行政属地：渠县土溪镇城坝村。

地理环境：遗址北、西、南三面渠江环绕，东西接佛尔岩，距渠县县城26千米，面积567万平方米。

【保护级别】

2006年，被国务院公布为全国重点文物保护单位。

【现状概述】

城坝遗址由城址区、墓葬区、水井区、窑址区、津关区、一般聚落区等功能区组成。目前，四川省文物考古研究院正在对城坝遗址进行持续考古发掘。

【历史渊源】

城坝遗址又名"宕渠城遗址"，1970年以来，文物部门历经多次调查、勘探和发掘，因出土有"宕渠"文字的陶瓦当，遗址主体被确定为秦汉至魏晋时期的宕渠城。城坝遗址因发现津关、城址遗存以及大量的竹木简牍，曾入选中国社会科学院2018年度六大考古新发现。

秦惠文王更元九年（前316），司马错和张仪受命伐巴蜀，于前314年设立宕渠县，因东汉车骑将军冯绲增修，又俗称"车骑城"。至梁普通三年（522）于今渠江街道置流江县，城坝遗址所在地一直为宕渠县（道）、宕渠郡治所，直至明洪武九年（1376）始更名渠县。据《三国志》记载，曹魏大将张郃曾进军宕渠，并与蜀汉张飞大战于八濛山。清同治《渠县志》记载，宕渠关在渠县东三十里，即大峡口，系古关隘。

城坝遗址局部

城坝遗址鸟瞰

城坝遗址出土"宕渠"铭文瓦当

贵福镇关帝庙

【 地理位置 】

地理坐标：东经107°39′3.68″，北纬31°9′57.27″，海拔317米。

行政属地：渠县贵福镇贵福社区桂园街430号。

地理环境：贵福镇北距渠县城区约30千米，境内八台山上有渠县苏维埃纪念馆。

【 现状概述 】

坐东南朝西北，现存门楼、大殿及两侧厢房，其中门楼内部结构改造痕迹明显，门楼为八字门样式，阶高1.2米，门宽1.8米，高2.6米，门前有一对石狮，剥蚀严重，但门左侧石狮可见石雕龙凤纹饰，较为精美。门楼左侧为现代建筑侵占，作为商家铺面使用。大殿及厢房残损严重，多处仅存梁柱结构。其中大殿为悬山顶木结构，面阔三间13米，进深三间11.5米，殿内石柱础保存较好，上雕刻有花草等纹饰。有前廊，大殿台阶高1.1米。

【 历史渊源 】

根据大殿脊梁题记，贵福镇关帝庙建于清嘉庆六年（1801），门楼右侧房内有清道光十三年（1833）《重修普安石桥碑记》，被砌作房间隔墙使用。

据社区居民王碧清（81岁）介绍，中华人民共和国成立后，关帝庙曾于20世纪60年代作为粮站使用，至20世纪70年代又改建为小学，20世纪90年代小学搬迁后，作为贵福镇老年体育协会、退休职工协会活动室使用，后因年久失修空置至今。

大殿正立面

大殿梁架

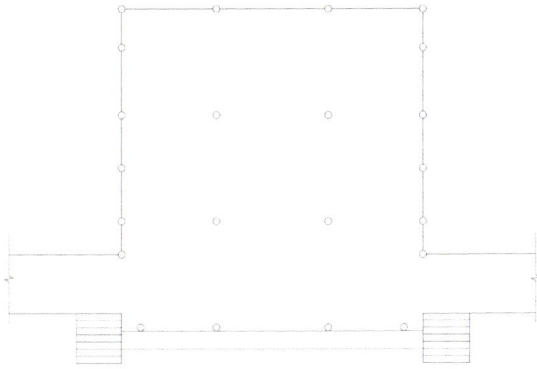

渠县贵福镇关帝庙平面图

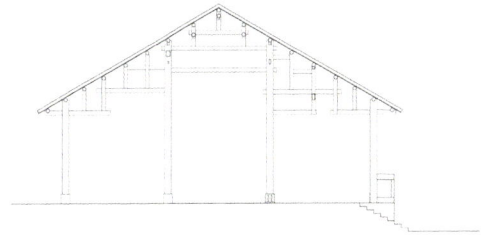

渠县贵福镇关帝庙剖面图

石雕柱础

大殿柱础

关帝庙前殿外立面

528

贵福镇关帝庙俯视

贵福镇关帝庙厢房

万源市

花萼山

【地理位置】

地理坐标：东经108°8′37.21″，北纬32°6′43.22″，海拔1363米。（测点在徐庶像山洞处）

行政属地：万源市官渡镇项家坪村。

地理环境：万源城东北35千米，为川渝交界处。

【现状概述】

花萼山属大巴山脉，是汉江和嘉陵江的发源地和分水岭，现为花萼山国家自然保护区，其主峰南天门海拔2380.4米，为大巴山脉第二高峰。现徐庶塑像位于一天然石洞内，洞口离地约11.3米，由粗陋石阶梯堆砌而上。石洞高2.2米，宽1.95米，深约5.8米。主祀徐庶，像为泥塑，高0.9米，宽0.4米，厚0.15米。

【历史渊源】

据项家坪村书记龚代礼讲述，万源当地传说，东汉建安十三年（208），曹操率领大军挥师南下，企图灭孙、刘，而徐庶不愿随往，于是和庞统设计金蝉脱壳，假意请兵去征讨西凉马腾，徐庶却悄然离开曹营向西而去。一路沿汉水，先向北，后向西，经过陕西安康，来到今万源市，隐居在当时的花岳山。一说徐庶曾隐居于花萼山旁的八台山，修炼成仙后为济世救人，常到盛产萼贝、杜仲、厚朴等中药材的花萼山采药，后被尊称为"花萼老祖"，

当地村民建祖师庙并塑像供奉。光绪《太平县志》[1]、民国《万源县志》[2]均记载，花萼山顶有祖师庙。中华人民共和国成立后，祖师庙遭毁坏，花萼老祖塑像一度不知下落。现在山洞内所祭祀的塑像正是来自祖师庙，项家坪村党群服务中心广场上保存的花萼山堂鼓也来自祖师庙。2018年，万源市政府于市区内驮山公园后山新建徐庶寺，设徐公殿祭祀。

花萼山又称"药山"，无论万源市得名于"万宝之源"或"万水之源"，均与花萼山丰富的物产资源和水系分不开。万源市花萼山的花萼老祖与徐庶产生联系的时间已不可考，但据乾隆《直隶达州志》记载，太平县（今万源市）有花岳山，亦名"华岳山"，为花岳大隐之地，关索受兵书于此山，上有烧丹台。[3]此时书中并未提及徐庶，故徐庶成为花萼老祖的传说应产生在清中晚期。

花岳（或名"华岳"）、关索均为明代话本《花关索传》中的人物，讲述的是刘关张三人桃园结义共谋起事，为防因家中老小牵挂而生回心，关张二人遂约定互杀掉对方家人。张飞

1 （清）杨汝偕等纂修：《太平县志》卷二，光绪十九年（1893）刻本，第四十页。

2 刘子敬修，贺维翰纂：民国《万源县志》，《中国地方志集成·四川府县志辑⑥⑩》，巴蜀书社，1992，第334页。

3 （清）陈庆门纂修，宋名立续纂：乾隆《直隶达州志》，《中国地方志集成·四川府县志辑⑤⑨》，巴蜀书社，1992，第652页。

远眺花萼山南天门

供奉徐庶像的石洞

花萼山堂鼓

在蒲州杀了18人后，见到关平心生恻隐之心，怀胎三月的关羽妾室胡金定则趁乱逃回娘家。胡氏产子后养到7岁，元宵夜看花灯时不慎走失，被蒲州城外索家庄索员外收养为义子。9岁时，索员外使其代亲生儿子随班丘衢山石洞花岳先生出家作道童，花岳授其兵法韬略及十八般武艺，学艺九载后下山，并为其取名"花关索"，携母胡氏赴蜀地寻父认亲。关索后曾随诸葛亮南征，留下一系列传说故事，至今云南澄江尚有国家级非物质文化遗产关索戏，贵州安顺有关索岭等地名。

根据今人研究，关索、花岳先生乃虚构人物，其形象大致构建于宋元时期，在明清关公崇拜盛行时期与关羽联系起来，化为父子关系，成为流行于滇黔一带的关索信仰。澄江关索戏中的关索扮相，面如重枣，唇若涂丹，丹凤眼，卧蚕眉，手持青龙偃月刀，俨然关羽再现。

攀爬前往徐庶像所在石洞

位于悬崖半山腰的徐庶像石洞

驮山徐庶寺

【地理位置】

地理坐标：东经108°2′40.89″，北纬32°4′30.43″，海拔819米。

行政属地：万源市东关街道。

地理环境：万源市区东部，驮山万源红军公园内。驮山上另有万源保卫战战史陈列馆、李家俊烈士纪念碑等文保点位。

【现状概述】

驮山属花萼山之余脉，因形似奔马而得名。徐庶寺位于驮山万源红军公园山上，徐公殿为第三重殿，为现代仿古建筑，重檐歇山顶砖木结构。主祀徐庶，神龛上书"徐公"，为文官端坐形象，左手持竹简，后侧为关羽，右手后侧为铜制徐庶立像。门外楹联两副，分别为："海市蜃楼皆幻影；忠臣孝子即神仙。""身迁数处无定所；心存四海有佛缘。"徐公殿内墙壁上绘有"走马荐诸葛""战长沙""取西川""三顾茅庐""葭萌关""长坂坡"等三国故事题材彩绘。

【历史渊源】

驮山山势不高，却古木森森，离市区较近，因此早在清代就已是官员、百姓登高游玩之地。据民国《万源县志》记载，山上建有土神祠。20世纪80年代，曾有好事者塑徐庶像于土神祠内，现已移入徐庶寺内。2018年，万源市政府于市区内驮山公园后山新建徐庶寺，设徐公殿祭祀。

驮山公园徐庶寺内徐公殿

驮山徐庶寺俯视

石窝镇张爷庙

【地理位置】

地理坐标：东经107°35′52.61″，北纬31°50′33.99″，海拔1036米。

行政属地：万源市石窝镇番坝村1社。

地理环境：石窝镇地处万源市西南部，距万源市城区约110千米，多为台地峡谷地貌，交通较为不便。

【现状概述】

为现代砖木结构建筑，独栋，位于乡村水泥路旁。庙内主祀张飞，张飞塑像极为拙朴，右手持丈八蛇矛，作骑马飞跃状，高1.5米。张飞左右侧分别为刘备、关羽坐像，高1米。其中，刘备头戴冠旒，着红色官袍，双手抚膝端坐。关羽头戴巾帻，着绿袍。庙内塑像多为现代混凝土筑就，形式简单，个别塑像为石质，均浓妆重抹。另有如来佛、药王、孙悟空等十余尊塑像。庙下水泥路对面田坎遗留有石柱础2个，石材若干，其中柱础方形

底座边长0.8米，柱槽外径0.4米，内径0.2米。

【历史渊源】

据番坝村村主任王志安（51岁）介绍，万源市石窝镇张爷庙旧址即庙下水泥路对面田坎位置，20世纪60年代被人为毁坏后，20世纪80年代由村民筹资在今址重建。当地之所以流传有张飞信仰，则因传说张飞曾驻军于此，并前往宣汉马渡关南下攻取巴郡。

万源市及巴中市平昌县周边还有一些张爷庙，有的仅存地名。从地理位置上看，石窝镇地处五峰山，交通不便，与荔枝道相距不远，受荔枝道上流传的张飞马渡传说影响，加之如番坝村张姓村民占六成之多，是大姓，故有张飞信仰出现。一说石窝本就是由张氏、向氏等几个家族历代移民构成的乡场。总之张飞信仰能在此扎根，亦可谓赖地理、交通、宗族等多方面原因造就。

张爷庙俯瞰

石窝镇张爷庙

张爷庙外石柱础残存

张爷庙外抱鼓石础残存

张爷庙内新塑张飞骑马塑像

张爷庙内新塑关羽塑像

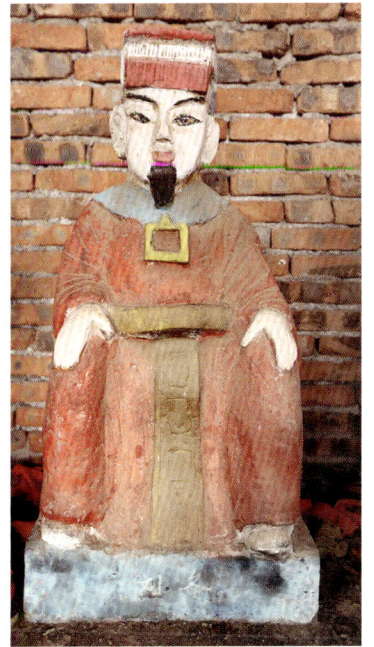

张爷庙内新塑刘备塑像